公共政策分析

主　编　宋悦华

副主编　田　丹　李　鹏　林　鹤

大连理工大学出版社

图书在版编目（CIP）数据

公共政策分析 / 宋悦华主编. — 大连：大连理工
大学出版社，2015.3（2019.3重印）
现代远程教育系列教材
ISBN 978-7-5611-9785-1

Ⅰ．①公… Ⅱ．①宋… Ⅲ．①政策分析－远程教育－
教材 Ⅳ．①D0

中国版本图书馆 CIP 数据核字（2015）第 048937 号

大连理工大学出版社出版
地址：大连市软件园路 80 号　邮政编码：116023
发行：0411-84706041　传真：0411-84707403　邮购：0411-84706041
E-mail：dutp@dutp.cn　URL：http://dutp.dlut.edu.cn
大连永盛印业有限公司印刷　　　大连理工大学出版社发行

幅面尺寸：185mm×260mm　　　印张：15.25　　字数：350 千字
2015 年 3 月第 1 版　　　　　　2019 年 3 月第 2 次印刷

责任编辑：孙　楠　杨文杰　　　　　责任校对：赵　阳
封面设计：戴筱冬

ISBN 978-7-5611-9785-1　　　　　　　定　价：46.00 元

出版说明

    基于计算机网络条件下的远程教育,即网络教育,亦称现代远程教育,已经成为当今推进我国高等教育大众化的新途径。经批准,大连理工大学于 2002 年 2 月成为全国 68 所现代远程教育试点高校之一。大连理工大学现代远程教育以"面向社会、服务社会"为宗旨,以"规范管理、提高质量、突出特色、创建品牌"为指导思想,在传承大连理工大学优秀的教育传统与文化的同时,依托校内外优秀的教育资源,借助于现代教育技术手段,在国家终身教育体系中为社会提供了多层次、高质量的教育服务,已形成具有大连理工大学特色的现代远程教育品牌。

    为了进一步提高现代远程教育的教学质量,我院在继续做好现代远程教育网络资源建设、开展好网上学习支持服务的同时,积极组织编写具有远程教育特色的高水平纸介教材。大连理工大学自 2007 年开始将现代远程教育系列纸介教材的编辑出版工作列入"现代远程教育类教学改革基金项目"加以实施。

    现代远程教育系列纸介教材建设立足于现代远程教育的特色,为培养应用型人才服务。现代远程教育系列纸介教材以网络课程的教学大纲为基础进行编写,在内容取舍、理论深度、文字处理上适合现代远程教育学生的实际接受能力,适应现代远程教育学生自主学习的需要。现代远程教育系列纸介教材的编者要求具有较高的学术水平、丰富的教学经验、较好的文字功底,原则上优先选聘本课程网络课件的主讲教师担任编写工作。

    目前,经过不断的努力,现代远程教育系列纸介教材已陆续出版问世,特向各位编者及审稿专家表示感谢,同时敬请社会各界同行对不足之处给予批评指正。

大连理工大学远程与继续教育学院

2013 年 8 月

前　言

公共政策分析(也可以称作公共政策、政策科学)是二战以后社会科学领域里迅速发展起来的影响面最大、应用领域最广、社会效用最明显的学科之一。

公共政策是政府行为的直接产品,其本质是对全社会的利益做出权威性分配。公共政策分析的迅速兴起和发展,一方面,与现代社会的管理特征相联系,因为现代政府所面临的是复杂的、多变的、普遍的社会矛盾和问题,直接关系到人们自身境况的改善,因而人们对这类问题的关注与日俱增,对政府的要求也越来越高。人们不仅关心公共政策是如何制定的,更关心政策是如何执行的,以及如何评价政策的实施效果等;另一方面,也与公共政策自身的学科特征相联系,公共政策分析是一门应用性很强、操作技术要求很高的综合性学科,需要综合运用政治学、经济学、法学、社会学、管理学、计算机科学、系统科学等多学科的基础理论。同时由于公共政策对象涉及社会生活中的各个领域,政策内容极其丰富,因此它还需要运用各个不同领域中的专门知识。可以说,公共政策分析很好地回应了现代社会对政府管理科学化、知识化、专业化的需求,也成为现代政府管理的一个象征和体现。在这样的背景下,公共政策的形成及发展有其历史必然性,公共政策分析的地位也愈来愈重要。

本书除了介绍公共政策基本概念、公共政策系统和公共决策体制等基本内容外,从公共政策问题构建、方案制定、政策执行和效果评估四个阶段入手介绍了公共政策分析的相关内容。本书没有在公共政策分析专门的尤其是定量的分析方法上耗费笔墨,是因为考虑到本书属于概论性质的教材,更侧重于介绍公共政策分析的一般性原理和方法,专门的方法和技术可以参考相关的书籍和教材。本书具有较强的适用性,可以作为相关专业的专科生、本科生和研究生学习公共政策分析的课堂教材和辅导书籍。

在本书编写过程中,吸收了中外学者大量的研究成果,在此对相关学者表示诚挚的谢意!本书依据大连理工大学远程与继续教育学院《关于加强现代远程教育文字教材建设的意见》,从应用角度出发编写,并配有网络视频、多媒体课件,能充分满足各类学员自主学习的需要。本书的出版得到了大连理工大学远程与继续教育学院的帮助和支持,在此表示衷心的感谢！另外，要特别感谢大连理工大学张志刚教授为本书评审，并提出了宝贵的修改意见和建议。大连理工大学行政管理专业研究生吴宗哲、徐文佳、曾湘瑀也参与了本书的编写。全书撰写分工如下：1～5 章，田丹、林鹤、宋悦华；6～10 章，宋悦华、李鹏、吴宗哲、徐文佳、曾湘瑀。宋悦华负责全书框架设计和统稿工作。

因学识与能力所限，书中肯定会存在不少缺点和错误，敬望同行与读者不吝指教。

编　者

2015 年 1 月

目　　录

第1章　公共政策概述

本章摘要

　　公共政策是社会公共权威部门在特定条件下为达到一定目标而制定的行动方案和行动准则。它体现为政府的法律、法规、制度以及具体的行为。公共政策又是政策主体在对社会价值进行总体判断的基础上,对社会利益的一种分配和调节。在我国,公共政策反映了国家与人民的整体利益与要求。公共政策是人类社会发展到一定阶段的产物,属于调控和管理社会的规范体系的一部分。公共政策体现了一定的社会价值,同时也反映了一定的利益要求。

　　1.1主要探讨了公共政策的概念和内涵,详细介绍了公共政策的由来与概念。

　　1.2主要探讨了公共政策的本质和特征。

　　1.3主要分析了公共政策的基本功能,它通过政策的地位结构作用表现出来,它总是在与某种社会目标的联系中得到判定。公共政策的基本功能包括导向功能、调控功能和分配功能。

　　1.4主要介绍了公共政策的分类,公共政策所涉及的范围十分广泛,内容丰富,表现形式也多种多样,按照不同的标准和依据,可以对政策进行不同类别的划分。

关键术语

　　政策　公共政策　公共利益　社会利益　利益选择　利益整合　利益分配　利益落实　利益增进　导向功能　调控功能　分配功能

1.1　公共政策的概念和内涵

　　公共政策是政府、非政府公共组织和民众在对社会公共事务共同管理过程中所制定的行为准则或行为规范。与人们在通常意义上所讲的"政策"略有不同,公共政策更突出"公共"二字,既意味着对公共性的强调,又意味着以公共利益为出发点,重新审视公共政策的本质及其诸多特征和功能的必要。作为公共权力拥有者的政府,应该是社会利益的代表者、维护者和增进者,这样才有可能真正揭示现代政府的政策制定和执行行为的本质特征。这里所论及的"社会利益",包含着以公共利益为核心的多个层面的利益。

1.1.1　公共政策的概念

　　事实上,无论是对公共政策的理论探索还是实践层面的研究,都需要人们思考如下问题:公共政策主体为什么应该制定政策？公共政策主体为什么应该执行政策？公共政策主体为什么能够制定政策？毫无疑问,要回答这些问题,首先要回答的是公共政策主体为什么应该制定(执行)政策,即公共政策主体制定(执行)政策的目的何在,通俗地讲,即公共政策的本质是什么。

1. 政策

汉语中的"政策"一词,是由汉字中的两个字"政"与"策"组合而成的。"政"在中国古汉语中有"政权""政事"之意,如人们常说的"不在其位,不谋其政"。"策"在中国古汉语中有"计策""策划"之意,如《战国策》中的"策",是说战国时代各国发生政治事件时所采取的各种对策。

我国现代汉语对"政策"一词的解释,往往与路线、方针、策略相联系。关于"政策"的定义很多,其中最有代表性的是工具书《辞海》对"政策"的定义:"国家、政党为实现一定历史时期的路线和任务而规定的行动准则。"

《辞海》的定义中实际包含着四层内容:政策制定主体是"国家与政党";政策存在的基本形式是"行动准则(规范)";政策的目的是"实现路线与任务";政策的时效是"一定历史时期"。

人们往往发现,在实际生活中为实现一定阶段的路线与任务而制定行为规范的主体绝不仅仅是政党和国家。一般的社会团体或各类组织同样也存在着这种需求,不过是性质、范围和影响力不同而已。《辞海》把政策主体仅限在"国家与政党"层面上似乎太窄,因为按照这种理解,并从我国的现实出发,只能说明政策所体现的是国家的管理行为。

与之相反,国外也有许多著名学者曾对"政策"下过定义。卡尔·弗雷德里奇把政策看成是"在某一特定的环境下,个人、团体或政府有计划的活动过程",提出"政策的用意就是利用时机、克服障碍,以实现某个既定的目标或达到某一既定的目的"。这一定义不仅强调了政策是朝着既定目标或目的前进的某一活动过程,而且认为政策主体既有政府也有社会团体或个人。美国学者安德森也认为:"政策是一个有目的的活动过程,而这些活动是由一个或一批行为者为处理某一问题或有关事务而采取的。"

2. 公共管理与公共政策

《辞海》对"政策"的解释实际上可视为对"公共政策"的一种理解。

"政策"与"公共政策"之间的差别就体现在"公共"二字上。社会生活中存在着大量的涉及大众利益的公共事务,为规范社会成员的行为,实施有效管理,需要相关主体制定特定的规则。从理论上讲,凡是为解决社会公共事务中的各种问题所制定的政策,都是公共政策。在我国,所有制定公共政策的主体中,最基本、最核心的主体是中国共产党和政府。

除政府(无论是狭义还是广义)外,还有哪些组织是公共政策的主体？不少人认为是NGO,即非政府组织。"非政府组织"是个涉及面较广的范畴,联合国在20世纪40年代提出这个概念时,实质上所指的对象较为宽泛。或许有人会问,在"非政府组织"后面再加上"非营利"的限定,是否就可以体现出制定公共政策的要求？大量实践说明,在社会中确有这些非政府组织,它们把"不以营利为目的"作为组织的基本目标,仅为组织的共同利益而存在,甚至有的还承担了为社会提供部分公共产品(服务)的任务,但它们并不是公共组织,因此谈不上它们所制定的行为准则是"公共政策"。也有学者用"第三部门"来代替前面的"非政府组织"概念,但这似乎也不确切。

从一般意义上来讲,公共政策是由政府、非政府公共组织和民众,为实现特定时期的目标,在对社会公共事务实施共同管理过程中所制定的行为准则。这一定义强调以下四点:①公共政策制定主体是政府、非政府公共组织和民众;②公共政策的需求基础是社会公共事务;③公共政策是社会公共事务管理中所制定的行为规范;④公共政策的主体在对社会公共事务实施管理的同时,也要对自身管理制定准则。

社会公共事务的管理并不仅仅是对社会性公共事务的管理。社会公共事务应该包括政治性公共事务、经济性公共事务和社会性公共事务等。在政治性公共事务中,民众自然是主体之一。社会性公共事务所指的"社会"是相对的,横向层面暂且不论,在纵向层面上就可被划分为多个层次,比如全球、全国、地区(例如我国的省、市、县、乡)、社区。在不同的层次上,社会性公共事务所表现出的内容在质与量上都会有所区别。社会性公共事务所指的"公共事务",不仅包括人们公认的、涉及所有或绝大多数人的共同事务,而且也包括那些可能转换为前者,但却与部分人(如某些组织或集团)甚至个别人相关的事务。

公共政策的理论与实践研究,十分需要引进治理理论的相关内容。治理理论的精髓可归纳为"参与、合作、互动、服务"八个字。从现有的文献资料来看,有关公共政策的定义可以划分为三个主要类别。

(1)以威尔逊、伊斯顿为代表的以管理职能为中心内容的界定

美国学者威尔逊认为:"公共政策是具有立法权的政治家制定出来的由公共行政人员所执行的法律和法规。"威尔逊的定义体现了"行政与政治二分法"的思想,即把制定政策看作政治家的活动,而把执行政策看作行政机关的活动。显然,随着社会生活的日益复杂化,公共政策不能只局限于法律法规,并且制定公共政策的主体不只是政治家,还包括利益团体、阶级、阶层、社会公众等;执行公共政策的也不只是公共行政人员,也包括政治家、司法工作人员和社会公众等。

美籍加拿大学者伊斯顿认为:"公共政策是对全社会的价值进行权威性分配。"此定义是从传统政治学原理的角度来理解公共政策的,侧重于公共政策的价值分配功能。其中所涉及的"价值"应从广义上去理解,它是指所有有价值的东西,不仅包括实物、资金和知识,而且还包括权力、声誉和服务。这种理解隐含了一个最基本的政治学假设,即利益及利益关系是人类社会活动的基础,而政府的基本职能就是对利益进行社会性分配。公共政策是政府进行社会性利益分配的主要形式,即决定什么人得到什么和得到多少。但这种理解忽视了公共政策除分配之外的其他功能,公共政策的内容远非"分配"二字可以囊括,它不仅涉及分配前的事情,而且涉及分配后的事情,即处理生产与消费领域的问题或若干其他不属于分配领域的问题。这类界定强调,公共政策是政府为解决社会发展中的重大问题而实施的管理手段;公共政策是政府为自身利益和公众利益出发而进行的具体管理;公共政策是以政府为主的由各种利益个体与团体共同参与的管理活动。

(2)以拉斯韦尔、安德森为代表的以活动过程为中心内容的界定

美国政治学家拉斯韦尔在创立"政策科学"时曾提出,公共政策是"一种含有目标、价值和策略的大型计划"。这一定义强调了公共政策的设计功能及其目标取向,有一定的道理,因为理性的政策制定通常要有科学的论证和合理的程序。但是,行动计划和方案难以涵盖所有的公共政策,并且把目标要素当作公共政策的必要条件也欠妥当,因为公共政策的目标有时并不十分明确。

安德森认为："政策是一个有目的的活动过程,而这些活动是由一个或一批行为者为处理某一问题或有关事务而采取的;公共政策是由政府机关或政府官员制定的政策。"这个定义强调政策是一个过程,而政策的主体不仅仅是政府或政府官员。

这类界定强调,公共政策是政府有目的活动;公共政策是政府动用大量资源,通过相关的规定和措施来实施决定的活动过程;公共政策是包括决定、实施等环节在内的具有连续性的活动过程。

(3)国内大多数学者赞同的以行为准则为中心内容的界定

张金马在《政策科学导论》中指出:"政策是党和政府用以规范、引导有关机构团体和个人行为的准则或指南。其表现形式有法律、规章、行政命令、政府首脑的书面或口头声明和指示以及行动计划与策略等。"

陈振明等在《政策科学》中认为:"政策是国家机关、政党及其他特定政治团体在特定时期为实现一定社会政治、经济和文化目标所采取的政治行为或规定的行为准则,它是一系列谋略、法令、措施、办法、条例等的总称。"

王福生在《公共政策研究》中认为:"政策可以理解为'人们为实现某一目标而确定的行为准则和谋略',简言之,政策就是治党治国的规则和方略。"

伍启元在《公共政策》中认为:"公共政策是政府所采取的对公私行动的指引;公共政策是将来取向的;公共政策是目标取向的;公共政策是与价值有密切关联而受社会价值所影响的。"

可以看出,我国学者强调了党和政府的政策主体地位,而忽略了社会政治团体的主体性;强调了政策的目标取向,而忽略了政策的过程特点;强调了政策的表现形式,而忽略了其本质特征。

这类界定强调,公共政策是政府为实现某一目标而制定的谋略;公共政策是引导个人和团体行为的准则;公共政策是保证社会或某一区域朝正确方向发展的实施计划或方案。

总之,中外学者都力图给公共政策下一个恰当的定义,但由于角度不同及利益取向方面的差异,因而对公共政策做出了不一致的解释。

综合中外学者关于公共政策的定义,本书认为,公共政策是社会公共权威部门为了实现一定的公共目的而实施的有计划的活动过程。它表现为经过政治过程而选择和制定的旨在解决公共问题、达成公共目标、分配和增进公共利益的行为规则或行动方案。其表达形式有法律规章、行政规定和命令、政府大型规划、具体行动计划及相关策略等。

1.1.2　公共政策的内涵

公共政策的内涵可以从如下几方面来把握。

(1)政策主体

任何政策都有特定的主体,即国家权威机构、政党及其他政治集团、团体。政策体现了政策主体的意志,它与个人、企业等所做出的决定不同,具有法定的权威性。

(2)目标取向

一定的政策总是要实现一定的目标,具有明确的方向性。同时,政策又在特定的历史时期内起作用,具有时效性,政策不是无意识或偶然性的行为,目标指向明确。

（3）活动过程

政策是主体服务于特定目标而采取的一系列活动，是与谋略、措施、办法、规定密切相关的一系列政治行为。毛泽东曾指出："政策是革命政党一切实际行动的出发点，并且表现于行动的过程和归宿。一个革命政党的任何行动都是实行政策，不是实行正确的政策，就是实行错误的政策；不是自觉地，就是盲目地实行某种政策。"

（4）行为规范

政策是一种行为规范或行为准则，政策总有具体的作用对象或客体，它规定对象应做什么和不应做什么；规定哪些行为受鼓励，哪些行为被禁止。政策规定常带有强制性，它必须为政策对象所遵守。行为规范或准则使政策具有可操作性，从而实现特定的社会目标。

1.2 公共政策的本质和特征

1.2.1 公共政策的本质

政策的制定、执行及其执行结果都是为了解决一定的社会问题，调整社会利益关系。公共政策的本质集中表现在两个方面：公共政策与公共利益；公共政策调节公共利益的程序。

1. 公共政策与公共利益

政治系统中公共权力的运行，政府在公共领域实施的公共管理，最终的落脚点都是社会成员的公共利益。任何一个民主社会都承认主权在民，权力的最终来源是社会公众。公共权力规定和保护着社会公众的权利，借助于公共权力的限制和保护，公众凭借自己的权利来实现其利益。这里的"利益"，主要是指人们为了生存与发展以及获得幸福和自由所必需的资源和条件。公共政策的形成过程实际上就是各种利益团体把自己的利益要求投入政策的制定系统中，由政策主体依据自身的利益要求对复杂的利益关系进行调整的过程。政策的规划、分析、决定和调整都是围绕着不同个人、团体的利益来进行的。在这里，公共权力的分配及配置与个人、团体之间利益的竞争或协调是融合在一起的。在政治生活中，人们关心的是：哪些人的利益要求被反映到了决策中？是何种利益促使政府或团体将某个社会问题列入政策议程？究竟是哪些人为了何种利益在决策，他们是如何决策的？政策制定后是怎样实施的？政策执行后哪些人和团体的利益发生了变化？等等。

以公共政策作为主要手段和途径的政府公共管理，其根本目的是为了对公共利益进行协调和平衡。在社会主义国家中，政府是人民利益的代表者，其公共管理的根本宗旨只能是为人民即绝大多数公众服务。这种服务的主要途径是制定和执行公共政策。因此，公共利益是一切公共政策的出发点与归宿点。政府要通过公共政策的制定、实施和评估来进行利益选择、利益综合、利益分配和利益落实，以达到持续不断地增加公共利益的目的。

正是公共利益将公共政策、政治系统中的公共权力、政府的公共管理联结在一起，因此，理解公共利益是理解公共政策的重要前提。

社会公众具有两方面的含义。一方面是指具体社会中所有人的集合。这种含义的公共利益就是一个集合概念,它指的是与个体利益相对应的全体社会公众的利益或公共利益。另一方面是指与政府或官方相对应的民众的总称。它是一个非集合概念,可以包括公众个体。这种含义的公共利益指的是与国家利益、政府利益相区别的民众的利益,或称为群众利益。

公共政策研究是在上述两层含义上使用公众与公共利益的。现实社会中的公众具有动态性的结构,公共利益具有多层次、多元性的特征。因此,要制定和实施公共政策,必须对公众的构成加以具体分析,对公共利益的类型加以具体区分。

(1)公众有多数人与少数人的区分

“多数人”通常是指社会上追求某种利益要求的多数成员,“少数人”则是指社会上对某种利益追求不感兴趣的数量较少的社会成员。比如,社会上愿意出钱让自己的子女读大学的人可能是多数,而不愿意将钱花费在子女的大学教育上的人是少数。在多数情况下,人们使用“绝大多数”与“极少数”来衡量社会公众的数量结构。

“多数人”与“少数人”又是两个相对的概念,因为无论是多数还是少数,都是就特定的政策问题、某种具体的情境和某种具体而现实的利益要求而言的。对于某个公众个体来说,在某个问题、某种利益的要求上,他可能属于“多数人”的行列;而在另外的问题、另外的利益要求上,他则可能站在“少数人”一边,即不存在永恒不变的“多数人”和“少数人”。

一项公共政策是否合法,其重要的衡量标准是看绝大多数人满意不满意、答应不答应。只有绝大多数人满意的、答应的政策才是可行的,通得过的政策既是合理的也是有效的政策。如果政策只是为了满足极少数人的利益要求,这项政策即使制定出来了,也是不合理、不合情、不合法的,从而无法实施。多数人的利益与少数人的利益往往是矛盾的甚至是冲突的,为了满足多数人的利益要求,有时不得不牺牲少数人的利益。

对于少数人,政府在公共管理中也决不能忽视。尽管这部分人的利益要求与多数人的利益要求是相矛盾的,但是,他们也是公众的一部分,也应当享有公平的待遇。因此,在制定和实施公共政策时,必须兼顾少数人的利益要求。

(2)公众有强势团体与弱势团体的区分

由于现代社会中利益的高度分化,容易形成明显的或潜在的利益团体。某些利益团体由于掌握着较多的政治、经济资源,甚至与政府部门中的某些决策者有着种种关系,其利益要求总能得到反映与重视,这类团体就是强势团体。另外,公众中也有某些团体缺乏经济与政治资源,其利益要求很难得到重视与满足,这类团体就是弱势团体。政府在制定公共政策时,一定要对强势团体特别是由少数人组成的强势团体加以限制,而对于具有正当利益要求的弱势团体加以保护。

(3)公共利益的眼前利益与长远利益、全局利益与局部利益的区分

在不自觉的状态下,个体公众往往重视眼前利益和局部利益,甚至会出现为眼前利益而牺牲长远利益、为局部利益而牺牲全局利益的举动。政府在制定公共政策时,就应当对各种利益要求加以选择和综合,将公众的长远利益与眼前利益结合起来,将公众的全局利益与局部利益结合起来,有时甚至要为长远利益、全局利益而放弃某些眼前的、局部的利益。

在研究公共政策与公共利益的关系时还必须注意,政府制定与实施的公共政策既会给公众带来利益,同时也需要公众付出一定的代价。在公共政策的运行中,利益享受者与代价付出者有时是一致的,有时是不一致的,并且对某个个体或群体来说,享受的利益与

付出的代价在量上与质上有时也是不一致的。通常包含下列几种关系:享受的利益与付出的代价相等;享受的利益大于付出的代价;享受的利益小于付出的代价。

2. 公共政策调节公共利益的程序

(1)利益选择

政府对利益的分配,不是任意的、无的放矢的,作为公共权力的占有者,政府把利益分配给谁,首先来自于政治统治的目的。在阶级社会里,无论何种社会、何种政府,其所制定的公共政策都必须符合统治阶级的利益要求。因此,政府要选择那些与政府的价值取向相一致的社会群体作为分配对象,满足他们的利益需要。按照马克思主义的观点,在剥削阶级占统治地位的国家里,其政策从根本上讲自然是为少数剥削者的利益而制定的,它与剥削阶级的价值取向一致。而在无产阶级掌握政权的国家,公共政策的制定和执行,是要维护无产阶级和广大劳动人民的根本利益。

不过,这中间有种认识需要澄清:作为社会公共权力代表的各级政府,除了全社会的利益之外,有没有自身的利益? 大量实践使得人们越来越清楚地认识到,政府也是社会多元利益主体之一,也要寻求自身的最大利益。作为一个相对独立的社会行为组织,政府是由若干成员组成的,每个成员的利益以及他们的总体利益是借政府机构来实现的。因此制定什么样的政策,政府首先是选择利益,选择那些与社会整体利益相一致的方面,也选择那些与政府自身最大利益相一致的方面。

政府的这种主观的选择特征,必然使公共政策在分配社会利益时带有明显的倾向性。比如,少数政府官员偏袒某些利益团体,经常给予这些利益团体"优惠政策",使得他们从政策中获得更多的利益。明白了这一点,就容易理解为什么我们有时也会出现事与愿违的公共政策。

(2)利益整合

美国著名学者罗尔斯认为,所谓社会是为获取共同利益组成的协同事业体,因为各社会成员在通过建立社会及其相互协作以增加利益时,具有互相一致的利害关系。至于社会总体所获得的利益,如何向每一个社会成员进行分配,却构成了人与人之间在利害关系上相互对立的态势。因此政府在向社会各成员分配利益时,除了要考虑到社会的整体利益与政府利益之外,还要充分考虑到社会各成员之间的利益相关性。

政策本身所反映的利益关系是通过社会问题表现出来的。在社会上,人们已获得的利益和想要得到的利益之间总是存在着差距,因而由利益差距所形成的个人利益与他人利益、组织利益的矛盾总是客观存在的。为解决由错综复杂的利益关系所产生的矛盾,政策制定者会制定出不同的政策,引导持有不同利益的相关组织和个人采取不同的行为。

与社会利益紧密相关的公共政策,要提供一种普遍遵循或者至少相关人员应该遵循的行为准则,规范人们在追求利益时所出现的矛盾或冲突中的行为。政府必须综合地平衡各种利益关系,或简称为"利益整合"。利益整合建立在利益选择的基础之上,前者既是后者的逻辑结果,又是实现结果,而且往往是两种结果的有机统一。

利益整合,除体现在政治行为与普遍准则上,还体现在原则性与灵活性的结合上。在现实社会中,利益主体的利益是多元化的。政策既要反映社会大多数人的利益需求,又要兼顾保护少数人的合法利益。政策的作用,是要调动人的积极因素,排除那些消极因素,把各种利益矛盾尽量控制在较小的范围之内,以保证社会的稳定与发展。

（3）利益分配

不少人认为，政策是一种资源，谁得到了政策，谁就拥有了一定资源。实际上，公共政策本身并不是资源，而是由于政策实施后一部分人的利益得到满足，这意味着政策起到了向社会有关成员分配利益的功能。对不同的政策对象来说，公共政策所分配的利益，往往对一些人是直接的，而对另一些人是间接的。一般来说，人们从政策那里所得到的好处，从程度上看是不相等的。比如，获得减免税政策的企业，是直接利益的获得者，而与这些企业产、供、销相关的其他组织与个人，很可能是这一政策的间接获益者。

利益分配的结果既能使部分人获得利益，又可以使部分人失去利益。比如物价政策，就经常在生产者与消费者之间谋取合理的平衡。它们有时会削弱生产者的利益，有时则会抑制消费者的利益。但公共政策的最大特点之一，总是要保护绝大多数人的利益，尤其是绝大多数人的长远利益，而抑制少数人的利益。

不过，人们从政策中获得利益或失去利益并不是绝对的，有时还会出现这样的情况：某一政策使得一些人既获得利益，又失去利益。比如人口流动政策，使得农村剩余劳动力大量涌入城市，这固然使农民得到适当利益，同时给城市居民的某些生活服务也带来了很大方便，从中获得了好处，但因流动人口管理上的困难以及其他多种原因，城市居民的利益又常常受到了不同程度的影响。至于对那些失去利益而又不接受做出让步或牺牲的政策对象来说，公共政策会对他们构成一种强制性的规范。

（4）利益落实

政策分配利益，满足一部分利益团体的合理要求是十分重要的。但更重要的是这些利益团体能否按照政策规定的目标，获得应有的利益，这不仅是相关的利益团体关心的事，更应该是政府关心的事。政府的政策主体地位，需要它们主动地把政策内容贯彻到实践中去，产生应有的政策效果，即从本质上讲，使得分配的利益到位。

比如，为了减轻农民负担，中央、国务院曾多次制定相关政策，三令五申地指出："严禁向农民乱摊派、乱收费、乱集资以及'打白条'等现象发生。"然而在实际执行过程中，许多地方的农民负担仍然十分沉重，农民的实际利益受到了严重侵犯，使得他们产生了"被剥夺感"。很显然，中央政策是要真正减轻农民负担、保护农民利益的，但政策不能有效地落实，就意味着农民没有从中央政策中获得利益。

（5）利益增进

人们按照戴维·伊斯顿"分配"的思路理解公共政策显然是不够的，这就如同经济学所讲的那样，仅讲分蛋糕不行，还要做蛋糕。公共政策不仅要分配利益，更要增进全社会的利益。在改革开放之初，由于"文化大革命"所带来的影响，使得中国经济遭到严重破坏。为了恢复经济、促进经济快速增长，政府出台了"让一部分人先富起来"的政策，在农村实行"联产承包责任制"政策等，其主要目的不是表现在利益分配上，更多的是为了增进全社会的利益。增进全社会的利益与效率有关，分配全社会的利益则更体现在公平上。

因此，在对公共政策本质的理解上，应突出以下内容：①要实实在在地增进社会利益；②要对全社会的利益进行分配；③基于多种利益关系的有选择的利益分配；④通过整合各种利益矛盾后的利益分配；⑤要在实践中得到兑现的利益分配；⑥要在增进社会利益中突出效率，在分配社会利益中突出公平。

1.2.2　公共政策的特征

作为对社会利益进行分配的政策,应调整社会成员之间的利益关系,实现政府的目标。在不同的社会形态里,公共政策的表现形式各异。在阶级社会里,它具有如下明显的共同特征。

1. 阶级性

公共政策是公共权力机构为解决某一社会问题而制定的行为规范,是政府整治行为的产物。政府是统治阶级行使国家权力的核心工具。政府的政策要符合统治阶级维护和巩固现行政治统治的需要,要体现统治阶级的意志,反映统治阶级的根本利益和共同愿望。

马克思主义认为:"统治阶级的思想在每一时代都是占统治地位的思想。这就是说,一个阶级是社会上占统治地位的物质力量,同时也是社会上占统治地位的精神力量。支配着物质生产资料的阶级,同时也支配着精神生产资料,因此,那些没有精神生产资料的人的思想,一般是隶属于这个阶级的。"公共政策的指导思想是统治阶级思想的集中体现,其理论基础是统治阶级倡导并支持的理论。比如"二战"结束后,西方资本主义国家依照资产阶级的统治需要,普遍实行凯恩斯主义,采取了国家干预的经济政策。毫无疑问,社会主义国家的政策,其理论基础集中反映了占统治地位的工人阶级和广大劳动群众利益的思想。公共政策具有鲜明的阶级性,超阶级的政策是不存在的。

2. 整体性

公共政策要解决的问题是复杂的。尽管某一政策是针对特定问题提出的,但这些问题总是与其他问题交织在一起的,相互关联,相互影响。孤立地解决某一问题,往往是不成功的。即使暂时解决,也会牵连其他问题或产生新问题。比如埃及的阿斯旺高坝,解决了上游的水利问题,却引发了生态平衡的破坏等一系列环境问题。之所以会产生这种结果,是由某项政策功能的有限性与社会问题的庞大和复杂之间的矛盾造成的。政府很难通过某一项或几项政策对全社会实行有效管理。

政策配套,是指由众多数量、类型不一的政策组成政策体系,强化政策的整体功能。整体性不仅表现于政策的内容与形式上,而且还表现在政策过程中。一个理想的政策过程,基本包括了政策的制定、执行、评价和调整等多个环节,不同的环节之间相互联系,共同对政策的质量发生作用。政策体系的整体功能以及政策过程诸环节的整体作用,除取决于自身的联系之外,还与政策环境密切相关。环境的变化,必然会引起政策过程诸环节的变化,同时也将导致政策及政策体系的变化。为保证政策机制的运行,需要注意政策内容、政策过程与环境之间的整体作用。

3. 超前性

尽管公共政策是针对现实问题提出的,但它们是对未来发展的一种安排与指南,必须具有预见性。任何政策都有明确的政策目标,即解决政策问题所要达到的目的、结果和状态。先进的政策目标,决定了政策应是超前的。比如"允许部分地区和个人靠勤劳先富"的政策,其目的是要达到"共同富裕"。社会主义制度的本质特征决定了"共同富裕"这一目标是先进的,为实现这个目的,政策鼓励先富的地区和个人,要以富帮穷,犹如滚雪球,逐步壮大,最终实现"共同富裕"。如果没有"先富",就不可能"同富"。由此可见,政策目标愈先进,政策的超前性愈强。

政策的超前性,不仅是保证政策稳定的必要条件,而且是合理分配社会利益的有力保证。那些处于最佳超前度的政策,必将对社会产生强大的吸引力和推动力。政策的超前性,不是脱离实际的空想,而是建立在科学预测与对客观事物发展规律充分认识基础上的必然结果。

4. 层次性

政策作为政府行为的产出项,根据不同层次的政策主体,会具有不同规格。按照权力主体来划分,政策包括中央政策和地方政策。从内容上看,政策体系中的各项政策,也有不同的层次关系,可划分为总政策、基本政策、具体政策等。尽管不同的政策间是相互联系的,但不同类型的政策之间并不是"平起平坐"的关系,而是有主次之分。

从政策体系的纵向分析,高层次政策对低层次政策起支配作用。但高层次政策的内容都是概括性较强的原则性规定,常常难以直接规范人们的行为。只有把高层次政策加以具体化,并逐层分解,才能转化为低层次的可操作的一系列政策。"一刀切"政策至少没有认识到政策的层次性。

特别指出,按照系统论的能级原则,不同层次的系统要素具有不同的能级。中央政府的宏观调控政策是从整个国家的全局考虑制定的,各地方政府必须依照本地区的实际情况,具体分析客观对象,制定出适合本地区的政策,而不是简单地照搬中央政策。即使处于同一层次上的政府政策,也可能由于政策问题提出的背景等因素的不同,在政策内容上会有一定差别,同样不应该机械地硬套。

5. 多样性

公共政策的多样性显然源于政策的"公共"特征。现代政府在社会生活中所处的举足轻重的地位,直接由政府职能的日益拓展所决定。政府职能是政府在一定时期内,依据社会发展需要,所承担的职责和具有的功能。多数人把政府职能分为政治统治、社会管理和经济管理职能。

随着生产力的不断发展,社会事务的日益增多,总的说来政府职能的发展趋势是日益丰富、复杂和扩大,那些在过去不太需要政府管理的问题,如人口问题、环境保护问题、资源问题等,均被列入现代政府的管理范围内。由此而引发的政策问题,自然变得多样与复杂。

在我国,由于受政治、经济、历史和文化等各种因素的影响,政府管理范围相当广泛,政府的政策内容极其繁杂。比如,我国的公共政策,按照社会领域划分,不仅可以划分为政治、经济、社会、科技、文教等政策,而且这些政策还可以划分为若干子政策,如经济政策可划分为财政政策、金融政策等。同样,这些子政策还可以再分为更低一层次的子政策。

6. 合法性

政府行为是一种特殊的"法人行为"。体现政府行为的政策,本身就具有一定法律性质。它的规范作用,与社会上一般所讲的道德规范不同。它既要依靠社会舆论来维持,更要通过国家的强制力量来监督执行,因为政策集中反映了统治阶级的思想。

政策与法律之间存在着特殊关系,它们都共同体现并代表了统治阶级的利益。但政策是法律的重要依据,法律是实行政策的最有效形式。法律比政策更条例化、固定化,而政策比法律更具有灵活性,因此政策是法律的前身。对于一个逐步走向法治的国家来说,政策的合法性是极其重要的政治要求。它首先表现在内容上不能与宪法、法律相抵触,其次还表现在程序上要严格守法。这充分体现了对法律的尊重,有利于民主政治的培育与发展。在一定条件下,政策与法律之间可以相互转化。在此需说明,西方学者对公共政策内容与形式的理解要比我们宽泛得多。

1.3 公共政策的基本功能

所谓政策功能,简单地说,就是政策所能发挥的功效和作用,它通过政策的地位结构作用表现出来,它总是在与某种社会目标的联系中得到判定。公共政策的基本功能包括导向功能、调控功能和分配功能。

1.3.1 导向功能

政策的导向功能是指政策引导社会生活中人们的行为或事物朝着政策制定者所期望的方向发展。政策导向功能所包含的一项重要内容是规定目标、确定方向。规定目标就是把整个社会生活(包括政治生活、经济生活、文化生活等)由复杂的、多面的、相互冲突的、漫无目标的潮流,纳入明晰的、单面的、统一的、目标明确的轨道,使社会有序地发展。政策导向功能的另一项重要内容是教育指导、统一认识、协调行动、因势利导。任何政策,不仅要告诉人们什么是该做的,什么是不该做的,而且还要使人们明白,为什么要这样做而不那样做,怎样才能做得更好。

公共政策的导向功能有两种作用形式:一种是直接引导,另一种是间接引导。我国的许多农村政策,既直接引导了农民发展农业生产的行为,同时也间接地对城市居民的工作与生活发生了影响,引导与制约了他们的行为。正如前面提到的,这种间接引导作用,反映在行为上,更反映在观念的转变上。比如,在城市居民中,如何看待农村及农村生活,从观念上发生了深刻的变化,甚至还出现这一类情况,某项政策对一部分人的观念与行为,原本是起到间接引导作用的,在一定条件下这种间接引导作用却转变成了直接引导作用。

从作用结果来看,公共政策的导向功能包括正导向功能和负导向功能。正导向是政策对事物发展方向的正确引导,体现了人们对事物发展规律所表现出的正确认识。这一点理论上不会有什么争议。关键是如何理解负导向功能,有些学者认为,那些违背事物发展规律、对事物发展方向起逆转作用的、被实践证明是错误的政策,才具有负导向功能。但公共政策不是符合一切人利益的政策,因此这种理解未免太狭隘。

在我国,政府政策所谋求的是要符合绝大多数人的利益。即使在绝大多数人中,由于人的素质有差别,也不排除一部分人从实用主义的角度来理解某一项公共政策的内涵,更何况,任何一项政策不可能是尽善尽美的,总需要在实践中不断完善。因此,不正确的政策,违背绝大多数人利益的政策,固然具有负导向功能;那些基本正确的政策,因其具有不可克服的负效应,也会产生负导向功能。

西方国家公共政策的负导向功能,其表现非常突出。比如,美国的福利政策,采取了对未成年子女的家庭进行补助的措施,由此产生了私生子女增多的不良后果。公共政策所具有的导向功能是客观的,是不以人们的意志为转移的。人们既要充分发挥政策的正导向功能,又要清醒地认识到政策的负导向功能,要主动地调整社会的利益关系,克服它们的消极影响,特别要尽量避免那些因错误政策所产生的负导向作用。

1.3.2 调控功能

公共政策的调控功能是指政府运用政策,在对社会公共事务中出现的各种利益矛盾进行调节和控制的过程中所起的作用。正如不少学者所指出的那样,它既有调节作用,也有控制作用。但调节作用与控制作用往往是联系在一起的,经常是调节中有控制,控制中达到了调节。

政策的调控功能,主要体现为调控社会各种利益关系,特别是物质利益关系。现实社会里存在着追求各种不同利益的群体,其中有些人的利益是一致的,有些人的利益则不一致。有些人在一定时期内,利益是一致的,而在其他时期内又会不一致。利益的差别、摩擦甚至冲突是不可避免的。为了平衡各种利益矛盾、实现社会的稳定和发展,作为一项政治措施的公共政策,需要承担起调控社会利益关系的重任。

公共政策涉及社会、阶级和国家的根本利益,浸透了政府决策者的认识能力和主观偏好。正因为如此,公共政策作为政府用以管理社会的工具,首先必须在维护统治阶级的利益与需要方面起到巨大的政治作用,这是政策发挥调控作用的出发点。人们看到,不少政策之所以失灵,没有实现预期目标,就是因为人们有意或无意地忘记了这一点。

公共政策的调控功能,也有直接的和间接的两种形式。对中央政策而言,那些宏观调控政策,如以产业政策为核心的经济政策,控制人口增长、保护生态平衡等政策,对我国经济的发展、人口的数量和质量、环境的保护,都直接起到了调控作用;同时,这些政策也对企业的发展起到了间接调控作用,政府制定政策去调控市场,市场引导企业的生产、经营,促使资源的优化配置。在计划经济体制下,人们混淆了两种调控方式的区别,使宏观经济政策产生了许多消极作用。

政府政策的调控功能,常常还表现出特有的倾斜性,因为政府目标在不同时期会有不同的侧重点,政策要围绕政府目标的侧重点,鲜明地倾向于政府工作的某一方面,即政府在满足整体利益的前提下,优先对某一领域以及相应的某些利益团体施加保护或者采取促进性措施,使之得到充分发展,而这些措施往往是倾斜政策的重要内容。政策不仅指明人们应该做什么、不该做什么,而且还指明应该先做什么、后做什么,以此调控社会群体和个体行为,规范人们的行动。

政策的调控功能也有积极与消极之分。消极的调控功能也被称为负调控功能,这种消极作用往往是因强调一种倾向而掩盖了另一种倾向所致。比如,强调扩大地方自主权的“分灶吃饭”政策实施后,中央财政收入出现了较为明显的下降趋势。

1.3.3 分配功能

在关于公共政策的定义中,本书特别强调了它在分配社会利益中的本质特征。毫无疑问,公共政策应具有利益的分配功能。这种功能需要回答三个方面的问题:①将那些满足社会需求的资源(即利益)向谁分配?②如何分配?③什么是最佳分配?下文只讨论第一个问题。

社会经济地位、思想观念、风俗习惯以及知识水平等方面的差别,造成了不同的人有不同的利益需求。然而社会的实际资源是有限的,不可能时时、事事都满足每一个人的需要。社会中每一个利益团体与个体都希望在有限的资源中多获得一些利益,这必然会在分配各种具体利益时产生冲突。如果这些冲突激化,就会造成社会的不稳定。

为减少社会成员之间的利益摩擦,需要站在公正的立场上,用政策来调整现实的利益关系。一旦某项政策付诸实施,必然是一部分人获得利益,另一部分人未获得利益;或者是一部分人获得了较多的利益,另一部分人非但未获得利益,甚至失去了原有的利益,这就是政策所起到的利益分配作用。每一项具体政策都有一个"谁受益"的问题,换句话说,政策必须鲜明地表示出把利益分配给谁。

利益究竟分配给谁? 在通常情况下,下列三种利益团体和个体,容易从公共政策中获得利益:

(1)与政府主管偏好一致或基本一致者

政府是政策制定的主体,自然也是利益分配的主体。政府显然愿意把社会利益分配给自己的拥护者,而不是反对者。现实中常有这种情况,那些口头或表面拥护而实际反对政府偏好的人,也同样会从政府手中获得同等的利益,甚至更多的利益。

(2)最能代表社会生产力发展方向者

公共政策的利益取向,要求必须明确谁是政策的受益者。对于任何一届政府来说,大力发展社会生产力总是第一位的。政策的好与坏、正确与错误,首先要看它是否有利于生产力的发展。不言而喻,其行为体现生产力发展趋势者,必然会从政策中获益。

(3)普遍获益的社会多数或绝大多数者

一项政策的实际效果,取决于该政策是否符合绝大多数人的利益。因为在政策实施过程中,利益得到满足或基本满足的各种利益团体与个体,会自觉不自觉地拥护和执行政策,促使政策的实际效果与预期效果一致。一般来说,在特定时期内政策受益的人越多,发生政策偏离的可能性就越小。

在市场经济体制下,市场调节以效率为原则。但对任何一个进步国家来说,它又要坚持社会公平原则。多年来,尽管我们一再提倡"效率优先、兼顾公平"的原则,但是社会利益矛盾仍然突出地反映在分配不公上,尤其是物质利益的分配不公。那些不合理的分配政策,假如得不到及时纠正,必然大大加剧利益分配中的矛盾,有可能会从物质利益冲突发展为非物质利益冲突。

因此,认真地研究公共政策的利益分配功能,既是重要的理论问题,又是一个严肃的实践问题。可以这样讲,离开了"究竟把利益分配给谁"这一核心问题,公共政策将失去制定的必要性,即使制定出来也会失去其灵魂。

1.4 公共政策的分类

现实社会的每一个领域都有相应的政策存在,公共政策所要解决的问题是多种多样的,公共政策所采取的方法、步骤、程序也不尽相同,因此,公共政策的类型有很多。从不同的角度有不同的分类方法。根据目标的数量,可分为单目标公共政策和多目标公共政策;根据目标的性质,可分为常规性公共政策和非常规性公共政策;根据目标要求,可分为最优政策和满意政策;根据政策制定的方法不同,可分为定性政策和定量政策;根据政策制定的程序不同,可分为静态政策和动态政策;等等。但这些比较细致的分类对公共政策的制定和实施并没有多少实际意义,应把握公共政策的基本类别,以弄清公共政策的发生和发展的逻辑顺序及重要性。本书将公共政策进行如下划分:横向上分为政治政策、经济政策、社会政策、科技政策和文教政策;纵向上分为元政策(总政策)、基本政策和方面政策(具体政策)。

1.4.1 横向分类

横向上的公共政策基本类别,主要倾向于从政策所涉及的社会生活领域进行分类,政策之间通常为并列关系。主要划分为政治政策、经济政策、社会政策、科技政策和文教政策。

1. 政治政策

政治政策是指在政治生活领域里,由国家或特定政党所规定的涉及政权的相关准则、规范、法律等,是国家或政党调节和处理人们的政治生活、政治关系的规范和准则。它是政治体系得以存续、维持和发展的根本措施。政治政策一般包括政党政策、法治政策、军事政策、行政管理政策、人事政策、民族政策、外交政策等。

2. 经济政策

经济政策是指一个国家在经济领域方面所规定的政策,是调整人们的经济关系、经济活动的规范和准则。经济政策是国家管理经济活动的重要方式和手段,分为宏观调控和微观管理两个基本层次,主要调整国家与社会、政府与市场之间的关系。经济政策一般包括农业政策、工业政策、金融政策、财政政策、贸易政策、房地产政策、区域发展政策等。

3. 社会政策

社会政策是指专门解决社会问题,提高人民生活,增进社会利益,谋求社会和谐发展的基本原则和规范。社会正义、社会公正、社会协调和社会稳定是其核心价值。各政党、政府借社会政策宣传其政治主张,处理各种社会关系,维护其利益。社会政策一般包括人口政策、劳动工资政策、社会救济政策、社会保障政策、医疗卫生政策、宗教政策等。

4. 科技政策

科技政策是国家在一定时期的总目标下,为了促进和调节科学技术的发展,充分发挥科技工作者、科学技术对社会经济发展的推动作用而制定的基本准则和规范。科技政策是指导整个科学技术事业的策略原则,一般包括科技管理政策、高新技术开发政策、科技成果转化政策等。

5. 文教政策

文教(包括文化、教育、出版、体育、卫生等)政策是国家对自身的文教事业的规划、发展方向所制定的指导原则。文教政策不仅事关国家物质文明建设,而且事关国家精神文明建设。文化政策一般包括大众传播政策、文学艺术政策、体育政策等;教育政策一般包括义务教育政策、高等教育政策、职业教育政策、继续教育政策、社会教育政策等。

以上的五方面政策从不同的领域对人们的政治活动、经济活动、社会活动、科技活动、文教活动进行管理,使之纳入一定的社会轨道,以保证社会的安定和发展。

1.4.2 纵向分类

纵向上的政策基本类别,主要倾向于从中央与地方之间的关系来划分,政策之间通常具有从属关系。主要分为元政策(总政策)、基本政策和方面政策(具体政策)。

1. 元政策(总政策)

元政策是用以指导和规范政策行为的一套理念和方法的总称。这一概念是相对于作为有关机构团体和个人的行动准则或指南的一般公共政策而言的,它指的是规范与引导政策制定行为本身的准则或指南,即关于如何制定政策的政策。元政策决定着哪些组织和个人按照怎样的程序、依据什么原则、采用什么方法来制定政策,它牵涉整个政策制定系统,因此,它是关于政策的政策,其基本作用在于保障其他各项政策遵循同一套政策理念、谋求实现统一的政策目标。总政策对于一个国家的社会生活、历史发展的影响是巨大的,其正确与否,直接关系到一个国家的兴衰成败。

2. 基本政策

基本政策是用以指导方面政策的主导性政策,是执政党和政府给有关群体、个人的行动规定或指明大方向的公共政策。它主要确定方面政策应采取的态度,应依据的假设,应遵循的指导原则,是一种主导政策。基本政策又可分为两类,第一类是具有全面性和广泛性的、针对全国所有机构部门的根本指导原则,也就是我们通常所谓的基本路线、基本方针。第二类是某一领域各个部门开展工作的根本指导原则。第二类基本政策必须与第一类相一致,而不能与之发生冲突。基本政策涉及的问题主要是要确定政策的总体目标、政策的作用范围、政策产生影响的时间、所使用的政策工具的范围、政府应采取的态度以及其他一些政策战略。基本政策是连接总政策与方面政策的中间环节,因此,它具有双重属性:一是从属于总政策;二是指导方面政策,从而具备中介和协调的功能和作用。

3. 方面政策(具体政策)

方面政策主要指针对特定而具体的公共政策问题而做出的政策规定,是执政党或政府为解决具体问题而给有关部门和个人规定的行动准则。广义的方面政策,指所有基本政策以外的公共政策,它又可以进行第二级分类,如有学者将广义的方面政策分为实质性政策、策略、规划与程序三类。而狭义的方面政策即是指实质性政策,如财政预算、行动计划、法律方案等。由于方面政策是与具体的政策问题联系在一起的,因此它的涉及面广、形式多样、针对性强、内容详尽、时效性强、变动性大、执行性强、操作性强。

思考题

1. 公共政策的定义是什么?
2. 简述公共政策的特征。
3. 分析公共政策的本质。
4. 论述公共政策的功能。

案例分析

国家审议并通过免除城市义务教育阶段学生学杂费政策

国务院总理温家宝2008年7月30日主持召开国务院常务会议,研究部署全面免除城市义务教育阶段学生学杂费工作,审议并原则通过《中华人民共和国专利法修正案(草案)》。

会议指出,在全面实施农村义务教育经费保障机制改革的基础上,免除城市义务教育阶段学生学杂费,进一步强化政府对义务教育的保障责任,对推动义务教育均衡发展、促进教育公平具有重要意义。各地区、各有关部门要统一思想、提高认识、精心组织,确保免除城市义务教育阶段学生学杂费工作顺利实施,把好事切实办好。一要完善城市义务教育经费保障机制,加强预算管理,严格按照预算办理各项支出,严禁挤占、截留、挪用义务教育经费。二要规范城市义务教育阶段服务性收费和代收费。收费项目和标准要经省级人民政府审定,坚持学生自愿和非营利原则,严格执行教育收费公示制度。三要切实解决好进城务工人员随迁子女就学问题。进城务工人员随迁子女接受义务教育以流入地为主、公办学校为主解决;对符合当地政府规定接收条件的随迁子女,要统筹安排在就近的公办学校就读,免除学杂费,不收借读费。四是在接受政府委托、承担义务教育任务的民办学校就读的学生,按照当地公办学校免除学杂费标准,享受补助。

会议强调,在免除城市义务教育阶段学生学杂费的同时,各地要进一步加大农村义务教育支持力度,经费投入继续向农村倾斜,重点加固和改造存在安全隐患的校舍,加强农村寄宿制学校建设,增加对家庭经济困难寄宿学生的补助,逐步解决好农村义务教育教师待遇和农村留守儿童在校学习生活问题。

截至2007年底,全国共有城市义务教育学校(不含县镇)2.59万所,占义务教育阶段学校总数的7%;城市义务教育学生2 821万人,占义务教育阶段学生总数的17%;城市义务教育阶段专任教师157万人,占义务教育阶段专任教师总数的17%。

与农村相比,城市义务教育有一些明显特点:一是学校运转水平总体较高,但发展不均衡;二是社会对学校发展要求高,家长对学校的服务需求多;三是随着城镇化进程的加快,进城务工人员随迁子女上学问题突出。《义务教育法》明确规定:"实施义务教育,不收学费、杂费"。免除城市义务教育学杂费是贯彻落实《义务教育法》的必然要求,这是继农村义务教育经费保障机制改革后,推动义务教育均衡发展、促进教育公平的又一重大举措。

免除城市义务教育阶段学生学杂费工作的步骤是什么? 按照国务院的总体部署,免除城市义务教育学杂费分两步进行:一是从2008年春季学期起,在北京、天津、上海、山东、江苏、浙江、福建、广东、安徽、江西、河北、海南、湖南、内蒙古、宁夏、云南16个省(自治区、直辖市)和大连、青岛、宁波、厦门、深圳5个计划单列市进行试点,共1 702万名城市义务教育阶段学生已享受免除学杂费政策,占全国城市义务教育阶段学生总数的60%。二是从2008年秋季学期起在全国范围内实施。

免除城市义务教育阶段学生学杂费的标准是各省级人民政府制定的城市义务教育阶段学校"一费制"中的学杂费标准。

免除城市义务教育阶段学生学杂费所需资金如何承担? 免除城市义务教育阶段学生

学杂费所需资金,由省级人民政府统筹落实,地方各级财政予以安排。为支持和引导各地做好免除学杂费工作,中央财政对全省已经整体免除城市义务教育阶段学生学杂费的省份,从免除之日起,对中西部地区按照中央与地方5∶5的比例给予奖励性支持;对东部地区,参考农村义务教育经费保障机制改革政策、落实农民工子女就学情况以及财力状况等因素,分省确定奖励支持比例。

进城务工人员随迁子女是否享受免除学杂费政策?国务院文件要求,对符合当地政府规定接收条件的进城务工人员随迁子女,在公办学校就读的,免除学杂费,不收借读费;在接受政府委托、承担义务教育办学任务的民办义务教育学校就读的进城务工人员随迁子女,按照和公办学校学生一样的标准享受免除学杂费政策。

国务院文件在重申"两为主"(以流入地为主和公办学校为主)解决进城务工人员随迁子女接受义务教育问题的基础上,进一步提出了三方面要求:

一是做好统筹规划。地方各级人民政府将进城务工人员随迁子女接受义务教育纳入公共教育体系,根据进城务工人员随迁子女流入的数量、分布状况和变化趋势等,合理规划学校布局和发展。

二是足额拨付公用经费。地方各级人民政府要按照预算内生均公用经费标准和实际接收人数,对接收进城务工人员随迁子女的公办学校足额拨付公用经费。

三是加大教育资源投入力度。进城务工人员随迁子女流入较多、现有教育资源不足的地区,政府要加大教育资源统筹力度,采取切实有效的措施,改善学校办学条件,加大对校长和教师配备的支持力度,保证学校教育教学的基本需要。

国务院文件要求,在接受政府委托、承担义务教育办学任务的民办学校就读的学生,与当地义务教育阶段学生一样享受免除学杂费政策。对享受城市最低生活保障家庭的义务教育阶段学生,在免除学杂费的同时,继续免费提供教科书,并对确需寄宿的家庭经济困难学生补助生活费。

(资料来源:网上资料综合)

案例讨论题

1. 简述以上案例的内容。
2. 试用公共政策本质的内容分析以上案例。

第2章 公共政策分析及历史沿革

本章摘要

本章重点讨论了公共政策分析的研究范畴及特点,并详细介绍了公共政策分析历史沿革。

2.1 主要介绍了公共政策分析的主要概念和内涵,并介绍了公共政策分析的三种模式及综合分析框架。

2.2 主要介绍了公共政策分析历史沿革,包括公共政策分析的历史孕育、形成时期、发展时期、反思时期及拓展时期。

2.3 主要探讨了公共政策分析人员的工作分布及他们在现实工作中起到的社会作用。

关键术语

公共政策分析 政策问题 政策目标 政策方案 政策模型 政策评估标准 政策效果 政策环境 政策信息

2.1 公共政策分析的研究范畴及特点

2.1.1 公共政策分析的主要概念

公共政策分析既是一个过程,也是一个系统。从政策过程看,政策分析包括以下要素:政策问题、政策目标、政策方案、政策来源、政策评价标准、政策效果等。从政策系统来看,政策分析包括政策主体、政策客体、政策模型、政策环境、政策信息等。当然,这种要素区分不是绝对的,例如,政策信息可以看作政策系统中的要素,也可看作政策过程中的要素。将这两者结合起来看,公共政策分析的主要概念有政策问题、政策目标、政策方案、政策模型、政策评估标准、政策效果、政策环境和政策信息。

1. 政策问题

政策问题是公共政策的出发点,因为搞清问题的性质有助于确定政策过程的性质。公共政策问题主要包括以下五个方面的内涵:第一,客观的事实或问题情境,即政策问题来源于一些可以观察到的,能够表述出来的客观事实和问题情境,但在政策分析过程中,一定要把政策问题和问题情境严格区分开;第二,问题的察觉,即公共政策问题必须被社会大多数人所察觉;第三,现实与利益期望等的冲突性,即社会所存在的客观现实状况与统治者或社会大多数人的利益、期望、价值和规范等有相当严重的冲突;第四,团体行动与组织行动,即人们只有采取一定的团体或组织行动才有可能使社会问题、公共问题上升为政策问题;第五,政府和社会公共组织的必要政策行动,即政策问题要求人们所察觉的问题必须在政府的职能范围之内。

2. 政策目标

确定政策目标是政策分析过程的中心任务,是进行政策分析的前提。所谓政策目标是政策所希望取得的结果或完成的任务。从一定意义上来说,它是一种政策决定,是用以确立公共政策行动的法律地位、指导公共政策的活动方向、确定公共政策的活动内容的决定。刚开始围绕政策问题,政策目标可能不是很具体,将之具体化的方法有两种:一是把政策目标分解成更低层次的子目标;二是对政策目标必须实现的数量进行量化。

3. 政策方案

政策方案是为实现政策目标而采用的手段或措施。政策分析者往往可以提供多种备选方案,在此基础上,政策决定者可以根据自己的价值偏好、政策思想等来权衡利弊,选择出最佳的政策方案。政策方案的选择是个不断创新的过程,既要避免出现实际上不让顾客挑选的"霍布森选择",也要避免有很多选择但不会选择的情况出现。在社会利益逐渐复杂和交叉的现代社会,往往很难选出最佳政策方案,而以次优或满意代之。

4. 政策模型

日本学者药师寺泰藏指出:"'模型'一词的含意是对研究者的分析方法及其理论的概括总结。"因此,政策模型就是对政策研究者的分析方法及其政策理论的概括总结。它是由变量与关系组成的,不受现实中非本质因素的约束,可以将复杂问题简化为易于处理的模式,便于理解、操作、模拟和优化。"假如没有一个模型,那么将无法考虑变量的选择以及推理的前提条件等问题。"政策模型可以把决策理论、方法与实践结合起来,形成一个格式化、标准化、工程化的决策程序,以减少决策失误,保证决策的科学性,保证决策实施的速度和质量。

5. 政策评估标准

政策评估标准是衡量有关政策的利弊优劣的指标或准则。政策评估既是一个事实判断和技术判断的过程,也是一个价值判断的过程,而价值判断又是以事实判断和技术条件为基础的,因此,政策评估的标准有三个:事实标准、技术标准和价值标准。事实标准的内容包括政策效率、政策效益、政策影响和政策回应性;技术标准包括多样化、系统化和数量化;价值标准包括社会生产力的发展、社会公正和社会可持续发展。在政策评估过程中,很少使用单一标准,而是将三者有机地配置或综合起来加以使用,但不同的政策评估有不同的侧重点。

6. 政策效果

政策效果是谋求达到政策目标的过程结束时所取得的综合成果,是衡量公共政策合理性的主要标准。对政策效果进行评估主要从政策结果、政策效益和政策效力三方面来进行,即看政策结果是否实现了预定的政策目标,是否实现了预期的社会效益、经济效益和生态效益,是否产生了对社会及政策对象的正效应。我国台湾学者林永波、张世贤为评价政策效果制定了八个方面的标准,即投入工作量、绩效、效率、充分性、公平性、适当性、执行力和社会发展总指标。美国政治学家荻辛也描述了人类社会追求的五种理性:技术理性、经济理性、法律理性、社会理性及实质理性。

7. 政策环境

从广泛的意义上说,环境就是系统以外的一切事物。那么,政策环境就是政策系统以外制约或影响公共政策的制定与实施的一切事物,主要包括以下三个方面:政治—制度环境、经济—社会环境以及历史—文化环境。按照系统理论,系统与环境之间不断地进行信息和能量的交换,环境对系统不断地产生影响,它们之间存在着既可以分辨又可以渗透的界限。政策系统与政策环境之间的交互作用,从根本上决定了政策制定系统的组织特性和功能,而公共政策制定系统的现实特性和功能,则更多地取决于组织所处的特定社会环境。

8. 政策信息

政策信息就是有关决策对象规律、性能及所处环境等各方面的知识、消息。它是决策的物质基础和重要资源,也是沟通决策者和决策对象的桥梁。政策过程实际上就是对政策信息进行采集、加工、传递、使用、反馈的过程,即输入—输出—输入的过程。美国学者邓恩认为信息日益成为社会最稀缺的资源之一,如果想获得最佳结果就要提供和应用信息。他侧重从政策信息的转换过程研究公共政策分析的基本框架,认为政策分析要获得相关的五种信息——与政策问题相关的信息、与政策未来相关的信息、与政策实施相关的信息、与政策结果相关的信息、与政策体系相关的信息。因此,政策信息的优化与政策过程优化是统一的、高质量的。信息搜集、科学的信息处理、有效的信息利用都会对政策过程中每一环节的实施起到保障作用。

2.1.2 公共政策分析的内涵

人们对公共政策的理解不同,对公共政策分析的内涵解释也相差甚大。在众多定义中,有几种具有代表性的定义值得一提。

美国兰德公司的查尔斯·沃尔夫认为,公共政策分析是把科学理论方法应用于解决政策的选择和实施问题中,这些政策包括国内、国际及国家安全事务等方面。也许由于这种看法,国内外有少数人往往产生一种错觉:似乎政策分析仅仅是简单的技术工作,它只需由部分人写出研究报告并付诸实施即可,而这些成果又常常被领导者或决策者所忽略。

美国学者米切尔·怀特认为,人们很少能选定那些一劳永逸、自成一体、所有人都能领会的政策。政策分析的目的不是产生某种一锤定音的政策建议,而是要帮助人们对现实可能性和期望之间有逐渐一致的认识,产生一种新型的社会相互关系与社会心理模式。这种模式使人们对政府的某项职能有了新的共同认识,其结果是使政治集团之间的活动或行为更趋于一致,冲突更趋于减小。在促成共同认识的过程中,可以对实施政策的细节进行讨论,而不是在原则问题上争论不休。

政策分析是在公共政策领域内创造和应用知识的复杂的社会过程,那种不承认知识积累的社会过程、把技术手段看得比目的更重要等认识是对政策分析宗旨的曲解。怀特还认为,与那种把政策分析看成是求解问题的某种技术的传统观点相比较,建立新型社会关系的看法更重要,因为它把社会放在突出地位上,为政策分析的技术前景和理想社会之间建立起更好的桥梁。

政策科学的创始人之一、著名学者叶海卡·德罗尔认为,政策科学应包括基本政策、元政策、政策分析、实现战略等内容。美国学者克朗根据德罗尔的构想,认为从方法论角度看,政策科学应包括五个基本范畴:政策战略、政策分析、政策制定系统的改进、政策评估、政策科学的进展。

这里讲的政策分析,是指依照政策方案与政策目标之间的关系及其可能产生的多种结果与相关规则,在各种已知备选方案中确定一个最好的政策方案的过程。在实际操作中,人们很难把政策分析局限于政策方案的选择过程中,而不考虑政策的实施及其评价。

综上所述,公共政策分析是对政府为解决各类公共政策问题所采取的对政策的本质、产生原因及实施效果的研究。

2.1.3　公共政策分析的模式

1. 麦考尔-韦伯分析模式

人们对政策分析的理解不一,所构建的政策分析基本框架也有很大不同。美国学者麦考尔与马克思·韦伯认为,政策分析主要包括对政策内容与政策过程的研究。政策内容包括政策将要影响的特定目标或目标集合、期望的特定事件过程、选择的特定行动路线、提出的说明意图的特定陈述以及采取的特定行动。政策过程则包括一些行动和相互影响,这些行动和相互影响导致了对一个最好的特定政策内容做出权威性的最终选择,以及政策的实施结果和对政策的评价。

麦考尔和韦伯认为,政策分析的常见形式是规范性分析与描述性分析。前者主要应用各种规范性原则以及提供政策性建议,后者则在"价值自由"下给出描述性的或解释性的叙述。从传统的研究看,人们常把规范性分析主要集中在政策内容上,而把描述性分析集中在政策过程上。他们认为,这些研究实际上是交叉的,有四种不同的类型分析:政策内容的规范性分析、政策内容的描述性分析、政策过程的规范性分析和政策过程的描述性分析。

政策内容的规范性分析主要涉及政策的本质而不是程序。这类研究大致有两个方面:一是使用批判方式分析一个特定的公共政策,尽管通常也会提出对现行政策的改进意见或者一种完全不同的新政策,但对现行政策批评的原则,却会使政策制定者认为是包含着较高的价值目标;二是一种未来分析,不是分析目前政策的未来结果,就是探讨各类适用于预测未来的政策。

政策内容的描述性分析则是把与政策内容相关的一个或多个属性看成是政策过程的解释变量,继而研究它们对公共政策内容的影响。这类属性包括如政策领域、制度与价值范畴,支持程度和政府层次等内容,甚至还包括那些抽象属性,如实际满足和象征性满足之间的差别等。

政策过程的规范性分析主要是程序性的政策分析,其中包括对现行政策程序所提出的改进建议和一整套新程序。这类研究经常采用如系统分析、运筹学等多种理性模型。

政策过程的描述性分析经常针对政策周期的一个或几个阶段进行讨论。在政策周期所包含的如政策表述、决策、实施、效果评价和反馈等阶段中,研究最多的是政策表述和效果评价阶段。前者是对政策问题的性质、范围等进行讨论,后者是围绕政策效果评价、效能评价以及成本-效益分析。

2. 沃尔夫分析模式

与麦考尔-韦伯分析模式不太相同,沃尔夫基本从政策过程的角度讨论了公共政策分析的基本模式,他认为政策分析通常有如下程序。

①认真收集和分析所研究政策领域中的各种数据资料,特别要使用那些定量化数据。要熟悉所研究领域中政府机构的内在关系,其重要性并不亚于定量分析。②运用数据分析结果与政府机构所提供的材料以及相关理论,建立研究领域或系统内部的各种变量间的关系。③建立分析模型,详细说明因变量与自变量之间的关系。对数据与研究领域所特有的"直觉",以及对公共政策目标的敏感,是成功建立模型的基础。④提出多种可供选择的项目和政策,其中包括具有基准性的现有的项目或政策。⑤通过检验多选择的方案模型,以及对所描述的目标完成结果的比较,切实评价这些政策。⑥对执行过程的分析往往是标准分析程序中"漏掉的一章"。人们通常潜在地假定,政策执行中政策将不再发生变化。事实上,政策经常在执行中发生根本性的变化。

沃尔夫特别强调,实际上所有的政策分析都没有系统地解决有关执行的问题,因为在项目设计和项目的最终实施之间尚存在着巨大空白,并且缺乏预见这些空白的方法。所以,他指出要区分描述性的执行分析与规范创造性的执行分析。

沃尔夫所提出的政策分析框架,基本上是把系统分析运用于公共政策的研究中,侧重于政策实施前政策方案的确定过程。尽管也提到了执行分析,但其重点是在政策设计与最终实施之间所存在的巨大空白研究上。

3. 邓恩分析模式

(1)政策分析的三种方法

美国学者邓恩侧重从政策信息的转换过程去研究公共政策分析的基本框架。他认为政策分析基本上要解决三类问题:事实、价值、规范。由此产生了与之相关的三种方法中的一种或多种分析。这三种方法是经验方法、评价方法和规范方法。

经验方法主要是描述某一公共政策的因果关系,指出某事物是不是存在,因而提供的信息是描述性的。如卫生、教育、公路建设方面的公共费用实际是多少,是如何分配的,分配的结果是什么。评价方法主要是决定某项政策的价值,即是否值得这样做,与之相关的信息是评价性的。例如在提出新的税收政策后,会依据伦理道德标准来评价它的优与劣。规范方法是对所解决的公共问题提出一种引导性方向,即告诉人们应该做什么。因此与之相关的信息是指导性的,如保证最低收入是解决贫困问题的基本途径。

然而传统的科学方法只注重事实,而避免使用评价与规范化方法。因为人们相信价值是纯主观的,仅与评判者的价值观相关,既不能对它展开理性讨论,也无法用科学方法研究。这种"价值无理性内涵"的观点,实际上混淆了指导性的陈述与无条件的强制性命令以及各种以感情色彩所提出的要求之间的区别。这种对政策的倡导被看成是非理性化过程的看法,必然会大大地影响公共政策分析在方法论上的质量。按照邓恩的看法,公共政策分析的方法应该产生与之相联系的三种信息,而不是一种信息。

(2)政策分析的内容

邓恩认为,政策分析至少包括以下五个方面内容:①构建问题,即首先要明确政策问题是什么以及如何解决。政策问题不可能在一开始就全部明确,只有在不断的分析活动中才会逐步清楚。②描述与现行政策问题相关的已有政策,分析其产生的原因、制定过程与实际结果。③预测为解决问题所提供的相关政策能够产生何种结果。④评价已有的和将产生的政策价值。⑤提供将要实施的政策会产生哪些有价值的信息。

邓恩特别强调了以下几点：第一，在这个分析系统中，问题将会影响其他环节的作用与评估，处于中心调节地位；第二，分析程序经常表现为一种等级关系；第三，政策提出不仅以事实为基础，而且也以价值为基础；第四，在整个分析中，要看到提供信息的一面，更要认识到信息转化的重要地位。

（3）政策分析的三种主要形式

邓恩认为，因不同的政策信息元与政策分析方法之间的关系是多重的，从而导致了政策分析的主要形式至少有三种：预测分析、回溯分析和综合集成分析。

预测分析涉及政策行为启动和执行之前信息的产生与转变过程；回溯分析主要是限于政策实施后信息的获取和转换上；综合集成分析是一种全方位的分析形式，它不仅要把预测分析与回溯分析阶段的研究结合起来，而且要求分析者不断捕捉新的信息与转化信息。

尽管上述三种公共政策分析基本框架所强调的研究重点有所不同，甚至分析过程的起始点及其所对应的内容都有较大的差别，但它们都涉及了政策过程的分析。

2.1.4　公共政策分析的综合分析框架

依据前文提到的对公共政策分析的理解，并综合中外学者的相关论述，公共政策分析的基本框架简述如下。

（1）公共政策问题的构建

①社会现实中的某个（些）问题怎样成为公众在政治上注意的对象？②社会问题或公共问题如何进入政策议程成为政策问题？③政策问题的基本内容是什么？④不同的政策问题主要采用哪些分析方法？⑤建立政策议程的基本条件有哪些？

（2）公共政策方案的制定与通过

①建立政策方案的基本原则是什么？②实现政策方案的目标是什么？③可供选择的方案是如何制定的？④怎样对所选择的政策方案优化？⑤相关利益团体如何影响政策方案的制定过程？⑥政策方案是怎样被正式通过和颁布的？⑦正式通过的政策的基本内容是什么？

（3）公共政策内容的实施

①有效的政策实施必须具备哪些条件？②在政策实施中采取了哪些具体的行动措施？③这些行动措施对政策内容产生了何种影响？

（4）公共政策效果的评价

①按照什么样的标准去评价政策的实施效果与影响？②由谁去评价政策结果？③政策评价的结果是什么？④政策是继续执行、发展，还是终止？

2.2　公共政策分析历史沿革

政策科学（政策研究或政策分析）是二战后首先在美国兴起的一个跨学科、综合性的新研究领域。日本学者药师寺泰藏曾指出，政策科学之所以诞生于美国，是因为美国的确具有适合公共政策学生长的土壤。所谓适合公共政策学生长的土壤,主要是指当时的美国社会中具有适合公共政策知识产生的三个特别的环境因素:第一个是行为主义,第二个是 20 世纪 60 年代开始出现的公害和社会问题等社会、经济环境的变化,第三个是政治学的理论问题。

2.2.1 公共政策分析的历史孕育

作为一门研究政策相关知识(即公共政策过程的知识以及这一过程所使用的其他知识)的学科领域,政策科学源远流长。它的源头可以追溯到人类文明之初,因为有了公共事务的管理,也就需要对政策相关知识进行研究。西方学者拉斯韦尔等人认为,分析公共政策的专门程序和专业知识的出现,不仅与来自自治程度较高的部落文明有关,而且也与世界城市文明的扩展和分化有关。

我们可以从古代及中世纪的历史典籍中找到大量关于政策及政策相关知识研究的论述。

产生于公元前 21 世纪的《汉谟拉比法典》(*Hommurabian Code*)可能是已知最早的与公共政策有关的文献。它涉及司法程序、财产权、贸易和商业、家庭和婚姻关系以及公共责任等。在古希腊,有一个智者阶层,他们中的许多人充当统治者的智囊(柏拉图曾是西西里统治者的顾问,亚里士多德是亚历山大的私人教师)。从柏拉图、亚里士多德、马基雅维利等西方圣哲先贤的哲学和政治学著作中,可以找到大量的有关公共政策和政府管理的论述。

在古代中国,"士"阶层的出现很早,他们中的很多人是辅助统治者审时度势、选择时机、进行政策咨询的谋士。统治者注重权势稳定,强调安邦治国,因而重视政策制定与执行等朴素的政策思想。《战国策》专门记录了这些策士们的言行,是人类历史上第一部较为完整的关于政策研究及咨询的著作,此外,诸子百家的著作也包含了大量的政策研究的思想和经验。中华民族为人类留下了丰富的政策思想遗产。

中世纪城市文明的分化和扩展产生了一种方便于专门知识发展的职业化结构,封建统治者召集各种专家来提供公共领域的政策建议,特别是那些统治者自己难以做出决策的领域。根据韦伯的说法,这些领域主要是财政、战争和法律。中世纪政策相关知识的产生者的角色已经分化,主要的团体是专家官员或韦伯所称的职业政治家,教会牧师包括基督教徒、婆罗门教徒和佛教徒等,他们是专门知识的生产和传播的主要团体,大学教师是中世纪新出现的知识分子群体,大学培养出来的法官以及人文主义的文学家等在政策制定中的作用也相当突出。

当然,在古代和中世纪产生政策相关知识的程序和方法基本上是不科学的。它们中部分主要依赖于神秘的手段或宗教仪式来预见未来。

到了近代,随着工业革命的来临和经验研究的成长,政策研究或政策相关知识的产生逐步变成一种相对自主的活动,并逐步建立在系统的经验数据的基础上。在 19 世纪,应用社会科学作为了解和控制社会复杂性的手段成长起来,先是以统计学和人口统计学的形式,后又以经济学、社会学、政治学和行政学的形式确立起来。因此,这一时期政策研究中新的东西是理解社会及其问题的程序或方法上的变化,神秘主义、魔术和神圣的东西让位于科学,这反映了经验的、定量的科学方法的成长。这种方法论上的变化并不仅是经验科学发展的结果,而且也是人类社会由农业文明向工业文明过渡的必然产物。新方法应用的主要目的并不是取得科学真理,而是统治者要利用科研成果来控制和管理社会。

必须特别指出的是,在19世纪和20世纪上半叶,在拉斯韦尔提倡政策科学之前,社会科学特别是经济学、社会学、政治学领域已经积累起相当丰富的政策研究的理论和方法。例如,在经济学领域,经济政策的研究早就倍受重视,英国古典政治经济学带有明显的经济政策研究的性质,涉及经济领域中公共政策制定原则和政策建议及其选择问题;20世纪30年代出现的凯恩斯理论是为经济政策服务的。可以说,在政策科学形成之前,经济学关于经济政策的研究已经取得长足的发展,其内容包括政策制定原则、政策评价标准、政策目标体系、政策工具选择等。

总之,政策科学并不是突然降生的,它经历了漫长的历史孕育时期。古代和中世纪的政策研究思想和经验是政策科学的早期思想源泉,近现代经验研究的成长、应用社会科学的成长及其职业化是政策科学发展中的重要事件,而近现代社会科学对政策研究理论和方法的讨论则构成了当代政策科学的先导。随着第二次世界大战后社会政治、经济和科技的发展,最终导致政策科学的诞生。

2.2.2 公共政策分析的形成时期(20世纪50～60年代)

第二次世界大战以后,以拉斯韦尔等为代表的一些美国的行为主义政治学家,以敏锐的眼光看到了政策科学发展的必然性,于是首先开始倡导建立政策科学,并得到了政治学、经济学、社会学、心理学、人类学等相关学科专家学者的响应。20世纪50年代初,在纽约卡内基财团的资助下,许多学者在美国斯坦福大学召开了"关于国际关系理论革命性、发展性学术讨论会",简称"斯坦福学术会议"。该会第一次对政策科学的有关问题进行了广泛的讨论。1951年,斯坦福大学出版社出版了由拉斯韦尔和丹尼尔·勒纳主编的《政策科学:范围和方法的最近发展》一书。该书首次提出并界定了"政策科学"这一概念,指出"政策科学是用于解决社会问题、特别是解决那些结构和关系都很复杂的社会问题的工具"。这本书被誉为"公共政策学的开山之作""公共政策学的经典著作",被人们认作公共政策学诞生的标志。此后,在美国兴起了一场旷日持久的"政策科学运动",并形成了这个研究领域的一个主导范式,即拉斯韦尔-德罗尔的政策科学传统。

拉斯韦尔被誉为现代政策科学的创立者。在《政策科学》尤其是其中的"政策方向"一文中,他第一次对政策科学的对象、性质、发展方向和政策过程等问题加以论述,奠定了政策科学发展的基础。

在拉斯韦尔看来,政策科学具有以下几个基本特征:

①政策科学是关于民主主义的学问。公共政策是与个人选择相关联的学问,必须以民主的政治体制作为前提。政府必须首先弄清楚公民个人对公共政策的反应,然后再进行政策干预。

②政策科学的目标是追求政策的合理性。它必须使用分析模型、数学公式和实证数据,以科学的方法论作为研究、分析的工具,以建立起可检验的理论。

③政策科学是一门对于时间和空间都非常敏感的学问。当选择某一模型进行政策分析时,这个分析模型必须在时间和空间上有明确的记录。也就是说,公共政策是特定时空环境中公共问题的解决方案,记住这一点对于政策研究来说极其重要。

④政策科学具有跨学科的性质。拉斯韦尔指出政策科学不等于政治学,它融合了其他社会科学,要依靠政治学、经济学、社会学、心理学等学科知识来确立自己崭新的学术体系。

⑤政策科学是一门需要学者和政府官员共同研究的学问。从公共政策学研究对象的特殊性来说,学者们非常需要了解政府官员对公共政策的认识和所掌握的数据,同时,政府官员也需要了解学者们的研究思路与政策建议。

⑥政策科学具有"发展建构"的概念。政策科学是一门以社会变迁和发展变化为研究对象、以动态模型为核心的学问。公共政策必须重视发展的概念,强调对变化、创新和革命的研究。当研究一项以社会发展为前提的公共政策的实施时,必须注重观察它究竟给社会带来了哪些积极的变化。

在后来的著作中,拉斯韦尔继续致力于政策科学的研究。在《政策科学的未来》(1963年)一书中,拉斯韦尔将政策科学看作重建政治科学的主要方向,呼吁政治科学家致力于这方面的研究,特别是集中关注政策制定中选择理论的研究,更多地关注政策和社会问题。

在《政策科学展望》(1971)一书中,拉斯韦尔对政策科学做了进一步的讨论,将政策科学定义为对政策制定过程的知识和政策制定过程中的知识的研究,而将政策科学家定义为那些关注掌握公共和市政秩序的脉络中开明决策相关技巧的人。在《决策过程》等论著中,拉斯韦尔对政策过程进行探索,并把注意力集中在政策过程中的各种功能活动上,提出了包含信息(情报)、建议、规定、执行、运用、评价和终止这七个因素在内的功能过程理论。

在这之后,许多学者特别是德罗尔等人直接沿着拉斯韦尔所规定的作为一门全新的、综合的、统一的政策科学的方向前进;而另一些学者则吸收了拉斯韦尔的有关政策科学的思想,对政策科学的发展进行反思,致力于探索公共政策研究的新范式。

2.2.3　公共政策分析的发展时期(20 世纪 70 年代)

德罗尔是现代政策科学发展史上的另一个关键人物。他是以色列希伯来大学的教授,后到美国哈佛大学读书,曾担任兰德研究发展公司的高级顾问。1968—1971 年,在旅居美国短短的几年里,他出版了政策科学"三部曲"——《重新审查公共政策的制定过程》1968)、《政策科学探索:概念与适用》(1971)、《政策科学构想》(1971),并发表了一批政策科学论文。德罗尔面对即将崩溃的公共政策学,勇敢地进行了重建工作。他认为应当批判行为主义,对整个政策科学的基础进行建设。他主张对制定政策的系统加以研究,并提出了政策制定的若干设想。他继承和发展了拉斯韦尔的政策科学理论,对政策科学的对象、性质、理论和方法等问题做了进一步具体而详尽(有时近乎烦琐)的论证,从而形成了拉斯韦尔-德罗尔的政策科学传统。这是政策科学发展的第二个分水岭和第二块里程碑。

德罗尔的政策科学范式是拉斯韦尔的政策科学理论的发展和完善,构成了政策科学发展史上的又一里程碑。拉斯韦尔-德罗尔的政策科学传统是美国政策科学运动的主导范式之一,为许多政策科学研究者所赞同和遵守。但是,由于拉斯韦尔和德罗尔提倡的跨学科、综合性的全新的政策科学过于宏伟博大,没有明确的边界条件,不但要求将行为主义和管理科学纳入其中,而且要把更多的其他学科汇集到政策科学之中,从而使政策科学几乎成为一门凌驾于所有社会科学之上的总科学(统一的社会科学)。这是一种需要长期奋斗才能实现的理想,难以在短期内取得全面突破。同时,它也遭到一些社会科学家的批评,如有的社会科学家批评拉斯韦尔和德罗尔等人所建立的政策科学不是科学,而是意识形态;有人则认为德罗尔的失败就在于他试图在统一的公共政策学的旗帜下统率其他相关学科。

2.2.4 公共政策分析的反思时期(20世纪80年代)

尽管拉斯韦尔、德罗尔等人的研究促进了20世纪60年代至70年代西方政策科学的发展,但他们所提倡的政策科学研究范式由于其自身的局限性而在70年代的发展中碰到了一些难题,主要表现在以下几个方面。①将政策科学当作一个统一的社会科学,造成了在科学共同体中建立共识的困难,包括在划定学科范围边界、建立学科理论体系和形成特有研究方法等方面的困难。②政策科学为自己确立的目标过于宏伟,难以在短时间内突破,而且它抽象地大谈改善全人类公共决策系统,端正人类社会发展方向,回避各个国家和地区的价值观念、意识形态和政治制度的差异。③拉斯韦尔和德罗尔所确立的政策科学范式过分注重政策制定的研究,对政策过程的其他环节关注较少。这些问题一直困扰着政策科学的持续发展,到了20世纪80年代中期仍然未能得到解决。

在上述背景下,有些学者对政策科学的发展进行反思和批判,取得了新的突破,主要表现在以下几个方面。

第一,加强政策价值观或公共政策与伦理关系问题的研究。政策科学可以说是对一般选择理论的研究,而选择则以价值作为基础。因此,价值、伦理问题在政策科学及政策分析中占有突出的地位,以至于有的学者如邓恩称公共政策学为应用伦理学。

第二,加强政策效率和比较公共政策方面的研究。在政策效率方面,西方学者并不仅仅局限于就政策的效率去考究效率,而是从两个更为深入的角度去研究政策效率问题。

一个角度是从公共政策产生与运行及其生态方面去考究效率,尤其是政策执行与政策评估的研究。哈佛大学肯尼迪政府学院首先发表了一篇《公共政策执行问题的报告》,指出政策执行的政治与行政方面往往被人们所忽视;有些学者如哈格罗夫指出,在政策制定与政策成功之间存在着被忽略或错失了的环节,就是政策执行,必须加强对政策执行的研究与监控,才能使政策生效;加州大学的普雷斯曼和韦尔达夫斯基则通过对相关案例的追踪研究,写成了经典的《政策执行》一书,该书令人信服地指出,再好的政策方案,如果没有正确、有效地执行,仍将导致无效而失败。

另一个角度就是从公共政策的比较中研究效率。这种政策的比较,不仅是就一个国家内部各项政策而言的,而且还对国家间的政策进行比较分析。按照安德森在《比较政策分析中的系统和策略》一文中的说法,比较公共政策研究到20世纪70年代早期还是一个不存在的研究领域。从20世纪70年代中期开始,伴随比较政治学的发展,该领域的研究开始起步,80年代之后这个领域逐步成熟,成为政策科学研究的一个重要分支,出现了一批颇有影响的著作,如阿尔蒙德的《比较政治学》、海德海默等人的《比较公共政策》。

第三,开展政策信息多元化方面的研究,强调政策学家与政治家合作。西方学者认识到政策研究在提供分析技术、解决人类社会面临的问题方面的能力是有限的,政策研究只能促成政策的形成,但不能取代政策的决定。因此,政策科学家不再自认为是政策方案的设计者,他们的主要任务是要从诸如立法机关、联邦政府、州政府、地方政府、政党、法院、新闻媒体等与政策制定和执行有关联的政策利害人那里获取政策信息;政策科学家的主要任务也不是协助决策者找出一个解决问题的最佳方案,而是要在许多不同的政策利害人中取得共识,制定出能够平衡不同观点和意见的满意政策。与此同时,政策科学家认识到过去过分强调科学家和政治家各自拥有一套分离的价值标准和规范,政策科学家采取中立的、远离政治的立场是不合理的。相反,政策科学家应当在政治领域中发展政策科学规范,政策分析家应当与追逐权力的政治家合作,融入政策制定过程之中,与政策制定者成为知识上的伙伴。

2.2.5 公共政策分析的拓展时期(20世纪90年代)

20世纪90年代,经济全球化所带来的国际政治经济环境的变化对各国国内政策的影响和压力与日俱增。苏联、东欧诸国的制度变迁,世界贸易组织的创立及其新规则的形成,联合国组织介入地区冲突和重大事件的作用明显增强,欧洲共同体的实质性进展和欧洲统一货币制度的推行,亚洲金融危机引发的经济震荡和全球恐慌,所有这些政治经济事变和发展在不同程度上对各国政府的政策制定和执行产生了深刻的影响。政策制定者、政策分析家和学者都开始深刻感受到加强宏观政策分析和拓展政策研究新方向对于国家兴衰、政权命运、经济社会可持续发展的重要性。

这一时期,公共政策研究的拓展主要表现在以下几个方面。

(1)重视宏观政策研究,促进政策制定系统改革

宏观政策研究和分析更加重视国家总体政策制定,重视战略性大政方针和政策范式的改进与创新。美国政府于1993年成立国家绩效评议委员会,对联邦政府的政策制定框架和政策绩效进行评估,开展了重塑政府运动;韩国在民主化改革后又开始第二次建国运动,对国家总体发展战略从大政方针到公共文化进行全面革新;日本政府的新行政审议会不断推出改革政府政策制定的新思路,促进了《行政程序法》《政府情报公开法》等一系列政策法规的出台,大力推动了政府政策制定体制和程序的改进。我国在启动市场经济体制改革以后,着手进行政治体制改革和公共管理体制改革,革新政府政策理念(以人为本、可持续发展、和谐社会),完善政策制定体制,强化政策方案执行,扩大公民在公共政策过程中的有序参与,提高了公共政策的科学化、民主化程度。这一时期宏观政策研究的主要代表作有:叶海卡·德罗尔的《面向大政方针的宏观政策分析》、海伦·英格拉姆的《为实现民主的公共政策》《制高点》、马克·莫尔的《创造公共价值——政府中的战略管理》等。

(2)开辟新的研究领域,开展公共政策调查

政策科学家将研究兴趣转向一系列新的社会问题,比如电脑犯罪、网络陷阱、温室效应、试管婴儿、艾滋病防治、克隆技术等问题。因为这些新的公共问题既是对人类的挑战,也是对公共政策研究的挑战。一方面,不少研究者感到单靠以往的纯客观研究方法不能完全解决这些问题,还必须采用后实证主义等主观研究方法。如曼纽尔·卡斯泰尔的《网络社会的崛起》等。新的研究领域的开辟,增强了公共政策的应用性。

另一方面是公共政策调查的兴起。以往政策科学家过于重视经济与技术理性为主体的政策抉择研究,总是强调如何使"利益最大、损失最小",强调如何依据政策制定者的偏

好,排列方案的优先顺序,这种研究方法在实际生活中已经暴露出弊端。许多政策科学家转向了政策调查研究,他们认为不存在一个最佳的、能为社会全体大众都能接纳的政策。所谓好政策就是具有法律正当性的政策。为此,就必须通过政策调查、政策辩论获得合理性,并由此确定出是否接受某项政策的前提条件。

(3)公共政策与公共管理日益融合,促成公共政策新的研究范式

公共政策与公共管理犹如一个硬币的两面,密切相关,难分彼此。公共政策必须靠公共管理来推行,而公共管理主要是对公共政策的管理。梅尔斯纳和贝拉维塔在《政策组织》一书中提出了政策管理、政策沟通、政策组织、政策行动四者的相互联系理论;林恩在《管理公共政策》一书中提出组织行为、政治理论与公共政策的融合思想,他认为把公共管理与组织行为以及政治与政策形成理论融于一体,才能有效管理公共政策。美国政策科学与政策分析的最权威组织——政策分析与管理学会的成立目的之一就是希望沟通政策分析研究与管理研究,促进组织政治与公共政策的融合。这种融合最终导致了新公共管理运动的出现,新公共管理运动对传统的政策科学提出了严峻的挑战,这种范式正逐步取代传统的政策科学范式而成为当代西方政策科学与公共管理研究的主流。

从时间(纵向)上看,政策科学的产生与发展走过了孕育—形成—发展—反思—拓展的道路;从空间(横向)上来看,西方政策科学的发展走过了一条学科化—组织化—产业化的道路。

2.3　公共政策分析人员及其作用

2.3.1　公共政策分析人员

1.公共政策分析人员的分类

公共政策学者梅尔斯纳(Meltsner)将公共政策分析人员划分为以下四种类型。

(1)技术型政策分析家

这种类型的政策分析家通常都有专业的分析技术,在专业领域内具有突出的贡献,但他们不太擅长与委托人建立关系,尤其不擅长"政治技巧",他们往往过于重视科学与专业,或者过于理想化,往往由于其缺乏妥协、谈判和沟通的能力而使其精心设计的方案得不到采纳而流产。

(2)政客型政策分析家

这种类型的政策分析家通常都具有高超的"政治技巧",重视与委托者保持良好的关系,擅长辩论说服、谈判与妥协,甚至会运用权力与利益的矛盾来得到一个"最可行的政策方案",由于他们"低度"的专业技术水平,重视权力的运用更胜于分析方法与手段的专业性,因此,容易不被专业分析人员认可。

(3)企业型政策分析家

这种类型的政策分析家是最理想的政策分析家,一方面,他们具有高度的分析技术,非常严谨地对政策进行分析,并提出可行性方案;另一方面,他们又具有高度的政治技巧,知道何时提出政策方案,如何谈判才能让委托者接受,如何化解政策中的矛盾与利益冲突。因此,这类政策分析家最受欢迎。

（4）虚伪型政策分析家

这种类型的政策分析家既无高超的政治技巧，同时又无专业技术，他们从事政策分析的目的是谋求自己的私利，因此是最不受欢迎的政策分析家，严格地讲他们根本就不具备政策分析家的道德与素质。

2. 公共政策分析人员的关注内容

人们从事公共政策分析工作，不单纯是出于个人的兴趣，更重要的还是想用他们所掌握的知识和技术对决策施加影响。公共政策分析人员具有许多共同的和相互重叠的关注内容，具体包括：①关心各类社会问题以及这些问题与公共政策之间的关系；②关心各类公共政策的具体内容；③关心决策者或政策制定者做了些什么和没有做什么，即他们对一项公共政策的输入及其过程感兴趣；④关心公共政策实施的结果及其形成的影响，即他们对一项公共政策的输出及其结果感兴趣。

2.3.2　公共政策分析人员的工作分布

（1）大学

对政策与问题领域以及政策过程感兴趣的大学教师在大学工作，他们主要从事个人研究并且要为争取得到有关机构给予的项目基金展开一定的竞争。

（2）独立的研究机构和思想库

这些组织有专职的合同制雇员，他们都在从事专业性研究工作。

（3）部内制定政策部门

在政府、政府代理机构和公共团体内部负责研究工作和情报工作的分析人员在此类部门工作。

（4）压力集团和院外活动团体

这些利益集团通过对政策实施监控和提出各种政策主张及建议寻求对政策制定施加影响。

（5）党内制定政策部门

该类工作机构包括为支持政党政治活动、维护政党利益而从事政策研究和开发的机构、部门或团体。

此外，自由职业的政策咨询人员并无明确固定的工作机构，这些社会人员根据签署的合同和所付的酬劳从事政策研究。

政策分析人员也许会就职于政府和政党机构，也许会活跃于私人咨询领域和学术研究部门。当他们是决策机构中的成员时，也许就会为维护机构的地位和声誉而存有私心或偏见，也许就会因与机构职能的紧密联系而趋于偏激或保守，也许就不能从客观的角度出发，实事求是地分析和评价政策。因此，大家普遍认为，机构和人员的独立性越强，政策分析的结果就越客观。

2.3.3　公共政策分析人员的作用

不少人认为，政策分析只不过是掩饰政治冲突的一种时髦的虚饰而已，决策者为解决冲突所进行的实际上是一种实力的较量。在政策制定过程中，理性的谋划虽说无害，但也只是一种无效的消遣,政策分析人员所做的大量专业分析实际上是枉费心机,因为各种重要问题的最终决定还要依据政治实力的对比。

的确,政策分析人员毕竟不是决策者,他们的职责只是提供政策建议和评估结果。理性的呼声并不一定总能博得特殊听众的好感,政策分析报告被轻视和搁置的情况屡见不鲜。因此政策分析人员常常抱怨决策者忽视了他们的研究成果,而政治家们却对此不以为然,他们认为提供给自己的分析结果往往并无多大用处。

政策分析会面临诸多障碍和局限,如利益和价值方面的冲突、信息不足与超载的矛盾、资源投入的各种限制、时间方面的压力等。因此,它的确不可能完全取代政治的作用,但据此否定政策分析在政策制定过程中的影响是不客观的。

很多时候,政治性因素会阻止技术性占优势的备选方案被选中,政治家往往更关注选举人的意见而不是政策分析人员的意见。但是,政策分析人员大可不必为此感到苦恼和失望,一个政策方案政治性占优势或符合多数人的看法并非就一定是理性上应该去做的事,虽然这两者有时也会重合,但政策分析的作用恰恰就在于当两者不重合的时候对此做出正确的预测和分析。

尽管政策分析并非优化决策的灵丹妙药,但对政府决策而言,政策分析不是万能的,而没有政策分析却是万万不行的。

思考题

1. 试论述公共政策分析的内涵。
2. 为什么说"利益"是公共政策研究中的核心要素?
3. 德罗尔等人所倡导的政策科学基本范式包括哪些内容?

案例分析

江西烟花爆竹案

APCE会议的绚丽烟花为江西花炮增光——普京称赞这是"中国人送给世界的美好礼物",然而发生在2001年12月30日的大爆炸事故"攀达厂爆炸"却使百姓蒙难、产业蒙羞。无论是当地官员,还是企业主,都突然发觉风云变色——万载县委书记、县长被免职,国内媒体则盛传"江西要在两年内退出花炮行业"。其实,"退出"一直是江西高层多年存在的动议,并非万载案发才有此呼声。

江西省在2002年的全省经济工作会议上指出,拟在两年内退出烟花爆竹生产领域。消息迅速在万载当地有线电视节目中播出,并援引当地政府文件,向全镇花炮业主们传达。此时,万载所有大小花炮厂——约有400家左右——均被政府通令全面停业十来天。临近春节,正是不少企业"交货"关口,但何时复产?政府不开口,大小企业主们自然心急如焚。短短几天,表示将进城"请愿"们已逾万人。

村民对记者说:"我们现在活着,关键是还要活下去。政府用什么产业来取代花炮呢?我们没法想。"

2001年4月1日以后,江西省即宣布把烟花爆竹作为安全生产的"第一个重点"来整顿,采取了四条措施,其中包括把 10 000 多家个体作坊全部关掉与调整结构,逐步退出。江西省如果安排"两年退出"花炮业,就会面临一个尴尬局面——企业主们会质问,你们去年的整顿措施算不算数呢?

与爆竹声俱至的,是强烈的不安全感——这种不安全感,不仅针对着肉体凡胎的百姓,也指向企业赖以存续的经济环境、官员赖以晋升的政治环境。人人都想平安:企业家要平安地生产下去,官员要平安地升迁上去,而平民只想平安地活下去。也许,我们在痛悼人命的殒丧时还得追问:为什么平安这么不容易?为了这么多人的平安,我们还得做些什么?

(资料来源:搜狐新闻)

案例讨论题

1. 简述以上案例的内容。
2. 试通过公共政策分析提出对策建议。

第3章　公共政策系统与决策体制

◉ 本章摘要

本章着重探讨了公共政策系统的三个构成要素，即公共政策主体、公共政策客体和公共政策环境，以及公共决策体制的概念、类型及现代公共决策方式。

3.1主要探讨公共政策主体的含义及构成，把公共政策主体划分为官方公共政策主体与非官方公共政策主体，对各类政策主体在公共政策过程中的作用进行了分析。官方公共政策主体一般包括立法机关、行政机关、司法机关，在我国还包括作为执政党的中国共产党。非官方公共政策主体包括利益团体、公民、大众传媒和现代政策研究组织等。

3.2着重分析公共政策客体的含义及构成，对社会问题与目标群体进行了辨析。社会问题是公共政策的直接客体，目标群体是间接客体。

3.3重点分析公共政策环境的含义与构成，详细讨论了社会经济状况、制度或体制条件、政治文化和国际环境对公共政策系统的影响。

3.4主要探讨公共决策体制的含义及构成要素，即决策权力、决策程序及决策规则和方式，重点分析决策体制的"钥匙"——决策权力。

3.5着重分析公共决策体制的类型，详细介绍了当今国外的主要的公共决策体制以及我国的公共决策体制，即人民代表大会制。

3.6重点分析现代公共决策方式，公共政策的形成过程就是一个"公共选择"的过程，其决策方式为投票规则。

◉ 关键术语

公共政策系统　公共政策主体　公共政策客体　公共政策环境　公共决策体制　官方公共政策主体　非官方公共政策主体　思想库　社会问题　目标团体　社会经济状况　体制条件　全体一致规则　过半数规则

3.1　公共政策主体

公共政策系统是公共政策运行的载体，是政策过程展开的基础。按照某些西方学者的观点，政策系统是政策制定过程所包含的一整套相互联系的因素，包括公共机构、政策制度、政府官方机构以及社会总体的法律和价值观。从系统发生论的观点出发，公共政策可被看作政策主体、客体与环境相互作用的产物。政策系统的运行实质上就是政策主体、客体与环境相互作用的过程，它是由信息、咨询、决断、执行和监控等子系统所构成的一个有机大系统。

3.1.1　公共政策主体的含义与类型

政策主体（政策活动者）一般可以界定为直接或间接地参与政策的制定、执行、评估和监控的个人、团体或组织。但是，由于各国社会政治制度、经济发展状况和文化传统等方面的不同，各国的政策过程存在着差别，因此政策主体的构成因素及其作用方式也有所不同。

安德森在《公共政策》一书中将政策制定分为官方和非官方两大类。官方的政策制定者是指那些具有合法权威去制定公共政策的人们，包括立法者、行政官员、行政管理人员和司法人员；非官方的政策制定的人或组织，包括利益团体、政党和作为个人的公民。

琼斯（Charles O. Jones）和马瑟斯（Dieter Metthes）在《政策形成》一文中分析了政策提案的来源，将政策提案者（即政策制定者）分为政府内部和政府外部两大类。政府内部的提案者包括行政长官（总统、州长、市长等）、官员、咨询者、研究机构、议员及其助手；政府外部的提案者包括利益团体和协会、委托人团体、公民团体、政治党派和传播媒介等。

罗杰·希尔斯曼（Roger Hilsman）在《美国是如何治理的》一书中则将美国的政策制定者分为直接的政策制定者和"第二圈"社会力量两种，前者包括总统和行政系统中与国家安全有关的机构，如国务院、国防部、中情局的首脑，国会议员和司法部门等；后者主要包括政党和利益团体等。

3.1.2　官方公共政策主体

官方的政策活动者是指政治体制内的、行使公共权力的政策过程的参与者，一般包括国家机构、执政党、政治家和官员。下文将介绍官方的政策活动者构成及其行为，并对西方与我国的官方政策活动者的差别略加比较。

1. 立法机关

立法机关在西方指国会、议会、代表会议一类的国家权力机构，在我国则是指全国及地方各级的人民代表大会及其常务委员会。立法机关是政策主体的一个最重要的构成因素，它的主要任务是立法，即履行制定法律和政策这一政治系统中的主要职责。

按照安德森等人的说法，在西方尤其是美国，立法机关通常能够在独立决策的意义上行使立法权。例如，在国会中，常设委员会对提交的法案常常拥有生杀大权，它们甚至可以不顾所在议会的大多数成员的反对而行事。通常，关于税收、人权、福利和劳动关系等方面的政策在很大程度上是由国会加以制定的。然而我们却不能因此认为立法机关具有真正完全独立的决策功能。例如，在国防和外交政策的制定方面，总统拥有比国会更大的权力，国会要服从总统的领导。各州的立法机关的作用常常因为牵涉的问题性质的不同而不同。许多州的立法机关由于其职责有限，"非专业化"的成员和辅助人员不力，因而常常不能对复杂的和技术性很强的决策采取行动，它们只是简单地通过其他部门所赞成的法案。

在我国，人民代表大会是权力机关和立法机关，它是我国的政策制定及立法的主要机关,也是政策执行和监控的制约机构。就其法律地位来说,人民代表大会的地位是至高无上的,它决定着我国社会发展的方向。宪法规定,中华人民共和国的一切权力属于人民,人民行使国家权力的机关是全国人民代表大会和地方各级人民代表大会。人民代表大会作为国家最高的权力机关,有着两个重要的职能:一是把执政党即中国共产党对国家和社会的政治领导及其政治路线、政治纲领、政治意志以国家法律的形式体现出来,使其成为国家的意志——国家权力的灵魂;二是建立政府权力体系——国家行政机关、司法机关等。就全国人民代表大会来说,它享有最高的立法权、最高任免权、最高决策权、最高监督权;它不仅有选举、决定和任免中央人民政府以及其他国家机关的最高领导人的权力,而且有权审查和批准国家的预算和预算执行情况报告;监督包括国务院在内的最高国家机关的工作,听取国务院的工作报告,对国务院及其各部委提出质询等。人民代表大会所制定的政策具有这样两个基本特征:①权威性。它们是经过法定的程序制定的,是一般的大政方针,因而具有权威性。②强制性。它们以国家强制力作为后盾,必须被坚决执行。

2. 行政机关

行政机关及其官员是政策主体的一个重要组成部分,尤其是在当代,行政权力扩张,出现了"行政国家"或"以行政为中心"的时代,行政机关在政策过程中的地位和作用就显得更加突出了。

在西方,特别是美国,无论是政策的制定,还是政策的执行,政府的效能从根本上说取决于行政领导尤其是总统。总统在进行立法和政策领导方面的权威大大加强,国会的立法往往将重大的决策权授予总统。特别在决策权难以分散的国防和外交领域,总统拥有的合法权力和行动自由比在内政方面所拥有的权力和自由要大得多。美国的外交政策主要是总统领导和行动的产物。当然,国会并非一定要采取总统提出的任何政策建议,这些建议可能被拒绝,也可能被修改。行政机构在政策过程中的作用巨大,这不仅在于行政机构是政策执行的主导机构,而且在当代其日益参与了政策制定的事务。行政部门不仅自己可以制定某些法规或政策(尤其是行政法规),而且可以使别的国家机关制定的法律或政策不起作用。此外,在英美等西方国家,行政部门还是立法或政策建议的重要来源,它们不仅积极提交法案,而且主动进行游说,向立法机关施加压力采纳有关建议。

按照德洛尔(Yehezhel Dror)的说法,在一些发展中国家(如伊朗、泰国和加纳)中,行政部门在政策制定过程中所拥有的权力和影响,甚至比发达国家的行政部门所拥有的权力和影响还要大。

德洛尔的解释是:发展中国家存在的政策问题少,因而大部分政策问题能够进入内阁的议事日程;发展中国家并未形成专业的文官制度,因此行政部门在绝大多数的公共政策的制定中起着更大的作用;发展中国家的权力更加集中,因此,政治的行政部门不必在建立联盟的前提下就能对更多的问题达成政策。

在我国,政府作为管理机关,是政策主体的一个重要因素。宪法规定,中华人民共和国国务院即中央人民政府,是最高权力机关的执行机关,是最高国家行政执行机关,而地方各级人民政府是地方各级权力机关的执行机关。国务院享有行政立法权、提案权、监督权、人事权以及全国人大及其常委会所授予的其他方面的职权。它统一领导全国行政机关的工作,统一领导全国的内政、外交事务,主要内容有:编制并执行国民经济和社会发展计划以及国家预算,领导和管理经济工作和城市建设,领导和管理教育、科学、文化、卫生、体育和计划生育工作,领导和管理国防与外交事务等。县级以上的地方各级人民政府享有执行权、制令权、管理权和监督权以及中央政府给予地方的其他权限,它的管理权限是全面领导本行政区域内的经济文化建设和各项行政事务。政府机关不仅是政策执行的主要机构,而且它有权根据基本国策制定出具体的政策法规。政府部门制定出的政策具有如下两个特征:①具体性。行政机关制定的政策绝大部分是党和国家权力机关政策的具体化,它们要体现党和国家权力机关所制定出的政策的基本精神。②补充性。对党和国家权力机关政策所没有涉及的领域,行政机关有权制定出一些补充性的政策规定,以防止出现政策空白。

3. 司法机关

作为国家或政府组成部分的司法机关,在公共政策过程中也占有重要的一席之地,它也是政策主体的构成因素之一。例如,在美国,司法机关(法院)能通过司法审查权和法令解释权对公共政策的性质和内容产生很大影响;通过判例对经济政策(财产所有权、合同、企业、劳动关系等)和社会政策(如福利政策、基础设施建设等)产生影响。法院不仅参与政策制定,而且在其中扮演重要角色,它不仅规定政府不能做什么,而且规定政府应该采取何种行动以符合宪法和法律的要求。在我国,司法机关也在公共政策过程中起到某些类似的功能,它也是我国政策主体的一个有机组成部分。

4. 执政党

政党,尤其是执政党,是政策主体中的一种核心力量。公共政策在很大程度上可以视为执政党的政策。现代国家的政治统治大都通过政党政治的途径来实现。在现代社会中,政党常常履行着某种"利益聚合"的功能,即政党努力将利益团体特定的要求转变为一般的可供选择的政策方案。西方国家一般都采用两党制或多党制,而在我国则采用中国共产党领导下的多党合作制,因而中西方的政党在政策过程中的地位和作用是相当不同的。

在西方两党制或多党制条件下,政党首先与权力而不是与政策相联系。也就是说,政党的主张转变为国家或政府的公共政策是靠选举来实现的,只有在大选中获胜、取得政权的政党才能成为直接的政策制定者,把它的纲领、主张转变为公共政策。在实行两党制的国家(如美国和英国),政党希望获取更多选民支持的愿望,迫使两党在它们的"一揽子"政策意见中体现更多的利益和要求,并尽量避免与势力强大的社会阶层或利益团体的利益和要求相左。在美国,民主党和共和党的基本信念是相同的,都主张私有财产神圣不可侵犯、市场经济体制、个人自由、多数决议和法治,在重大的外交国防的方针政策立场上也大致相同。但是,两党经常在福利计划、劳工立法、工商管理、公共水电工程、公共住宅和农副产品价格补贴等政策问题上发生争吵。假如这种政策倾向的确存在,而且国会议员的投票通常与本党的政策立场一致,那么,哪个政党控制国会或在总统选举中获胜,对政策就会有重要影响。在多党制国家(如法国),政党所履行的利益聚合的功能相对小一些,在政策制定过程中,政党更多的是充当各种特定利益的经纪人而非倡导者的角色。

在我国,中国共产党是全国人民的领导核心,它在政策的制定、执行、评估和监控中起着主导作用。作为执政党,它代表着广大人民群众的根本利益和普遍意志。尽管党和政府在政策过程中指导思想和工作相一致,但是,它们的职能和起作用的方式是不同的。中国共产党在政策过程中的主要作用是政治领导和向国家机关尤其是政府部门推荐重要干部。党对国家事务实行政治领导的主要方式是：使党的主张经法定的程序变成国家的意志，通过党组织的活动和党员的模范带头作用，带动广大人民群众，实现党的路线、方针和政策。因此，政策方面的领导是党的政治领导的主要内容。中国共产党制定出具有综合指导性和根本性的总政策。党的政策具有综合指导性，是因为这些政策具有总体性并涉及政治、经济、社会和文化生活的各个方面，其表现形式是党的纲领、路线、方针；党的政策具有根本性，是因为党通过自己制定政策，掌握国家和社会生活总的发展方向，统领社会各阶层的活动。

在我国实行的共产党领导的多党合作制度下，各民主党派是参政党，而不是在野党。与这一政党制度相适应，我国实行政治协商的政治制度，人民政协是国家机构的有机组成部分。政协以及各民主党派在我国的政策过程中发挥着重要的作用，不仅直接参与国家重大政策的讨论和决定，而且更经常、更大量地进行调查研究，提出政策建议，进行政策监督和评价，充分发挥参政议政的功能。因此，政协及各民主党派也构成了我国公共政策主体不可或缺的部分。

从上面的分析中可以看出，中西方的官方公共政策主体的内容、地位和作用具有某些质的区别。主要区别在于：在我国，无论是中国共产党，还是国家机关，都是广大人民群众根本利益的真实代表，而西方的国家机器及执政党是资产阶级利益以及利益团体利益的代言人。中西方政党在政策过程中的地位和作用以及发挥作用的方式也是明显不同的。在我国，中国共产党直接对政策过程起核心领导作用，其他民主党派也积极参与政策过程之中；而在西方，政党必须通过竞选执政之后才能对国家或政府政策产生决定性的影响。

3.1.3　非官方公共政策主体

非官方的政策活动者是指政治体制外的、不直接行使公共权力的政策过程的参与者，主要包括利益团体、公民（选民）、大众传媒以及民间思想库等。下面介绍利益团体、公民（选民）、大众传媒及现代政策研究组织这四种非官方的政策活动者的政策参与行为和方式。

1. 利益团体

当某个群体提出一项政治要求时，政治过程就开始了。这种提出要求的过程称为利益表达，利益表达的主体称为利益团体。按照美国政治学家阿尔蒙德的定义，所谓利益团体，就是指"因兴趣或利益而联系在一起，并意识到这些共同利益的人的组合"。我国经济学家厉以宁在《转型发展理论》中说："利益团体是一个不明确的概念，它是以经济利益目的相联系的一种无形组织。所谓利益团体是指这样一些人，他们彼此认同，有着共同或基本一致的社会、政治、经济利益的目的。因此他们往往有共同的主张和愿望，使自己的利益得以维持或扩大。"由此可见，利益团体是基于某种共同价值、共同利益、共同态度或者某种职业和行业而形成的正式、非正式团体和群体等社会组织。其目的在于建立、维持、增进共同利益和共同态度所蕴含的行为模式。其职责是履行利益聚合功能，以保障或增进其成员的利益作为最高目标。

利益团体最早出现于18世纪末的北美13州。其后，英国、法国也相继出现了利益团体，但数量不多，对政治过程的影响也非常有限。19世纪中叶，随着产业革命的兴起和市场经济的发展，社会利益出现巨大的分化。利益分化造成的矛盾和对立促使利益性质相同且处于同一利益水平上的人们,在明确的利益意识的驱使下结成了一定的利益团体,各种利益团体便发展了起来。进入20世纪,尤其是"二战"后,由于在古典自由主义时代的国家基本上是处于"守夜人"的状态,但随着市场经济的发展,市场自身的缺陷表现得愈来愈明显,于是出自政府的各种干预政策便纷纷出台,从而不断地加强政府在经济领域中的作用。在这种情况下,影响政府政策就成为追求利益的各种利益团体表达和获得利益的重要途径。利益团体在西方各国大量涌现,引起了学者的普遍关注。

在各种利益团体中,有的有一定的组织形式,有的则没有什么组织形式,只是具有共同利益的个人,正式或非正式地结合成某一团体,主要是便于向政府反映和提出他们的要求,这是当今世界多数国家政策生活的主要特征之一。利益团体广泛存在、数量众多、种类繁杂、形式各异,它们利益的要求也各不相同,有的要求对社会价值和资源重新分配,有的要求维持现状和既得利益。前者趋向革新,后者趋向保守。通常它们不具有典型的浓厚的政治色彩,但却往往是政府和公民之间联系的重要桥梁。各种利益团体参与和影响政策制定的形成过程,成为非官方政策主体最重要的构成因素之一,它在公共决策过程中起着显著作用,是现代国家政治体制的一个显著特征。

公共选择理论认为,利益团体的行为动机及原则也是按"经济人"行事的,即追求自身利益的最大化。而公共政策的制定,实际上是对社会价值和资源(利益)的调整和重新分配。政策不是针对一个人的,而是针对社会全体成员或是针对一类人、一群人(某一社会阶级、阶层、集团、群体等)的。然而,社会却没有完全一致的价值和利益存在,只有团体与个人的价值和利益存在。

政策制定中引起利益团体间的冲突是常见的。因为国家的资源和政府所能动员的资源是有限的,无法满足所有利益团体的要求。一种利益增加必然会导致另一种利益减少。于是国家在制定政策时,必然涉及各种利益团体的价值和利益。在调整和重新分配的过程中,往往使原有的利益团体之间的利益平衡遭到破坏,从而直接引发它们之间的利益冲突。当某项政策对某团体有利而对另一团体可能不利甚至损害时,会引起不同的反映。受益者会采取某种行动去维护支持对自己有利的政策,受损者则会以某种方式去反对或改变对自己不利的政策。

在这种情况下,政策制定者就必须运用政策来协调和解决这种冲突,理顺各利益团体间的关系。否则,政策制定将难以顺利进行,即使制定出来了,也会因为有各种阻力而难以贯彻执行。任何一种政策,如能使大多数团体感到可以接受,就表示了某种均衡状态。这时,政策就成为大多数利益团体的一种协调和妥协的产物,也是竞争和斗争的产物。如果团体的影响力发生变化,均衡被打破,又会进入新一轮争取均衡的竞争和斗争。由此,公共决策从某种角度上可以看作利益团体之间的互动、争斗、妥协和缔约的过程。

利益团体影响政策制定的方式(即如何表达自身利益的方式)是多种多样的。而如何表达利益的问题,实际上就是一个政治参与的问题。在一般情况下,通过本团体在各种代表机构中的代表人物,就某个政策问题向政府陈述意见,提出建议或提案;或者通过社会舆论表达本团体对某个问题的观点和见解,力图说服政府采纳;或者对社会规范价值重新加以界定;也可以用现有法规、制度上的规定表明自己的立场。在某种特殊、紧急情况下,也可能由一个团体单独或几个团体联合向政府施加某种压力。当然,影响政策制定的形式和方法会因时、因地、因问题、因环境而不同。利益团体对政策制定影响力的大小,取决于团体自身所处的社会地位、成员多少、声望大小、财力厚薄、组织强弱、领导力高低、内部凝聚力状况以及运用策略的情形等诸多因素。

利益团体影响公共决策的方式主要有游说、宣传、捐款、抗议等。以美国为例,美国国会、行政当局和利益团体之间存在着一个非正式的"铁三角"。利益团体影响政府的方法主要有两种。一是游说(又称院外活动),就是利益团体的代表向国会议员、政府官员进行有针对性的说服工作,希望他们支持本团体所希望的政策,并借助媒体,使得一项具体政策被通过或被拒绝。游说本身并没有什么不好,因为它是民主过程的灵魂,它让政府官员知道不同利益团体和选民的利益与要求。二是政治捐款,即利益团体统筹捐款给议员候选人,支持国会议员和总统当选,换取他们以其职务上的权限来回馈捐款团体。也就是说,用金钱购买对立法的影响力。

快速发展的信息时代尤其是互联网的出现,使美国的游说活动又出现了新的特点,越来越多的利益团体开始在网上活动,互联网成为利益团体游说的便捷、成本低廉的工具。许多单一目标的游说组织通常只有几个人和一部电脑,但他们可以通过互联网跨越国界,宣传自己的主张,招揽同情者,结识盟友,向政府和地方议员施加压力。

利益团体对于公共决策有其积极的作用。托克维尔、达尔关于现代民主的"社会制衡"思想强调:一个由各种独立的、自主的社团组成的多元社会,可以对权力构成一种"社会的制约"。启蒙思想家梁启超说过:"道莫善于群。"这里的"群",就是利益团体。也就是说,每一阶层或层次的社会成员往往有共同的经济利益和政治利益,而维护自己利益的最好方法就是这一阶层的社会成员能组织起来,以组织的形式和组织的力量同其他社会阶层发生各种联系。其组织形式越完善,组织力量越强大,其利益保护就越有效。

在我国的计划经济时代里,由于缺乏一个外在于国家权威的自治的社会领域生存发展的资源空间,也就没有利益团体成长的基本条件。改革开放使我国的社会基础发生了深刻的变革,随着市场经济体制的建立和完善以及利益多元化格局的形成和发展,作为社会活动领域人群组织的利益团体已经进入成长的轨道,并从政治领域中分离出来,成为一种重要的社会力量,它将对政府的公共决策产生日益重要的影响。如何建立和完善利益团体成长的法律制度环境,理顺政府改革与社会组织发展的互动关系,以及如何充分发挥利益团体在权力制约、增强公民的公民意识、满足社会多元化需求等方面的积极作用,尽量限制其消极作用,将是我国公共政策过程中面临和必须加以认真处理的新问题。

2. 公民(选民)

公民或选民是政策主体的一个重要组成部分,或者说是一种最广泛的非官方政策主体。公民是指具有某国国籍并依照该国宪法享有权力和义务的个人。公民表明一个人对国家的隶属关系,既包括统治者,也包括被统治者。在当代,公民的含义更多地表达了法制和民主社会的基本准则。

公民作为一种政治身份,最早出现于希腊城邦政治结构之中。希腊文的"公民"(Polites)一词是由城邦(Polis)一词而来。所谓公民观念,主要是指公民对自己的身份和政治角色及由此而来的权力义务的认知。公民身份最主要的标志是他们享有政治权力。亚里士多德认为,完整意义上的公民是有权参加议事和审判职能的人。公民的身份就意味着参政的权利,公民独享的政治自由是指在公共生活或政治生活领域的自主与自治,它的含义接近于近代的民主权利。亚里士多德强调政治家所治理的人是"自由的人",他们所执掌的权威为"平等的自由人"之间所托付的权威。在托马斯的"公民资格"概念中,公民身份是对平等的描述,其权利与义务在一定程度之内保持平衡,而且这一平等主要是程序性的。巴巴利特在《公民资格》一书中将公民资格和社会阶级联系起来,论述了公民资格的发展与社会制度、社会过程以及社会阶级的关系。总之,从公民资格概念的内涵及其发展中,公民的概念从来就是一个反对特权、要求平等的权利的产物,其蕴涵着民主的价值,是权利和义务的共同体。

在现代民主国家中,公民决定或影响政府公共决策的主要途径有:①以国家主人或主权者的身份,对某些重大政策问题直接行使主权,如对宪法的修订、领导人的选举、基本国策或重要的地方性政策采取直接投票的方式来加以决定;②用间接或代议的方式,选出自己的代表者,制定或修改并执行公共政策;③使用各种威胁性方式(如请愿、示威游行、罢工、罢课等)去反对某些政策,迫使政府将问题提上议事日程;④通过参加利益团体,借助团体的力量去影响政策,或通过制造舆论或游说的方式去影响政策;⑤对政府通过并实施的政策采取合作或不合作的态度,以此影响政策结果等。

公众在公共政策制定中的地位不容忽视,这是因为政党和政府制定的政策所要解决的社会公共问题都和公众的利益密切相关。有许多政策只有依靠公众的合作与参与才能得以贯彻执行,如环境保护、社区发展、社会治安等方面的政策,若没有公众的支持,即使政策制定出来了,贯彻执行仍相当困难。要保证政策有较高的支持度,就不能忽视政策制定中的公众有效的介入。

在西方,公民的确有时可以通过上述途径去影响政府的决策。但是,在西方代议制民主制度下,公民的政治参与及其对公共政策的影响是有限的,甚至是微不足道的。其最大的弱点是大部分的立法人员皆欠缺有关的专业知识,故他们在行使职权时,往往发生力不从心的现象。

在我国社会主义民主政治制度下,人民群众是国家的主人,他们在政策过程中起着重大作用。党和政府通过各种渠道尤其是通过"从群众中来,到群众中去"的路线,让人民群众参与公共事务的管理以及公共决策活动,参与政策的制定、执行、评估和监控。党和国家的各项政策实质上反映了广大人民群众的根本利益,是他们的意志和要求的集中体现。

3. 大众传媒

大众传媒是指在传播路线上用以传达信息的报纸、书籍、杂志、电影、广播、电视、因特网等诸形式。决策中的信息总要借助于一定的媒体才能传播,大众媒体则是现代社会最为普遍的信息传播载体。大众传媒对全世界的政治、经济、文化正产生着越来越大、越来越广泛的影响。以至于在西方有人将大众传媒称作与立法权、行政权、司法权并列的"第四种权力"。

以大众传媒作为主要研究对象的传播学自20世纪初建立以来,在西方国家的发展也十分迅速,出现了威尔伯·施拉姆、拉斯韦尔和申农等在传播学领域做出杰出贡献的著名学者。在他们当中,拉斯韦尔不仅作为传播学理论的奠基人,更是著名的政治学家。大众传媒对政策制定的作用极为显著。传播学的奠基人之一,美国传播学家施拉姆指出:"媒介很少能劝说人怎么想,却能成功地劝说人想什么。"20世纪70年代的美国著名记者西奥多·怀特也曾提出媒介"安排公众议程"说。拉斯韦尔则认为政治传播就是"运用实义的符号,以控制人们的集体态度"。如1985年,正是由于日本新闻界披露了库里路特行贿受贿案丑闻,而导致日本前首相宇野下台,内阁倒闭。当时的评论说:"这一新闻传播媒介的作用更像是政治的火钳,它所起的作用已不完全像新闻事业。"事实上,从大众传媒产生开始,它就与社会政治形成了互动的紧密关系,它是实现政治社会化的主要手段。通过大众传媒的影响所形成的政治舆论是不可低估的政治力量,历史上每一种新媒介的诞生,都给社会政治文化带来了革命性的巨大冲击。如15世纪欧洲活字印刷的出现,推动和促进了文艺复兴和宗教改革;19世纪的电报、铁路与高速印刷的发明,导致了寡头政治的倾覆,而产生了民主政治;1950年,电视在美国促成了民权革命。在当今信息社会,大众传媒对政府的公共决策有着重要的影响,有时甚至是决定性的影响。它们的主要作用是传播信息、引导舆论、交流思想和传播知识,是政府、政党和其他利益团体的宣传工具。

大众传媒对政策制定的影响与作用具体体现在:大众传媒能及时反映社会所发生的公共问题,同时,其传播的信息是对政策信息和政策问题进行选择、整理、淘汰、处理,经过层层加工和筛选后,再提供给公众的。它建构的"第二现实"影响受众对问题内容及其性质的认知和态度,进而影响着政策议程的建立。由于大众传媒的直接性、迅速性和广泛性,它能为政策制定创造良好的公众支持的环境,从而扩大政策诉求群体,提高政策问题的认知程度。大众传媒的"焦点效应"可以形成强烈的政策舆论压力,促使决策系统接受来自公众的愿望和要求。大众传媒是政府与社会连接的桥梁和中介,可以扩大公众对政策制定的参与程度,使分散的公众公开表达自己的诉求,是实现决策科学化和民主化的重要载体。

4. 现代政策研究组织

现代政策研究组织又叫"思想库"(Think Tank)、"脑库"(Brain Trust),是政策主体的一个重要组成部分。它在当代政策研究中起着巨大作用,有学者称"思想库是现代国家决策链条中不可缺少的一环"。可以毫不夸张地说,没有思想库卓有成效的研究,西方发达国家的政府就会在公共政策上束手无策。在美国,有一种流行的说法,即思想库的研究成果,决定着美国人从摇篮到坟墓的一生。思想库成为现代公共决策的一个不可或缺的组成部分,思想库的成熟程度成为衡量一个国家公共决策水平高低的重要尺度。

我们可以一般地将现代政策研究组织看作由各种专家、学者组成的跨学科的综合性政策研究和政策咨询组织,其主要工作是进行综合性政策理论研究、政策规划、政策设计、政策分析、政策评估等,帮助政府部门和机构进行决策,以提高公共政策质量。

(1)现代政策研究组织的特征

作为政策主体的一个重要组成部分,现代政策研究组织(思想库)有如下几个基本特征:

第一,以改进政策制定为目标。这是现代政策研究组织的宗旨和首要特征,无论哪种类型的思想库,都把改进政策制定作为最终目标,它的一切活动都朝着这一目标开展。虽然它提供服务也收取报酬,但不以营利为目的,只是为了维持组织的继续运转,为研究工作提供更好的环境和条件。它的目标始终是改进有关机构和部门的政策制定,促进决策科学化、民主化。

第二,研究人员构成的多学科性。现代政策研究组织面对的是各种各样的复杂问题,具有高度综合性特征,涉及众多学科领域和社会生活的各方面。显然,要探索解决一系列极为复杂的问题,仅靠单一学科的知识、方法是难以奏效的。作为现代社会发展的产物,政策研究组织广泛采用了跨学科、跨部门的研究方法。例如,兰德公司的研究人员中,配备了工程技术、物理学、计算机、数学、统计学、经济学、医学、教育、法律、社会学、心理学和政策分析学家。在开展课题研究时,有关各个学科的专家组合在一起,开展协作,起到了互相补充、拓宽思路的作用。

第三,从事政策研究和咨询的相对独立性。古代智囊人物凭个人智慧和学识为一个官僚贵族提供私人服务,他们之间的关系是人身依附,士为知己者用的关系。而现代政策研究组织的研究活动,是在尊重科学和实践的基础上,从实际出发,依靠科学实验和论证,做出科学的结论,研究的成果不是为了去支持、论证有关的政策或计划。布鲁金斯学会为了保持独立性,曾强烈表示不受理资助研究以外的任何研究,并规定了接受政府资助的限度控制在总收入的20%以内。可以说,独立自主的研究是现代政策研究组织取得成功的一个重要条件。

第四,运用现代科学理论和先进技术手段。现代政策研究组织的诞生和发展以科学方法的发展为背景。尤其是系统论、信息论、控制论、耗散结构论等,为现代政策组织提供了行之有效的研究方法及手段。其科学性、实用性和有效性在政策研究中屡屡得到验证。思想库创造的一些理论和方法也不断发挥巨大作用,如乔治城大学战略和国际问题研究中心提出估计世界各国实力的战略发展趋势理论,斯坦福国际咨询研究所的趋势估计与监视计划,借以跟踪不断发展的形势。

(2)现代政策研究组织的类型

政策科学的应用性特点,决定了思想库是学术部门和实际部门的有机结合,各个思想库的服务对象、研究领域和所起的作用不同。可以将思想库分为如下几种类型。

①官方思想库

官方思想库通常隶属于不同国家或地区的政府及其职能部门,带有明确的官方色彩,反映了政府一定的态度、立场和感兴趣的问题。它们直接研究政策问题,为决策提供咨询。官方思想库有几种次属类型:一是最高行政长官的研究咨询机构。它们由最高行政长官的办事机构和专门委员会组成。比如美国总统科学咨询委员会、荷兰政策科学评议会、日本审议会、法国总统府中的总秘书处等。这种机构与最高决策者保持密切联系,及时提供各方面的情报和资料,提供各种备选方案,作为政策制定者决策的依据与参考,对最高决策者起着巨大的影响作用。二是相对独立的研究咨询机构。它们与行政系统关系密切,成员由政府任命,但又保持自己相对独立的组织体系和研究方法,如法国的经济和社会委员会、荷兰的国务会议和社会经济理事会。这类思想库在西方政治生活中地位很重要,对国家的立法、行政和司法都有很大影响,如法国的经济和社会委员会素有"第三议会"之称。三是部门的咨询机构。它们为各部门提供研究咨询服务,其形式多样,层次分明,构成一个相互关联、各司其职的系统。例如,日本政府各部都有相当数量的审议会作为咨询机构。通产省设有3个审议会,厚生省设有21个审议会,它们对专题进行研究,提出各种方案,供各部门决策选用。

②半官方思想库

西方国家为了让专家们能在民间的环境中工作,使其智慧为政府部门服务,通过各种途径和方式建立了许多半官方思想库。一是政府通过投资和资助重点研究领域和方向,把它们纳入为政府服务的轨道。如作为日本"脑库总管"的综合研究开发机构的重要任务就是根据日本政府的需要拟订研究课题,分配给有关民间研究机构,并提供充足的资金保证;德国基尔世界经济研究所一半以上经费由政府提供。西方政府正是通过资金上的援助与这些思想库建立了长期的、稳定的、密切的合作关系。二是政府通过和思想库签订合同,建立相互依存的关系。如斯坦福国际咨询研究所总收入的70%来自政府和军方的合同收入,它是主要为政府和军方服务的半官方研究咨询机构。三是与政府部门对口挂钩的思想库。虽然政府对这一类思想库的资助只占很小一部分,但它们与政府部门对口挂钩,直接为对口的政府部门提供研究咨询服务。因此,它们实际上也是半官方的研究咨询机构。如美国对外关系委员会(与国务院对口挂钩)、经济发展委员会(与商务部对口挂钩)、税务基金会(与财政部对口挂钩)。

③民间思想库

民间思想库是由民间发起,得到基金会和企业资助,为国家机构及其长官服务的政策研究机构。如:美国现代问题研究所、美国企业公共政策研究所、外交政策研究所等。民间思想库是思想库的典型形式,其最大特点是独立性和客观性,它熟悉技术方法,不为个人意志所左右,直接体察民情,既超脱又接近实际,研究成果更具客观性、正确性、全局性、有效性。它有两大优势:一是由于民间政策研究组织有一定社会性,在获取真实信息方面有较多优势和有利条件,可以克服行政性研究机构在搜集真实政策信息上的局限性;二是可以保持政策研究的连续性和系统性,克服行政性研究机构因领导人更迭和领导注意力转移而影响政策研究课题和条件的弊端,有利于提高决策的透明度、开放度与民众参与度,对社会政治经济稳定有积极意义。民间思想库对公共决策的作用巨大。如20世纪六七十年代的美国布鲁金斯学会出版的《制定国家优先项目》(每年1卷),由布鲁金斯学会的学者评价总统的全部规划,提出各种可供选择的方案,并对不同于总统设想的各种替代方案可能产生的影响做出估价,对政府的公共政策施加了很大的影响。

④跨国思想库

跨国思想库是由世界各国科学家、经济学家、企业家、政策科学家组成的,以研究人类全球问题为主的思想库。首先,这类思想库研究的是在规模上具有全球性、在性质上涉及全人类的利益、在解决时需要世界各国协同努力和采取共同对策的问题。其次,它们经常与一些国家的政府首脑和著名政治家举行联席会议,共同磋商和讨论问题。再次,它们努力促进各国成员之间的交流,交流解决各国所面临的问题的经验与方法,探讨各种专业知识的综合方法。例如,著名的跨国思想库罗马俱乐部,它的研究报告始终广泛地吸引着世界各国政府,并引发了20世纪70年代以来在西方世界中占有重要地位的新社会运动——生态和环境保护运动。跨国思想库以研究课题的魅力、不为任何国家和政党利益服务、只关心全人类的利益和人类未来的宗旨,发挥着其他思想库所难以发挥的作用,影响着人类的明天。

(3)现代政策研究组织的功能

思想库作为西方资本主义政治制度的一个重要组成部分,已深入西方社会政治生活的各个方面、各个领域,在政治运行过程中起着十分重要的作用,是西方公共决策不可缺少的有力助手。其最主要的职能就是为统治者服务,一方面是直接填补掌权者的职责与实际能力之间的差距,另一方面是间接起到政府职能作用,为政府机构的有效运行服务。

①提供政策建议,充当咨询参政机构

那格尔认为:"思想库是产生可靠的、可以被有关部门接受的政策研究成果的主要机构。"在公共政策制定过程中,思想库起着承上启下的作用,是联结权势集团和直接决策者的中介,起到了使政治系统与社会广泛联结的作用。首先,由于思想库的存在及其中介活动,使得权势集团能够进行有效的利益表达,把手中的经济资源转化为政治权力。思想库作为一种咨询系统,为权势集团提供沟通信息、集中意见、进行表达的系统功能。思想库帮助解决冲突,促进机构之间的合作,成为权势集团代言人,向政府提出政策建议。其次,思想库通过专家运用科学工具和广泛论证、归纳,将权势集团的意志变成具体政策方案,源源不断地输向"直接决策者",而政府与国会就是在这些方案中进行选择。正如那格尔所言:"尽管在原则上那些处在最高层次上的人有权正式决策,但实际上往往只是批准专家提供的方案。"第三,通过政策大辩论形成主流政策建议。美国主要的经济和政治力量几乎都有为之服务的思想库。从政治立场上看,思想库大体可以分为自由的和保守的两派,但他们都强调独立研究,即使是同一倾向的思想库,也各有各的主张,常常会在同一问题上提出不同的甚至对立的政策方案,进行政策大辩论,能起到互相补充和制约的作用。这种辩论有助于政策方案的衡量和选择,有助于在权势人物之间形成一种主流看法,避免一种看法和主张的局限性。

②提供学术思想,充当认识机构

思想库的任务不仅在于提出具体的政策方案,而且在于发现和传播短期内不会成为政策的学术思想,在于坚定不移地追求长远的目标,而不是眼前利益,它关心的不仅是国家、民族、人类的现在,而且着眼于未来,在于发掘社会发展的新思想,寻找社会发展的潮流,并使决策者逐渐接受这些思想,这是思想库的活力所在。首先,提出代表某个权势集团的未来政策思想。思想库的影响不仅在于它的知识,而且还在于它是"政治性的"。正如传统基金会会长埃德温·福伊尔纳所说,保守思想库的任务在于创造20世纪80年代以后能真正体现美国社会价值的保守观念,而传统基金会就是这场静悄悄的革命的先锋。美国遗产基金会的一位人士也说,我们是保守主义革命的思想突击队。其次,提出关于人类未来的新思想,及时敲响人类社会所面临问题的警钟。思想库决策研究和决策咨询都具有强烈的未来研究倾向,对未来的探索是现代思想库区别于一般研究机构的主要标志之一。比如,乔治城大学的战略和国际研究中心从战略角度出发,对世界经济和能源以及科技和通信信息等项目的研究,侧重于"预测未来",他们多年前曾提出这样一个论断:20世纪70年代的能源和80年代的信息是各国政府面临的突出问题;还提出"信息就是力量"的口号。这些论断已被证明或正在被实践所证明,对各国政府的决策起着指导性、方向性作用。

③提供政策结果信息,充当评估机构

思想库一般注重评估政府的各种政策和计划,在政治生活中起着一种"社会医师"的作用。比如:日本综合研究所在国内就有"诊断社会机能的医生"之美称。思想库通过对政策进行检查、评估和衡量,来评判政府政策的利弊得失,是否有效运转,是否符合政策制定规则,是否或如何影响或改变了政治体系所面临的政策问题。从中不断地寻找和发现存在的问题,提出解决问题的方案,从而影响政府政策实施的持续时间和范围,改进了政策的实施战略和程序,强化政府施政能力。这也是思想库的活力所在,是它生存下去和获得资助的必不可少的条件。要取得资助,就要别出心裁地提出新思想,供人们选择,而要有新思想就必须去发现问题、寻找问题,许多政策问题正是在这种良性循环的机制下不断产生出来的。

不管出自怎样的动机和动力,思想库作为政策的评价者和"社会医师",诊断社会问题,发现病状,寻找原因,预测后果,开设药方,使社会问题得到研究,具有积极意义。首先,这有利于决策科学化。思想库评价可以超越少数政策制定者的有限见识,独立地、客观地而且更为广阔地对政策进行评价和鉴定,它综合各个方面对于政策的态度、倾向,及时提出对政策的修正、补充甚至推翻,有效地改进了政策制定目标,促进政策科学化和社会改进。其次,有利于决策民主化。广大专家、学者参与对政策的评估,可以看作他们的一项基本民主权利,通过政策评估,促进政府决策行为的民主化。

④向政府输送官员和专家,充当人才交流、储备机构

思想库是知识界精英荟萃之地,由各方面一流的专家学者组成,它的存在表现了现代西方社会的知识界利用智力资源干预和介入社会政治生活的倾向。兰德公司资源研究员所罗门指出,研究人员参加政府使其研究成果直接为制定政策服务是思想库影响决策最大的方面。美国当代问题研究所则宣称:"思想库不光是思想。"

首先,思想库的这种作用直接表现在把思想库人员专家安排到政府重要岗位。不管华盛顿是民主党还是共和党政府,思想库对政府都是很有影响的;不论谁当总统,他都必须聘请思想库这些"深思熟虑"的人来管理政府。据统计,美国政府中约有三分之一以上的高级官员来自著名的思想库。例如美国前总统乔治·布什就是对外关系协会、美国企业协会的成员;企业研究所三十多名高级研究员中有一半在政府中担任过要职。

其次,思想库专家直接参与政策制定工作。在美国,由于政治家缺乏一定的技术、时间和精力来解决涉及核能、环境保护、职业安全、通信、平等就业一类的复杂问题,为专家在政策制定中起作用创造了机会。专家拥有丰富的知识、掌握着先进的技术方法,面对大量的动态信息和瞬息万变的复杂的社会问题,优化组合的专家团体以高智能和整体结构发挥最佳功能,提供最优化选择,其研究成果常常成为提案的基础。正如那格尔所说:"问题越复杂越要求专家分析,社会及经济计划的扩展就是如此,我们已经看到官僚机构使用的顾问团体越来越多,这种变化和问题复杂性有关,立法者通过给行政官员授权来推卸责任,行政官员又把责任推给顾问一部分。"这说明专家、学者已经成为最基本的政策制定者,他们不再是社会舞台上冷静的观察者,而成了政治舞台上强有力的参与者,发挥着越来越大的作用。由于专家参与政府,一方面可以使政策方案更合理,另一方面也强化了公众对一项政策的心理感受。

再次,参与竞选,影响公共政策制定。思想库活动是西方民主参与制的一种形式。有许多人就是从参与政策研究机构的活动开始继而参与政治活动的。思想库成员依靠自己对政治过程的了解和专门的分析技能来参与竞选或支持候选人,他们把自己的个性和价值观融入政治过程之中,帮助候选人制定政策和策略。乔纳森·奥尔特说:"政治顾问凭借他们的权利正在成为重要的政治精英。"他们形成一种重要的政治势力,他们决定竞选过程甚至通过与当选者的关系影响公共政策的制定,他们不再是简单地受人使唤,他们通过赢得选举而实现自己的政治目标。比如,三边委员会主要成员、国际关系问题专家布热津斯基曾帮助过包括休伯特·汉弗莱、伯奇·贝赫、爱德华·M.肯尼迪、享利·杰克逊、

沃尔特·蒙代尔和吉米·卡特在内的许多著名人物。卡特当选总统后,他被任命为国家安全顾问,对中东问题的和平解决起着决定性作用。

⑤制造舆论、传播观点,充当宣传机构

大众传播媒介的发展使社会成了一个开放的系统,通过大众传播媒介,社会的各种问题和信息就能及时地得到反映和传播。由于每个社会成员都有自己特殊的生活环境和问题,政策往往是不被理解的。而一项政策要有效执行,就必须被理解,要让公众信服政策制定的指导思想。一些政策无效并不是政策本身的问题,而是观念和大众认同的问题。美国政策科学学者叶海卡·德洛尔指出,公众作为影响政策制定与执行的重要因素参与了政策运行的全过程,并扮演了重要角色;公众对政策的反应与教育程度、价值观念、政策科学知识有关,为了使政策能达到预期效果,促进公众行为的良性转化,为克服逆境创造条件,对公众进行政策启蒙教育就成为一项基本工作。教育方式有二:一是进行广泛持久的政策科学知识普及教育;二是利用大众传媒对各项政策进行宣传教育。

现代思想库起着把政府的基本政策传播给大众、把各界的观念传播给决策者的作用,它们十分重视利用舆论工具来扩大自己的影响。首先,每当国内发生重大政治问题时,它们就在电台和电视台上介绍背景、分析原因、提出对策,掀起一个个浪潮,借以引起公众和舆论的关注,启发人们的兴趣,从而达到宣传效果,以左右决策。比如,美国企业公共政策研究所对每月一次的"AEZ公共政策讨论会"录像、录音,然后在美国的200个电视台和400个广播电台播放。又如美国对外关系协会以"重大决定提纲"为中心的外交政策讨论,参加者多达20余万人。其次,大量出版丛书、专题著作和刊物,宣传自己的研究成果,影响人们的思想观念。由于思想库研究成果新颖、独特,对人们的思想起着潜移默化的影响,改变着人们对某个问题的态度,从而形成一股力量影响决策层。比如,美国企业研究所每年的出版物达110种,布鲁金斯学会每年的出版物达84种,这两个思想库都有专门的出版发行人员,采取推销和捐赠相结合的办法,尽力使其研究成果传播到最广泛的社会领域。兰德公司每年发送给政府、大学、社会团体以及企业的出版物超过30万册。第三,组织名目繁多的会议和讲座。企业研究所平均每周都有一两次这类活动,每年12月份举行一次为期十天的年会,参加者达上千人,有官员、学者、企业家、记者等。布鲁金斯学会专门设立一个高级研究计划部,每年邀请500名左右的政府司、局级高级官员与学者、议员、企业家讨论政府面临的问题。第四,派学者走出大门,到外边演讲。思想库和政府、国会都有密切联系,经常参加国会的各种作证活动,用以宣传自己的观点和主张,并经常和政党相呼应,从而参与某些立法过程。另外,经常到大公司、企业和大学讲课,也是一种常见的动员舆论的方式。

(4)中国政策研究组织的现状与改革

①中国政策研究组织的类型

现代政策研究组织是人类决策活动进入新的历史阶段的直接产物,它主要在西方国家发展起来。我国是到了20世纪80年代初,随着历史经验的总结和现代化建设的需要以及决策科学化、民主化的要求,才逐步发展起来的。目前,政策研究组织已成为我国现代决策组织机构的重要组成部分,现有的政策研究组织大体可分以下五种类型。

第一,隶属于党委或政府部门的纯行政性政策研究组织。如中共中央政策研究室,国务院发展中心、国家计委信息中心以及隶属各省、自治区、市、县的政策研究室和发展研究中心。它们主要对国家和各地的政治、经济、科技、教育政策进行可行性、战略性、综合性和长远性研究以及对未来社会发展进行预测分析。其职能不仅为党政决策部门提供政策方案,而且帮助决策部门选择方案。主要特点是对实际情况比较了解,获取信息的渠道比较广、比较灵通、贴近决策,成果进入决策机会多,人、财、物比较充足。

第二,行政性和学术性相结合的政策研究组织。如中国人民银行金融研究所、国家体改委经济体制改革研究所等。这些机构的资料全面,理论基础较扎实,利用所隶属部门的有利条件较容易取得信息,能较好地做到理论和实际相结合,制定政策方案实用性强,成果在本部门处于领先地位,对政策的制定和运行影响大。

第三,中科院、社科院及高校下设的相应系、所、室等学术性政策研究组织。如中国社会科学院金融研究中心,中国人民大学软科学研究所、复旦大学发展研究院等。这类机构具有学科广、人才多、专业知识扎实、基础资料比较系统、不受行政组织的束缚、研究与教学并重、研究与人才培养并重等特点。

第四,企业、公司、个人创办的政策研究所、咨询公司、研究会等民间政策研究组织。如中国管理科学研究院、深圳综合开发研究院等。这类机构具有独立性强、不受行政机制的制约、熟悉技术方法、直接体察民情民意、效率高等特点。

第五,由前政府官员组成的咨询小组、委员会等政策研究组织。如原来的中央顾问委员会、对外友协、上海"开发浦东"咨询小组等。其特点是对行政运行机制非常熟悉,经验丰富,可以直接参与决策。

目前,我国政策研究机构已扩大到各个层次和领域,集中了一大批多学科的专家、学者和前官员,形成了高智力的研究群体。这些组织的发展和壮大标志着决策科学化、民主化的意识在我国已逐步由上而下得到普及,有效地展示了知识分子和人民群众对不同层次的领导决策活动的参与,为实现决策科学化、民主化提供了建制保证。

②中国政策研究组织的现状

中国政策研究组织为我国的改革开放和现代化建设做出了积极贡献。主要表现在:第一,研究长远发展战略,确定发展目标,为改革和建设指明方向。例如,国务院发展研究中心牵头完成的《2000 年的中国》课题研究,对中国未来发展、有利条件、制约因素、总体战略和具体对策提交研究结果,为中国的改革和发展进行了科学论证。该项研究提出的发展战略和上百条政策建议成为制定"七五规划"的主要参考文件。第二,为决策者提供具体的政策措施和建议。如,国家计委经济研究中心提出的《九十年代发展农业的对策》《理顺煤炭价格》《控制消费需求增长过程、改善国民收入分配格局》等报告,在实际工作中产生了重大影响。第三,对个案进行论证和分析,提供科学依据。如《三峡工程综合评价》《宝钢长江引水工程可行性咨询报告》等。第四,随着改革开放的进一步深化和经济全球化的趋势越来越明显,我国的各级决策中枢也越来越认识到决策科学化、民主化的重要性,如 2003 年初广东省政府组织了 11 个课题向全社会公开招标,这 11 个课题涵盖了当前广东省政治、经济、社会等领域需要解决的一些重大问题,而这在广东省政府的历史上是从未有过的。

但是,由于受各种因素的干扰和制约,与西方发达国家相比,我国的政策研究组织在很多方面还存在比较大的距离,一方面,体制内的政策研究组织存在功能"虚化"的问题;另一方面,体制外,尤其是民营政策研究组织作用小、发展慢。当前各地大量存在的行政效率低下、一些重大项目建设的决策失误以及政策制定和执行的随意性与非程序化等一系列问题,都与我国决策体制的不合理、忽视政策咨询参谋作用有很大关系。我国的政策研究组织尤其是那些官方组织,普遍存在行政性太强而自主独立性和学术性偏弱的弊端。这些组织往往是作为党和政府的职能部门来设置的,其内部组织结构、工作方式、工作条件和管理方式与其他一般职能部门并无两样,大量的行政性和事务性工作占据了日常工作的大部分。这种体制容易导致条块分割、各自为政、行政干扰以及成为领导人的"秘书班子"等问题。政策研究就失去了应有的客观性、公正性和科学性,政策研究组织对领导决策的影响甚微,智囊作用很难充分发挥出来,而这样的决策也就很难谈得上是科学的决策了。

在我国的决策实践中通常的情况是:先按领导层的意图定好决策方案,然后交由专家学者进行分析和论证,把专家参谋咨询搞成类似于成果鉴定(而且经常有这么一种倾向:意见相同的专家学者请得比较多,而反对者的观点常常被忽视,歌功颂德的声音大于反对批评的声音),这完全限制了专家学者的智囊作用和影响力,使政策研究组织受到"虚化"和成为摆样子的"花瓶"。另外,由于不少地方的很多决策信息实行"对内封锁",造成许多研究素材的收集往往是"出口转内销",很多东西外国的机构已经研究得很透了,而国内的政策研究组织往往还不清楚,或者明明知道也不敢研究,不敢说真话,逐渐蜕变为可有可无的虚无缥缈的机构。

改革开放以来,我国政策研究组织的人员素质虽然有了一定程度的提高,但仍存在不少问题:由于很多地方往往把政策研究组织作为安置那些即将卸任的政府官员和机构改革后进行人员分流的"落脚点",政策研究咨询的参谋作用受到不同程度的歧视和弱化,研究人员的年龄和知识结构很不合理,知识老化现象比较突出;在研究方法和研究手段方面,我国的大部分政策研究组织所采用的基本上还是一些原始传统和简单的研究方法,政策分析能力弱,研究水平和研究成果还停留在较低的水平上,已远远不适应现代社会的需要;另外,不少地方政策研究组织工作环境较差、地位待遇不高,研究成果不受重视、研究缺乏独立自主性,挫伤了部分政策研究人员的积极性和创造性,导致政策研究组织往往难以吸引并留住优秀人才。

3.2 公共政策客体

政策客体指的是政策所发生作用的对象,包括政策所要处理的社会问题(事)和所要发生作用的社会成员(人)两个方面。政策最基本的特征就是充当人们处理社会问题,进行社会控制以及调整人们之间关系特别是利益关系的工具或手段。

3.2.1 社会问题

从事的角度看,公共政策所要处理的是社会问题、公共问题或政策问题。严格说,这三个概念是有区别的。社会问题是外延最广的概念;社会问题的一部分涉及社会上相当部分的人或影响较大,那么,这部分问题就是公共问题;政府所面临的公共问题很多,只有少数能被政府摆上议事日程,并加以处理,这些被处理的问题就是政策问题。为了叙述方便,本书将这三个概念混用。

什么是社会问题？按照学者马奇（James G. March）和西蒙（Herbert A. Simon）的说法，（社会）问题就是要达到的状态与观察到的状态之间的距离。从唯物辩证法的观点看，社会问题也就是各种各样需要解决的社会矛盾。学者安德森则认为，政策问题可以定义为某种条件或环境，这种条件和环境引起社会上某一部分人的需要或不满足，并为此寻求援助或补偿。社会上存在着各种各样的问题，只有那些促使人们去行动的问题才是政策问题。也就是说，如果问题没有得到表达，就不可能构成政策问题。在学者琼斯看来，社会问题可以定义为产生"一些人的需要、挫折或不满足，由本人所认定或被他人所认定，而寻求解决方法"的环境或状况。

由此可见，社会问题以及政策问题不仅仅是一种客观的存在状况，而且也是人们主观构造的产物。它是被人们感知、觉察到的状况，是由于价值、规范和利益冲突引起的，需要加以解决的状况。因此，一种社会状况构成社会问题或政策问题与否，问题的严重性程度如何，是与人的主观判断密切相关的。

社会问题数量庞大、种类繁多，而且各种问题相互交织在一起，因此，如何加以分类也是一个值得注意的问题。学者罗威（T. Lowi）根据受问题影响的人数多少及其相关性，将问题分为分配性的（Distributive）、调节性的（Regulative）和再分配性的（Redistributive）三种；邓恩按问题的特性，将政策问题分为三类，即结构良好问题（Well-structured Problem）、结构适中问题（Moderately-Structured Problem）和结构不良问题（Ill-Structured Problem）。有的学者把社会问题或政策问题划分为实质性问题和程序性问题两种。实质性问题涉及人类活动所产生的实际后果（如言论自由、环境污染等），程序性问题则与政府如何组织和如何采取行动有关。还有一种划分方法是将社会问题按问题的起因划分为内政问题和外交问题，内政问题包括教育、税收、犯罪、交通和福利等问题。

可以从通俗的角度来划分社会政策问题，即按社会生活领域的不同将政策问题分为政治、经济、社会（狭义）和文化等领域的问题：①政治领域问题，包括政治体制、机构、外交、军事、行政、人事、民族、阶级等方面的问题；②经济领域问题，如生产、流通、分配、消费等生产过程各环节的问题，或财政、金融、产业、分配等方面的问题；③社会领域问题，如环保、人口、治安、福利、保障等方面的问题；④文化领域问题，包括科技、文教、体育、卫生等方面的问题。

显然，社会问题或政策问题的划分与政策的分类是一致的，用于处理特定领域问题的措施或办法就构成了该领域的政策，如用来处理政治、经济、社会和文化领域的问题的措施或办法就分别是政治政策、经济政策、社会政策和文化政策。

3.2.2　目标团体

从人的角度看，政策所发生作用的对象是社会成员，这些受规范制约的社会成员被称为目标团体。政策有大有小，它们发生作用的范围不同。因而所要影响或调节、控制的社会成员及其行为的范围不同。党和国家的总政策和基本政策发生作用的范围最广，它们所涉及的几乎是所有的社会成员；而特殊政府部门或地方政府的政策法规发生作用的范围较窄，所涉及的仅仅是部分成员，是某一阶层、某一行业或某一部门的就业者或某个地区的居民。

政策所要调整或规范的是人的行为以及人与人之间的关系尤其是利益关系，鼓励人们去从事某些活动,而禁止人们去从事另一些活动,引导人们朝向政府所期望的目标前进。人们在社会生产和生活中存在着各式各样的、错综复杂的关系,而其中最基本的是利益关系。社会成员及其形成的利益团体在社会的生产和生活中所处的地位不同,社会分工不同,因而必定产生各种不同层次、不同性质的利益要求。这些利益要求相互影响、交流、撞击,就形成了各种利益关系。因此,党和国家的政策要指导人们处理好全社会成员的利益与各种利益团体的利益之间的关系,解决人与人、人与团体、团体与团体之间的利益冲突,建立起一个有利于安定团结、促进生产力发展的利益格局。在这种格局中,国家、团体和个人三者的利益之间,整体利益与局部利益之间,长远利益与局部利益之间都能有效地协调起来。

政策客体的识别具有不可忽视的重要意义。了解政策所发生作用的社会生活领域问题的性质和特点,了解政策涉及的社会成员(目标团体)的需要、利益和心态,有助于制定出适应具体情况、能被人民群众所普遍接受或能被多数人所理解的政策,有助于政策的顺利执行,充分发挥政策的作用,取得预期的政策结果。

3.3 公共政策环境

所谓政策环境就是指影响政策产生、存在和发展的一切因素的总和。戴维·伊斯顿(David Easton)在《政治生活的系统分析》一书中将政策环境分为社会内部环境和社会外部环境两个部分。社会内部环境包括生态系统、生物系统、个人系统以及社会系统;社会外部环境是某社会本身以外的系统,它们是国际社会的功能部分,可以将其描述为"超社会""超系统"环境。本书采用较为容易接受的环境划分方法,将之划分为自然环境和社会环境两大部分。自然环境主要是指一国的地理位置、面积大小、气候条件、山川河流、矿藏资源等,自然环境是人类赖以生存的场所和创造文明的自然前提,对一国的内外政策具有影响或制约作用。社会环境主要包括政治状况、经济社会状况、文化状况、教育状况、法律状况、人口状况、科技状况等,它对公共政策起着更为直接而重要的影响。

3.3.1 社会经济状况

社会经济状况或发展水平是一国或地区的公共决策的最重要的依据。政府要想制定出合理的政策方案,并使它达到预期效果,首要的和根本的前提是从本国或本地区的实际情况尤其是社会经济发展的现实出发,任何超越或落后于社会经济发展水平的政策最终注定是要失败的。

首先,社会经济状况是一国或地区的政府制定政策的基本出发点。一个国家或地区的社会经济条件如何,它处于何种发展阶段上,综合实力如何,是一国或地区政府的公共决策必须首先加以考虑的。正确的或合理的政策必须符合社会经济发展的实际,这似乎是不言而喻的,然而,正是这一点却往往被人们所忽略。我国在这一点上有着正反两个方面的经验与教训。20世纪50年代末到党的十一届三中全会以前的近二十年时间里,我国之所以出现了一系列政策失误,如"大跃进"、"人民公社化"、鼓励人口增长、"文化大革命"以及"以阶级斗争为纲"等,一个重要的原因,就是没有正确认识这段时期的国情尤其是社会经济发展的状况,忽视了我国尚处于社会主义初级阶段这一基本事实,脱离实际,超越社会发展阶段,搞"穷过渡""超英赶美""跑步进入共产主义",给国民经济和社会发展带来了不可弥补的损失。相反,十一届三中全会以后,党和国家之所以能制定并执行一系列正确、合理的政策尤其是实行改革开放和以经济建设为中心的路线、方针和一系列经济社会政策,在很大程度上是由于对我国国情尤其是社会经济发展状况进行了正确的估计,从实际出发,实事求是地去制定各项方针、政策,这些路线、方针和政策极大地促进了我国社会经济的发展。

其次,经济实力是政策制定和实施的基本物质条件。政策过程作为上层领域里的政治活动,不仅有其经济的根本动因,而且这一过程本身,一般也必须在与国家或地区的经济整体发展相一致的前提下,才能获得贯彻实施所需的财力、物力等各种经济资源的充分支持。也就是说,国家或地区一定的经济实力是政策制定和实施的基本物质条件,它影响着国家的基本政策倾向和政策实施效率。因此,政策制定必须基于经济实力允许的范围,并在保留一定余地的情况下,对政策过程提供经济上的支持,并由此决定了政策的可行性和有效性。否则,如果超越经济实力所及,过多投入财力、物力,出现经济资源中的资本沉积,一旦环境形势有所变化,便难以向新的政策过渡,或在一定程度上排除了政策替代的机会。

再次,社会物质经济利益的分配调节,是一定历史时期政策体系,特别是大量社会经济政策得以确定的主要根据。在社会生活各个领域里,人们之间的交往所发生的各种关系中,经济利益是最为基本的关系。由于人们在社会生产生活中,对生产资料占有的差异、所处的经济地位以及职业、身份、收入、居住区域的不同,首先表现为对经济生活和各种经济条件需求的不同,由此直接决定了人们在社会经济中经济利益的不同及矛盾的发生,进而引发和加深了人们在政治、思想、文化生活中的其他利益需求的差别和对立。于是,植根于社会经济关系中的或受其制约的诸多矛盾的存在与解决,便成为大量社会经济政策的启动之源。因此,社会特定经济状况以及对它的分配与矛盾关系的调节,是一定历史时期政策体系的目标和大量社会经济政策得以确立的主要依据。

3.3.2 制度或体制条件

政策总是在一定的经济和文化体制或制度下制定和实施的。对于经济发展来说,制度是至关重要的,因为"制度提供了一种经济的刺激与结构,随着该结构的演进,它规划了经济朝着增长、停滞或衰退变化的方向"。科斯(Ronald Coase)还进一步指出:"没有恰当的制度,任何有意义的市场经济都是不可能的。"

那么,何为制度呢? 诺思(Douglass C. North)给制度下的定义是:"制度是一系列被制定出来的规则、守法程序和行为的道德伦理规范,它旨在约束追求主体福利最大化或效用最大化的利益的个人行为。"

显然,经济学家是从广义上理解制度的——制度是正式或非正式的人类社会运行规则。本书倾向使用"体制"这一术语。所谓体制,是国家机关、企事业单位的机构设置、隶属关系和权责划分等方面的体系和制度的总称。体制或制度为公共政策提供外部组织环境。

政策过程的状况如何,在很大程度上受制于现实体制。因此,政策的制定或实施都与体制息息相关。体制类型多种多样,有政治体制、法律体制、经济体制、文化体制、教育体制、科技体制等,尤其以政治体制、法律体制和经济体制最为重要。

政治体制是指以政治权力的运作为核心的政治设置的综合。它可以细分为领导体制、组织体制、行政管理体制、干部人事体制等。政治体制为公共决策过程提供外部政治组织环境,它决定或影响着政治过程。不同政体的公共决策内容和方式可以说有天壤之别。

法律体制是指以宪法为核心内容的法律体系,不仅包括国内法,还包括在国家立法机关获得批准通过的国际法、国际公约等。法律为人们的活动创造一种可预见的环境,并提供了解决各种争端的程序,也可以将政府组织和官员置于监督之下,不至于过分膨胀。在所有制度环境中,科斯最看重法律体系的作用。"除非是法律确认的权利调整,否则通过转移和合并权利达到同样后果的市场费用如此之高,以致最佳的权利配置以及由此带来的更高的产值也许永远不会实现。"在整个法律体系中,宪法作为国家根本大法,是最重要的制度安排,构成了制度稳定的基础并令其变迁减缓。爱尔斯特(J. Elster)生动地指出:"宪法之所以对经济发展十分重要,是因为它增进了稳定性、责任感和可信度的价值。用比喻的话来说,宪法部分地充当了飞轮的作用。"

经济体制是以经济政策为核心内容的公共政策形成的组织环境,它规定了国家经济政策的基本倾向和特点。经济体制由经济制度决定并反映其要求,经济制度即占统治地位的生产关系总和,包括生产关系采取的具体形式、经济管理制度与方法、组织形式等。经济制度最重要之处在于对财产权利加以明确界定,并给予充分保护。这是人们从事经济活动的动力,是市场得以运行的前提,也是公共政策制定和运行的平台。

制度或体制条件对公共政策系统及其过程的影响主要表现在如下几个方面:首先,体制在政策制定过程中起着十分重要的作用。显然,体制并非对任何政策建议都能接受。它对于政策形成的制约首先表现在某项政策是否可行,即使具有可行性,并得到确定,其实现过程也会受到体制的制约。如下级制定的政府政策是否可行,受体制的制约的一个首要因素就是上级政府所赋予的管理权限。政策的制定机关涉及各个部门、各个层次,它们之间横亘着一条条组织界线,各自所要解决的问题以及关心的利益不同,使得政策制定过程成为一个复杂的利益、权力划分的过程。制定政策的机构不仅为整体经济和社会利益服务,它还有着自身系统的利益要求。于是,各自为政、政出多门便时有发生。各单位内部组织机构之间的关系以及政策在该组织所辖范围中所处的地位和决策程序的科学化程度等,也是影响政策制定的因素。由此可见,要想改变政策的制定过程,就要改变政策制定系统内部的机构设置,就要协调各组织之间的利益,调解在政策问题上发生的冲突。由专家和政府官员制定政策,并与各利益团体进行协商、谈判和讨价还价,已成为西方国家政策形成过程的主要特征。长期以来,我国政策的形成过程往往是先由有关的职能部门提出意见,然后由领导决定,其中缺少带有统揽全局的研究和咨询环节,因而政策失误的可能性较大。实践证明,政策失误不是某一个机构或某一个人的问题,根本的还是体制问题。

其次,一项政策的决策,往往是在多个方案中选择的,选择的结果与体制密切相关。作为决策者,必须考虑到政策的执行及其所要达到的预期目标。这就必须考虑到各执行机关与决策机关的关系及它们的管理权限、部门利益等,即体制制约着政策的选择,体制上容纳的可能性决定了政策选择的结果。在现行体制下可行的政策往往容易被选择,相反,与现行体制相抵触的政策往往被搁置。

再次,体制的习惯势力的大小和所占优势的程度,影响着人们对各种社会利益和社会问题的认识和表达以及这些利益和问题得到正确解决的机会。显然,如果代表旧体制的习惯势力占优势,则很难推出改革的新政策。由此可见,政策取向选择的往往正是决定于政策制定机关各种权力关系的结构情况即体制状况。随着民主机制的加强,政策选择问题上的争执和分歧将愈来愈明显,很难制定意见一致的政策,更需要探讨日渐增多的体制对政策选择的制约因素。体制是影响政策选择结果的主要因素之一。如一些西方国家,对政策起制约作用的因素有联邦制、议会程序、联邦法院、政府机关制定政策的政治——行政模式。即使政权更迭,也很难改变行政机构的惰性和过去养成的习惯。体制上的限制和惰性使得政策不可能发生迅速的实质性的变化。一些重大的政策的变革不光是某政党和政府按照自己的意愿和思想做出的选择,而且必须伴随体制上的变革,才有可能实现。

最后,体制制约着政策的执行。如果政出多门、政策上出现不一致,那么,政策很难得以真正贯彻。新中国成立以来,党和国家提出许多正确的指导具体工作的方针政策,但由于体制的原因,不少难以有统一的认识,而使其得到顺利的实施。体制是否具有贯彻执行某一政策的能力,也直接影响到政策的执行。如20世纪70年代的联邦德国与瑞典同样实施一项积极的劳动力市场政策,瑞典的劳动力管理部门能和雇主、工会以及培训机构建立高效率的联系和协作网,二十多年来一直发挥作用。而在联邦德国,这方面的工作却刚刚开始。当危机来临时,瑞典劳动部门为40%的劳动力提供了培训和就业机会;而联邦德国虽有相同的计划,提供的机会却从未超过劳动力的1.5%。

政策方案与执行机构的利益是否协调也在很大程度上影响政策的执行。二者利益一致时,政策执行机构的积极性就高,政策执行就会很顺利;相反,政策的推行就会受阻,政策难以落实。如1985年关于科技体制改革的决定中,允许科技人员在完成本职工作和不侵犯本单位技术权益、经济利益的情况下,增加其劳动收入,这是合理的政策。但由于涉及一些单位的利益,有关人员在执行这些政策时往往采取消极态度。

旧体制还制约着新政策的执行。新的重大政策的执行,必须有与之配套的新体制。如我国经济领域中的开放政策的执行,必须有开放的经济体制与之相适应。因为一个开放的体制才能促进我国与世界各国在经济管理、技术、人才等方面进行广泛的交流。相反,若固守过去那种封闭式的体制,各项对外开放政策则难以畅通地贯彻。如我国制定了一系列吸引外资的优惠政策,但有些在现行体制运行中显得步履维艰,在有的地方甚至根本实施不了。

3.3.3　政治文化

美国学者阿尔蒙德将政治文化定义为"一个民族在特定时期流行的一套政治态度、信仰和感情",而另一美国学者派伊(L. W. Pye)则将政治文化定义为"赋予政治过程内容和形式的知识、情感和价值观的总和"。

在此,我们将政治文化定义为人类政治生活中的主观意识范畴,是人们对有关政治方面的信仰、理论、感情、情绪、评价和态度等历史和现实的总和。政治文化主要包括三个层次:政治意识、政治价值观和政治理想等。

1. 政治意识

政治意识有两种形态,一种是内在的心理形态,一种是外在的文化形态。政治意识的心理形态是其文化形态的基础和内化,政治意识的文化形态是对其心理形态的升华和外化。首先,政治心理是一种潜在的社会力量,它通过一定的社会实践主体起作用。人们对政治的态度、情绪、动机等心理态势,直接影响到人们的政治行为。因此,现代社会政策的制定往往十分重视对社会政治心理的了解和分析。一定的社会政治心理状况是一定的社会政治经济形势的晴雨表。占主导地位的社会政治心理,诸如社会情绪、社会思潮、公众的社会舆论等,往往是某种社会变革、政治和经济危机的预兆。这种预兆显示出社会上一定的阶级或统治集团的政治要求和思想倾向,因而是制定政策的一种重要依据。其次,文化形态的政治意识对政策过程直接发生影响的是政治理论和政治意识形态。政治理论是政策的行动指南,政策是在特定的理论指导下做出的,没有理论指导的政策,是没有政治方向的政策。政治意识形态是一定阶级及其政党对政治现实、政治关系、政治发展的认识和理解,集中表达了政治主体的根本利益和愿望。贯彻和维护本阶级、本民族的根本利益和愿望,是任何一个阶级及其政党采取任何一个政治行动的出发点和归宿。

因此,反映和表达阶级及其政党根本利益和愿望的政治意识形态就成了政策的价值取向和行动准则。

2. 政治价值观

政治价值观是政治意识形态的核心内容,是政治主体对客观存在的政治价值关系和政治价值创造活动等的反映。政治价值观一经形成,就以相对定型的观念模式存在,规范和约束政治主体的政治行为,规定政策实践的指向。政治价值观从不同的方面对政策主体提出各种标准以影响政策。至于哪一种政治价值观能占主导地位,成为政策标准,则由政策主体根据决策过程中的政治形势和所在组织的纪律状况决定。政治价值观对政策的具体影响主要表现在以下三个方面:一是影响政策目标的确定和方案的制定。在政策过程中,政策主体总要以一定的价值观和价值尺度去认识和衡量政策问题,认识要解决的政策问题所面临的各种利害关系,从而形成解决问题的价值取向、政策的目标和方案。由于政治价值观不同,对同一政策问题的解决会形成迥然相异的政策方案。二是影响对政策方案的评价。政策方案的分析和评估,在一定意义上也就是用特定的政治评价标准和价值尺度对政策方案进行价值分析并做出价值判断;评价标准不同,对方案利弊得失的评价也不同。三是影响方案的选择。政治价值观能影响政策主体对政治价值的创造和选择活动,政策主体对某种方案的政治价值属性持肯定态度,就会选择这一方案;否则,就会放弃该方案。

3. 政治理想

政治理想是政治主体对政治体系、政治活动和政治发展所寄予的希望和对未来的设计。政治理想在政治社会化的作用下转化为政治信仰,成为政治社会的定向因素和精神支柱,从而规定了政策的动机、基本目标、基本方向和指导原则。人们可能将物质福利、安全、民主、自由作为政治理想来加以追求。然而,对于理想社会的实现,是福利平等,还是机会均等却有不同看法,对社会福利的分配方式也产生了分歧。例如不同社会有关私有财富和公有财产的观念迥异。一个多世纪以来,共产党人开展武装斗争、进行社会主义革命和社会主义建设等一系列重大的政治决策就是在实现人类最美好的社会——消灭私有制、实现人的自由解放的共产主义社会的理想目标的指导下做出的。

3.3.4　国际环境

全球化是当代世界的一大趋势。这种趋势在 20 世纪 90 年代就清楚地显露出来。原联合国秘书长加利在 1992 年联合国日的致辞中宣称:"第一个真正的全球化时代已经到来。"著名的美国未来学家奈斯比特也认为,进入 20 世纪 90 年代"全球一体化的新时代已经开始",未来的世界是"一个不断增进彼此联系的世界"。我国知名学者李慎之将全球化看作 21 世纪的大趋势,并指出:"全球化是已经开始的过程,是已经出现的大趋势,任何看不到这个趋势的研究都是盲目的,任何违反这个大趋势的决策都是错误的。"

所谓的全球化是指世界各个分散的部分或因素形成紧密联系的世界性网络。它是一种客观的历史进程,即某种不依各国的具体环境、地域、制度、意识形态发展模式等为转移的趋势,其基本内容是各国(地区)的经济、政治、军事、科技和文化等方面密切联系和相互作用。世界各个部分迈向了马克思所说的"相互依赖和相互作用"越来越紧密的新时代。

全球化趋势最明显地表现在经济方面。在世纪之交,各国或地区之间的经济联系日益紧密,国际分工和相互依赖关系不断加强,各国或地区之间商品、资金、科技成果和人员等的交流正在急剧扩大;技术、通信、运输、贸易的全球化趋势越来越突出;在这种全球化过程中形成了一些超国家范围和区域性经济集团,如欧共体(EC)、北美自由贸易区(NAFTA)和亚太经济合作会议(APEC)等。彼得·德鲁克在《新现实——走向 21 世纪》一书中把全球化的经济(世界性经济)表现归纳为七个方面。

全球化的进程也明显地体现在政治、科技和文化等方面。在政治上,国际组织以及非政府组织(前者如联合国、世贸组织、世界银行,后者如国际奥委会、国际红十字会、绿色和平组织)的作用在加强;国际干预不断扩大(如联合国安理会采取的维和行动增加,世界银行和国际货币基金组织愈来愈明显地干预各国经济),国与国的争端、国际冲突、全球性的问题(尤其是环境问题)日益依赖各国的合作及国际干预去解决;民族国家的作用受到了限制,国家主权受到了严峻挑战,这重新引起了人们对世界政府的联想,而且近年来在西方,民族国家消亡的理论大行其道。在文化及科技方面也体现出全球化趋势。如文化、学术交流扩大,各种文化相互冲撞、融合,研究项目和研讨会的国际化,流行音乐、大众娱乐、商业文化的全球化扩展等。

当代世界的另外一个基本趋势是市场化。20 世纪末期世界出现的一个重大历史事件是占世界人口三分之一的计划经济国家向市场经济的转轨(1996 年世界银行发展报告就是以此作为主题的,题目是"转轨:从计划到市场"),这使得市场经济体制成为全球的压倒性经济体制。市场化的浪潮席卷整个世界,它以前所未有的强大的力量冲垮一切僵化过时的体制,整合、改造和重塑地球上的生产、经营、流通、消费等方式。在这种市场化浪潮中,各国(地区)的经济主体(企业或公司)同时研究、开发和销售同类科技产品,一种新产品如果适合市场需要,就会在全世界迅速推广,银行支付卡、PB 机、多用途家电、电脑、电视等的研制就是如此。信息化是当代世界的第三个基本趋势。"信息社会""信息时代"是人们早已熟悉的概念,然而,在 20 世纪 70 年代以前,也许只有少数发达工业国家(如美国)开始步入信息社会,进入 80、90 年代,信息化的浪潮席卷全球,通信技术(通信卫星、光缆、传真机和数字化通信技术)和计算机技术的迅速发展为 21 世纪全世界的"信息化时代"的到来奠定了坚实的基础。有学者认为,当今世界正在经历一场以信息社会为特征的产业革命,这场革命使世界经济从工业化阶段进入信息化阶段,知识和信息的创造、加工、传播和应用成为新经济增长最重要的源泉,知识和信息的获取、加工和处理将逐渐成为生产和工作的主要活动。

当代世界的全球化、市场化和信息化的趋势对一国或地区的公共政策产生了极为深刻的影响。世界经济一体化及区域化,使得各国或地区在制定经济社会政策时,无时无刻都必须考虑世界经济局势的发展变化。国际组织的存在和作用使得民族国家在某些政策领域丧失了部分决策权,国际组织似乎承担了一种广泛的道义职责,人们希望它们处理或解决各国之间、甚至各国内部因某种原因而无法解决的问题(如一个贫困国家处于经济困境时,它可能立即请求世界银行或国际货币基金组织帮助)。不少发展中国家觉得,只要加入关贸总协定(世界贸易组织),国家经济发展就有了保障。国际组织(尤其是政府间组织)能把各国政府要员召集在一起,确定共同国际议题,引起世界舆论重视并使国际社会采取一致行动(1992年在巴西里约热内卢召开的世界环境保护和发展问题的各国首脑会议便是一例)。国际组织的规章、决议以及国际协定也对各国的政策制定具有明显的制约、甚至决定性的作用。联合国宪章、联合国安理会的决议可能成为许多国家或地区的政策制定的一个依据,在当代,大多数国家或地区不敢把这些决议、协定当儿戏。加入关贸总协定(世贸组织)必须遵守其"透明条款";申请世界银行和国际货币基金组织的援助必须符合其"申报规定";请求国际原子能机构给予技术指导必须受其"检查"的约束。这就使相关国家或地区的经济政策、甚至经济体制受到制约或影响。国际组织还直接或间接地参与一国或地区的公共政策的制定与执行,国际货币基金组织不仅仅监督国际货币体系,而且直接影响各国的公共决策,例如:鼓励巴西等拉美国家制定和实施经济稳定计划;监督东欧各国尤其是波兰的预算制定;研究一些东亚国家在市场化进程中出现的问题,并提出改进建议;批评某些发展中国家的军事政策,要求其削减军火开支……另外,跨国公司对各国的政策尤其是经济政策的制定和执行的影响也日益增强,它们甚至可以左右一些国家的经济命运。

总之,在当代,国际环境成为各国公共决策的一个重要变数,离开国际环境,无视国际经济、政治、科技文化的发展趋势的公共政策,要取得预期结果是不可想象的。

3.4 公共决策体制概述

公共决策体制是决策权力分配的制度和决策程序、规则、方式等的总称。公共决策体制不是自然而然生成的,而是人为设计的产物。人们设计决策体制的目的是为了使决策活动更加规范、决策成本更加低廉、决策方案更加可行、决策成效更令人满意。由于决策体制深深地打上了人类行为的烙印,公共决策体制因社会政治、经济、文化、历史条件的差异以及决策主体、决策组织的差异而不同。

3.4.1 公共决策体制的构成

公共决策体制是公共决策组织的核心部分。因此,要了解公共决策体制必须先从什么是组织谈起。组织在人类社会的发展历史中起着决定性的作用。在现代社会中,人们更是以"组织人"的面貌参与社会生活。组织是指一定的社会环境中,人们通过相互交往而形成的具有共同心理意识,并为了实现某一特定目标而按一定方式联合起来的有机整体。决策组织就是具备决策权力,从事决策活动的组织。

因此,公共组织的一般构成因素有:①人。人员是决策组织的核心。②财。包括维持组织存在所需的经费、决策活动的开支等。③物。包括组织赖以存在的物质载体,如场地、房屋、办公用品,通信器材等。④机构设置。指承载决策权力的一系列特定的机构的确定。⑤职位设置。指一定机构内职位、职级、职数、职责的确定。⑥权力与职权。权力指影响他人的能力,通常来自于个人本身的综合条件,职权则指被组织承认的权力,它主要来自于组织的确认,与职位紧密相连。⑦权责划分。指决策组织中各个部门、层次、成员之间若干从属、并列等相互关系的确认。⑧团体意识。指组织成员共同拥有的统一的思想意志及心理认识。⑨组织目标。指组织成员认为可以追求达到的某种未实现的状态或条件,组织往往都是为实现某个目标而建立起来的。⑩规章制度。包括控制组织构建、运行程序的各种法律规范、规章、各项工作制度。⑪技术。不仅指决策过程中所采用的科学和技艺,也指所谓包括决策原则、方式在内的"政治技术"。⑫信息。信息传递是各决策组织及组织内部相互协调的途径和方式,决策过程本身也是一个信息收集、整理、创造、传递、反馈的过程。⑬组织设计。主要指构造、创新组织结构过程中的分化与整合工作,而不是指这一过程的结果,即组织的现有形式。组织设计在公共决策体制构成诸因素中是最为复杂的部分。

公共决策体制是决策权力的分配、决策的程序、规则和方式的总和,其主要的构成因素有:①决策权力。权力指影响他人的能力,通常体制在两个方面的不同对分享和行使权力尤为关键,一是选举(的范围),二是反对的自由(即"那些最接近政府实际决策过程的人必须在无操纵的选举中竞争选票的程度,在这个过程中,那些反对政府行为的人也能按平等的条件竞争")。②决策程序。指由前后相继的步骤、环节与活动所构成的决策形成过程。③决策规则和方式。韦伯斯特说,规则是"指导行为、行动的规定指南……,是一种规定"。本书认为决策规则和方式是政策形成所遵循的原则和采取的投票方式。一个"有效率的决策能否出台不是取决于经济学家和政治家的智慧,而是取决于决策规则"。

不同的公共决策体制所遵循的决策规则和方式具有一定的共性,如理性和科学性,但总的说来,公共决策体制是与政治体制密切相连的,尤其表现在其决策权力的分配制度上。科学合理的公共决策体制为公共决策职能的实现提供有力的组织保证和制度保证,在决策中规范决策活动,降低决策成本,使决策方案科学、可行。因此,公共决策体制在公共政策研究中具有重要的作用。

3.4.2　公共决策体制的结构

组织理论认为,结构是使组织实现其目标的基本管理工具,是组织躯体的骨架,它可表现为工作分工的几何图式及其等级上的排列。

对公共决策体制的结构划分,自古至今具有不同的标准及不同的划分类型。如韦伯(Max Weber)的科层式结构,泰勒(F. Tylor)"功能性工头制"发展起来的功能化结构、矩阵结构等,同时还有学者从系统论的观点出发来划分组织结构。本书把结构理解为各种构成因素的联系方式,因此根据管理层次和管理幅度的不同,将决策体制划分为纵向结构和横向结构。

1. 纵向结构

各级决策组织之间构成领导与被领导的主从关系,这个排列组合方式即为决策体制的纵向结构。纵向结构的层次视不同的体制需要而定,如我国行政决策体系的纵向结构就有国务院－直辖市政府－区政府与国务院－省政府－市政府－县政府－乡政府等不同层次的划分。在纵向结构中,层级越高,决策权限越大,决策的法律效力也就越大。

管理层次与管理幅度的变化决定着决策体制"形状"的变化。管理层次多而管理幅度小,其纵向结构就呈尖形。在这种尖形的纵向结构中,权力集中,控制有力,便于决策的统一执行,但不利于发挥下级决策组织的创造性;管理层次少而管理幅度大,其纵向结构就呈扁形。这种扁形的纵向结构便于下级决策组织因地制宜,发挥创造性,但是由于分权过大,则可能政令不行,削弱最高决策的权威性。

2. 横向结构

同级政策组织之间构成平等合作与协商关系,这种排列组合方式即为决策体制的横向结构。

横向结构中的决策组织间不存在领导与被领导的隶属关系,而是一种平等并列的关系。它们在公共决策体制中在履行各自独立的职能时,既互相独立又互相协调,既相互制约又相互作用。通常,横向结构中的决策组织按决策权范围或功能来划分,如可分为决策指挥部门、参谋咨询部门、执行部门、监督反馈部门等。我国国务院内设的外交部、国防部、劳动与社会保障部、教育部等部门划分就是一种横向结构划分。横向结构设置有利于决策的全面化、科学化,但同时也可能因各决策组织之间相互配合失调而出现决策混乱、互相扯皮的情况。

随着社会化大生产的发展,政治体制改革下我国的公共决策体制在其结构上也进行了一定的调整,其变化及趋势主要表现在以下几方面。

(1)在横向结构上,一方面,越来越趋向于决策与执行的相对分离。执行部门对于政策的执行具有了一定的自主性和灵活性,提高了工作效率和质量,能更好地应对复杂多变的外部环境,而决策部门则可以从日常事务中解脱出来,着重于全局性、宏观性的政策制定,并对政策执行过程进行有效的评估和监控。另一方面,在"谋"与"断"的分工中,作为"谋"的信息咨询部门和政策分析部门越来越受到重视。随着信息社会的发展,社会问题的日益复杂化,作为决策者的上层部门越来越需要并依赖信息咨询部门和政策分析部门为其提供各种信息资料及分析数据和各种意见方案,这是现代决策高效率、科学化的必然要求和趋势。同时,这种作为"谋"的信息咨询部门和政策分析部门将越来越独立于"断"的决策部门而将更大地发挥其作用。

(2)在纵向结构上,分权成为体制改革的又一重要趋向。在市场化条件下,中央将在一定权限内给予地方更多的自主权,以使地方因地制宜地对本地区进行管理。中央将加强宏观政策的制定以提高宏观调控能力,在此基础上,地方获得更多的决策权。值得一提的是,在这一过程中,针对我国的改革现实,中央的权威不应削弱而应加强。分权的趋势使得上级部门的管理层次相对减小而管理幅度相对增大。

因此,我国以往公共决策体制的尖形纵向结构将在一定程度上向扁形纵向结构发展。

3.4.3　决策权力

决策权力是公共决策体制中的基本因素之一,有人将政策看作通过人们"彼此行使权力或影响力的复杂的过程被制定出来的"。日本学者大岳秀夫将政治过程理解为两种并不对立的模型,即政策过程模型和权力过程模型。实际上就某个政治过程而言,政策过程模型和权力过程模型是相互独立的两个方面,但两者又往往是融合在一起的,这两个过程在时空上具有一致性。因此,首先掌握决策权力及其分配运作是更深入地认识决策体制的一把"钥匙"。

1.决策权力及其种类

权力通常可以被认为是一个人将自己的意志施加于他人意志之上,影响他人,获得他人服从的能力,也就是主体对他人或客体的一种控制力、制约力和影响力。权力过程是指"某个特定行为者以各种争论、政策为手段,维持和扩张自己的权力、影响力的过程"。决策权力则是指决策主体在决策过程中对他人的控制力、制约力和影响力。

为了保证决策权力能够令人满意地到达权力客体,决策者(权力主体)不得不采用各种手段来控制自己的决策权力。

最常见的手段有:①说服。包括欺骗性的说服和基于对预期真实分析之上的说服。②威胁:对权力作用对象至少意味着某种利益的净损失。③交换:交换的基础是双方均能受益,互惠、金钱收买等都是交换的方式。④施用权威。施用权威的前提是权力作用对象对权威的认可,并由此产生命令服从的关系。可以说,决策权力的运行和作用是一个动态的过程。决策权力本身需要不断地充实基础、补充能量,权力运作才能长期维持。

决策权力角逐的中心问题是利益,这种利益可能是物质的,也可能是非物质的(意识形态的),或者两者兼而有之。对权力的追求实质上就是对利益的追求,可以说,利益是权力的原动力。利益影响着公共权力的各个层次,在决策权力中表现为以下三个方面。

首先,公共决策权力的产生和维护以利益关系为基础。按照政治学理论的观点,公共权力的产生和存在是为了协调社会中各种不同利益之间的关系,解决各种利益之间的冲突。在现实中,公共决策权力与利益之间是互动的关系。利益的维护和发展需要借助公共决策权力的权威性来实现,而公共决策权力的权威性又来自社会公众的认可,必须通过增进公众利益,为公众利益服务来巩固和增强权力的合法性。

其次,公共决策权力的运行实质上就是各种利益相互博弈的过程。决策权力运行的过程就是各种利益之间互相讨价还价的过程,这种情况发生在体制外利益团体与决策者之间、利益团体之间,也发生在体制内各决策主体之间。它们都可以归结为个人利益、团体利益和公共利益之间相互博弈的过程。因此,最终以正式规则形式出现的决策并不是最优决策,而是在综合了各种利益要求的基础上形成的满意决策。

最后,公共决策权力体制因利益关系的改变而改变。随着经济、政治、文化等社会环境的变化,社会利益结构也必然发生改变。新的矛盾和冲突也随之而生,要求公共决策权力体制做出相应的反应,改变既定的权力安排,通过权力体制的重组和创新,解决新问题可能带来的新的冲突,保持社会的稳定,以维护自身的合法性。当决策权力无法协调这些新情况时,改变现行决策体制的要求将带来更大的压力和挑战。

根据公共决策权力的实际运作,决策权力可以分为正式的决策权力和非正式的决策权力,或者说是权威的决策权力和非权威的决策权力。在政策活动者(如立法机关、行政机关、司法机关和执政党)中拥有一种合法权力去制定公共政策,这种决策权力受到国家强制力的保障,可以合法地使用权力。因此,他们拥有的决策权力就称为正式的决策权力或权威的决策权力。而利益团体、公民、大众传播媒介等政策活动者,他们在宪法上不拥有合法的决策权力,但他们又是作为一个重要的甚至是决定性因素参与到政策活动中,对公共决策产生重要的影响,从这方面可以说,他们拥有一种非正式的决策权力或非权威的决策权力。无论是在西方还是在我国,随着社会的进步和人们参政意识的增强,非正式的决策权力或非权威的决策权力在公共决策体制中将越来越受到重视,在公共决策过程中将发挥越来越重要的作用。

2. 中西方公共决策权力的分配及运作

公共决策权力的分配制度是公共决策体制中最重要的因素之一。在公共决策体制中,对决策起决定性影响的因素即为最高决策权力的归属。最高决策权意味着权威和服从,而这正构成了决策体制的基本框架。公共决策权力的分配在很大程度上反映了相应的政治体制的特征。应该说,由于各国的社会政治制度、经济发展状况、文化传统等方面的不同,各国的决策权力分配制度存在着差异,决策权力在公共决策活动中的运作也有所不同。

(1)西方公共决策权力的分配及运作

美国学者安德森在《公共决策》一书中将公共政策主体分为官方的和非官方的两大类。官方的政策主体包括立法机关、行政机关、行政管理机构和法院。可以说,它们拥有正式的或权威的公共决策权力。非官方的政策主体包括利益团体、在野党和作为个人的公民,它们拥有非正式的或非权威的公共决策权力。在西方,各个国家拥有大致相同的公共决策主体,这些决策主体在公共决策活动中所起的作用和产生的影响是不同的,而同样的决策主体在不同体制下所拥有的权力和影响也不尽相同,西方国家公共决策权力的分配及运作因其体制差异而形式各异。在有些国家,议会处于公共决策体制的中心地位;在有些国家,政府是公共决策体制的核心;在有些国家,国家元首拥有实权,在公共决策过程中发挥着主导作用;在有些国家,国家元首仅仅作为国家的象征,在公共决策中很少起实质性的作用。

以美国为例,在官方的政策主体中,作为行政机关的总统拥有广泛的实质性的公共决策权力,其在进行立法领导方面的权威已经被确立并被人们所认可。他所拥有的合法权力和行动自由比他在内政方面拥有的权力和自由要大,而作为立法机关的国会的作用相对有限,国会的立法往往将重大的决策权授予总统。美国的法院所拥有的公共决策权力比在其他西方国家要大得多,它常常能通过司法审查权和提交给它的法令解释对公共政策的性质和内容产生很大的影响。美国的行政管理机构即政策的实施机构拥有一定程度的实质的决策权力,它可以制定某一法律或政策,也可以使别的部门制定的某一法律和政策失效。同时,它还是立法建议的重要来源之一。在非官方的政策主体中,美国的利益团体无论在发展规模还是在对政策决策的作用和影响上都是其他国家所无法相比的。如在美国,任命联邦最高法院大法官和其他联邦法院法官,必须正式得到美国律师协会的认可。而如同其他国家,在美国,作为个人的公民在决策权力的分配中也处于相对弱势的地位,公民对公共决策的参与往往通过利益团体来表达,公民拥有一些直接的决策权,但这些都是相当有限且作用也是微乎其微的。

西方公共决策权力的分配突出体现在拥有非正式的或非权威的决策权力的政党上。通常来说,西方国家的宪法没有赋予政党甚至执政党做出具有强制力的政策决定的合法权力,在公共决策过程中,"政党更多的是作为各种特定利益的经纪人而非倡导者存在"。"政党常常履行着某种'利益聚合'的功能,即政党努力将利益团体特定的要求变为一般的可供选择的政策方案"。虽然这样,在西方,政党活动还是通过种种途径渗透在公共决策的整个过程中。一方面,在政策制定过程中,力量强大的政党往往通过控制立法机构的多数,把政党的政策和主张上升为整个政治共同体的法律,操纵或主导政策制定过程。而少数党或反对党则通过各种手段影响政策制定过程,使多数党不得不或多或少地考虑它们的主张。另一方面,在政策执行中,政党通过控制和影响行政机构来实现对政策执行过程的控制和影响,在各个国家其途径是不同的。如美国,政党通过获取总统选举的胜利来控制行政机构,从而获得行政大权。

(2)我国公共决策权力的分配及运作

对我国正式的或权威的公共决策权力的分配与运作,国内学者多有论述。如我国学者李景鹏提出了中国政治权力结构的双轨制的概念:一个是传统的党的一元化领导的权力运行轨道,一个是人民代表大会制的权力运行轨道,还有一个双轨制则指由于党组织不适当地代替和包办了政府的职能所产生的双轨制。但是,由于执政党在国家政治权力结构中的特殊地位,使得中国政治权力的源泉实际上是在党,党处于国家权力体系的最高层次,掌握最高领导权、决策权。这样,中国政府体制内实际的权力体系的结构是:在党的最高领导之下,行政机关遵从党的意志去管理人民群众;立法机关遵从党的意志,联系人民群众,制定法律和监督政府;司法机关遵从党的意志,一方面监督人民,另一方面监督政府。

由此可见,不管是权力运行的双轨制还是宪法、党政结构,都保证了执政党在我国公共决策权力分配中的特殊地位。不同于西方的政党发展的历史和现状,中国共产党作为一个特殊的政党,其宗旨、路线、方针和政策都代表着中国最广大人民的根本利益,体现了中国现代化的进步要求,在各个历史时期主导着中国政治的走向,具有深厚的社会基础和民意基础。因此,中国共产党在我国既是执政党,也是领导党,党在国家决策体制中起着政治领导的指导作用。这就决定了我国公共决策权力分配制度中不同于西方其他国家的最大特征。同时,我国其他的八个民主党派作为参政党,而不是在野党,对我国的公共决策也产生重要的影响,是决策权力分配制度中一个不可或缺的部分。

在我国,利益团体和作为个人的公民拥有非正式的或非权威的公共决策权力。各利益团体在其所联系的领域对公共政策施加影响,作为个人的公民通过参加利益团体或直接参与决策过程,表达自己的意愿。与西方相比,我国人民群众所拥有的非正式决策权力,在实质上更加真实、广泛和协调。由于传统的全能政治的影响,中国利益团体所拥有的决策权力可以说未能发挥其实质作用,随着市场经济体制的建立和完善以及利益多元化格局的出现,利益团体的壮大和发展,以及在公共决策中充分发挥其决策权力,将成为必然的趋势。

3.5 公共决策体制的类型

3.5.1 公共决策体制的分类

1. 首长制和委员会制

首长制又称一长制或独任制,是指最高决策权归某个人单独掌握的一种决策体制。首长制的历史悠久,从古代的神权制、君主制到"二战"时期的法西斯独裁制,都是国家的各种大权集中于宗教领袖、君主或国家元首。在现代总统制国家,如美国,行政权由总统掌握,这也是一种首长制。委员会制(又称合议制)是最高决策权由委员会集体行使、集体负责的一种决策体制,瑞士是实行委员会制的国家。

首长制和委员会制各有利弊。首长制可以做到决策权集中,决策果断、迅速、高效,但容易导致个人专断,滥用决策权,以及由于个人能力问题而出现的重大决策失误。委员会制可以集思广益,考虑周密,分工合作,发挥群体的力量进行决策,增进决策的科学性和民主性,但容易导致决策缓慢、办事拖拉、无人负责、效率不高。

2. 集权制和分权制

集权制是指决策权集中于上级机关,下级机关没有或很少有自主权,只能根据上级指令行事的决策体制;分权制是指下级机关在其管辖范围内有自主权,上级机关无权加以干涉的一种决策体制。

集权制和分权制也各有利弊。集权制的优点是制定政策时,能够统筹全局、协调各方,政策执行通畅高效;缺点是容易导致上级机关独断专行,不考虑下级机关的实际情况,决策实行"一刀切",束缚下级机关的积极性,也不利于政策的执行。分权制可以发挥下级机关的积极性,使下级机关因时、因地制宜地制定政策;缺点是各政策机关之间容易产生冲突,各行其是,难以协调。

3. 历史上出现的基本决策类型

在人类历史上,最高决策权的归属大致经历了由人到神、再到王、再到人的过程,不同的决策权归属产生了不同的决策体制。为了比较方便,本书将历史上出现的基本决策类型列于表 3-1。

表 3-1　　　　　　　　　　历史上出现的基本决策类型

类　型	最高决策权归属	最高决策者(集体/个人)	主要存在时期	主要存在地点	主要决策方式
原始民主制	氏族等原始组织全体成员	全体会议(集体)	原始社会时期,现代	各原始氏族部落、古埃及等	合议
神权制	神	僧侣、宗教领袖(个人)	古代、现代	现代海湾伊斯兰教国家(如伊朗)	独裁
君权制	神或专制君主	由宗教或传统产生的皇帝(个人)	古代、近现代	中国封建王权国家,现代君主国家(如沙特阿拉伯)	独裁

（续表）

类　型		最高决策权 归属	最高决策者 （集体/个人）	主要存 在时期	主要存 在地点	主要决策方式
议 会 制	总统-议会制	名义上是"人 民"，实际上是 资产阶级统治	议会（集体） 总统（个人）	近代、现代	美国等	合议，三权分立制
	内阁-议会制		议会（集体）		英国等	
	委员会-议会制		议会（集体）		瑞士等	
人民代表大会 制		人民	全国人民代表 大会（集体）	现代	中国	合议，民主集中 制
法西斯制		法西斯国家	政党领袖、国家 元首（个人）	20世纪20～40 年代	意大利法西斯 国家、德国法西 斯国家	独裁
军人独裁制		神或君主或人 民，实际上是独 裁者个人	军队首领（集体 或个人）	自古至今	各军人专政国 家	独裁

上面几种划分方法对公共决策体制做了一般的划分，这些分类方法可以使我们了解曾经出现过的决策体制类型，比较各种决策体制的优缺点。现今世界中主要存在三种决策体制，即国外的议会制、独裁制和我国的人民代表大会制。

3.5.2　人民代表大会制

我国的人民代表大会制属于民主集中制决策体制的一种，它是在"议行合一"原则的基础上建立起来的一种有中国特色的决策体制，它属于代议制民主决策体制的范畴，但又不同于"三权分立"基础上的西方议会制。

人民代表大会制主要包括以下几个方面内容：①各级人大都由民主选举产生，对人民负责，受人民监督；②各级人大及其常委会集体行使权力，严格按照民主集中制的原则行使职权；③国家行政机关、司法机关都由人大产生，对它负责，受它监督；④在中央的统一领导下，发挥地方的积极性；⑤在少数民族聚居的地方实行区域自治，香港、澳门和即将统一的台湾实行高度自治。

人民代表大会制的重要特点就是"议行合一"，即国家的行政机关、法院和检察院都是由各级人大选举产生，并受其监督，对其负责；另一个特点就是中国共产党在人民代表大会制中发挥领导作用，党的决策在中国公共决策体制中具有重要意义。这体现在：①国家的一切重大问题都是由党首先提出建议，再由人大讨论决定；②党向国家机关推荐干部，并由人大表决。此外，我国的人民代表大会制还与民主政治协商会议相结合，发挥民主党派参政议政的作用。

作为民主集中制的一种表现形式，人民代表大会制具有许多优点。民主集中制坚持群众路线，从群众中来，到群众中去，反映人民群众的利益要求，使决策的外部成本降低。决策中坚持"少数服从多数"原则，克服西方代议制民主中讨价还价、议而不决的难题，降低决策成本，提高决策效率。人民代表大会制又考虑到我国政治制度的实质和社会主义条件下公共决策的特点，贯彻了马克思主义思想路线和我党的群众路线，是符合我国国情的决策体制。邓小平说，民主集中制是"最合理最便利的制度"。

人民代表大会制较之西方的代议制决策体制有很大的优越性。它是在马克思主义关于代议制理论的指导下建立的,它旨在摒弃"清谈馆"式的议会,把人民代表大会变成真实的、握有实际权力的机构,真正实现人民的权利,因此,它是一种理想的决策体制。但在现实中,其运行又不是完美的。特别是在社会主义市场经济条件下,利益日益分散化,公民政治参与性增强,决策过程更加复杂化,决策的科学化和民主化也更为重要。目前,人民代表大会制还不够完善,在某些方面还不适应这一现状。

比如,人大代表素质和选举制度不完善,人员结构有待提高和优化。选举制度是人民代表大会制度的基础和保障,选举制度是否完善直接关系到公共决策的科学化和民主化进程。近几年来,我国对选举制度进行了改革,将直接选举的范围扩大到县一级,实行差额选举,采取无记名投票的方式,缩小了城市代表和农村代表所代表的人数差距。但还存在一些问题,如人大代表素质有待提高,一些人大代表把选上代表作为一种荣誉,认识不到自己的职责,在公共决策中发挥作用较小;人大常委会成员结构不合理,多是前政府官员,缺少懂法律、经济和管理的专家。这些不利于人大发挥其作用。第十届全国人民代表大会增加了部分年富力强且懂法律、经济和管理的代表作为常委,主要目的就在于改善这种现状。

3.6　现代公共决策方式

公共政策所指向的是一系列的公共问题,这类问题涉及公共利益,无法仅靠市场中个别人的行为得以解决,因此,公共政策的形成过程就是一个"公共选择"的过程。本节将讨论几种主要的决策方式(投票规则)。

3.6.1　投票规则

1.全体一致规则

所谓全体一致规则(Unanimity Rule),是指所有投票人都对某项表决的方案投赞成票,一致同意的规则。在现实中,我们不难见到全体一致规则的例子,如联合国安理会常任理事国形成决议时,一个基本条件就是要中、美、俄、英、法五国一致同意。

全体一致规则主要有以下特征:①一票否决。决策人在形式上都平等地享有决策权,任何一个否决行动,对决策方案能否最终通过都具有决定性的意义;②"帕累托最优"。全体一致规则是肯定导向'帕累托最优'的唯一投票准则,所有决策人都能用自己的投票行为而获益,或者说,决策人中至少没有人因此而利益受损。

全体一致规则尽管蕴含着导向"帕累托最优"的诱人之处,但这并不是应用最为广泛的方式,因为全体一致规则具有以下两个明显的缺点。

(1)决策成本过高

要求社会成员寻求共同的满意选择,需要耗费大量时间,这在人们偏好各异的社会中尤其如此。为寻找出一个符合"帕累托最优"的决策结果,社会成员在时间上的损失也许远超过他们从中获得的收益。这一弱点与参与决策的人数成正比,如果人数足够庞大,按全体一致规则不可能达成集体决策。因此,在不能肯定集体决策的结果是否能给自己带来损失的前提下,人们很可能更愿意接受其他投票规则而不愿为达到充分的全体一致去耗费时间。因此,这一规则仅仅在较小范围内的集体行动中才可能被采用。

（2）鼓励"策略行为"

在全体一致规则下,每位决策参与者都享有决策的否决权,因此,这一规则会鼓励人们运用"策略行为"来争取自己所偏好的方案胜出。其中,较为常见的有以下两种形式:

第一,讨价还价。在现实中,人们的兴趣爱好、利益预期是多种多样的,人们为了达到某一个大家都满意、互不损害对方利益的"最优"方案,不得不进行再三的讨价还价,一次性协商极少能解决问题。假定甲、乙两人在全体一致条件下通过了 A 政策,各自获得收益为 M_1 和 M_2,此时 $M_1＝M_2$,M_1、M_2 皆大于 0。但是,由于甲是一个理性的自利者,他可能为了使 $M_1＞M_2＞0$,从而以否决 A（即让甲、乙皆无所收益）来迫使乙让步,并对政策 A 做出有利于甲的修改。反之,乙也可能为使 $M_2＞M_1＞0$,做出与甲类似的举动。这样,双方将会把精力放在试探对方虚实上,不断进行讨价还价,最终的选择结果就取决于两人讨价还价能力的强弱。

第二,弃权。在这里,需要纠正一个普遍的错觉——全体一致规则至少有一个优点,可以避免"白搭车"现象。"白搭车"一般是指不承担公共活动的成本,却享受公共活动收益的行为。有人认为,在全体一致规则下,由于每位决策参与者都清楚他人也平等享有对决策的否决权,任何"白搭车"行为都可能招致他人反对而使公共决策方案告吹,因此,每人在为方案讨价还价时都会顾及他人利益。但是,上述分析显然排斥了这样一种可能性:即决策者可能根据自己对政策结果的预期,"冒险"认定政策结果合乎自己的要求,采取诸如"弃权"这样不明显阻挠决策的行为,从而避免应承担的公共活动成本,而享受公共活动收益。这种情况在多人决策中尤为常见。显然,这也是一种"策略行为",它表明全体一致规则并不能真实反映投票人的意愿。

2.过半数规则

所谓过半数规则（majority rule）,是指对一项表决方案,需要超过二分之一的投票人赞同方才通过的规则。

过半数规则在现代社会中是应用最广泛的决策方式。既然全体一致规则因众人偏好的差异而难于普遍应用,那么只能退而求其次,采用多数票制以最大限度地照顾公众利益。多数票制一般可分为简单多数和过半数两种方式。简单多数指在多项方案中,哪一个方案获取的赞同票多,哪一项就通过。由于简单多数只能反映"少数人"的意愿,因此人们在实践中,逐渐选择能反映"大多数"人意愿的过半数方式。

过半数规则的例子在我们身边举不胜举。与全体一致规则相比,过半数规则的特征是:①决策效率高。决策过程中无须人人都投赞成票,只要有超过半数的赞成票,决策方案就能通过。②少数服从多数。"按过半数规则进行集体选择过程的本质,即少数投票者被迫参与他们不能阻止也不能对其所引起的损害要求补偿的那些活动。"过半数规则要求公共行动方案对全体参与者都具有强制性,即占少数的反对者必须服从占多数的支持者所做出的抉择。

过半数规则在现实中应用广泛,但究竟过半数的人在全体成员的百分之多少才是最恰当的,是 51% 还是 60%、70%、80%？人们根据不同实际需要,制定了多种规则,如 2/3 票制、3/5 票制等。标准的多样化也说明,过半数规则本身还存在一些缺陷,必须在实践中加以修正。

（1）多数剥夺少数权利

按多数规则选择出的每一项集体行动方案都具有内在的强制性。因为最终的集体决策是按多数人的意愿决定的，而决策的结果又要求全体成员服从，这就意味着多数人把自己的意愿强加给少数人。最终集体决策结果所体现的是多数人的利益，属于少数人的利益被忽略了。这种不公平和对民主制原则的违反，并不因为受害的是少数，罪恶就少一些。因为在社会上每个人如不和其他人同等重要就不存在平等的选举权。显然，在多数规则下，少数权利被剥夺。而从经济学的视角分析，少数服从多数还要冒净收益小于净损失的风险。

（2）决策结果未必可靠

最著名的例子是，乌克兰在1991年3月的全民公决中，70.2％赞成维持苏联联邦体制，不赞成独立；同年12月的全民公决，90.3％的人却转过来支持乌克兰的独立。布坎南分析："在集体选择上，个人可能知道他自己偏好的选择对象是什么，但是他不知道其他一些人将怎样进行选择，从而不知道他们会怎样投票。"在多数票规则下，个人行为与结果之间并不存在联系，而各备选方案的机会成本的估计又必然很困难，因此集体决策基本上是不负责任的。由于单个参与者的选择行为在多数规则中无足轻重，从而在无形中助长了选民不重视选举权的行为，甚至轻易放弃表决权。当这种倾向为多数人所有时，压力集团（利益团体）便会应运而生。压力集团以较小的代价（如花费一定金钱）收买一些可能弃权的选民，让他们按压力集团的意愿来投票，结果使政策取向更加偏离大众的利益。

（3）投票悖论

在对过半数规则研究的过程中，学者们发现了一个非常重要的现象，即采用过半数规则时，投票过程的次序至关重要，不同的次序会产生不同的选择结果，各种政策方案，都有可能被通过，这种现象叫作循环（Cycling）或投票悖论（The Paradox of Voting）。这表明即使按多数规则进行投票而选择出来的集体决策，也可能对多数不利。

多年来，学者们一直为投票悖论所困扰，希望能够寻求到一个打破悖论的途径。然而，成功的可能性被阿罗悖论彻底地消灭了。

3.6.2 过半数规则的变异形式

过半数规则是应用最为广泛的规则，受到了人们的重视，多年来，人们提出了一些过半数规则的变异形式。

假定需要从一张 M 个候选人组成的名单中选出一个人（$M>3$）。那么，较为简单的过半数规则及其变异形式的选择过程为：

过半数规则：选出得到超过半数票的第一位候选人。

占多数规则：选出得到票数最多的一位候选人。

孔多塞标准（Conderct Criterion）：选出在运用过半数规则的成对比较选择中击败所有人的候选人。

博尔达计数（Borda Rule）：按照投票者偏好秩序的排序来给 M 个提案中的每一个打分，分值从 1 到 M，即被投票者列为第一位的提案得到 M 分，列第二名的提案得（$M-1$）分，被投票者地位在最后一位的提案得 1 分。把所有投票者的每个提案的分数分别加起来，宣布得最高分的提案为获胜者。

淘汰投票(Exhaustive Voting)：要求每一个投票者标明在 M 个候选人组成的名单中他认为最差的候选人，把被最多投票者认为最差的候选人从名单上删掉，再要求每个投票者标明在剩下的候选人组成的名单中他认为最差的候选人，从名单中删掉。重复这个过程直至只剩下一个候选人，这个候选人便是获胜者。

赞成投票(Approval Voting)：在由 M 个候选人组成的候选人名单中，每个投票者对所有他赞同的候选人投一票，得票数最多的候选人为获胜者。

思考题

1. 公共政策系统的构成要素有哪些？
2. 简述官方政策活动者的政策角色及其相互关系。
3. 为什么说思想库是现代公共决策链条中不可缺少的一环？
4. 什么是公共决策体制？它有哪些构成因素？
5. 试比较人民代表大会制、议会制、独裁制三种决策体制的异同。

案例分析

城区民用天然气价格听证会召开

2014 年 11 月 8 日上午，备受社会各界关注的临沂市城区居民生活用天然气价格调整和实行阶梯气价听证会召开。由消费者、经营者、相关领域的专家学者和政府相关部门及社会组织人员组成的 28 名社会各界代表分别就此次天然气实行阶梯气价发表了各自的意见。

据悉，该市城市燃气引自中石油陕京二线冀宁支线，属西气东输管道燃气，现行居民用管道天然气价格由市物价局 2007 年 4 月制定，每立方米销售价格为 2.00 元，此价格执行已经 7 年。期间，国家调整上游气价和管输费标准，燃气公司运营成本等因素发生了很大变化，但对居民供气价格一直没有进行调整。今年上半年国家发改委下发文件要求，2015 年底前所有已通气城市均应建立居民用气阶梯气价制度。

根据物价部门对该市两家燃气公司进行成本核算的情况看，两家公司 3 年平均运行输配成本为 0.38 元/立方米(不含税，加上税后为 0.43 元/立方米)，加上购气成本为 1.72 元/立方米，燃气公司单位平均含税成本为 2.15 元/立方米(盈亏平衡点)，居民用气销售价格倒挂。

综合考虑消费者、经营者多方利益，市物价局提出了两套论证方案，均实行阶梯气价，按照阶梯气量分三档实行不同气价。方案一：基本气价(一档)不做调整，仍为 2 元/立方米，用气量每户每月 20 立方米及以下；二档价格为 2.40 元，用气量每户每月 20～80 立方米(不含 20 立方米)；三档价格为 3.00 元，用气量为超出 80 立方米用气部分。方案二：基本气价(一档)由现行 2 元/立方米调整为 2.30 元/立方米，用气量每户每月 30 立方米及以下；二档价格为 2.50 元，用气量每户每月 30～90 立方米(不含 30 立方米)；三档价格为 3.20 元，用气量为超出 90 立方米用气部分。两套论证方案同时明确，阶梯气价将以年度为周期执行，全年分档气量按月度气量标准乘以月份计算，执行相应分档的气价标准。同时，为确保低收入家庭生活水平不因价格调整受影响,对持有城乡最低生活保障证、特困证的用户,一档用气价格仍按现行价格执行。

按照调整方案进行分析:方案一,在实行阶梯气价后,对一般家庭影响不大,临沂中心城区居民户均月用天然气15立方米,因此仅用于炊事和洗澡的居民用户不会超过15立方米。对使用壁挂炉的用户影响较大,该市经济适用房控制面积为80立方米,经济适用房用户每个采暖季用气量约为800立方米。调整后经济适用房用户按照冬季采暖用气800立方米计算,增加支出320元。调整后燃气经营企业能够保本微利。方案二,在实行阶梯气价后,85%的居民户均月用天然气15立方米,每月每户增加支出4.50元。对使用壁挂炉的用户,年用气量约为980立方米,其中居民炊事用气180立方米,采暖用气800立方米,全年每户增加支出418元左右。调整后燃气经营企业能够正常盈利。

在论证会上,4家燃气企业代表一致认为,考虑到实际成本和长远发展,一致同意方案二。中裕能源相关负责人指出,上游公司认定居民用气仅是炊事用气,其他洗澡用气应属非居民用气,上下游燃气界定不一,购气价格也就不同。燃气公司往往高价购气、低价卖出,为此建议实行上下游联动机制。中裕燃气的一位代表表示,近些年来,输气成本增大,人员工资、管网维修费用增加,进一步加大了成本。而12名消费者代表则全部赞成方案一。消费者代表梁恒是一位燃气壁挂炉用户。他表示,在采暖季的时候,燃气公司因超过正常售价亏本运行而限量供应,很不方便。他建议燃气价格能少涨就少涨,但一定要放开用气量。消费者代表管桂春说:"当前的燃气价格与我市的人均收入水平大体匹配,燃气公司应该承担更多的社会责任,保障民生。"同时他认为第一档用气量20立方米太少,建议对人口数量较多的家庭实行基数调整制度。作为燃气行业的主管部门,市住建委一位代表赞同方案一,他认为微调气价有利于燃气公司发展和保障民生。据统计,28名社会各界代表中,除4家燃气公司同意方案二外,其余代表均支持方案一。

物价部门表示,居民生活用天然气价格调整事关市民的切身利益,与群众生活息息相关,是重要的民生工作,将会进一步研究和论证,尽快拟出调整方案,向市政府汇报,然后正式下文向社会公布。

(资料来源:2014年11月10日《临沂日报》)

案例讨论题

该听证会参与决策的主体有哪些?这些政策主体是如何影响决策的?

第4章 公共政策研究中若干基本范畴

本章摘要

本章着重探讨了公共政策研究中若干基本范畴,即公共政策的经济学分析、公共政策的伦理学分析以及公共政策工具的选择。

4.1 主要探讨了公共政策的经济学分析,详细介绍了公共政策分析的经济学基础,进而讨论经济学分析方法在公共政策研究中的具体应用,即成本-收益分析方法、成本-效能分析方法以及公共定价法。

4.2 主要探讨了公共政策的伦理学分析,详细介绍了政策分析的伦理学基础,重点研究了政策研究中的价值分析及政策分析的职业伦理。

4.3 重点分析了公共政策工具的选择,详细讨论了公共政策工具的定义、分类及选择模型。

关键术语

经济学 伦理学 公共政策工具 成本-收益分析 成本-效能分析 公共定价法 价值观 政策价值观 职业伦理 自愿性工具 强制性工具 混合性工具

4.1 公共政策的经济学分析

经济学与政策科学是两门关系十分密切的学科,经济学构成了政策分析的一个主要基础,经济学途径是政策科学研究的主导性途径之一,经济学分析方法则是政策分析方法的重要组成部分。

4.1.1 公共政策分析的经济学基础

经济学构成了政策分析的一个主要基础。这不仅表现在经济学对经济政策方面的研究起源很早,为政策科学的发展做出了贡献,还在于经济学途径历来是政策研究或政策分析的一个主导途径,它为政策分析提供了相关的概念框架、理论模式和分析技术。

在政策分析的过程中经常采用一些重要的经济学概念,包括自由市场模式、成本、收益、主体资格、外部性、弹性、边际和公正等。

自由市场模式(Freedom Market Pattern)指当市场运行的公共政策目标失败时,政府便担当起提供基本公共产品和公共服务的角色,通过税收等各种干预手段,调整各个微观主体的利益关系,实现各主体的最大化利益。

成本(Cost)是政策分析的中心问题之一,经济学家认为成本是资源的投入,这种资源包括所有行为所能涉及的资源,包括无形成本和有形成本。政策制定者在政策分析的过程中,应正确处理成本与边际成本、沉淀成本与机会成本等概念的关系,超越现实分析中成本的分析局限,提高政策的科学性与合理性。

收益(benefit)是指通过买卖且价格相对容易确定的物品或服务获得的收入。收益可以是有形的、无形的、货币可以衡量的、货币无法衡量的、短期的、长期的等。成本-收益分析方法是政策分析的主要方法。

主体资格(Standing)是指在完成成本与收益的过程中,考虑到哪些主体有权利承担福利-效用的变化,并且成为可以估算的个人或集团的组成部分。

外部性(Externality)是指市场不能确定价格的积极的或消极的现象或影响,公共政策的目标是将外部性的价格加入到市场的定价中去,政府通过行政手段对受到的外部性损失予以补偿,对从外部性中获益的予以征税,实现外部不经济向外部经济的转变。

弹性(Elasticity)是经济学中一个十分重要的概念,它反映的是经济变量之间的函数关系。弹性表示的是作为因变量的经济变量的相对变化对于作为自变量的经济变量的相对变化的反映程度,可以分为需求弹性、供给弹性、收入弹性等,政府通过分析不同商品的价格弹性,采取不同的价格政策。

边际(Marginal)也是一个重要的概念,边际量表示一单位的自变量所引起的因变量的变化量,边际分析方法是政策分析中最基本的分析方法之一。

公正(Equity)是指商品和服务在社会个人和次级组织中的有效、合理的分配,分配的公正性包括现行的分配和计划中的分配,而目前大家最关心的就是社会成员之间收入分配的公平性及收入差距过大的问题。

4.1.2 公共政策分析中的经济学方法

公共政策大都具有经济上的效果或需要经济上的投入,这是经济学分析方法应用于公共政策分析的现实基础,而演绎法、经济人假说和方法论则构成经济学分析的主要逻辑基础。演绎法和数学模型的采用是经济学分析的一个基本特征。演绎法由假设推导出定理,是由一般到特殊的推理过程;一个数学模型则表现为一系列在逻辑上一致的数学方程式。演绎法和数学模型的采用使得经济学分析具有形式化、定量化和精确化的特点,特别是保持逻辑上的一致性或消除逻辑矛盾,简单地描述复杂的现象结构,做出预言和进行经验检验。考察经济效果有三种常见方法,即成本-收益分析(或损益分析)方法、成本-效能分析(或称成本-有效性分析)方法和公共定价法。

1. 成本-收益分析方法

政府提供公共物品是因为私人市场本身不能保证有效率地生产足够数量的公共物品,但确定政府应该起作用只是第一步,政府还应该确定提供哪些公共物品以及提供多少。

假定政府正在考虑一个公共项目,例如修一条新的高速公路,为了判断要不要修这条公路,政府必须比较所有使用这条公路的人的总收益和修该条公路所有的成本。为了做出这个决策,政府就会请有关的专家进行成本-收益分析,它的目标是核算该项目相对作为一个整体而言的社会总成本和总收益。

（1）政策分析中成本、收益的含义

要了解成本-收益分析方法,就必须先了解成本和收益（效益、利益）的含义。成本是商品经济的价值范畴,人们要进行生产经营活动或达到一定目的,就必须耗费一定的资源,其所耗费资源的货币表现及其对象化称为成本。随着商品经济的不断发展,成本概念的内涵和外延都处于不断的变化之中。美国会计学会与标准准则委员会对成本做了如下定义：成本是为了一定目的而付出的（或可能付出的）用货币测定的价值牺牲。这个定义的外延相当广泛,它包括劳务成本、工程成本、开发成本、资产成本、资金成本、质量成本、环保成本等。

从经济学的一般意义上讲,收益就是人们在有目的的实践活动中所费与所得的对比关系。所费,即活劳动与物化劳动的消耗和占用；所得,即由上述实践活动带来的有用的结果。人们研究收益问题的根本目的在于以尽量少的劳动耗费与占用,取得尽可能多的有用的结果。公共决策中的收益是一个多层面的综合性概念,有以下几个特征。

①经济收益与社会收益的统一。经济收益是可以用货币来衡量的有形成果。社会收益是财政资金的耗费与社会效果的对比关系,这里的社会收益包括经济的稳定协调发展、社会公平、国家安全、社会秩序安定、生态平衡及环境保护、教育科普、科学进步等一系列社会目标的实现,是难以用货币来衡量的。两者是互相依存、互相制约的对立统一关系。

②宏观收益和微观收益的统一。宏观收益是指通过公共支出总量和结构的安排与调整所产生的有关国民经济收益和社会发展全局以及国民整体收益、长远收益的经济效果,如国民经济的稳定均衡发展、资源的合理配置等；微观收益是指每一笔决策项目所带来的具体经济效果。

③直接收益与间接收益的统一。以安排投资于学校的教育经费项目为例,其直接效益主要表现在该项支出与学校培养出的合格学生的数量及教员的科研项目数量之间的对比关系；其间接收益主要表现在学生走向社会后对生产力的推动作用及上述科研成果对社会发展的影响等。

成本-收益分析方法被广泛地应用于私人企业和公共部门的决策分析中。收益与成本两个概念的含义随决策主体的不同而不同。如果主体是私人企业,它是以追求利润为基本目标。其成本与收益的识别是以利润减少或增加为原则,识别的基本方法是追踪项目的货币流动：凡是流入项目之内的货币被视作收益即现金流入（如销售收入）；凡是流出项目的货币被视作支出即现金流出（如投资、经营成本、税金等）。由于这些财务收支仅是流入或流出项目的货币,且都可以借助价格系统进行货币计算,因此其识别与计量就相对简单和容易。而公共政策的项目或方案是以政府为主体,为满足社会公共需要而进行的分配活动。其目的是追求最大的社会福利,政府不能只像一般的微观经济主体那样单纯考虑直接、有形、物质的所费与所得的对比关系,还必须站在宏观的角度考虑整个社会和发展的整体收益。然而这些收益与成本往往因缺乏市场价格而难以用货币计量,这都使其成本与收益的识别和计量相对复杂和困难。因而正确归集和分配成本、收益是做出准确分析的基础。一般来说可以包括以下几个方面：

①直接收益与成本、间接收益与成本。直接收益与成本是指与特定成本对象相关的能够经济而又方便地进行追踪的成本,如公路建设项目可以直接提高运输能力；某一灌溉项目旨在增加某片土地的产量,直接收益为一定时期内获得灌溉的那片土地农产品产量

的净增长。间接收益与成本是指直接收益与成本以外的收益与成本，它与特定成本对象相关，但不能经济而又方便地追溯到各个成本对象的成本。间接收益与成本是由直接收益与成本引发生成的。如公路建设项目除提高运输能力外，还能带动沿公路带的经济发展；对于灌溉项目而言，间接收益可能包括毗邻土地肥力的增长（毗邻土地实际并未获得灌溉，但由于地下水位升高，该片土地也从中受益）。

②内部收益与成本、外部收益与成本。内部收益是由项目投资经营主体获得的收益。内部成本是由项目投资经营主体承担的成本。例如，一个污水处理项目，项目投资与经营成本由企业自身承担，减少污染的收益由附近地区的居民获得。外部收益与外部成本是指项目以外的收益与成本。例如，一个免费通行的公路项目，通行者从通行中获得的收益是项目的外部收益；政府投资建设的学校，学生从免费就读中获得的收益是外部收益。而机动车辆在公路上行驶产生的噪音对附近地区的居民带来的损失是一种外部成本；一个正在施工的市区道路项目给行人的不便而带来的损失也是一种外部成本。

需要指出的是，公共项目的直接收益（或成本）并不一定等同于内部收益（或成本），间接收益（或成本）也不一定等同于外部收益（或成本），尽管它们之间在有些情况下可能重合，但并非所有项目都能重合，二者之间在概念上的差异不能混淆。例如，一个公共消防项目，它所提供的减少或消除火灾损害的服务具有公共物品的免费服务特性，由它所获得的减少财产损失和人员伤亡的收益是一种直接收益，但这种收益却不是项目的内部收益，而是消防部门以外的外部收益。一般而言，间接收益与成本包含在外部收益与成本之内，内部收益与成本包含在直接收益与成本之内。当然，必须谨防对某一项目的收益进行重复计算。例如，某一灌溉项目可能使农用土地的价值增加，然而，这种增值仅仅反映了土地产出的增长能力，同时计算土地价值的增加和农产品增加的价值将导致对项目收益的重复计算。不幸的是，那些从事成本-收益分析的人并不总是能够理解这一点，重复计算的确会偶尔出现。

③有形收益与成本、无形收益与成本。有形收益与成本是指可以采用货币计量单位或实物计量单位予以计量的收益与成本。由于公共项目的成本-收益分析是用经济分析方法对项目的经济收益和社会收益状况进行评价，因此，应尽可能把项目收益与成本货币化，使收益与成本具有可比性，这就需要寻求项目产出物和投入物的价格，以便计算它们各自的货币价值。一般而言，公共项目投入物的货币价值容易计算，如投资和经营支出等，而其产出收益则常常缺乏市场价格而不易计量其货币价值。在对无市场价格的产出收益的货币化计量方面，通常有两种可供选择的方法：第一种方法是把可以获得同样的替代项目方案的最小成本费用作为该项目方案的收益；第二种方法是把消费者愿意支付的成本作为收益的估价，而对项目产出所带来的外部损失，则可以用被损害者愿意接受的最低补偿收入作为外部成本或负收益价值的估价。在上述方法难以实行的情况下，有必要采用实物计量的方法来计量项目的有形收益和成本。无形收益与成本是一些既不存在市场价格又难以采用其他计量单位的收益与成本。例如，因交通项目产生的时间节约所导致的收益，由保健支出带来的生命延续和疾病的减少，以及由飞机场的噪音污染而产生的成本等，这些都是难以用货币或其他计量单位加以度量的，有的公共项目，其无形收益与成本可能并不重要，可以对其忽略不计；而有的公共项目的无形收益很可能是其根本性收益，就不能对其忽略不计，其货币价值通常无法从市场上获得，而必须从其他渠道获取，通

常是间接地参考来自别处的市场行为。如果无法货币化,也就无法采用其他方法计量,则应采用图片、音像、文字等各种形式予以描述和解释。

(2)成本-收益分析的作用和局限性

虽然成本-收益分析可以作为预算决策经济分析的一个重要手段,但经济学家对成本-收益分析的评价不是很高。在他们看来,这种方法的适用范围是很有限的。它是一项艰难的工作。因为以货币为尺度并不能对许多政府领域的收益进行适当的分析,如对国防、太空研究、对外援助、公安和司法裁决等方面的收益用货币这个尺度来表示是很困难的;而教育、住宅建设和公路建设虽然被认为可以提供巨大的货币收益,但迄今为止也没有可靠的测量方法。它们的收益扩散得很广泛,而且有一部分属于非经济性质。就高速公路来说,所有的人都可以免费使用高速公路,但没有判断高速公路价值的价格。人们对于高速公路的评价如何,那些要用高速公路的人为了修这条路有夸大他们所得到的利益的可能,那些受高速公路伤害的人为了阻止修这条路有夸大其成本的可能。因此,有效率地提供公共物品在本质上比有效率地提供私人物品更困难。私人物品由市场提供,私人物品的买者通过他们愿意支付的价格反映他们对该物品的评价。卖者通过他们愿意接受的价格反映出他们的成本。与此相比,当评价政府是否应该提供一种公共物品时,成本-收益分析并没有提供任何价格信号。关于公共决策的成本和收益的结论充其量只是近似而已。因此,成本-收益分析对于那些如防洪、电力生产、邮政、某些运输和娱乐设施等,即对主要具有经济性质的、有形的、可以用货币测量的公共政策更为适用。

然而,对于公共政策的经济分析来说,成本-收益分析的作用是十分重要的,在经济学家们看来,它至少可以纠正两个广泛存在而又肯定会带来不良后果的倾向:一是它有助于纠正那些只顾需要、不顾成本的倾向。在某些情况下,有些决策的项目确实是需要的,但是考虑到其成本情况,却是不值得的,因此必须予以放弃。因为预算资金有限,同样的资金可能在别的项目上获得更大的收益,要在一些项目和方案之间进行稳妥的选择,过分强调需要则无助于使决策的收益达到最优。二是它也有助于纠正那种只考虑成本,而不管收益如何的倾向。在某些情况下,即使有些公共决策的项目相当庞大,但是其收益更大,从经济角度分析,这种项目就是可行的,应该选定,不应该因为成本过大就予以放弃。

成本-收益分析是一种有用的工具,可以分析政府投资项目的净收益和社会回报。在实践中,成本-收益分析与其说是一门科学,倒不如说是一种艺术。为了计算项目产品的收益,必须做出许多简化后的假设。此外,当项目涉及外部负效应时,专家们对如何评价外部负效应通常存在着巨大分歧。在列举和评估成本与收益时,经济学家们可以设计一些指导原则。在实践中,实际的列举和评估工作要求科学家、工程师和其他专家通力合作。

2. 成本-效能分析方法

对于不适用成本-收益分析方法的项目,可以运用成本-效能分析方法进行分析。这个方法的要点是根据方案或项目预期结果的成本与效能来评估每个方案或项目的效果。许多公共政策大都需要成本(而成本往往可以计算),但无法计算收益,比如非经济的因素,以及文化、教育等不能用货币来衡量或很难估算其成本和收益,同时,未来的成本、收益往往有着不确定性,难以估计。这样则无法进行上述的成本-收益分析,也就无法以效率作为衡量绩效的标准。在这种情况下,可以采用成本-效能分析方法来衡量方案达成目标的有效性程度。

成本-效能分析方法与成本-收益分析方法的主要区别在于,它是根据方案或项目预期的成本与效能来评估每个方案或项目的效果,不用货币单位来计算备选方案的社会收益,只需计算每个备选项的有形成本,并以成本最低为择优的标准。

运用该方法来确定方案,其步骤同成本-收益分析方法大致相同,由于免去了计算支出与无形成本的麻烦,分析的内容要简单得多。首先,确定决策目标,例如,假设在下一个十年内将每年平均将死于疾病或事故的人数减少5 000人,则可以提出多种备选方案进行选择,每项方案均有助于减少死亡人数;可以利用税收资金提供更多的有关吸烟、饮用酒精危害的资料;可以要求建筑物必须安装烟雾探测器,向低收入地区免费提供;可以提供补贴,改进国内医院的治疗设施;等等。其次,以货币为统一尺度,分别计算出各备选方案的各种有形费用并予以加总。在计算费用的过程中,如果遇到需要实施多年的项目,也要用贴现法计算出"费用流"的现值,以保证备选方案的可比性。最后,还要按照费用的高低顺序排序,以供决策者选择。

成本-效能分析方法使得政策制定者可以通过为具有类似任务的机构共同编制预算而发现各项计划之间的协调性。政府通过这种方法可以降低实现某些目标的成本,例如促进健康或减少因交通堵塞而导致的延误,该方法多被用在军事、政治、文化、卫生等公共项目的决策上。运用成本-效能分析方法来确定最佳方案,在技术上并不困难,困难之处在于备选方案的确定。因为这里提出的备选方案应能无差别地实现同一个目标,要做到这一点,可能并不容易。

3. 公共定价法

在市场经济中,所有经济行为主体都采取自我效用最大化的行动,价格成为行为信号,价格机制是实现资源最优配置的主要机制。由于政府提供大量满足社会公共需要的"市场性物品",这些物品也涉及同其他商品和服务一样的问题,即价格的确定,这就是所谓的公共定价。

下文以一个观察到的真实情况为例进行分析。从来没有一个城市通过修建更多的道路就能解决道路拥挤和污染的问题。对于道路拥挤和污染的问题,经济学家总有一个理论上的回答——道路定价。根据人们用哪一条道路,在一天中和一年中什么时候用这条道路,以及根据他们使用这些道路时的污染程度,来对使用道路的人收费,要把价格确定在最适当的使用量的水平上。在新加坡决定试着这样做之前,还没有哪一个城市敢用道路定价法。许多想法在理论上看起来很好,但总有一些隐藏的、未预料到的缺点。新加坡是地球上唯一一个没有道路拥挤、没有汽车引起污染问题的城市,在新加坡城市中心区周围有一系列收费站,要开车进入城区,每辆车必须根据行驶的道路、开车的时段以及当天的污染问题交费。价格的上升和下降使使用量达到最适水平,此外,新加坡计算了中心城市以外没有污染时可容纳的最大汽车量,并在每月拍卖新车牌照。不同类型的牌照允许不同程度的使用,允许在任何时候使用的车的牌照比只允许在周末(或拥挤不太严重的时间)使用的车的牌照贵得多,价格取决于供求。有了这种制度,新加坡不用把资源浪费在无助于抑制道路拥挤和污染问题的基础设施上,从这种制度中得到的钱可用于降低其他税收。新加坡现在有了十多年的经验,这个制度还在运行,还没有什么未预见的问题。

可以看到,公共定价法就是把市场等价交换原则引申运用到公共劳务的提供和使用中去,通过制定和调整公共劳务的价格或收费标准,适当地约束和限制社会对该公共劳务的消费量,从而使公共劳务得到最有效、最节约的使用,以达到提高公共支出收益、提高财政资金使用效益的目的。从定价政策来看,公共定价实际上包括两个方面:纯公共定价和管制定价,两者都涉及两个方面,即定价水平和定价体系。定价水平是指政府提供每一单位"公共物品"的定价是多少。在管制行业里,定价水平依据正常成本加合理报酬得到的总成本而确定。定价体系是指把费用结构(固定费用和可变费用的比率)和需要结构(家庭用、企业用和产业用,以及少量需求和大量需求等不同种类的需求,高峰负荷和非高峰负荷等不同负荷的需求)考虑进来的各种定价组合。公共定价法可以包括平均成本定价法、负荷定价法等。当然,需要注意的是,公共定价法也只是适用于可以买卖的、采用定价收费方法管理的公共服务部门,并且在运用时还必须制定正确的价格政策,才能达到社会资源最佳分配的目的。

4.2 公共政策的伦理学分析

20 世纪 80 年代中期以后,政策科学研究出现了一些新趋势,其中之一是加强了政策价值观或公共政策与伦理关系问题的研究。政策科学或政策分析不仅是描述性的,而且也是规范性的。所谓描述性是指对事实及客观存在的因果关系的分析;规范性涉及的是以某种价值判断为前提的评价活动,而选择则以价值为基础。因此,价值或伦理问题在政策科学及政策分析中占有突出的重要地位,以至于有的学者如邓恩称政策科学或政策分析为应用伦理学。

4.2.1 政策分析的伦理学基础

从某种意义上讲,政策分析或政策科学是一门关于选择的科学,而人们的选择行为以价值判断或价值观为基础。早在 1951 年,拉斯韦尔在《政策方向》一文中就指出,政策科学的研究方法不仅强调基本问题和复杂模型,而且在相当大的程度上需要澄清政策中的价值目标。尽管人们在制定政策时潜意识地认识到,在政策分析、政策制定以及政策评估等各个环节都存在价值分析和价值判断的内容,但在实践中,人们往往忽视了对这些价值因素的系统思考。登哈特(Denhardt)认为,在公共政策领域,人们并没有利用那些应该作为伦理学的研究或应用的支撑的哲学传统。这些哲学传统既包括作为哲学分支的伦理学(处理怎样发现、思考和解决伦理问题),也包括政治哲学(对现有公共管理来说,确定关于管理者的恰当角色、行为和价值)。

伴随着威尔逊、古德诺等人的政治与行政的二分原则的提出,再到韦伯的官僚制理论的盛行,公共行政领域的职业化倾向逐渐增强,公共行政领域作为一种价值中立的领域在履行着自己的公共服务职责。在这一领域中,技能性的东西几乎占据了整个空间,而价值问题则被远远地抛在了一边,无人问津。特别是第二次世界大战以后,各国在重建政府的时候,几乎无一例外地直接或间接地把威尔逊和韦伯的理论作为航标,而且不断地激励知识界对威尔逊和韦伯的理论模式进行深层分析和大力拓展,并及时应用到公共行政的实践中去,经过之后一系列的理论发展和实践求索,把公共行政领域的科学化推向了极致。

公共政策作为公共行政领域中的重要内容,同样受到了这一趋势的影响,从事公共政策研究的都是技术精英,他们的公共政策研究完全是一种纯技术性的研究活动,价值的思考在此被视为荒诞。此时,技术的理性统治着这一领域。直到 20 世纪 70 年代的"水门事件"之后,随着人们对社会机构的信任下降,政策中的伦理问题才重新成为公共政策领域关注的主题,并作为对政府缺乏信任的结果持续至今。因此,政策的分析研究离不开作为这一学科基础的伦理学以及价值分析。

1. 伦理学的定义

伦理学是哲学的一个古老而又重要的分支学科,它以道德问题和价值判断作为研究对象,是一门研究价值和价值观的学科,它所涉及的是"应该""不应该"的问题,探讨什么是道德上的善与恶、正当与错误,而不研究"是""不是"这类问题。因此,有时它又被称为道德哲学。

从古至今,学者们从不同的角度给伦理学下了不同的定义。美国学者弗兰克·梯利把伦理学定义为有关善恶、义务的科学,道德原则、道德评价和道德行为的科学,他从主观、客观两大方面对道德现象进行了分析、归类、描述和解释。

马丁把伦理学定义为道德哲学,并指出它包括四种主要目标和利益:澄清道德概念;以"检测正确性、公平性和合理性"为核心的严格伦理准则评估;通过阐明道德理想和价值之间的相互联系,建构内容丰富的伦理理论;通过职业判断的提高而提供道德指导准则。

吉布森·温特通过伦理学在社会领域中所起作用的描述,把伦理学定义为:"作为一种积极的进取精神,伦理学致力于澄清引导这个世界的合乎逻辑的和恰当的价值观,它对社会交流中凸显和暴露出来的各种可能的行为办法和社会秩序中的伦理准则进行分析和评估。"在温特看来,伦理学是研究人类心灵指称不同对象能力的一门科学。因此,伦理学实践包括了更为仔细的系统思考,指导我们做出行为选择的价值观,若没有这些价值观,我们只能以现实和政治为基础做出行为选择。

普林斯顿则认为伦理问题就是关注什么是公正、公平、正义或善,关注人们应该做什么,而不仅仅关注具体案例是什么或什么是最容易被接受的,或什么是恰当的和权宜之计。

2. 政策分析与伦理学的相关性

伦理学与社会科学诸学科(政治学、经济学、法学、社会学、公共行政及政策分析等学科)关系紧密,尤其是在研究社会正义的方面。由于伦理学越来越多地倾向于关注社会伦理而非个人伦理的内容,因此,这些学科必须吸收伦理学的内容,以解决一些关于社会中的道德问题。政策分析与伦理学的相关性主要体现在,伦理学是政策分析的一个重要学科基础,而伦理分析或价值分析构成了政策分析的一个基本方面。

西蒙指出,在任何决策中均包含有事实因素和价值因素两个方面。所谓事实因素,就是制定一项决策所依据的外部客观事实。决策者依据这些信息去认识问题,进而找出问题的症结,从而制定出有针对性的政策。但决策者在进行任何一项决策时都不可能仅仅依据事实因素,在这一过程中他必定受已经养成的思维习惯和个人好恶等主观因素的影响,而这些因素属于人的价值观范畴,往往与道德伦理因素有关。不同的人所要追求的目标以及价值观是不同的,对问题的看法和目标的选择也是不同的。因此,决策总要与一些"值不值得"这样的问题联系在一起,对这些问题的回答不仅依据客观存在的事实因素,还受到个人所持的价值观念和伦理道德等精神因素的影响,决策就是这样在决策主体本身已经形成的价值观这一背景下产生出来的,伦理价值的烙印自然也同时被打了上去。

政策分析的研究要解决以下几个问题:①描述性问题。探讨公共政策的原因和结果方面的问题,对这些问题的研究涉及对政策问题的调查与研究,对政策过程中存在的事实状况和政策所产生的结果等方面信息的收集与分析。②评价性问题。涉及对一项政策的价值认定,一项政策的产生就是为了满足有关主体的某些需要,这些需要便构成了这项政策所要实现的目标,一项政策的好坏就是依据主体对需要满足程度的判断。在这里,政策的价值认定问题的依据便是决策者本人的价值观。③倡导性问题。对这一问题的研究主要是为了提供有关的行动方案,决策者此时行动方案的选择也主要依据个人的价值偏好。行动方案的优劣在不同的人看来是不同的,在很大程度上就是决策者依据个人的价值观念来进行取舍的。因此,邓恩在其《政策分析中的价值观、伦理观和标准》一文中认为:"政策分析采用各种探讨和论证的方法提出有关政策的信息并转换其形式,政策分析的范围和方法部分是描述性的,目的在于提出关于公共政策的原因和结果的信息;然而,政策分析也是规范性的,它的另一个重要目的是产生这种后果对过去、现在和将来几代人具有何种价值的信息。"

克朗在《系统分析和政策科学》一书中将价值分析看作政策分析(系统分析)方法论的一个方面。他认为系统分析方法论包括三个相互关联的基本范畴:①行为研究;②价值研究;③规范研究。行为研究(事实分析)要回答的是"是什么"的问题,前提是能够了解到事物的本来面目,事实真相是能够被发现的,它要对事物、事件、关系和相互作用等进行描述、观察、计数和测度;价值研究要回答的是"喜欢什么"的问题,价值分析旨在确认某种目的是否值得为之争取,采取的手段是否能被接受以及改进系统的结果是否"良好",它通过价值的确认与分析而直接面对价值问题;规范研究要回答的是"应该是什么"的问题,它寻求的是通过确定和肯定为达到预定目的而采取的行动和手段,来证实"应该如何"的论断或假设。

从某种意义上讲,一项政策是特定制度的产物,是决策者在这个制度框架内综合平衡的结果;而制度的产生从一开始就含有制度设计者本身的价值目标和价值倾向,一些基本原则也就随之产生了。例如,廉政制度的建立就反映了制度设计者对公共权力的行使者的一种限定,它包含了对公共权力行使者本身的职责认定问题,防止个人利益侵害公共利益,从而为权力的正当运行提供了一种保障。从政策过程来看,价值观的影响渗透到政策过程的各个环节之中。人们都是以各自已形成的价值体系去认识这个世界的,个人对世界的感受不同,对自身的需求也就各异。在一项政策的实践活动中,政策制定和执行的目的就可能反映了那些涉及政策制定和执行过程中人们的内心主观愿望和他们对过去、现在和未来的看法。

3. 价值观和政策价值观

(1)价值观

价值观是人们在人生历程中所持的价值观念,包括价值判断、价值取向、价值创造与实现。价值观与人生价值相联系,体现了人与人、人与社会之间的一种伦理道德关系。邓恩在《政策分析中的价值观、伦理观和标准》一文中认为,价值观有广义和狭义之分。广义的价值观表示一个异常广阔的选择行为方式范围,包括向往、希望、爱好、愉快、需要、兴趣、选择责任和明显的道德义务。因为进行评价的主体即人对价值观非常感兴趣,所以,政策分析可以研究许许多多不同的对象——公共事物——的好坏、对错、公正与否。正是在这个意义上,伊斯顿将政策定义为"价值的权威性分配"。狭义的价值观指评判标准,包括据以提出鉴定性和辩护性断言的假设、决策规划以及评判标准。

价值观或价值论则主要从主体需要的角度,考虑和评价各种物质的、精神的现象及人们的行为对个人、群体和社会组织的意义。换言之,个人、群体或社会组织的价值观是不依具体情况而转移的期望和评价标准。价值观联系着人的直觉,影响着人的信念和选择的合理性,决定着人的生活方式和投身其中的事业。价值观规定着政治进程和管理过程,并且是资源分配的指导原则的核心。也可以说,价值观是棱镜和滤色镜,人们通过它们来观察世界。价值观导源于社会环境、文化传统、个人修养及社会联系等,它是由复杂的历史、地理、心理、文化和社会经济因素所决定的超理性的现成的东西,而不是某种合乎理性的决策的结果。

任何社会的价值观都是历史的价值观,都必然随着社会发展而发展,社会经济的增长、社会经济关系的改变以及社会经济制度和体制的变革都会引起价值观的转变。价值观的独立性是相对的,它会随着现实历史条件的变化而变化。某种价值观在特定的历史阶段是合理的,但在进一步的历史发展中却可能成为一种习惯势力或惰性力量,从而影响社会的稳定和阻碍社会的发展。尤其是在我国当前社会转型时期,已从过去那种抽象的整体主体意识转化为现实的多元主体意识,从过去的大公无私观念转变为今天对个人利益的尊重等观念,这些观念上的转变都使价值观表现出一种多元化的趋势,并且不同的价值观之间的冲突也越来越明显。价值观的多元化及其冲突是一种社会意识、现象,它集中体现着一定群体的利益和要求,在市场经济这一大的背景下,社会上充斥着各种各样的价值追求,如果不对这些观念进行有效的引导,必然会造成社会意识的混乱,从而导致社会的不稳定,甚至会导致社会的分裂。因此,应该制定一系列的政策来培育一些代表社会正确发展方向的主流价值观念,从而使不同的价值观念有效地协调,使社会稳定地向前发展。

价值观与行为规范是辩证统一的。人们总是根据一定的价值观来决定自己的行为,就价值观的本性而言,它总是与个人的或社会的偏好、愿望、利害、责任观念、认识程度直接相关,与主体性、历史性、地域性乃至民族性相关,因此,任何特定的价值观都必然反映着人类在一定程度上的选择自由。人们的行为受潜在于某种文化系统中的特定价值观所支配,价值观是在社会实践的基础上形成的。人们所处的社会生产方式、经济地位、文化背景赋予一个社会群体的价值观以共性价值,人们的先天禀赋以及后天的文化教养与生活道路又赋予每个人的价值观以个性特征。价值观一旦形成,就在人的意识中起着或显或隐的支配作用。价值的评判与活动的选择决定着社会中的人心所向,积久而形成一种时代精神。

(2)政策价值观

政策价值观与价值观是特殊与一般的关系,政策价值观既具有一般价值观的内涵与特点,又具有自身的内在规定性。政策价值观指的是公共政策的价值取向模式。公共政策的价值取向就是对政策系统行为的选择,即对社会资源的提取和分配以及对行为管制的选择。

按照《公共政策辞典》的解释,政策价值观是指政策制定者以及其他涉及决策过程的人共有的偏好、个人愿望和目标,价值观可能包括一个人的政治信条、个人偏好、组织目标以及政策取向,价值观关心的是一个人认为是称心和美好的东西。

从不同的角度,政策价值观有着不同的含义和表现形式。从个人角度看,政策价值观是以选择、愿望或兴趣的形式来表现的。人类除了本能和无意识以外,更重要的是后天获得的文化无意识。这种无意识在一定条件下释放出来,便成为人们的要求、愿望、选择等。从标准角度来看,政策价值观则意味着对一些特定情况的论断。一个典型的个人或团体处在这些情况中持有某种价值准则,例如,当代中国人认为"效率优先,兼顾公平"是可行的。从理想角度研究,政策价值观则意味着判断。这种判断不能简化为个人角度的价值表现,也不能简化为标准角度的价值论断。这种判断以论证政策的对或错、好或坏、公正或不公正的评判准绳为依据。

4.2.2　政策研究中的价值分析

1. 公共政策价值分析的兴起

尽管伦理学是政策科学的一个重要的学科基础,伦理分析构成了政策分析的一个基本方面,但是在政策科学或政策分析发展的相当长时期,公共政策的伦理学分析或价值分析是被忽略或被有意排除在外的。原因在于,第二次世界大战后迅速发展起来的政策分析这一学科的动力主要来自于运筹学、系统分析和应用经济学,而这几个学科特别抵制和反对伦理推论或伦理分析。同时,政策分析的多学科的广阔视野扩展了传统的社会、行为和管理科学的边界,从而引出了大量新的不熟悉的研究任务,这也使得政策分析者不愿把这一学科的边界超出对政策的原因与结果的科学研究或理性分析的范围之外。大部分政策分析者(不管来自经济学领域还是来自政治学领域)都坚持实证观点或理性主义观点。在20世纪70年代中后期出版的有影响的政策分析教科书或专著都采取这种态度。例如,斯托基和扎克豪斯在《政策分析入门》(1975)一书中主张,政策分析"应该把重点放在预测的差异上,而不是放在价值的差异上"。安德森的《公共政策制定》(1975)、托马斯·戴伊的《理解公共政策》(1978)和韦达夫斯基的《向权力讲真理:政策分析的艺术和技巧》(1979)都认为,科学的解释和预测是政策分析的合理目标,而政策倡导和其他形式的价值判断、规定和命令则不是。

那时的政策分析者往往受逻辑实证主义的影响,反对将价值分析作为政策分析方法的一个基本组成部分。他们坚持逻辑实证主义的事实与价值分开的观点,主张政策分析的"价值中立性",认为价值分析势必影响政策分析的科学性,政策分析应把重点放在对事实的分析和对事物发展的预测上,而不应放在主观价值的分析上。政策分析应严格区分事实与价值,政策分析完全是处理"是"的问题,而不是处理"应该"的问题。

其实,逻辑实证主义之后的科学哲学尤其是历史主义学派已经证明了实证主义哲学的"价值中立性"(事实与价值严格区分)观点的错误,运用观察渗透理论可以证明价值观对于科学发现、理论检验、发展和评价、理论选择等都有着重要作用。在政策分析领域,纯粹的客观的事实分析或行为研究是不存在的。事实分析或行为研究在许多方面都涉及价值观或价值判断:①系统边界条件的界定和分析人员的兴趣问题。系统的确定反映了人们和集体的爱好(价值观),而当问题出现时,其中固有的价值观又和选择什么样的系统有关。②在事实的选择和对事实的观察过程中,行为研究或事实分析就表明了它的价值观,因为每一种这样的选择,都意味着对许多其他选择的直接或间接的拒绝。③在对自身的目标进行行为研究时,价值观与这种研究的整个前提关系极大;在人类组织系统中和进行分析的人当中,倾向于用他们的整套价值观来确认事实的性质。

20世纪70年代末80年代初以来,公共政策的伦理学方面或价值分析受到了人们的重视,公共政策伦理学以及公共管理伦理学(行政伦理学)逐步成为政策分析和公共行政学的一个相对独立的研究领域。20世纪80～90年代以来,涌现出大量的关于这一领域的著作,但这些著作往往被看作"杂乱无章的",关于公共政策的伦理学分析也没有得到一个公认的界定。

2. 什么是价值分析

价值分析在于确认某种目的是否值得为之争取,采取的手段是否能被接受以及改进系统的结果是否"良好",它要回答的问题包括:因为什么?为了什么目的?为谁?许诺什么?有多大风险?应优先考虑什么?等等。价值研究通过价值的确认与分析而直接面对价值问题,它的假定前提是:在人类系统中,价值观是所有行为的主要决定因素。价值分析要回答以下问题:①为了什么目的?②有多大风险?③应优先考虑什么?

在政策分析中,价值研究与行为研究及规范研究是怎样的一种关系呢?价值研究构成了政策分析研究的三个相互区别的范畴之一,而且价值研究在政策分析的三个范畴中处于核心地位。价值研究回答"喜好什么",规范研究回答"应该是什么",行为研究回答"什么事情""什么时候""什么程度""有多少",即对事物、事件、关系和相互作用等进行描述,前提是了解事物的本来面目。纯行为研究是不涉及价值观念的,或者说至少是试图将事实与价值观念区分开来,然后再在更大的价值观念的范围之内考虑这些事实。事实上,在人类系统中从来不能将事实和价值观截然分开。

规范研究寻求的是通过确定和肯定为达到预定目的而采取的行动和手段,来证实"应该如何"的论断或假设。因为规范研究工作中要表明应该如何,它具有一种内在的理想主义成分。规范研究在三个方面与价值问题相联系:首先,想取得某种结果,原因就在于对它们是喜好的(即觉得"好"),这就是一个价值判断;其次,在选择手段时要考虑其是否合意、可行、可用和有效;第三,在规范研究中要假定受到未来政策影响的人和机构,对所产生的结果不会面临价值对抗。

行为研究涉及的是在过去和现在"发生了什么"的问题;价值研究既涉及过去和现在,也涉及将来;而规范研究则涉及未来的期望。在整个研究过程中,这三个范畴的研究不能也不应该各自孤立地进行。复杂的人类系统中的实际情况是,个人的、组织的偏好,对现存事物的观察和对未来应该如何的规定都混合在一起,系统分析必须对所有这些方面加以综合。

3. 价值分析的标准与原则

价值分析的作用主要是制定和应用评判标准来评价政策价值观与政策选择,力求给予政策实践的人们以指导。因此,价值分析的内容主要是提出并评价价值论点正确性的判断标准。价值分析的中心问题是用什么标准证明政策行为的正确、有益或公正。

(1)价值评价标准的类型

①义务论标准。该标准断言某些政策行为之所以是正确的,是因为它们在本质上符合某一传统原则。例如,在市场经济条件下,市场对资源配置起决定性作用,这是市场经

济的基本原则,是正确的,因此无须进一步证实。有些义务论理论是实质性的,因为它们的论点是正确行为(如诚实、负责、公正)的判断标准,是行为本身可自我确认的特点,无须进一步证实,例如,政府要承担公共责任原则。有的义务论主张正确的行为,存在于行为所遵循的一些规则或原则相互之间有着逻辑的必然关系,例如,政府遵守诺言、对公众的责任与法律程序的公正及政权的正当性是密切相关的。

②目的论标准。该标准认为某些行为之所以正确,是因为它们具有好的或有价值的结果,即根据行为后果的效益来评价行为。一种主要的目的论理论是功利主义的,传统功利主义认为,正确的政策行为是那些增进普遍利益的行为。新功利主义者认为正确的政策行为是基于最大限度地增加社会净收益的准则。目的论与义务论最显著的区别,如登哈特所说,目的论旨在把行为的结果作为判断行为对错的决定性因素,而义务论则旨在制定引导伦理行为的普遍规则和为制定政策提供合理的理由。而且,这两种理解道德次序的途径是非常重要的,因为一个人思考道德次序的方式就决定了伦理对于他的意义以及他如何对行为做出判断。

当然,义务论和目的论的界限也并非我们所想象的那样"泾渭分明",如钱德勒和杰拉德·庞斯所指出的,在讨论义务论的时候不可能不讨论伦理。义务论和目的论是一种相互的妥协,在实践中,通常将两者结合起来。

③本质论标准。该标准根据政策行为内在的良好或内在价值来评价政策行为,就是把良好或价值作为正确的标准。本质论把注意力集中在感受快乐、运用能力、完成自我实现或审美的内在价值上。本质论普遍认为,一种价值是人类在政治、法律、经济、科学、艺术、宗教、道德和习俗领域中进行评价时所感兴趣的任何东西,比如科学技术创新、创造良好的宏观经济环境、追求三位一体的协调发展等。本质论的前提也构成了有关政策分析方法论的基础:追求目标所得到的满足至少与实现目标所得到的满足相等。本质论属于一种混合的或综合的类型,它没有提出正式的或实质的具体义务准绳,因此不是义务论的;它没有提出具体的功利主义的准绳,因此也不是目的论的。

④品德论标准。品德论也被称作道德伦理理论。行动中蕴含的道德是由行动实施者的个性特点所决定的。这种理论把道德观看作主要的,而决非为行动找到一个"良好"的视角,或把责任、法律或为行动提供理性思考作为原则。例如,我们认为,纵容盗窃是错误的,因为这是对他人财产和人身安全的蔑视。同样,品德论者认为"人,而不是行为,是价值评估的目标",他们同意向穷人捐赠大量钱财,是因为这一举动表明了一种"仁慈的本性"。

(2)价值评价的一般原则

虽然不同的政策环境和政策问题有不同的价值评价标准,而不同的价值评价标准又可能坚持不同的原则。但是,还是有某些一般性、共同性原则。主要如下:

①合规律性与合目的性的统一。人们按自身需要进行价值选择时,最困难的是如何使主体需要的尺度与客观世界的尺度结合,即合规律性与合目的性的统一。

②社会选择与个人选择的统一。作为统治阶级的利益工具,公共政策要具有保障社会稳定、发展的功能。协调不同人的需要与利益,就要协调社会需要与个人需要的关系。因为社会需要或价值与个人需要或价值会处于矛盾状态,只讲任何一方都是片面的。

③兼顾与急需的统一。任何选择,不是无重点的。对于那些尚未解决多数人的温饱

问题的贫困地区来说,当地政府的政策价值取向首先是脱贫,而对那些早已解决温饱问题的地区来说,其政策价值取向却是大步奔小康。急需解决什么、兼顾解决什么是不同的,但突出重点、兼顾一般是必须坚持的。

④择优与代价的统一。价值的选择总是要付出代价的,只要选择,就要择优。政府在政策制定中,把握代价与择优的度是困难的。三峡工程上马,有反对者也有拥护者,各自持有不同的价值观点。国家之所以对其进行一再论证,就是分析择优与代价结合的度,看付出的代价是否值得,如何以最小的投入获得最大的收益。在不同类的价值中权衡择优与代价的统一是很困难的。

在政策分析中,既要遵循一定的原则和标准,也要具体问题具体分析。不同的评价标准会带来不同的思维方式,也要求我们寻求不同的评估依据路径,选择不一样的政策方案。

4. 价值分析的难点问题

政策研究中的价值分析是一项复杂的工作,在方法论上的困难主要如下:

(1)"合理"问题

一元论通常要求保持价值中立,多元论则从揭露价值冲突出发,强调价值的多元化和价值中立的空想性,但多数又难免会陷入不可知论。多元论认为,不存在一元真理,价值认识的目的是价值真理。但在价值认识未被确认为价值真理以前,说某种价值认识具有合理性仍不失为一种可取的说法。

(2)"价值中立"问题

价值中立是人们用来防止价值认识影响事实认识的一种"一厢情愿"或"权宜之计"。当我们确定了价值事实的范畴之后,是什么价值就是什么价值,不存在中立与否的问题。符合价值事实的认识,不中立也是正确的。在认识论意义上,同样存在着两个相反的命题:社会科学是关于事实的科学,因而存在着"价值中立"的判断;政策问题往往与人们的利益相关,因此人们通常用价值标准而不是用科学事实去评判它。事实判断和价值评价的关系问题是政策研究中的一个非常复杂而又基本的问题。

(3)"价值冲突"问题

这是由于价值体系不同所导致的不同主体之间的关系,具体表现为两难抉择和悲剧性抉择。两难选择是当代公共政策过程中极为普遍的限制,它是指在同一时间、同一政策问题上,两种几乎同等重要的价值需要发生直接的冲突。

悲剧性抉择是一种更为复杂和艰难的抉择,涉及多种价值观和行为趋向的抉择,它是指必须在不可选择的对象中做出选择。悲剧性抉择源自当代社会严重的价值矛盾和利益对抗,由于社会缺乏占主导地位的公众普遍认同的和尊重的价值观、共同目标和行为准则,公共政策事实上经常陷入决策的沼泽,使得政府也犹豫不决。

政策研究中的价值分析是决策者实现决策功能的前提和基础,是决策者政治人格的核心部分。因此,公共政策及政策决策者本身的伦理规范和价值取向是把握价值分析的科学性和公正性的决定因素。政府或政策决策者是利益的权威分配者,它所用的不可量化的尺度是正义和公正。公正的核心就是处理好自我利益与公共利益的关系。公正的政策决策者必须把个人利益(包括政府利益和政策决策者的个人利益)纳入更高和更广的公共利益中。政策价值选择在本质上应该是政策主体目的性与客体规律性的统一;政策选择要体现公共利益,协调各方面的利益关系;选择应该是合目的性与合规律性统一的过程。

4.2.3 政策分析的职业伦理

政策研究的伦理规范是一个复杂的问题,包括政策决策者的行为标准、政策研究者的职业道德要求、政策执行者的道德规范等。政策研究的职业伦理具有多层面的综合的内容,包括决策者和研究者个人的道德品质如公正、诚实、正直等,也包括决策者和研究者的职业行为规范如权利、义务、职责、程序等,更为重要的是政策决策者和研究者要有科学的政策价值观。

1.政策分析职业伦理的基本内容

(1)道德品质要求

"面对权贵,直言不讳"是政策分析者具有公正和勇气等优秀品质的表现之一,是公众一直以来对政策分析者的理想要求。如上所述,道德的考量是构成政策研究和决策的重要成分,政策分析者应该关心的是何者应该被做以及如何让事情做得更好而非更糟。那么,政策分析者到底应具备哪些道德品质呢?

所谓的道德品质,指的是在一定的社会中,在调节人与自然、人与社会、人与人(包括自身)关系中的行为准则,以及在实际行为中显现出来的精神素质。政策决策者和研究者既要具备社会成员的一般道德品质,又要具备作为政治角色的职业伦理。

职业道德实质上就是责任与义务的表现。责任是指政策决策者和研究者必须对国家权力主体负责,必须通过自身职责的履行来为国民谋利益。对国民负责,从国民的利益着想,实质就是公仆责任。

实现目的性与责任性道德行为的统一,必须具备两方面的基础,一是指导行为的道德品质,二是实现职业功能的能力。

①公正(处理决策者自我利益与公共利益的关系)。政府或政策决策者是利益的权威分配者,它所用的不可量化的尺度是正义和公正,做到完全的公正需要博识和彻底的无私;决策者总要根据不完整的信息和不自觉地对自我利益(包括政府利益和决策者个人利益)的考虑来做出决策。因此,公正的核心就是处理好自我利益与公共利益的关系,公正的政策研究者和决策者必须把个人利益纳入更高的和更广的公共利益之中。

②勇气(一视同仁,坚持原则)。在政治生活中的勇气有许多种形式,其中重要的一项就是在事业中坚持原则,政策决策者和研究者需要勇气以保证做到一视同仁。在政策决策过程中,在许多问题上,特别是在那些涉及不同利益团体之间利益分配的问题上,人们的各种特殊利益之间往往是相互冲突的。在这种情况下,政策决策者和研究者是根据利益团体与自己关系的远近亲疏来决策,还是根据利益团体的压力大小来取舍呢?这就取决于政策决策者和研究者是否有勇气,是否能够坚持原则。原则指的是以现代化为方向的原则,提高生产力的原则,提高综合国力的原则,提高人民物质文化生活水平的原则。政策决策者和研究者的决策要以这些原则作为取舍的尺度,要敢于抵制特殊主义的小圈子的压力,这需要极大的勇气和正直的气概。

③乐观(坚定信心,勇于创新)。乐观主义就是尽量看到事物的光明的一面,这种品质可使人们在各种困难和矛盾的事物中不失去信心,它可以加强人们的行为目的性而减少

盲目性。真正的乐观主义是要认识到冒险的价值,当事物本身还比较模糊、不明朗的时候,就具有认识到事物有可能向好的方面发展的能力,并且敢于承担风险,敢于创新,以风险为代价换得发展与创新的机会。

(2)行为选择要求

政策决策行为主要体现在政策选择的过程中。选择既是一种价值认识活动,也是一种价值创造活动,它体现了主观和客观、合目的性和合规律性的统一。

①政策选择必须具有实践性。政策选择作为政策主体的价值取向,必须通过政策目标群体的实践活动才能实现。政策主体要利用一定的可能性空间,按照自身的要求促使一定的可能性转变为现实性。

②政策选择应使合目的性与合规律性相统一。合目的性与合规律性的统一,表现在主体需要与客体可能性的结合上。目的尽管是观念性的东西,但是,它总是与人的对象性活动相联系。可能性与现实性之间的关系,取决于决策者的目的与环境及过程的因果关系。因此,政策选择应具有社会性。这里的社会性所指的是,政策选择活动不是纯粹个体性的。尽管社会选择活动总是通过个体来实现,但个体的选择动机、能力和过程的各个环节以及结果都要受到各种社会因素的影响和整个社会环境的制约。就是说,决策者的选择并不是随心所欲的,而是受到多方面的限制的。一方面是物质条件的限制,另一方面是社会规范的约束或者是传统或习俗的限制。总之,决策者的选择要受制于一定的环境,是在既有的现实关系的基础上进行选择的。

③政策动机要体现广大人民的利益。任何政策决策活动都是由一定的动机(需要、利益、目的)所驱动的,政策选择的直接动力首先是需要和利益,政策动机要体现广大人民的利益。

④政策选择要协调各方面的利益关系。政策决策是在各种选择的冲突中实现的,在多种选择的矛盾中,必有一种体现主导性的选择,这种主导性的选择要能够协调各方面的利益关系。

⑤决策者及研究者的选择要具有前瞻性。人的需要既受现有条件的限制,同时又要超越现有条件。例如,人们的经济需要,既产生于已有生产力的发展状况,同时又提出在现有条件下可能实现的新的需要,从而推动生产力的发展。决策者的选择,应该既立足于现在,又着眼于未来,要适应环境的变化,要敢于创新。

公共决策及其过程的问题要远比表面看上去复杂得多。事实上,如果把政府放在整个国家经济与社会关系当中,我们就会发现,最根本的问题并不在于政府本身,而在于一定社会经济条件下的各种利益团体的利益冲突以及它们之间力量平衡的状态;而政策,不过是这种利益平衡的一个产物。一个较为明智的政府,也就是一个信息、知识较为完全的政府,说白了就是:第一知道当前的问题根本上出在哪里,第二知道大势所趋,知道解决问题的根本办法,第三知道如何在当前采取适当的方式,一步一步地沿着正确的方向(不怕步子小,方向正确最重要)将社会推向前进。

(3)价值判断要求

①价值判断要以事实为根据。价值与事实、价值判断与事实判断是内在有机统一的,每一项决策都包含价值要素和事实要素,事实与价值的有机结合是政策分析的基础。政策决策者及研究者就是要把"是"与"应该"有机地统一起来。政策过程中的价值判断就是

对事物、社会现象和人的行为等在伦理意义上进行估量和预测,并在此基础上做出判断、选择和评价,用以影响政策主体的价值方向、行为决断和价值追求。正是通过价值方针的确立、价值行为和目标的选择、运用价值尺度对价值现象进行鉴定和批评等,政策主体才真正获得了自身作为价值主体的自觉性和现实性。价值判断包含了判断者的情感、追求、愿望等因素。

②价值判断要以公共利益为重。政策是否具有权威性,是否具有规范和命令的功能,与政策决策者及研究者能否权威地协调各种利益和反映公众利益的要求有着非常密切的关系。从本质上看,作为体现政府行为的公共政策,是政府依据特定时期的目标,在对社会公共利益进行选择、综合、分配与落实的过程中所制定的行为准则和规定。因此,政策研究和决策功能应以公民利益和公共利益所追求的价值——自由、秩序、正义、公平、民主、福利、服务等——的实现为终极目的,明确公共政策的目的是用来提供公共服务的,制定和执行公共政策应与社会公众愿望、社会公众利益相一致。

③价值判断应是利益与义务的统一。利益是有关功利层面的,义务是关于原则、规范等伦理层面的。政府要有自身的利益,但政府更为主要的是考虑自身的义务,要以义务本位主义代替权力本位主义,承认权力的真正拥有者是社会公众,权力是用来为社会公众提供优质、高效、公平服务的工具,民意应该得到充分尊重,公共政策要回应公众的需求,要围绕社会具体问题的解决和民众的自由、人权的保障。

2. 加强我国政策分析的职业伦理建设

作为一种特殊的职业道德,政策分析职业伦理以对公民负责作为终极价值,它为政策分析者的行为提供正确的导向,调节和控制政策分析者的行为模式。那么,应如何加强转轨时期我国政策分析的职业伦理建设呢?

政策分析的职业伦理建设有两条途径:一条是他律,另一条是自律。所谓他律,就是来自外部控制资源(如法律、规章等)的约束力,帮助那些不具备自律能力或自律能力较差的人改变其不道德行为,使其在实践中受到教育,逐步养成良好的道德行为习惯;所谓自律,即政策分析者通过内心世界的自我教育、自我学习、自我修养以实现自我管理、自我约束、自我提高。自律是源于行为者本人自觉自愿的意识和行动,不需外在强制,是一种高层次的道德内化。无论何种道德要求,只有被行为者真正认同、接受、内化,并转化为自觉的行动,才能对行为者产生持久的约束力。显然,自律是政策分析职业伦理建设的最终努力方向,但自律与他律应当紧密结合、相辅相成。

要加强转轨时期我国政策分析的职业伦理建设,可以采取如下措施。

一是通过加强各项制度建设,尽早制定出一整套为所有的或大多数政策分析者所认同和遵守的完善可行的政策分析的职业伦理规范。尽管目前类似的准则规范(如行政伦理规范等)是低层次的、不完善的,但当整个道德自律体系匮乏时,通过发挥其惩治效力往往能达到道德自律的效果,而且对于遏制一些最不能为公众所容忍的行为能起到关键作用。

二是遴选具有高尚品格的政策分析者。政策分析者是从事政策研究和决策的主体,其伦理道德水平的高低,对问题的解决将产生深刻的影响。因此,要挑选正直、诚实、无私的专业人才充实到政策分析队伍中,以保证政策研究和决策的公平、合理。

三是政策分析的职业伦理教育。政策分析职业伦理要靠后天的培养,是后天培养教育的结果。职业伦理教育的目的就是提高政策分析者的道德品质。通过教育,促使政策分析者接受并内化为一种自觉。尤其在社会主义市场经济条件下,出现了一系列新情况、新矛盾和新问题,原有的伦理观念将受到冲击,因此,只有适时地进行职业伦理教育,才能保证政策分析的顺利进行。

四是政策分析过程中伦理践行的监督。伦理践行,虽然从根本上说依赖于政策主体的自觉性,但是,政策分析者的伦理自律性的养成需要一个由不自觉逐渐转化为自觉、由外在的伦理要求逐渐内化为内在伦理需要的发展过程。在这个过程中,外在的伦理监督是这种转化得以实现的必要条件。而且,在市场经济条件下,利益不仅可以成为人们积极向上的巨大驱动力,也可以异化为人们走向堕落毁灭的巨大诱惑力,因此,外在的监督就显得尤为重要。

4.3 公共政策工具的选择

公共政策是公共政策系统的输出,是公共政策主体、公共政策客体和公共政策环境互动的产物。在制定公共政策时,我们不仅要界定政策问题、确定政策目标、选择政策方案,而且还要确定采取何种手段、通过何种机制来执行政策。这种手段和机制就是公共政策工具。公共政策工具的选择与公共政策选择本身同等重要,关系到公共政策能否达成预期政策目标。公共政策工具的选择与公共政策的主体、客体和环境有着密切的关系。

4.3.1 公共政策工具概述

政策工具(policy instruments)又被称为治理工具(governing instruments)或政府工具(tools of government),自20世纪90年代以来,对政策工具的研究成为了西方政策科学研究的一个焦点问题。政策工具研究在政策科学中兴起的原因是多方面的:一是政策执行的复杂性以及政策的失败促使人们对政策执行工具或手段进行反思,并促使了实际的政策执行对工具方面知识需求的增长;二是福利国家的失败以及政府工作的低效率,促使了人们对工具途径的政治及意识形态上的支持;三是当代社会科学实践性的增强,特别是应用性社会科学领域日益介入政府的政策和管理实践,促使这些学科的学者对包括工具性知识有了更多的追求;四是政策科学的研究领域自身的扩展促使了政策工具被纳入学科的视野之中。

1. 政策工具的含义
关于政策工具的含义,大致存在以三种观点。
①因果论。这种观点认为政策工具是系统探讨问题症结与解决方案间因果关系的过程。这种观点对于政策工具的定义过于宽泛,公共政策过程本来就是寻找问题症结并设计有效的解决方案。
②目的论。这种观点认为政策工具是有目的行为的蓝图,或者说,政策工具是目的导向的,是一套解决问题、实现政策目标的蓝图。这种观点没有突出政策工具的特色,有将政策工具等同于政策方案之嫌。
③机制论。这种观点认为政策工具是将政策目标转换为具体政策行动的机制。政府在不同的场合运用不同组合的工具来实现政策目标。

政策工具是实现政策目标的手段。政策方案只有通过适当的政策工具才能得到有效的执行,从而达到政策设计的理想状态,它是连接目标和结果的桥梁,是将政策目标转化为具体行动的路径和机制。

2.关于政策工具分类的讨论

关于政策工具的分类,并没有形成统一的观点。由于分类标准不一,研究者们对政策工具的分类存在很大的差异。

最早试图对政策工具加以分类的学者是荷兰经济学家科臣,他着重研究是否存在着一系列的执行经济政策以获得最优化结果的工具。科臣整理出 64 种一般化的工具,但并未对这些工具加以系统化的分类,也没有对这些工具的起源和影响加以理论化探讨。

美国政治学家洛维、达尔和林德布洛姆等人进行了类似的研究,他们倾向于将这些工具归入一个宽泛的分类框架中,如将工具分为规制性工具和非规制性工具两类。萨拉蒙在他们研究的基础上增列了开支性工具和非开支性工具两种类型。

胡德提出了一种更为系统化的分类框架,他认为所有政策工具都使用下列四种广泛的"治理资源"之一,即政府通过使用其所拥有的信息、权威、财力和可利用的正式组织来处理公共问题。麦克唐奈和艾莫尔则根据工具所欲求的目标,将政策工具分为四类,即命令型工具、激励型工具、能力建设型工具和系统变迁型工具。施奈德和英格拉姆等人做了类似的分类,将政策工具分为激励型工具、能力建设型工具、符号与规劝型工具、学习型工具四类。

我国学者将政策工具分为三大类,即市场化工具、工商管理技术和社会化手段。市场化工具包括民营化、用者付费、管制与放松管制、合同外包、内部市场等;工商管理技术包括战略管理技术、绩效管理技术、顾客导向技术、目标管理技术、全面质量管理技术、标杆管理技术和企业流程再造技术等;社会化手段包括社区治理、个人与家庭、志愿者组织、公私伙伴关系等。

4.3.2 公共政策工具的分类

加拿大学者霍利特和拉梅什在《研究公共政策:政策周期与政策子系统》一书中,根据在提供公共物品和服务的过程中政府介入程度的高低,在自愿性-强制性光谱上对各政策工具进行定位,将政策工具分为三类:自愿性工具(Voluntary Instruments)、强制性工具(Compulsory Instruments)、混合性工具(Mixed Instruments)。

1.自愿性工具

自愿性工具的核心特征是它很少或几乎没有政府干预,它是在自愿的基础上完成预定任务。近些年来,随着私有化的扩展,人们对自愿性工具的使用不断增强。由于自愿性工具既具有成本效益上的优势,又与主张个人自由的文化相吻合,并且有助于维系家庭与社区的关系,因此,它在许多社会中成为首选的政策工具。自愿性工具包括家庭与社区、志愿者组织、市场等。

(1)家庭与社区

家庭与社区是常见的自愿性工具。在任何社会中,亲戚、朋友和邻里提供了无数物品和服务。政府可以直接或间接地将服务职能转交给家庭和社区,扩大它们在达成政策目标上的作用。

将家庭与社区作为一种公共政策工具的主要优点在于,除非政府向它们提供补助或补贴,它们将不耗费政府的资金。与其他工具相比,家庭与社区在许多服务领域,比如长期照顾残疾人方面,显得更为合适。而且,家庭与社区作为一种工具在大多数社会中易获得广泛的政治支持。

但是,家庭与社区作为一种政策工具也有许多缺点。例如,它们通常无力解决复杂的经济问题,规模经济要求政府集中提供而不由家庭与社区分散提供公共服务。这种工具还产生公平方面的问题,服务的需求者难于获取同等的资源、享受同等的服务。因此,在现代社会中,家庭与社区往往只能作为处理复杂的社会问题的辅助工具。

(2)志愿者组织

志愿者组织的志愿活动是指不受国家强制力的约束,不以追求利润为目标。一般认为,由志愿者组织提供的服务是低成本的,具有较高的灵活性和回应性。比如,在救灾救济中,它们的行动往往要比政府快得多。志愿者组织是一个公平的政策工具,它们通常把那些在危难中需要帮助的人们作为目标群体,能起到"雪中送炭"的作用,是社会公平机制有益的和必要的补充。志愿者组织的活动同时能够促进社会团结,提高政治参与水平。

志愿者组织不适用于解决复杂的经济与社会问题,其应用范围有限。在实践中,志愿者组织也可能蜕变为官方组织,从而使其效率和效力大打折扣、丧失优势。

(3)市场

到目前为止,市场是最重要的也是最有争议的自愿性工具。消费者和生产商之间自愿的相互作用往往会产生令双方都满意的结果。市场在提供大部分私人物品上是富有效率的手段,是资源配置的有效工具。

然而,市场并不是万能的。它不能充分提供大部分公共政策旨在解决的公共物品,不能提供国防、警察、路灯以及其他类似的公共物品与服务,在提供各种各样的收费物品和共用物品中也存在困难。而且,市场是一个高度不公平的政策工具,它仅仅满足那些有支付能力的人们的需求。

2. 强制性工具

强制性工具,也叫指导性工具,它借助政府的权威和强制力,对目标群体的行动进行控制和指导。政府可以选择管制、公共企业或直接提供等手段来实现其政策目标。这些是高度强制的工具,没有给目标群体留下多少自由决定的余地。

(1)管制

管制是指政府通过一系列行政管理过程(通常由特别指定的管制机构来执行)对个人和机构的行为做出要求和规定的活动。对于这些规定,目标群体必须遵守和服从,反之将受到惩罚。从性质来看,管制可分为经济管制和社会管制两种类型。

管制作为一种政策工具有以下优点:建立管制所需要的信息相对较少;管制较容易实施;在运行管理中,管制的不确定性较低;相对于其他工具来说,管制更适用于危机管理;管制比其他工具(如补助或者税收)的成本更低;采取管制措施能够表现出政府部门的快速行动,对公众而言具有政治感染力。

管制有以下缺点:管制经常扭曲自愿性或私人活动,从而导致经济上的无效率;管制可能会抑制创新和技术进步;管制缺乏灵活性,过于刻板;管制所引起的社会服从成本可能会比较高。

（2）公共企业

公共企业也称国有企业，它可以被看作管制的一个极端形式。一般认为，公共企业具有三个普遍特征：第一，它们具有一定的公共产权（可能高达 100% 或者少至不足 50%）；第二，公共企业需要政府对其进行某种程度的控制或直接管理；第三，公共企业可以生产在市场上出售的物品和服务，这不同于诸如国防或路灯之类的公共物品（对接受服务的对象不直接收费）。

公共企业作为政策工具有以下优点：在因高资本投入或无利可图而私人企业不愿提供社会需要的物品和服务的条件下，公共企业是一项有效率的经济政策工具；在许多情况下，建立公共企业所要求的信息比利用自愿性工具或管制时所要求的信息少；公共企业的利润能积累公共资金以用于公共支出。

公共企业的缺点也很明显，具体如下：政府难以有效地控制公共企业；在运行中，公共企业即使连续亏损也未必破产，缺乏有效的约束；在诸如水电供应领域中，许多公共企业的垄断地位使其能够将其无效率的成本负担转嫁到消费者身上，效率低下。

（3）直接提供

由公共财政拨款并由政府及其雇员直接提供物品和服务，是一个基本的、最为常见的政策工具。大部分政府职能通过此政策工具来完成，比如国防、外交关系、警察、消防、社会保障、教育、公用地管理、公园与道路维修、人口普查、地理测量等。

直接提供作为政策工具有以下优点：与其他强制性工具类似，直接提供所需的信息较少因而容易运用；直接提供所要求的庞大机构规模使其能够获得高度工作绩效所必需的资源、技巧和信息；直接提供避免了间接提供所产生的一些问题，比如讨论、谈判以及较高的信息需求；直接提供允许交易内部化从而降低成本。

直接提供的缺点也是显而易见的，具体如下：官方机构直接提供的服务经常是刻板僵化的；对提供产品及服务的机构和官员的政治控制容易降低公共服务的质量；由于官方机构缺乏竞争，它们没有足够的成本意识，造成浪费；政府机构之间和政府机构内部的冲突会损害物品和服务的直接提供。

3. 混合性工具

混合性工具结合了自愿性工具和强制性工具的特征，允许政府对非政府行为主体的决策进行不同程度的干预，但最终仍由私人做出决策。在某种程度上，这类政策工具兼备自愿性工具和强制性工具的优点。主要包括以下四种形式：

（1）信息与规劝

信息传播是一种消极工具，政府向个人和公司提供信息并期待它们的行为发生预期的变化。它假设人们一旦获得相关问题的知识或信息，就能做出明智的选择。例如，政府发布经济社会统计方面的信息，公司及个人可以由此形成关于经济社会状况的结论并采取相应的行动；又如政府要求烟草公司在烟盒上印上"吸烟有害健康"的标识，以引导公民不吸烟或少吸烟。但是，信息传播并不具有强制性，公众并没有义务做出特定的回应。

规劝是政府试图说服人们去做或不做某事，力求改变人们的偏好和行动，而不是仅仅向人们提供信息并期待其行为发生预期变化，但是规劝并不运用奖励和惩罚手段。例如，政府规劝人们参加体育锻炼，形成良好的生活习惯，节约用水，节约能源，乘用公共交通工具等。

这类工具的优点是:当问题尚没有明确的解决办法时,规劝是较好的首选工具,如果单单通过规劝就能解决问题,就不必采取其他措施;如果找到了更好的政策工具,改变或放弃规劝工具就比较容易;规劝工具容易实施,成本很低;规劝与强调自由和个人责任的民主理念相一致。然而,规劝是一个虚弱无力的政策工具。政府采用规劝工具,只是希望或劝导人们做某事,如果没有其他工具的配合,这类工具的效果往往是有限的。

(2)补贴

补贴是指政府(或者通过其代理)给个人、公司和组织的各种形式的财政转移,目的在于通过影响和改变受资助者对不同备选方案成本与收益的判断,促使其采取政府期望的行为。尽管受资助者行使最后的选择权,但其做出政府所期望的行为的可能性因补贴而增加。

补贴的形式包括拨款、税收减免、凭单、低息贷款等。拨款通常提供给生产者,目的是使生产者提供更多的物品和服务,以满足社会需要。税收减免是一种隐蔽的补贴形式,它实施比较容易,并不涉及直接的支出,对政府及生产者而言具有相当的吸引力。凭单是政府给予某一特定物品或服务的消费者的具有一定面值的证明。消费者在购买物品或服务时将凭单交给自己选择的供给商,后者则将收到的凭单交给政府来获得相应的补偿。另外,低于市场利息的贷款也是补贴的一种形式。

补贴的优点有:它易于确立并加以实施,是一种灵活的政策工具;能够鼓励创新;补贴的管理和实施成本较低;具有较高的政治可行性。

补贴的缺点有:补贴(税收减免除外)需要财政资金,而增加开支总是比较困难的;收集关于补贴的相关信息的成本较高;这种工具发挥作用往往存在时滞,不适用于危机处理;补贴一旦建立起来,就难于取消。

(3)产权拍卖

这种工具假定市场是最有效率的资源配置工具。政府通过产权拍卖,在不存在市场的公共物品和服务领域建立市场。政府对特定的资源确立一定数量的可交易产权,创造出人为的稀缺,并让价格机制起作用。许多国家都采用这种工具来控制有害污染物的排放。典型的做法是,政府先确定可以进入市场进行交易的污染物排放总量,然后通过定期拍卖来分配污染物的排放指标。

产权拍卖的优点有:它只需政府设定物品和服务的总量,规定上限,其余的事情则留给市场机制去解决,比较容易确立;它是一种灵活的政策工具,政府可以根据其需要来确定不同的上限,同时,即使在政府政策不变的条件下,目标群体也可以根据实际情况的变化来调整自身行为。

产权拍卖的缺点有:它可能会助长投机行为;那些不能购买产权的人常常因为别无选择而被迫采取不合法的行为;产权拍卖是一种不公平的工具,它依据支付能力而不是需要来配置资源,因而容易遭到支付能力不足而又确实需要的人们的强烈反对。

(4)税收与使用者付费

税收是一种法定的由个人或者公司交付给政府的强制性支付。它是政府获取财政收入的重要手段,同时也可以作为一种政策工具,用来引发政府所期望的行为或者限制不希望的行为。例如,政府可以通过对某些物品、服务或活动(如烟、酒、博彩)征税,间接地限制其消费规模。

使用者付费是税收作为一种政策工具的创新应用形式,是管制和市场两种政策工具的结合体。政府不用禁止或限制某种行为,只需设定收费的水平,运用市场力量来控制这种行为的数量。使用者付费常用来控制负外部性,比如污染治理和城市交通控制。

税收与使用者付费作为政策工具有以下优点:比较容易确立;是一种灵活的政策工具;可以提供持久的财政激励;使用者付费工具有助于创新;由于它将调整行为的责任留给个人和公司,这减少了官方机构的执行任务。

税收与使用者付费的缺点有:确定引发预期行为的税率和收费水平需要大量信息;不能满足危机时期快速反应的要求;比较繁杂,可能会提高管理成本。

4.3.3 公共政策工具的选择模型

在公共政策的制定过程中,选择何种政策工具对于政策目标能否顺利实现有着重要影响。公共政策的制定要求决策者从其工具箱中挑选出一种或几种工具来解决政策问题。关于政策工具的选择,大致有三种模型:第一种模型是经济学模型。经济学家大多把政策工具的选择等同于特定工具与需要完成的任务之间的技术性配对演练。第二种模型是政治学模型。政治学家认为在技术层面上各种政策工具之间具有或多或少的可替换性,因此应该把研究焦点放在各种政治力量上,是它们决定了政策工具的选择。有学者将这两种模型综合起来,提出了第三种模型,即综合模型。

1. 经济学模型

新古典经济学和福利经济学对于国家在经济中应发挥的作用持不同见解,由此对政策工具的选择存在一定的分歧。虽然两者都偏好自愿性工具,但相比而言,福利经济学更主张运用强制性工具和混合性工具来纠正市场失灵。而新古典经济学认为,只有在提供纯粹公共物品时,才能使用强制性工具和混合性工具,以任何其他理由使用强制性工具和混合性工具都将扭曲市场功能。

福利经济学对国家干预更为宽容,对政策工具选择的分析也更为系统。它倾向于将政策工具的选择视为一种严格的技术性配对演练,即首先评估各种政策工具的特性,再将它们与不同类型的市场失灵相配对,估算它们的相对成本,然后就特定的市场失灵问题选择一个最有效的政策工具。

新古典经济学通常运用公共选择理论来分析政策工具的选择问题。新古典经济学家认为,在民主社会中,选民、政治家和官员都是由自利动机支配的,这将导致政府的税收和支出不断攀升,从而提高管制和国有化的水平和规模。在民主政治中,政府倾向于选择这样的政策工具,即能够将收益集中于边际选民,以获取他们的支持,同时将成本分摊到全体民众,尽可能使选民不知晓政策的真实成本。

无论是福利经济学,还是新古典经济学,它们对政策工具选择的分析都过于依靠演绎推理,而缺乏对在现实中政府究竟如何选择的扎实经验研究。它们对政策工具选择的分析是建立在政府应该做什么的理论假设之上的,而不是建立在政府实际做什么的经验研究之上。经济学模型对理论简约性的追求,使其忽视了影响政策工具选择的诸多复杂因素。

2. 政治学模型

政治学家对政策工具选择的分析着重于经验层面,力图把握政策工具的复杂性,归纳出政策工具选择的模型。

多恩等人假设所有政策工具在技术层面上是可替换的,即在理论上任何一个政策工具都可以完成任何选定的目标。由此出发,多恩等人认为在一个自由民主的社会中,政府倾向于采用强制性较低的政策工具。只有在面临民众不服从或者面临要求换用强制性更高的政策工具的持久社会压力情况下,政府才会使用强制性更高的政策工具。也就是说,政策工具选择的模式是,政府首先选择强制性较低的工具,比如规劝,而后逐步地提高政策工具的强制性,最后采用直接提供工具。

胡德认为政策工具的选择并非是技术性的,而是关乎"信仰和政治"的问题。他认为影响政策工具的选择有四个方面的因素:①资源约束;②政治压力;③法律约束;④从以往政策工具失败中得到的教训。在胡德看来,政策工具的选择是政府的目标与资源、目标群体的组织与能力的一个函数。当目标群体规模较大且组织良好时,政府倾向于采用消极的(自愿性)工具,而非积极的(强制性)工具。当政府试图获取目标群体自愿服从时,政府倾向于尽可能避免采用强制性工具,而不论目标群体规模大小。当政府打算进行资源再分配时,必然要采用强制性工具。

林德和彼得斯在前人的研究基础上,认为影响政策工具选择的关键因素有:①政策工具的特性,具体包括资源的密集程度、目标的精确性和明确性、政治风险、对政府行为的约束限制;②该国的政策风格与政治文化以及社会分化程度;③有关机构的组织文化以及它们与顾客、其他机构的关系;④政策问题的环境、时间约束以及受影响者的范围。同时,林德和彼得斯认为决策者个人的主观偏好在政策工具的选择中起着关键性作用。

总的来看,政治学模型认为政策工具的选择是多因素综合作用的结果,包括政策工具的特性、需解决的问题的性质、政府在过去处理类似问题的经验、决策者的主观偏好、受影响的社会群体的可能反应等方面。

3. 综合模型

霍利特和拉梅什试图将经济学模型和政治学模型综合起来,认为两类模型在建构各自的分析框架时都或隐或显地使用了两个相互联系的变量。第一个变量是国家能力,或者说国家影响社会行为者的组织能力。第二个变量是政策子系统的复杂程度,特别是政府在执行政策时面对的行为者的类型和数目。设定这两个变量,就可以形成一个政策工具选择的模型(见表 4-1)。

表 4-1　　　　　　　　　　政策工具选择的模型

		政策子系统的复杂程度	
		高	低
国家能力	强	市场工具	管制、公共企业、直接提供等工具
	弱	家庭与社区、志愿者组织等工具	混合工具

(1)国家能力强,政策子系统高度复杂

当政府面对的社会行动者的类型和数量比较多且彼此间相互冲突时,政府难于辨析孰优孰劣。如果政府对社会具有较强的管制能力,可以利用市场工具实现自由竞争,通过市场这种"看不见的手"来配置资源。

(2)国家能力强,政策子系统低度复杂

当政府对于社会行为者的管制能力较强,且面对的社会行为者的类型比较单一、数量不多时,决策者可以采用管制、公共企业、直接提供等强制性政策工具。

(3)国家能力弱,政策子系统高度复杂

在这种情形下,政府没有足够的能力进行管理,只能采用自愿性工具,如家庭与社区、志愿者组织,借助社会民间的力量来推行政策。

(4)国家能力弱,政策子系统低度复杂

在这种情形下,决策者可以根据实际情况选用混合性政策工具,如信息和规劝、补贴、产权拍卖、税收和使用者付费等。

思考题

1.为什么说经济学是政策分析的重要学科基础?

2.经济分析方法的方法论基础及特征是什么?

3.什么是价值观?政策价值观包含哪些基本内容?

4.结合现实政策实践,谈谈如何加强我国的政策分析职业伦理建设。

5.对自愿性工具、混合性工具和强制性工具三类公共政策工具进行比较。

案例分析

长沙实行"最严城管执法"解决群众反映最强烈的问题

2014年10月23日,早上7点半,全体队员集合排队、分配执勤区域、领取执法取证设备、讲解执法注意事项……。生活在长沙这座不夜城的人们还没有完全"苏醒",芙蓉区城管大队的执勤人员就已全部到岗,开始了一天的巡逻工作。

为了解自2014年9月1日起,长沙执行的最严城市管理执法工作方案,解决人民群众反映最强烈的突出问题,记者跟随芙蓉区城管大队定王台中队的中队长许杰一行,在辖区内察看执法"最后一公里"的落实情况。

一、明确城管权责:执法前进行劝导教育

"您好,店面口的水果麻烦往里挪一下,摆在这里不但影响行人走路,还属于店外经营。"

"不好意思,今天店里生意好,早上送过来的水果没来得及搬进来。"

…………

城管执法人员在巡逻过程中,针对东牌楼街一处水果摊贩店外经营的情况,为其现场发放了长沙市城市管理和行政执法局《关于加强城市市容和环境卫生整治的通知》,并就具体整治细则向商家解释,对商贩的违规行为进行劝导教育。

据悉,定王台城管中队的管辖范围是长沙市最繁华的中心商业城区,辖区内有众多大型商场和商业楼盘,乱停乱放、乱设招牌广告、店外经营、乱停乱放等违章现象较多,执法队员目前主要针对以上违章现象安排人员采取守点的机动巡逻的方式纠正违章行为。

"做好城市管理首先就是要明确责任,让市直各部门执法过程中有明确的划分。"长沙市城市管理和行政执法局党委委员、副局长李中秋表示,过去市民只要碰到城市管理中的问题都来找城管部门,但有些职能城管部门并不具备,难以处置到位。

今年长沙成立了城市管理委员会，由湖南省委常委、长沙市委书记易炼红担任顾问，长沙市委副书记、市长胡衡华担任主任。通过统一决策和协调，明确了城管权责，还对工地围挡管理、排水管网维护等17项城市管理职责在市直部门之间进行了划分。

以噪音扰民为例，明确由市环保局负责各类经营场所噪音扰民问题的查处工作，广场舞等人为活动噪音则由长沙市公安局负责。现在部门间的推诿扯皮越来越少，很多群众反映的基层事情协调处置起来容易了。

二、下放管理权限：对违规实行顶格处罚

在上午的巡逻中，五一大道路旁一家服装店铺违规进行户外促销，城管执法人员发现后立即上前劝导，但店主对于城管人员的执法行动极其不配合，言辞激烈并与执法队员发生推搡。执法人员根据《长沙市最严城市管理执法工作方案》的有关规定，依法扣押店外经营工具和物品，并处以店家顶格罚款2 000元。

同时，城管执法人员在巡逻过程中发现五一大道两旁有4辆小车，擅自占用人行横道违规停放，由此采取了锁定车轮并处100元罚款的处罚措施。违规停放车主可在银行缴纳罚款之后，联系芙蓉区城管大队定王台中队开锁取车。

"现在执法的重心下移到了区政府里面，理顺了城管执法体制。对于少数屡次教育之后依旧没有整改的商家店铺，执法人员于9月1日后现场拍摄照片或录视频取证，并对其处以顶格处罚。"定王台城管中队的中队长许杰对记者介绍道。

城管工作大部分发生在基层，工作的重心和着力点也应该在基层。李中秋表示："今年我们长沙实现了管理重心、工作任务、工作经费、人员力量全部下移，区级政府成为城市管理的责任主体。由此实现了责权事相统一，形成了网格内集管理、执法、监督为一体的动态管控格局，大大提高了行政执法的效率。"

目前，长沙市级城管部门仅负责大型户外广告设置，城市生活垃圾经营性清扫、收集、运输、处理服务及建筑垃圾处置行政许可审批，其他权力全部下放到了各个区。

"今年长沙市设立4 000万元的城市管理奖励专项经费，对各区城市管理工作实行考评排名，对于排名靠后的单位领导，我们将'动票子、挪位置'，通过第三方监督考核代替过去的人工打分。"李中秋拿出文件向记者介绍道。

同时，长沙市今年通过推行城区网格化管理，以社区为单位，以数字化城管平台为依托，在全市城区范围内形成了535个行政执法网格责任片区，信息采集员及时发现各类问题，各相关责任人对问题及时处置。

三、落实到位管理：实现城市管理无死角

芙蓉区青石井巷是定王台城管中队巡逻工作的重点，此地位于中心商圈，很多商场工作人员和公司白领都会来到这里就餐。在长沙市最严城市管理执法工作开展之前，这里经常污水横流，环境卫生极差。记者今天来到青石井巷时，路面十分整洁，两名街道志愿者已经在协调商户整改部分违章现象。

许杰向记者介绍道："国庆等节假日期间市容问题更加突出。城管队人员全部取消休息，安排在各个路段巡逻执法，为保障市容市貌执勤到深夜；城管志愿者队伍也全部走上街头开展店外经营劝导、义务保洁、清除'牛皮癣'和白色垃圾。"

目前，芙蓉区定王台城管中队平均每天处理案件包括：乱吐乱扔1起、劝导11次，店外经营2起、劝导15次，清理广告10处、劝导30次，违章停车8台、劝导9次，其他案件

处罚 2 起等。

经过一个多月的整治行动,长沙最严城管执法取得了一定的成效,查处了一大批破坏城市市容环境的违法行为,对违法当事人起到了教育惩戒违法的作用;通过营造全市最严城管执法的环境氛围,使市民群众真正从内心重视城市管理法律法规,促进文明习惯和自觉意识的形成。

李中秋表示:"今年我们对市民投诉在处置完毕后会及时向投诉人进行回复;对市民意见和建议,城管局研究确定后会及时进行答复和解释;另外,城管局会还将定期召开形象监督员会议,向市民代表和形象监督员报告城管工作开展情况,听取市民代表意见。"

为了使城市管理实现全覆盖、无死角,长沙市城管部门已对城区一些封闭的小区、校区,采取与街道社区联合、与单位协商、与物业管理部门联系、建立志愿者队伍等方式精心监管,让市民群众享受干净、整洁的生活环境。

(资料来源:人民网)

案例讨论题

该案例中使用的政策工具有哪些?这些政策工具有哪些优缺点?

第5章 公共政策问题构建分析

本章摘要

公共政策问题的构建是公共政策过程的逻辑起点。公共政策问题具有关联性、主观性、人为性和动态性等特征,公共政策问题构建通常包括问题感知、问题搜索、问题界定和问题陈述四个阶段。公共政策问题的论证可分为小论证、功能论证、二级论证和一级论证。一般说来,社会问题可以通过多种途径进入公众议程和政府议程,转化为政策问题。在此过程中,政治权威、危机事件、抗议活动和大众传媒等因素发挥着重要的影响作用。

5.1 主要介绍了公共政策问题的定义和特征。

5.2 主要探讨了公共政策问题构建的程序、公共政策问题的论证以及第三类错误。

5.3 主要介绍了什么是公众议程和政府议程、影响社会问题进入政策议程的因素、政策议程的引发机制、进入政策议程的条件与障碍以及公共政策议程建立的模型。

关键术语

公共政策问题　公共政策问题构建　公共政策问题的论证　第三类错误　政策议程
公众议程　政府议程　政策议程的引发机制　外在创始型　政治动员型　内在创始型
多源流分析模型

5.1 公共政策问题概述

公共政策问题的构建是公共政策过程的逻辑起点,这是因为公共政策的特质之一是问题取向——公共政策关心解决或改善社会问题,正是在此意义上,美国学者威廉·N.邓恩将公共政策分析称作问题分析之学(Science of Problem Analysis)。政策科学家重视问题的分析更甚于答案的找寻,他们宁愿将三分之二的精力花在问题的分析上,因为一旦找到了问题的症结,政策方案就很容易浮现。因此,要想成功地解决问题,就必须对正确的问题找出正确的答案。我们经历失败常常更多的是因为解决了错误的问题,而不是因为我们为正确的问题找到了错误的答案。政策分析中最致命的错误是第三类错误,即当应该解决正确的问题时,却解决了错误的问题。豪伍德(Hogwood)与彼得斯(Peters)所谓的政策病理(Policy Patheology)其实就是政策制定者经常对错误的问题提出正确的解决方案,原本以为解决了问题,实际上却远离了问题的症结,从而导致政策方案无效果。因此,成功地解决政策问题的前提是针对正确的问题找出正确的答案。

构建政策问题是进行政策分析的第一步,它直接影响政策过程后续阶段的程序与任务。要制定公共政策,首先必须挖掘和确认政策问题,了解问题产生的原因和背景,寻找社会问题进入政策议程的途径,把握政策问题分析的基本方法。

5.1.1　公共政策问题的定义

问题的存在是日常生活的常态,一个人无时无刻不在面对生活中的各种问题,如个人生活贫困、失业或者遇到交通堵塞而耽误时间等。这些都是个人的问题。一旦社会上很多人存在类似情况,很多人生活贫困,国家失业率明显提高,或者一个城市的交通状况令大多数人不满意,那么这些问题的性质就发生了转变,就成了公共的或社会的问题。政府可能从自身信息收集系统、民众的反应或大众传媒等渠道了解到问题的严重性,认为有必要采取对策解决这样的问题。

公共政策问题是一种特殊的社会问题。因此,要弄清公共政策问题,就势必首先涉及问题、私人问题、社会问题、公共问题和公共政策问题等概念。

问题通常泛指实际状态与社会期望之间的差距。正因为这种差距,才导致很多紧张状态。就一个社会而言,问题通常可分为个人问题、集体问题和社会问题等,个人问题与集体问题、社会问题之间的区别较容易辨识。一般说来,仅仅涉及某个人的期望与实际状态之间的差距问题无疑具有个人性,当两个以上或很多人的期望与实际状态出现差距时,问题就超出了个人的界限,而呈现出集体性或社会性。当然,也有人将问题仅仅区分为私人问题和社会问题或公共问题两类,把纯个人问题与少数人问题并称为私人问题。大量社会问题都是由私人问题转化而来的。例如,少数人劳动技能不佳而下岗,或个别工厂经营不善而倒闭,都会导致部分人失业,这是他们的个人问题,但由社会经济动荡或政府决策失误而造成的很多人失业,使国家或某一地区的失业率提高,那么它就转变成了公共或社会问题;在一个本不富裕的国家,一家多生几个孩子,吃糠咽菜是他们自己的事,但家家都那么干,人口数量恶性膨胀,人口素质急剧下降,个人问题就演变为社会问题,政府就不能坐视旁观了。

社会问题、公共问题和公共政策问题这三个概念的含义较为接近,易于造成混淆。对此,有学者曾从彼此概念外延关系上提出:三者既有相同之处,也有差异;三者当中以公共问题范围最宽,其包含社会问题,甚至包含与社会问题相并列的政治问题、经济问题等;社会问题又比公共政策问题范围要大,但后者可以另有所指,可以是外交问题、军事问题等。其实,如果从社会的广义概念即社会是政治、经济、文化的统一体出发,公共问题与社会问题应基本等同,就不必对两者做过细的区分。如果从社会的狭义概念即社会仅是与政治、经济和文化等领域相并列的一个领域来考虑,社会问题的范围自然要像上述那样大大缩减,只能是公共问题的一个方面。通常,从社会的广义概念出发来理解社会及社会问题。

上述各种定义均有所侧重,但不应忽略以下两点:一是社会统治集团与社会多数民众在公共政策问题的认知上往往是相矛盾和有差异的,有些可能并不为社会大多数人所感知的问题却为统治集团少数人所认识,因而也可能成为公共政策问题;二是公共政策问题尽管主要依靠政府来解决,然而并非都必须由政府亲自出面加以解决,有许多问题可由一些非政府的社会公共组织乃至受政府委托的私人组织(如私人企业)加以解决,因此,公共政策问题是指统治集团或社会大多数人感觉到现实中出现的某种情况与他们的利益、期望、价值和规范有相当严重的矛盾和冲突,进而通过团体或组织活动要求有关社会公共组织和政府采取行动加以解决,并被后者列入政策议程的社会问题或公共问题(见表 5-1)。

表 5-1 　　　　　　　　　　　个人问题、团体问题与社会问题

问题类型	利益关系	利益载体	典型特征	实现方式
个人问题	私人利益	个人	个人独享性	市场交换机制、个人自治机制
团体问题	团体利益	组织	组织共享性	团体协商、交易、博弈、强制
社会问题	社会利益	政府	社会分享性	公共选择、公共政策

　　是不是所有的社会问题都属于政府的政策范畴呢? 当然不是。社会所面临的问题很多,但在政府决策者看来,并非所有的问题都需要政府通过制定政策加以解决。有些问题通过私人自治或民间组织就能够进行处理;有些问题已经成为历史,再无解决的必要;有些问题可能过于复杂,政府无力加以解决;另外,也不能排除政府出于各种利益的考虑,对某些属于自己职能范围内的社会问题采取漠视的消极态度。因此,只有一部分社会问题能够得到政府的真正重视,进入政府的政策议程,这部分社会问题才能由此转化为政策问题。

　　对于政策问题的含义,学术界并没有统一的看法。美国学者安德森认为,从政策意图的角度来看,政策问题可以被定义为引起社会上某一部分人的需要或不满足的某种条件或环境,并为此寻求援助和补偿的活动。寻求援助和补偿的活动可以由那些受环境影响的人直接从事,也可以由别人以他们的名义进行,而邓恩认为政策问题是指有待实现的需要、价值或机会,不论其是怎样确定的,都可以通过公共行为实现。国内有学者认为只有公共问题在政府的政策范围内、能够进入政府议程的情况下,才能成为政策问题。本书认为,所谓公共政策问题,是指基于特定的社会问题,由政府列入政策议程并采取行动,通过公共行为希望实现或解决的问题。

　　根据上述定义,公共政策问题的基本内涵应主要包括如下几个方面。

　　(1)社会客观现象或问题情境

　　任何问题都源自客观存在的社会现实,公共政策问题也不例外,政策问题来源于社会期望与社会现状之间的差距。尽管社会期望具有强烈的主观性,但社会现状是一些可以观察到的、能够表述出来的客观事实和问题情境。这些事实或问题情境是客观存在的,不以人的意志为转移。

　　(2)对上述问题的察觉与认同

　　即便存在上述社会客观现象或问题情境,倘若其并没有被社会大多数人所察觉,也只能是一种潜在的社会问题;只有上述社会客观现象或问题情境已被社会大多数人所察觉,潜在的社会问题才能变成现实的政策问题。当然,个别社会问题可能并没有被社会大多数人所察觉,但其现实影响或未来趋势已被少数有识之士或决策当局所洞察,也可能进入政策议程,成为政策问题。对一个潜在公共政策问题的察觉和定义都取决于受其影响的人数、他们传播这一问题的范围和能力以及使其要求被认为是合法的政策问题的机会。

　　(3)价值、利益与规范的冲突

　　在特定社会条件下,各种不同的行为主体都会受到上述社会问题的影响与制约,他们必然要从自身利益出发,依据一定的价值观念与行为规范,表明自己的态度,从而造成了彼此间的冲突。这种冲突除了表现于个体之间,更多地表现于个体与团体、团体与团体,以至于个体、团体与整个社会之间的矛盾与冲突。上述冲突会使人们产生某种需求或相

对被剥夺感,人们普遍认为有必要采取行动改变这种状况。这种冲突激烈到一定程度,就会引起决策当局的重视与行动,此时社会问题就转变为政策问题。

(4)团体的活动与力量

让某些个人问题转变为社会问题,直至上升为政策问题,往往不是少数个人行动就能奏效的。在现代社会,人们只有加入一定的团体或组织,以团体或组织的力量行动才有可能影响政府决策部门。即便是少数权威人物,也必须通过一定的组织行为(如说服执政党或政府职能部门)才能将自己察觉到的社会问题转变成政策问题。

(5)政府的必要行动

作为公共利益的代表者和决策权力的行使者,政府认同社会问题并使其成为政策问题有两个基本条件:一是属于政府职能权限范围内的事务,政府不是万能的,不能包揽一切社会问题的治理,有些社会问题需要靠市场交换机制或社会自治机制来解决;二是属于政府能力范围内的事务,有些社会问题虽然属于政府职能范围内的事务,但政府受财力、精力等治理能力的限制,也可能会消极对待这些社会问题。政府作为社会公共权威机构,考虑问题的出发点理应是社会公共利益。人们常常误认为政府利益就等同于社会民众的利益,其实,政府在处理社会问题的过程中必然要考虑自身利益。不仅如此,政府对社会问题的治理,还与外部压力有关,这种外部压力帮助甚至是逼迫政府提出问题、解决问题。总之,社会问题要列入政策议程,必须是那些被认为是很重大的问题,值得政府给予更多的注意,并依法采取政策行动加以解决。

5.1.2 公共政策问题的特征

公共政策问题是在复杂的社会互动过程和人的思维过程中,被政府以及其他公共权威机构认定为应该而且可以由政府来解决的那些公共问题。依照美国学者邓恩的看法,当代公共政策问题具有下列特征。

1. 关联性(Interdependence)

政策问题并非单独存在的孤立实体,事实上,某一领域的政策问题往往会影响到其他领域的政策问题,不同领域的政策问题是相互关联着的。如能源问题会影响到卫生与就业等政策问题。在西欧面临着能源危机的形势之下,法国和德国为了寻求可扩大的能源,决定在莱茵河上修建原子能发电站,并明确规定能源问题独立于其他一切政策问题之外。于是一位观察家写道:"不久的将来,疟疾会成为欧洲的主要流行病,这是由于原子能发电站利用莱茵河水作为冷却系统,从而使河水的温度达到了引发疟疾的蚊虫可大力繁殖的范围之内。"政策问题的关联性特征增加了解决政策问题的难度。它要求我们在制定政策、解决问题时,必须树立整体协调的观念,将某一问题视为与整体问题不可分割的重要组成部分,防范"只见树木不见森林"的错误。

2. 主观性(Subjectivity)

政策问题是思想作用于环境的产物。政策问题既与客观的社会现象有关,也与人们对这种现象的认识和选择有关。有些社会问题已经存在,但由于种种原因,未能被制定政策的机构和人员所认识,即公众的政策诉求没有引起相应重视;有些社会问题在特定时空条件下并不是最带有普遍性与急迫性的问题,但却有可能被某些政策制定者确定为政策问题。此外,在对政策问题认识的正确程度和深刻程度上,也存在主观性,在很大程度上取决于政策制定者的认知能力和价值取向。有学者针对政策问题的主观性指出,我们可能会分享相同的数据,至少我们相信我们分享相同的数据,但这一事实并不意味着我们看到同一件事。价值观、信仰、意识形态、利益以及偏见等都塑造我们对事实的感知。虽然政策问题有其客观情势,但最主要的是人类以概念诠释问题情境的感觉产物,是人类心智的产物。

3. 政策问题的人为性(Artificiality)

只有当人们对改变某些问题情势的希望做出判断时,才可能产生政策问题。政策问题是人类主观判断的产物,它不能脱离那些试图界定该问题的利害关系人。政策问题是基于人类社会需求而构建、维持和改变的,政策问题的人为性使得我们必须重视公共政策对利害关系人的重要影响。

4. 动态性(Dynamics)

政策问题的情境不同,问题自然也不同。一个政策问题可能具有不同的答案,答案本身也很可能转变成为一个问题,因此,政策问题与解决方案经常互相流动。如果问题未被正确地加以陈述,解决问题的方案则会逐渐失去其时效。

政策问题的关联性、主观性、人为性以及动态性告诉我们,必须把政策问题看作一个系统。政策问题系统和其他系统一样有一个非常重要的特点,就是整体大于部分之和。系统是由许多部分组合而成的,但不能把系统看成各个部分在数量上的简单相加,它还包括各个部分的组合方式以及这些方式在时间进程中的展开,包括系统与环境的关系。当各个部分组成为系统时,特定的组合方式以及各个部分之间的相互影响使各个组成部分获得它们单独存在时所没有的特性。这正如人作为一个生命有机系统可以用手写字,然而一旦离开了活的肌体,单独的手是不能写字的。政策问题的系统性告诉我们,在建构政策问题和解决政策问题时,一定要全面地认识和把握系统的全部表现,不能把部分当作整体,否则将会被引导到错误的问题上去。

5.2 公共政策问题构建的程序

公共政策问题的认定是一个社会过程,其中充满了各种社会因素的相互作用和相互竞争。与此同时,它又是一个思维过程,是一个主观与客观相互作用、不断去伪存真的认识发展过程。从认识论的角度来看,政策问题的建构涉及许多思想方法和认识方法。在实际的决策过程中,决策人员对政策问题的认知并不是像镜子反映物体那样简单和被动。每一个人的头脑里都有从前的文化教育以及个人经验的积淀,形成看问题的角度,成为人们潜意识中的一种前提或假定。从不同的角度或不同的前提假定出发,可以从同样的客观现象中看出不同的问题,也可以从同样的问题中引出完全不同的结论,并进而引出完全不同的政策建议。例如,现代社会的经济活动造成了严重的污染,对于政府来说,需要确定的公共政策问题是:造成污染的真正原因或根源是什么?一旦能够正确地解释污染现象背后的因果关系,用于解决问题的政策方案便在其中。但是,关于污染的性质,有许多种不同的解释,最主要的有以下三种。

第一,污染是资本主义经济的自然后果,因为资本家们要从投资中获取最大利润,环境破坏是生产发展中不可避免的代价。

第二,污染是生产的管理者追逐权力的必然后果,即便生产活动不是按照资本主义方式来组织的,也同样会造成污染。

第三,污染是大众消费社会的内在后果,无止境的消费欲望导致了对环境的掠夺和破坏。

这几种解释的差异是十分明显的,它们导出的政策方向是完全不同的。同样的例子还有正在困扰我们的所谓"内需不足"的问题。在这个问题上,决策者们面对两种完全不同的看法:一种看法认为,消费不足是因为人们的消费观念滞后;另一种看法则认为是人们手中的货币持有量太少。按前一种看法,解决之道在于设法诱导消费,把居民手中的钱引出来;按后一种看法,根本出路是大幅度提高收入,先让居民手里有钱。从这些例子中可以看到,政策问题的正确建构十分重要。很多时候,问题并不在于什么是解决问题的办法,而是在于什么是真正的问题本身。

公共政策分析要提供"关于并且用于决策过程"的知识。它的重要任务之一就是要说明公共政策建构过程中人们的思维特点和一般规律,并发展能够帮助我们正确地去界定政策问题的各种具体分析方法。在长期的实践中,与公共政策分析相关的各个学科中已经发展出许多具体的、量化的、实证的方法。如边界分析方法、分类分析方法、层级分析方法、类比分析方法、多角度分析方法、假设分析方法等。这些方法不能够完全保证构建出"正确的"问题,因为决策者把什么看作问题,还常常取决于价值观念和社会力量的对比。但是掌握并运用这些方法,能够使我们的政策争论合乎规范地进行,在逻辑上排除错误的问题表达,从而提高政策的知识含量。要掌握有关方法,则需要结合实际案例做必要的推演和计算。

5.2.1 公共政策问题的构建

公共政策问题的构建是一个认识过程和思维过程。在公共政策构建过程中,政策问题构建通常由问题感知(problem sensing)、问题搜索(problem search)、问题界定(problem definition)和问题陈述(problem specification)四个阶段组成。这四个阶段既相对独立、又相互依赖,并且是一个首尾相接的回环,上一个过程的结束引导出下一个过程的开始。公共政策问题的构建包括问题情境(problem situation)、元问题(met problem)、实质问题(substantive problem)和正式问题(formal problem)四种实质内涵。

第一阶段:以"问题感知"体悟"问题情境"。公共政策问题构建的整个过程有一个前提条件,即认识或感知到问题情境的存在。此阶段的目标并不是发现单独存在的政策问题,而是企图发现政策问题利害关系人所共同感受到的问题情境形态。

第二阶段:以"问题搜索"认定"元问题"。此阶段是以公共政策概念诠释问题情境,使之成为政策分析家所能处理的元问题。政策问题构建的初始条件或初始状态是"感觉到有问题",即存在着一种"问题情境"。决策者或政策分析人员从问题情境出发,努力去搜索问题所在。这个阶段的任务或目标绝不是仅仅找出单个问题,因为:第一,表面层次上的单个问题通常是已经清楚的,不需要搜索;第二,绝大多数社会公共问题并不会简单地表现为单一的问题,而是表现为成堆成堆的、相互关联的问题集,其内部关联往往纠缠不清,牵一发动全身,按下葫芦浮起瓢。所谓"问题搜索",首先是要将问题的全部关联因素、不同社会集团或部门的相关主张和利益要求尽可能地列举出来。在实践中,决策人员通常面对大量的、相互缠绕而又相互冲突的各种因素、矛盾、要求、主张等。用著名的政策分析学家德洛尔的话来说,这时候决策人员所面对的是一种"元问题",即关于问题的问题。而且这种问题总是结构不良的问题,因为能够影响问题发展趋势的各种因素和利益要求常常多得难以把握。但是无论如何,决策人员在这一阶段上的中心任务是要构建起一个"元问题"。如果说客观存在的问题情境是一级问题,元问题则是二级问题。二级问题是所有一级问题的"纲"。只有正确地构建起元问题,在以后的分析中才能做到以纲带目、纲举目张。

第三阶段:以"问题界定"发现"实质问题"。此阶段是以专业知识来判断该问题究竟属于哪一个政策领域。所谓问题界定,就是运用最基本和最一般的学科概念,将问题予以明确定义。例如,决策人员要决定所面对的问题是一个经济学问题,还是社会学问题,抑或是政治学问题。这种界定一经做出,也就是选定了进一步分析问题的概念工具。如果界定的问题是一个经济学问题,就需要从商品与服务的生产与分配、市场价格、成本与收益等角度去分析。同样,如果界定的问题是一个政治学问题,那就要考虑权力的分配、政治体制、社会利益分层、各阶级各集团之间的竞争冲突等。因此,问题界定实际上就是将问题纳入一定的学科背景和相应的概念框架中,被界定后的问题就成为"实质问题"。从问题界定过程中可以看到,积极发展各门社会科学知识,并将其正确地运用于实践,是一个十分重要的环节。但也必须说明,问题界定并不仅仅是一个知识的运用过程,在其中,价值观、世界观、意识形态,甚至所谓集体潜意识也起到了很大的作用。以上面举过的关于污染的例子来说,是把污染看作政治制度的后果,还是看作经济运行的后果,又或是看作特定技术的后果?这里面往往先有意识形态或世界观的作用。又比如,怎么界定"贫困"问题?造成贫困的根源是在于政治(如阶级压迫),在于经济(如产业转型导致的失业),还是在于自然原因(永远有某些人能力较弱或先天所处的地位、条件较差),或者在于个人偏好(有些人情愿选择某种生活方式,只是被别人看作贫困)?一旦做出界定,里面必然体现了某种价值观念。

第四阶段:以"问题陈述"建立"正式问题"。一旦界定了实质问题,就可以进一步确立更详细、更具体的正式问题。运用概念框架对问题做出定义,并构建起实质问题后,下一个任务就是对问题进行正确的表述。这里所谓的问题表述,是指将问题的各个方面(边界条件、变量、发展趋势等)加以具体的描绘和表达。一般来说,规范的问题表述要求运用适当的数学方法建立模型。可以这样来理解,在多数情况下,问题界定是对问题进行定性分析,问题表述则是对问题进行定量分析。在问题界定阶段上构建起来的实质问题,在用数学模型方式精确表述后,即成为"形式化的问题"。在这个阶段上,主要的困难在于,经过形式化处理和表述的问题是否真实地揭示了问题的性质和特征。决策人员和政策分析人员必须警惕,对于复杂的社会公共问题,尤其是结构不良的问题来说,数学模型方法还远未完善。以数学的方式构建起来的问题,有可能是对真实问题的一种扭曲的、甚至是错误的反映。

经过前面几个阶段,对公共政策问题从定性和定量两个方面加以确认之后,就会引导出相应的政策建议和政策行动。与此同时,不论我们是否意识到,都将再次进入问题感知状态。事物总是在不断地变化和运动。人们的认识能力受到主、客观各种条件的限制,在政策问题构建过程中所形成的认识,要想一次性地、完全准确地反映认识对象,是不大

可能的。主观与客观之间出现偏差是经常发生的,通常会有以下三种情况:

第一,政策问题的构建基本正确,但是解决问题的最佳时机可能会错过,时间压力比预想的要大。

第二,在政策问题构建过程中,有某些因素被忽略或被遗漏,需要有所补充、有所修正。

第三,在政策问题构建过程中,扭曲真实的问题或者客观情况发生了重大改变,原有的认识被推翻。

无论是哪一种情况,都会使我们重新面对问题情境,重新进行问题搜索,从而开始新一轮的政策问题构建过程。

在政策问题构建过程中,不同的阶段必然会使用不同的分析方法和理论基础。在前面两个阶段中,所运用的方法着重于主观的研究法或诠释的理解法,思考问题的理性则是政治与社会理性;在后面的两个阶段中,所运用的方法则注重于客观的研究方法或量化的分析方法,思考问题的理性则是经济与技术理性。

当我们认定政策问题时,我们所感受到的问题情境必须与元问题的性质相符合,我们所搜索到的元问题也必须符合实质问题,而当我们将实质问题转化为正式问题时,更必须维持一致的关系。如果在这些阶段的转化过程中,发生了认定错误的现象,换言之,元问题不能反映问题情境,实质问题与元问题是两回事,正式问题无法凸现实质问题的真相,这些现象则都犯了相当可怕的"第三类错误",即当应该解决正确的问题时,却解决了错误的问题。政策学家雷发认为,统计学家在从事假设检验的工作时容易犯第一类与第二类错误,这种错误还不是很危险,而第三类错误乃是政策分析与规划过程中相当致命的错误,因此,一位好的政策制定者与政策分析家,必须尽量避免陷入此种错误。

5.2.2 公共政策问题的论证

在构建政策问题的过程中,经常会遇到对问题的争论。这种争论不仅包括对即将采取的实际的或可能的行动有不同意见,也反映了对政策问题本身性质的认识还存在分歧。为此,就需要进行政策问题论证。

邓恩认为,公共政策问题论证的复杂性可以通过论证所在的组织层次具体表现出来。根据类别等级,政策问题的论证可分为小论证、功能论证、二级论证、一级论证。

①小论证。政策问题的小论证是政策问题论证的最低层次,它是指将政策问题分解为若干项目,再对具体项目进行论证。政策问题的小论证往往是由政策分析人员划分为专门小组来进行的,各个项目论证一般是独立进行的,这样才有利于把每个项目做好做细。项目论证是分散的,必须通过功能论证将其综合起来。

②功能论证。政策问题的功能论证通常是由负责政策制定的具体组织来进行的。其任务是将构成政策问题的主要要素的单独分析有机综合起来,从而确定政策问题的结构类型。同时,功能论证还需要对政策问题所分属的领域、范围层次和作用方式类别加以划分,以便为政府决策机构的论证提供前提条件。

③二级论证。政策问题的二级论证是由政府的决策机构做出的论证。政府是对社会提供公共服务的主要机构,政府对社会进行公共管理的主要手段就是选准政策问题,制定并实施科学、合理的公共政策来解决这些问题。但是,政府从社会中提取政策资源的能力

是有限的,它在一定的时间内只能利用有限的资源实施有限的政策。政府对政策问题的论证主要是集中讨论政策目标、政策计划、政策成本、政策效果等问题。

④一级论证。政策问题的一级论证是最高级的论证,实际上是对政策问题是否进入政策议程的最终决定。政府可能同时将几个政策问题提交最高决策机构来选择,看究竟是什么政策问题能够进入政府议程。

根据上述论证类型分析可知:

小论证反映在特定的项目之中;功能论证反映在具体规划之上;二级论证反映在政府机构进行规划时,所优先考虑的背景条件以及目标群体的确定等;一级论证反映在最高层,以确定是否要做某件事。

政策问题的分级论证,其次序并不是刻板的。既可以按上面所说的从低级论证向高级论证推移;也可以反过来,从最高级论证开始,逐步细化;也可以从其中某个层级开始向上、下层级论证扩展。

当沿着政策问题论证的层级不断向上时,政策问题越来越表现出更大的关联性、主观性、人为性和动态性。尽管各层次的论证是相互依赖的,但立论不同,政策也不同。有需要战略政策的,也有需要操作政策的。

5.2.3 第三类错误

政策问题构建过程中的核心问题是:经过思维抽象后形成的实质问题以及形式化问题在多大程度上符合初始的问题情境。如果我们承认,绝大多数的问题情境都包含着复杂的问题系统,那么,实质问题和形式化问题就必须充分反映这种复杂性。若不能正确而充分地反映出这种复杂性,所构建起来的问题就是错误的。如果政策问题的构建出现错误,将会导致以后的一系列步骤都出错。因此,在政策问题构建这个阶段,也就是在整个政策制定过程的头一个阶段,要十分注意避免出现错误。

在政策问题构建的各个,都有可能出现错误。

首先,在问题搜索阶段,分析人员和决策人员需要发现和搜集构成该问题特性和影响该问题发展的全部因素,以建立问题的边界。此时,最常见的错误就是问题搜索不全或搜索方向错误,使分析工作停留于错误的边界上。例如,许多政策分析人员在这个阶段普遍有一个遗漏,就是忘记考虑将来要负责执行政策的机构及其人员在这个问题上有什么利益和看法。

其次,在问题界定阶段,决策人员在建立实质问题时,必然会以某些假设或信念为前提,如对于人性的假设(人性善或人性恶)、对于时间的假设(相信历史发展、进步或不相信)以及对于政府能力的假设(相信政府有能力改变社会或不相信)等。在这个阶段,决策人员所面对的风险之一是其可能选择了错误的前提假设(无论其是否意识到)来对问题进行概念上的构建,而放弃了或看不到正确的假设。一旦前提错误,所定义出来的问题也必然错误。

再次,在问题表述阶段,主要的任务是为实质问题建立一个形式上科学、严整、量化的表达,即建立一个模型。这里存在的主要风险则是在应当使用正确模型的地方选择了一个错误的模型。

实质问题构建错误和形式化问题构建错误,可以统称为第三类错误。这与第一类错误和第二类错误的提法是相对应而言的。从事决策理论研究的学者霍华德·雷法(Howard Raiffa)曾对三种类型的错误做过一个简要的说明:数学家和统计学家在为现实世界建立一个模型之前,必会碰到某种初始的假定,因而先要决定,对这种初始的假定是接受还是排斥。统计学的第一课,就是要求学生学会避免两种类型的错误。第一类错误是排斥了一个本来应当接受的、正确的假定;第二类错误是接受了一个本来应当排斥的、错误的假定。此外,人们还经常犯第三类错误,即解决错误的问题。在常识水平上,人们的关注点是解决问题的方法。当面对一个问题时,总是首先想能有什么办法去解决。当问题没有得到解决时,总是首先想解决的办法可能有错误。第三类错误这个概念的意义在于告诉我们,在大多数情况下,解决的方法并没有错,而是问题本身就是错的。很多时候,所谓政策失败,实际上是因为我们致力于解决错误的问题而不自觉,从而陷入类似堂吉诃德大战风车那样的境况。堂吉诃德作为一名骑士,要用手中的武器去战胜魔鬼,这是没有错。错误的是,他所认定的魔鬼并不是真的魔鬼,只是风车而已。

5.3　公共政策议程的建立

5.3.1　公众议程与政府议程

政策议程的建立是社会问题转化为政策问题的关键一步。在任何政治系统中都存在若干政策议程,其中公众议程(也称系统化议程)和政府议程(也称制度化议程)是两种最基本的形式,同时也是政策议程的两个不同的阶段。一般来讲,如果一个社会问题不能够在公众议程上占据一席之地,那么它就很难进入政府议程。

公众议程是指某个社会问题已引起社会公众和社会团体的普遍关注,其向政府部门提出政策诉求,要求采取措施加以解决的政策议程。从本质上讲,公众议程是一个众人参与的讨论过程,是一个问题从与其具有特殊联系的群体逐渐扩展到社会普通公众的变化过程,即一个问题引起相关群体的注意,进而引起更多人的兴趣,最后受到普通公众的关注。在这一问题扩展的过程中,大众传媒起着十分重要的作用。问题扩展的活力取决于问题自身的特性,科布和艾尔德指出:"一个问题的定义越模糊,这个问题到达更广泛的公众的可能性就大(特殊性的程度);一个问题被认为社会意义越大,这个问题到达更广泛的公众的可能性就越大(社会重要性程度);一个问题被认为长期的关联性越大,这个问题到达更广泛的公众的可能性就越大(关联期的长短);一个问题被认为越不具有技术性,这个问题到达更广泛的公众的可能性就越大(问题复杂程度);一个问题被认为越缺少明确的先例,这个问题到达更广泛的公众的可能性就越大(先例的明确程度)。"

政府议程是指某些社会问题已引起决策者的深切关注,他们感到有必要对之采取一定的行动,并把这些社会问题列入政策范围这样一种政策议程。从本质上讲,政府议程是政府部门按特定程序行动的过程,政府的制度化因素在其中有着十分重要的影响。

政府议程的项目具有新旧之分,旧项目是指以常规形式出现的项目,如增加工资、财政拨款、社会保障等方面的事项。一般而言,政府官员对这些问题都较为熟悉,而且,处理这些问题的方案在一定程度上也已经成型。新项目是指因特定情况或事件引起的项目,如工人大规模罢工、外交方面出现危机等。有时候新项目还可能由不断加大的社会压力

（社会上越来越多的人要求政府对某些问题做出反应）所引起。政府议程的旧项目往往能够从决策者那里获取处理的优先权，这是因为决策者总是发现自己的时间有限且议程很满，他们会把自己的目光更多地投向旧项目。

公众议程和政府议程作为政策议程的两个阶段，它们之间有着本质上的区别。公众议程一般由一些较抽象的项目所组成，其概念和范围都很模糊，只是发现问题、提出问题，它可以不提出政策方案或解决办法。政府议程则比公众议程更特定而具体，它是对政策问题进行界定或陈述的阶段。问题经过一定的描述，为决策系统正式接受，并采取具体方案试图解决的时候，公众议程就转入政府议程。例如，交通堵塞严重影响了人们的生活，成为群众议论和关注的话题，但这一阶段还只属于公众议程，等到政府察觉到这一问题的严重性，针对这一问题采取一些具体措施，如控制私人轿车拥有量、减少车流量、加强道路基础设施建设、拓宽路面等，这时公众议程就成了政府议程。

在一般情况下，一个政策问题的提出过程是这样的：某一社会问题进入公众议程，然后再进入政府议程，最后成为政策问题。但实际上，很多问题可能不经过公众议程而直接进入政府议程。因为政策决策者可能根据自己对社会发展变化的研究分析，主动寻找问题，把它列入自己的议事日程。当然，一个问题即使能够顺利进入政府议程，最后也会出现不同的结果。可能经过决策者的研究很快制定出相应的政策，也可能由于渠道不畅、机构重叠、行动不力、效率低下，而做不出任何决定。

已成为公众议程的问题并不一定能成为政府议程的问题。同样，列入政府议程的问题也并不一定是公众议程的问题。有时，一个政策问题在群众中已引起普遍关注和讨论，甚至专家学者和研究机构已对它加以探讨，但执政党和政府并没有把它列入政府议程，有时甚至会采取措施阻止其进入政府议程。在现实生活中，也可以看到，在全国和地方的人民代表大会和政治协商会议上，各级人大代表或政协委员就人民群众普遍关心的问题提出的许多议案、意见和建议，并非都能列入政府议程。出现这种情况有多种原因：或是问题本身的性质、规模和影响尚未达到应该或能够解决的程度，或是问题的表达方式和途径不符合既定的组织体制和工作程序，或是政府决策者判断失误（如人口问题），或是问题涉及决策者本身的利益等。有时也会出现一个政策问题已经列入政府议程，但群众还没有注意到的情况。例如，党和国家领导人以及专家学者预见到某些政策问题、某种危机或突发事件的影响等。

国外有学者将公共政策议程按政策问题的重要性程度分为实质性议程（Substantive Agenda）和象征性议程（Symbolic Agenda）两大类。实质性议程是指认定那些影响深远和潜在意义重大的政策问题的议程。这些问题常常引发社会和决策者的高度重视和激烈争论。实质性政策议程有三个必要因素：相当数量公共资源的分配已岌岌可危；问题一定引发公民和公共政策制定者的广泛注意；问题必定蕴藏着巨大的变化。一般说来，实质性公共政策问题大多来源于经济领域，其中税收问题对社会的影响最直接、最广泛、也最重要。近来一些社会问题也日趋重要，如移民、种族团结、环境、暴力犯罪、死刑、吸毒等。象征性议程则指一些政策问题虽然属象征性的，但也引起社会和决策者政治上的关注的议程。这些问题多集中于价值领域，而非资源分配。例如，焚烧国旗、虐待儿童等问题以及一些庆典、授奖仪式，都仅具有象征性，但因它们涉及社会的一些价值、感情和精神激励因素而同样会受到有关方面的重视。决策者往往会根据具体情况而选择议程的类型。实质性问题通常应进入实质性议程,但也有些实质性问题因为条件的限制和有关方面的压力而不能立即得以实质性地解决,只好象征性地得以处理。

5.3.2　影响社会问题进入政策议程的因素

现代社会存在着大量需要加以解决的问题,而政府所掌握的公共资源和输出政策的能力却是很有限的,这注定了社会的公共需求与政府的供给能力之间存在尖锐的矛盾。因此,总有一些社会问题能够顺利进入政策议程,而另一些则不能。那么,社会问题需要具备哪些条件才有进入政策议程的更大可能呢?

1. 公民个人的作用

从某种意义上讲,很多具有公共性质的问题都是由私人问题引发而来的。比如,一个人对现行的车辆管理法规给自己带来的过重负担感到强烈不满,他有可能忍气吞声或偶尔在亲朋好友间发牢骚。这时,无论是对他个人还是对其他人而言,这只是一个私人性质的问题。但是,他还可以采取另一种方法,比如,将自己的问题告知公众和媒体,或将与其有类似看法的人组织起来,掀起一场群众运动,向政府有关部门提出抗议,或以正当形式展开对话并提交政策议案。上述的行动很可能会导致反对意见的出现,从而形成讨论的局面,许多人就这样直接或间接地卷入了这一事务中。另外还需要强调的一点是,非正式关系在政策议程建立的过程中所起的作用。所谓非正式关系,是指超出法定组织制度和工作程序的人际关系。如老乡、亲属、同学、朋友等关系。通过这些关系,个人所提出的问题很有可能被决策者列入政策议程。这是因为非正式关系的突出特点就是相互的亲近与信任,有很强的互动作用。尽管利用非正式关系建立政策议程并非正常现象,但这种现象在现实生活中并不鲜见。

2. 利益团体的作用

任何利益团体都有自己的利益需求,在社会中寻求着某种合理的平衡状态。如果出现的某种情况威胁到这种平衡状态的存在,就肯定会做出必要的反应。比如,当个体零售商的利益受到大批发商的威胁时,就会通过其同业组织要求政府采取必要的行动以保护自身的利益;再如当国内化工企业发现进口的化工产品威胁其价格和利润时,就会设法要求政府对化工产品的进口量加以限制。此外,某个利益团体从政府那里得到一定的特惠政策时,其他利益团体也有可能做出相应的反应。

3. 政治领袖的作用

迄今为止,在任何国家和地区,政治领袖都是决定政策议程的一个极为重要的因素,而且经常是起关键性和决定性作用的因素。政治领袖在政策议程的建立过程中所发挥的特殊政治作用是无可替代的。他们无论是出于公众价值观和政治使命感,还是出于个人需要和团体利益的考虑,都会密切关注社会中出现的这样或那样的问题,提出对这些问题的一些解决方案,并在可能的条件下将其告知公众以引起必要的回应。在政治舞台上,政治领袖作为决策系统的核心,其对政策议程的影响力往往来自制度的授权,他们常常扮演政策议程主要决定者的角色,其政策建议几乎可以自动地提上政府议程。这里需要指出的一点是,政治领袖对社会问题的关注往往带有明显的个性色彩,他们对问题的认定受多种个人因素的制约,如个性特征、成长经历、受教育情况等。在建立政策议程的过程中,这些个人因素往往会与公共问题交织在一起,并以国家和公众的名义体现。

4. 政府体制的作用

一定的政府体制从制度上规定了信息的沟通渠道和利益的表达方式,从而形成了协调各种利益关系的组织机制。政府体制涉及组织结构、工作程序、代表制度、选举制度等多种因素,这些因素对政策议程的建立都有很大的影响。政策议程能否建立,很多时候取决于政府体制的开放程度。社会问题能否被政府所关注不仅依赖于社会大众的发动,而且还需要政府系统自身的努力。

5. 大众传媒的作用

大众传媒在推动政策议程建立的过程中起着非常关键的作用。首先,它能把少数人发现的问题广泛传播,以争取多数人的理解与支持,从而为建立公众议程创造条件;其次,它能制造强大的舆论压力,促使政府决策系统接受来自公众的愿望和要求;第三,它是连接公众与政府决策系统的桥梁,使公众参与决策成为可能,从而扩大了政策问题的来源;第四它能发挥政府决策系统外脑的作用,是政府决策系统了解和掌握社会信息的重要工具。

6. 专家学者的作用

在科研机构、高等院校中工作的专家学者凭借自己的专业优势和技术特长,既能及时捕捉到社会运行中的现实问题,又能科学预见到社会发展中的潜在问题,并能够凭借自己的特殊地位和重要影响,进行问题分析和政策发动,从而为社会问题进入政策议程创造条件。需要说明的是,与政治领袖的作用相比,专家学者对社会问题的察觉对政策议程的建立影响较小。专家学者提出的社会问题只有同时得到政治权威的认同和支持才能进入政策议程。例如,中国著名人口学家马寅初早在 20 世纪 50 年代就提出控制人口数量的问题,但该问题及其政策建议直到 20 世纪 70 年代末才得到应有的重视,从而造成严重的人口问题。而中国台湾人口学家蒋梦麟先生起初单凭个人力量也无法将人口问题列入政策议程,后来因政界权威人士的出面支持才使得该问题进入政策议程。

7. 问题自身的作用

社会问题的明朗化程度对政策议程的建立具有非常重要的影响,明朗化的社会问题最容易引起社会公众的普遍关注和政府决策系统的政策反应。一般来讲,问题明朗化的程度是问题严重与否的一个重要标志,从而是促成政策议程建立的基础条件。当然,如果只有明朗化事件才能导致政策议程建立,政府决策系统就只能做到"头痛医头,脚痛医脚"。就像一个庸医,始终处于被动状态。政府不是救火队,"有事则忙,无事则闲"绝非好的运行模式。因此需要政治领袖以积极的姿态,立足现实,预测未来,及时洞察潜在的问题。例如,我国在发展旅游业的背景下,一些大中城市的高级宾馆饭店如雨后春笋,纷纷拔地而起,如果政府决策系统能从这种盲目发展的背后看到过剩的危机,就能及时采取对策。再如,我国"家电"行业的发展也出现过一窝蜂的局面,从国外引进的成百上千条流水线,短期内相继投入大规模生产,如果生产过剩的问题能够在潜在状态引起政府的警觉,就能避免由此带来的经济损失。

5.3.3 政策议程的引发机制

根据政策科学家科布和艾尔德的看法,可以把政策议程的引发机制分为内在的和外在的两种形式。内在的引发机制包括自然灾害、意外的人为事件、科技方面的重大变革、资源分配中的偏执与失衡、生态变迁等;外在的引发机制包括战争法案、武器技术的进化、国际冲突、世界性联盟的格局等。

美国政策学家安德森在其《公共决策》一书中对科布和艾尔德的观点做了更为具体的阐述,他认为下列因素促成了政策议程的建立。

(1)某种危机或惊人事件

很多时候,人们可能已经对某些问题有所察觉,并提出了政策诉求,希望能够对之采取必要的行动。但它没能引起普遍性的重视,政府也处于左右为难之中。在这种情况下,的确需要有某种突发性事件的发生,将问题推上政策议程。突发性的重大事件往往会使形势发生戏剧性的变化,从而成为社会各界关注的焦点,引起政府的高度重视。如在1957年,苏联发射了第一颗人造地球卫星,尽管当时艾森豪威尔政府的有关官员表面上并没有显出非常在意,但这一突发事件的确将探索太空的问题提上了美国政府的政策议程。

(2)抗议活动(包括使用暴力手段)

这是使问题引起决策系统关注并进入政策议程的另一种途径。抗议活动是一种激烈的利益表达形式,往往带有某些反常规的行动特征。其表现形式有示威游行、静坐斗争、绝食抗议、暴力冲突、武装对抗等。社会中出现大规模的抗议活动通常说明社会问题已经发展到非常严重的地步,政府的现行政策已经难以调和这种矛盾,只有做出新的政策选择才能平息由抗议所引发的混乱局面。抗议活动是建立政策议程的有效方法,但不是最佳途径。它多以极端方式向政府施压,表达某些利益团体的政策诉求,往往形式过激、发生突然、超乎常规、始料不及,给政府带来"超负荷压力"。在政府能够有效控制和疏导这种压力时,政府可能会采取一定程度的妥协,建立相应的政策议程。然而,这种激烈的表达方式毕竟有可能造成社会失态,形成与政府的严重对立,对社会秩序构成威胁,导致一些悲剧性的后果。

(3)新闻媒介

一些问题可能会引起新闻媒介的特别注意。通过新闻媒介的报道,这些问题很可能会成为政策议程里的内容。如果没有新闻媒介的介入,那么这些问题就很可能长久地存在而引起不了社会公众的注意,政府自然也就不会去考虑这些问题。而对那些已经被提上议程的问题,新闻媒介的渲染也能够使其获得更多的关注。新闻媒介作为重要的社会舆论机器对政策议程的整个过程及其结构都有重要的影响。当然,新闻媒介报道问题往往出于各种不同的动机,或为了"制造"新闻,或为了增加发行量,或为了公众的利益,或出于其他不可告人的目的,因此不可避免地会出现不真实的报道,对政策议程的建立会产生一些负面影响。

5.3.4　进入政策议程的条件与障碍

社会中的政策问题往往很多,但真正能进入政策议程的并不多。一个政策问题要进入政策议程,应具备什么样的条件呢? 许多政策问题不能进入政策议程又是什么样的障碍因素所致呢?

1.进入政策议程的条件

有国外学者认为,某种问题进入政策议程需要以下几个条件:①问题达到危机均衡状态,不能够再加以忽视,那么它将被列入议程;②具有特殊性,代表了一个更大的问题;③从人类利益角度来看,该问题带有情感特征,或吸引了媒体的注意;④具有广泛的影响;⑤置疑社会中的权力和合法性;⑥具有时尚性。中国台湾学者林永波、张世贤认为,进入公众议程必须具备三个条件:该问题必须在社会上广为流传并受到密切注意,至少也必须为社会大众所察觉;大多数人均认为有采取某种行动的必要;这些问题必须是人们共同认为属于政府权限范围内的事务,且应予适当注意的。他们还从总体上探讨了政策议程的条件或要件,即事件本身、个人及组织团体、沟通的门径、政治过程。中国内地学者通常强调:明朗化的事件或社会问题的明显暴露;党和国家领导人、权威人士及专家学者的预测性发动;开放的或民主化的过程;问题察觉机制以及一定的政治过程等。

综合有关学者的观点可知:

第一,事件或问题必须明朗而严重。一些问题必须充分暴露且表现得非常严重才有可能引发社会公众和政府组织的高度关注,从而进入政策议程。当然,问题的明朗化和严重性是密切相关的。问题的严重性往往会使得该问题的性质趋于明朗化,明朗化的问题并不一定都意味着问题很严重,但在一定意义上也可以说明问题的严重性。在社会发展过程中,常有很多明朗而严重的事件或问题能够导致政策议程的建立。比如,自然灾害、民族矛盾和冲突、重大责任事故、大规模的群众示威、国内战争或国际战争、国际格局的变更等,都会迫使政策抉择系统及时做出适当的反应。

第二,要有政治权威领导人及专家学者的预测性发动。许多潜藏在很好的表象背后的问题通常大都得不到应有的重视,自然很难进入政策议程。但是如果有敏锐的政治权威领导人或有关专家学者对这些问题将来的严重趋势有所察觉,那么他们就会及时地把问题提出来,这些问题就有可能在不严重的时候被提上政策议程加以研究和解决。这里需要说明的是,政治权威人物对问题的察觉往往较易于建立政策议程,而专家学者的察觉则不然,必须同时也得到有关权威人物的认同和支持才能进入政策议程。

第三,要有正常、民主和开放的察觉机制与过程。应当说,上述两种条件都是一些特别的条件,它们并不能经常发挥作用,即使能经常发挥作用,也并不是经常单独发挥作用,而必须与正常、民主和开放的问题察觉机制与过程相配合才能奏效。

所谓正常的问题察觉机制,就是能对各种政策问题经常保持警觉,并能对有关问题及时进行相关讨论、分析和研究,以便形成政策议程构建的机制。这就要求社会和政府建立社会问题信息收集和分析方面常设性的专门机构和队伍,进行正常的问题察觉和研究工作;有关领导人也要经常亲自调查研究,以防下级报喜不报忧,延误问题的察觉和解决进程。

所谓民主的问题察觉机制,是指问题的察觉机制应该体现民主性。这要求整个国家和政府的体制符合现代民主运作的要求,尤其是国家和政府的决策体制应合乎民主理念,有许多民主性的组织与程序设置。例如,保障民意代表机关的应有地位,充分发挥民意代表及时反映民众疾苦和社会问题的作用;重大决策不能个人说了算,应走群众路线和集体决策路线;建立和健全政策听证程序和制度;加强和完善新闻及社会舆论监督等。

所谓开放的问题察觉机制,是指有关组织的问题察觉系统不应是自我封闭的,而应该在不影响国家安全的情况下向社会各界、各级组织和群众开放,甚至对国外开放,充分听取和吸收各方面的反映和意见。

只有这样，一些有可能变得严重的社会问题才能正常而顺利地进入政策议程，并不必非要等到特别严重时才引起人们的重视，也不必非要由个别权威人物的认同、支持和提出才备受关注。

2. 进入政策议程的障碍

（1）政治原则的偏离

任何国家都有其视为立国之本的基本政治原则。坚持这些原则，是政府义不容辞的职责。政策诉求一旦偏离了这些原则，政府就会通过各种方法将其排斥在政策制定系统或制度化程序之外，有时是在其提出之前或接近相关的政策领域之前就会被窒息、改变或扼杀。

（2）价值体系的排斥

价值体系涉及社会的基本观念及其信仰倾向，是人们思考的依据和行为的准则。任何社会都有其占主导地位的价值体系，它排斥特定的社会问题和政策选择方案进入政策议程。换句话讲，如果提出的政策诉求与社会价值体系不符，那么就难以形成公众议程，更不可能转化为政府议程（即正式议程）。

（3）政府体系的封闭

如果政府体系保守，决策过程封闭，民选代表不能代表选举人的利益，那么公众与政府联系的渠道就会出现障碍，公众的呼声和愿望就很难为决策者所知，人们不仅无法与决策者进行必要的沟通，而且不能通过问题讨论等形式参与政策的制定过程。在这种情况下，公众认定的社会问题很难进入政策议程。当然，我们并不否认政府的"黑箱运作"有时是切实可行的甚至是唯一可行的办法，但这种"自由"并不是没有限度的。公共政策事关公众的利益，必须接受公众的检验，一个保守的政府、一种封闭的体制难以产生有效的政策。

（4）承受能力的不足

任何一种政策问题的提出，如果超出了决策者的承受能力，就会受到他们的排斥或回避。尽管这种问题的提出有时对社会有利，符合时代潮流，往往也难以进入政策议程。

（5）表达方式失当

有些问题本可以通过法定的正常渠道提出，却偏偏要选择非正常渠道；明明可以在正式场合上讲，却偏偏要进行地下活动；明明可以采用平和形式提出政策诉求，却偏偏要采取过激的形式。这种表达方式的失当，很多时候使本该列入政策议程的问题没有被列入。

5.3.5　公共政策议程建立的模型

政策议程的建立既是现代政府公共政策过程的逻辑起点，又是政府决策的重要环节。不进入政策议程，社会问题就没有通过公共政策加以解决的可能性。在近些年的公共政策研究中，政策问题的构建和政策议程的建立日益受到学术界的重视，学者们从不同角度提出了各种模型，来研究政策议程建立的过程。

1. 科布的政策议程建立模型

美国学者科布在区分公众议程与政府议程的基础上，以政策诉求的主体为标准，提出了建立政策议程的三种模型：

（1）外在创始型（Outside Initiation Model）

政策诉求由政府系统以外的公民个人或社会团体提出，经阐释（对政策诉求进行解释和说明)和扩散(通过一定方式把政策诉求传递给相关群体),首先进入公众议程,然后通过对政府施加压力的手段,使之进入政府议程。该模型在民主和平等的社会中比较常见。通过该模型创建的政策议程只是让政策问题列入政府的议事日程,并不意味着政府会不折不扣地按创始者的意愿做最后的决定。通常情况是,通过该模型创建的政策议程,最终不是受到彻底否决,就是被修改得面目全非。

(2)政治动员型(Mobilization Model)

具有权威作用的政治领导人主动提出其政策意向,并使其进入政府议程。因为在一般情况下,政治领导人的政策意向往往能够成为政府的最终决策,所以看似没有必要建立相应的政策议程。之所以仍要这样去做,主要是为了寻求社会公众的理解和支持,以便更好地贯彻和实施这项政策。政治动员型以政府议程为基点,以公众议程为对象,其目标在于政策方案的顺利执行。该模型通常出现在不太民主的社会中,在那里,政府及其核心决策者具有超强的权威,在建立政策议程的过程中,权力精英的"内输入"现象相对明显。

(3)内在创始型(Inside Initiation Model)

政府系统内部的人员或部门为解决纯粹的内部事务而提出政策问题,且问题扩散的对象仅限于"体制内"的相关团体和个人。显然,在该模型下,仅限于政府内部的组织或接近于决策者的团体才能提出政策问题。该模型企图排除普通公众参与的可能性,此类问题的确认远离公众议程,普通公众没有参与的机会和希望。问题最多会扩散到一些认同性团体,以争取更多力量的支持,向决策者施加足够的压力,促使决策者将此类问题列入政府议程。该模型在财富和权利相对集中的社会较为流行。

需要指出的是,任何政策议程的建立都是公众议程与政府议程交互作用和影响的结果,其过程表现为不同政治力量的不断组合与分化,既涉及"体制内",又涉及"体制外",现实的情况决不会像上述模型所归纳的那样抽象和简单。具体到一个社会或国家来说,并非仅仅采用一种模型来构建其政策议程,而是同时采用多种模型,因而在多数国家中,政策议程建立的模型均呈现高度的复杂性。

2. 约翰·W.金登的多源流分析模型

到目前为止,对政策议程确立过程描述得最全面的当数约翰·W.金登的多源流分析模型(Multiple-Streams Framework)。他的模型建立在问题流(Problem Stream)、政策流(Policy Stream)、政治流(Political Stream)三种信息流的基础上。

问题流主要关注于问题的界定,它包括问题是如何被认知的、客观条件是如何被定义为问题的。

政策流与解决问题的技术可行性、问题解决方案的公众接受度等有关。政策流的重要方面在于针对政策问题而提出的各种建议,通常以听证会、论文和会谈等形式获得检验。各种各样的政策建议、解决办法相互碰撞,相互修正,相互结合,广为传播。这些建议能够存在需要满足多项条件,如它们的技术可行性、它们与主导价值观的适合程度、它们的预算可行性以及政策制定者提出这些建议所可能遇到的支持或反对等。

政治流涉及政治对于问题解决方案的影响。它包括三个因素:公众情绪、压力集团间的竞争、行政机构或立法机构的换届(Turnover)等。潜在的议程项目如果与目前的民族情绪相一致,能够得到利益团体的支持或者没有组织的反对,符合立法机构或行政机构的一贯主张,那么它们就更容易获得议程上的优势地位。

政策活动家(Policy Entrepreneurs)是指在政策问题进入议程过程中具有重要影响力的政策倡导者,他们愿意利用自己的时间、精力、名望、财力等提出政策问题及其解决办法,负责促成重要任务关注该问题,并负责使公共问题及其解决方案相结合。诚然,政府议程可以受到问题流或政治流的影响而建立,但如果问题流、政策流和政治流通过政策活动家而结合,那么社会问题"出线"进入政策议程的机会将会显著增加。

另外,外溢现象(Spillovers)也影响到政策议程的建立。外溢指的是这样一种过程:某一领域的问题(被称作先例)在政府议程上的出现同时也就确定了另一领域的类似问题后来在政策议程上的重要地位。

约翰·W.金登为了系统地解释政策议程设定过程,用了长达四年的时间,对卫生政策领域和运输领域的官员进行了247次深入访谈,进行了23项案例分析,在此基础上提出了多源流分析模型,足见其研究并不是脱离现实的显学范式,其结论具有很强的综合性与包容性。但是,由于其研究局限在卫生和运输政策领域,因此能否把它应用于其他政策领域的问题构建,是对政策议程设定感兴趣的政策分析家们需要研究的课题。

思考题

1.在公共政策过程中,正确地构建公共政策问题有何意义?

2.什么是公共政策问题?公共政策问题有哪些特征?

3.如何才能正确地构建公共政策问题?

4.公共议程与政府议程有哪些区别?

5.试简述社会问题进入政策议程的途径。

案例分析

关于安乐死问题的争议

现代医药技术的发展,使快速、无痛的死亡成为可能。安乐死,在现代医学背景下被重新提出。安乐死的提出,使患不治之症的病人在临终前有了自主选择死亡方式的机会。但安乐死并不是一个单纯的医学问题,而是一个牵涉广泛的伦理、法律、社会问题。安乐死从其产生至今,始终处于支持方与反对方针锋相对的境地。虽然支持安乐死的人数不断增加,但立法允许安乐死的国家却屈指可数。合法性的前提是合理性,即安乐死是否符合伦理。两派争论的焦点以及各自提出的伦理依据主要集中在以下几个方面。

一、选择安乐死是否违背伦理? 安乐死的道德基础、生命价值与尊严

西方社会对安乐死的强烈的反对力量来源于宗教信仰以及基于宗教信仰的伦理道德观。基督教、犹太教等宗教教义都坚持"生命神圣论",认为人的生命是由神赋予的,因此是"神圣的"。生命至高无上,即使生命享有者本人亦不能随意处置。生命是不可侵犯的,任何人不得在任何情况下危及他人的生命。安乐死的反对者认为安乐死违背了社会文化传统伦理的一个基本方面——人类生命的神圣不可侵犯性。允许安乐死将导致传统伦理的破坏,使以往的社会基本价值理念难以为继,是文明的倒退。

而安乐死的赞成派则认为:安乐死可以解除病人的痛苦,使其免受临终前痛苦的折磨,维护其生命的尊严。安乐死对病人来说不是一种伤害,而是痛苦的解脱,因此是人道的、符合伦理的。这是为安乐死辩护的"人道论"。这种人道论建立在新的生命观上:"生命价值论"和"生命质量论"。赞成派提出了"值得活的生命"(Life Worth Living)和"生命质量"(Quality of Life)的概念,认为人不仅要活着,还要活得有质量、有价值、有意义、有尊严。仅靠先进的医疗手段延长痛苦的生命或维持失去社会属性的躯体生存,并不是真正意义上的挽救和善待生命,现代的人道主义原则应建立在"生命神圣论"与"生命质量论""生命价值论"相统一的观念基础之上。因此,安乐死是符合伦理道德与人道主义的。作为人应当有尊严、有价值地生存,否则,延长的不是生命的欢乐,而是痛苦。安乐死是无痛苦的、安详的、有尊严的死亡。它是患者在病情不可逆转,生命失去质量和价值的情况下做出的选择。它可以解除临终病人的肉体和精神的痛苦,尊重"生的意义""死的尊严",以及病人的自主决定权。放弃无价值的治疗,选择安乐死,这种观念标志着人类对生与死更理性的认识和选择,病人选择安乐死,是人类文明在更高层次上的一种体现。

二、医生的职责是"救死扶伤,治病救人",执行安乐死、医助自杀是否违背医生的职责?

医学界以及其他社会人士反对为主动安乐死立法,一个普遍原因就是传统医学伦理观认为医生的神圣职责就是救死扶伤、治病救人。医生的职业道德要求其尽力去挽救人的生命,而不允许他们实施相反的行为,一旦主动安乐死合法化,则会极大地破坏行医的内在本质及其使命的深邃内涵。

赞成派认为当死亡不可避免时,勉强维持生命只是延长痛苦的时间,医生的唯一可能行使的职责就是及时解除其病痛折磨,使病人在一种相对舒适的状态下走向生命的终点,安乐死(在病人请求下)也就成为一种医疗处置行为。在一定的历史时期和医疗水平下,还存在着医学技术无法治愈的疾病。传统医德把"救人活命""延年益寿"当作医生的唯一职责,认为医学的目的是维持生命,即使最低的生命价值也应不惜代价去延续它,这种伦理观偏重生命的数量,而不顾及生命的质量和价值。但医学并不能征服死亡、阻止死亡,在某种情况下,安乐死是为病人利益所能做的唯一的事情。医学的真正目的是"治疗疾病,维持健康",现代医学的发展不能仅仅注重维持生命,而应从生命质量角度出发,尊重病人的人格尊严和选择死亡的权利,帮助他们消除痛苦、迅速结束痛苦。

赞成派还认为,安乐死给身患绝症处于晚期极度痛苦状态的病人以身体上、精神上和社会上的安宁状态,让其在安然无痛苦中死去,这较之在极度痛苦中缓慢死去更为人道和符合医学伦理,对病人是有利的。安乐死尊重身患绝症病人选择死亡方式的权利,从道义上满足其最后的需求,这既符合自主原则,也正是医学人道主义的真正体现。医生是出于对病人的同情而帮助其自杀或执行安乐死。同情是那些赞成安乐死的人在伦理上所坚持的主要理由之一。他们认为,一个真正仁慈而富有爱心的人,在面对他们被痛苦折磨得死去活来时,不应无动于衷。如果只能在病人的死亡与极端痛苦之间做出选择,那么同情心将倾向于帮助病人尽快摆脱苦难,这是一种善举,最符合不堪忍受痛苦之人的利益。

但是安乐死反对者对所谓"因同情而致人于死"表示强烈质疑。奥德伯格指出:"对每个人而言,生命本身即是一种好事(a good)","假想一个人的死亡对其本人而言可以是一件好事,那是说不通的。相反,如果一种行为对一个人而言是一件好事的话,它应当改善该人的状况,或者将使该人的生活变得比不做出该行为更好。截掉某人折断了的腿对该人而言是件好事,因为它是为了根治疾病。但你永远不可能靠杀死一个人去为该人根治疾病!死亡不是,而且一直不是,根本的药方"。

(资料来源:百度文库)

案例讨论题

1.案例中关于安乐死的争论说明公共政策问题具有哪些特征?

2.结合案例总结影响公共政策问题构建的因素。

3.你对安乐死持何种政策主张?试说明理由。

第6章 公共政策制定分析

本章摘要

公共政策是社会公共权威部门在特定条件下为达到一定目标而制定的行动方案和行动准则。它体现为政府的法律、法规、制度以及具体的行为。公共政策又是政策主体在对社会价值进行总体判断的基础上,对社会利益的一种分配和调节。在我国,公共政策反映了国家与人民整体的利益与要求。公共政策是人类社会发展到一定阶段的产物,属于调控和管理社会的规范体系的一部分。公共政策体现了一定的社会价值,同时也反映了一定的利益要求。

6.1 主要探讨了公共政策制定的基本问题、主要环节和影响公共政策制定的因素。

6.2 主要探讨了公共政策规划的程序。

6.3 主要分析了公共政策合法化,介绍了公共政策合法化的内涵、地位和作用,探讨了公共政策合法化的程序和公共政策法律化过程,同时也明确了公共政策合法化过程中需要注意的问题。

关键术语

公共政策制定　公共政策规划　确立公共政策目标　设计公共政策方案　评估公共政策方案　抉择公共政策方案　公共政策合法化

6.1 公共政策制定概述

公共政策制定是解决公共政策问题的首要环节,它本身是一个很复杂的动态过程,其具体内涵、特征和基本原则等问题是本节所要论述的主要内容。

6.1.1 公共政策制定的基本问题

1. 公共政策制定的含义和基本特征

公共政策制定是指为解决某个公共政策问题而提出的一系列可接受的方案或计划,并进而制定出政策的过程。广义的公共政策制定相当于政策分析,包括政策问题确认与政策议程;狭义的公共政策制定则不包括这个内容,而专指政策方案的设计、论证和择优。也有学者将公共政策制定称为公共政策策划,就是有关组织和个人为解决公共政策问题而设计政策目标,拟定政策措施,起草和论证公共政策方案的运筹构思、出谋划策的活动。总而言之,一旦社会问题被列入公共政策议程,就需要回答如何解决这些问题,或者更具体地讲,如何制定一系列解决问题的公共政策方案,并从中选出最优方案,这就是我们平时所说的公共政策方案的制定过程。

从公共政策制定的含义中不难看出公共政策制定的过程一般包括目标确立、方案设计、方案评估和论证、方案抉择这样几个相互关联的环节。这一具体过程有如下几个基本特征。

（1）动态性

公共政策制定不仅是指抉择方案或制定公共政策的结果,还指由多个相互联系的环节构成的动态过程。政策制定过程不是简单的、静态的阶段划分,更主要的是强调了政策制定活动和过程的动态性。因此我们在学习公共政策制定的过程中要始终坚持从动态中把握政府的政策制定活动与过程。

（2）系统性

虽然公共政策制定是为了解决特定问题,但又不能孤立地考虑某一问题的解决,因为社会发展过程中的各方面是相互依存、相互联系的,所以在针对某一问题制定政策时,要坚持综合考虑各种影响因素,把问题放在整个社会系统中去分析,找出解决问题的、可行的、最优化的解决方案。

（3）指向性

公共政策的制定是为了解决特定的问题,因此要有明确的目标和方案,要有鲜明的目的性、指向性和针对性。制定公共政策的目的就是为了通过利用多种研究、分析工具和手段,找到解决问题的合理的、可行的方案,从而解决现实中存在的问题。

（4）前瞻性

从公共政策目标的确立到政策方案的付诸实施,需要经历一个漫长的历史过程。需要解决的政策问题也始终处于动态的发展变化过程中。这就要求公共政策制定要具有前瞻性,要超越问题目前的状态,把握政策问题的发展趋势,这样才能制定出不落后于问题态势的超前的公共政策。

2. 公共政策制定的基本原则

公共政策制定是一项严肃而且复杂的工程,在这个过程中涉及不同的主体和客体以及它们之间相互影响、相互制约的关系。为了确保政策制定过程的顺畅和结果的完美,公共政策制定应该在宏观和微观上遵循下列基本原则。

（1）从基本国情出发的原则

国情是指一个国家在一定的历史时期的自然、地理、政治、文化、经济、社会、人口等各个方面的基本情况。在公共政策制定的过程中,一定要从社会制度和国情这个前提出发,把问题放在一定的历史范围之内。否则,就会对社会问题产生歪曲的认识,难以得出切合实际的公共政策解决方案。

（2）系统性和整体效益原则

这是由政策问题的系统性、相关性引申出来的一条原则。社会问题的一个重要特征是系统性,不同领域和层次的社会问题都是相互关联、相互制约的。这就要求解决问题的政策也必须从客观事物的系统性出发,全面着眼,统筹解决问题。所谓政策的整体效益,是指公共政策作为一个系统所发挥的社会效益、经济效益和生态效益的总和。背离系统性和整体效益的原则,公共政策制定实施的结果可能是无法想象的。

（3）审时度势的原则

社会总是处于不断发展变化的进程之中,社会问题也总是处于不停的变动之中,因此在公共政策制定过程中必须坚持审时度势的原则,随时关注政策问题的发展趋势和发展动向,适时调整政策的制定过程及基本内容。这就要求我们必须做到:客观分析、辩证权衡当前的有利与不利条件,克服主观片面性;把握好全局的形势,处理好局部与整体形势之间的关系,善于通过错综复杂的形势和现象抓住问题的本质,从而做出客观、准确的判断。

（4）社会公正及利益补偿原则

公共政策制定是关系到社会、经济、政治发展大局的重大行为,公共政策制定者及有关机构必须坚持社会公正原则。这样才不至于在公共政策的形成以及实施过程中引起巨大的社会动荡,从而保证社会稳定发展。与社会公正相联系,就要求在制定公共政策的过程中兼顾并权衡不同社会主体的利益,坚持利益互补原则。公共政策制定就是多元利益主体之间的一种互动和博弈的过程,是利益再分配的过程。坚持社会公正及利益补偿原则,才有可能避免牺牲一部分人或某一群体的利益去保全另一部分人或群体的利益,尽量减少人民内部的矛盾和冲突。

（5）遵守平等和比例原则

这一原则与社会公正及利益补偿原则有相似之处,可以通过以下案例来加深理解。新颁布的《公务员录用通用体检标准（试行）》取消了对乙肝病原携带者而未患肝炎的公民录用资格的限制,其第七条这样规定:"各种急慢性肝炎,不合格。乙肝病原携带者,经检查未患肝炎的,合格。"舆论高度评价这一修改,认为这是国家标准向人性化方向迈进的表现,也是政府对民意的良好回应。法学界对此也表示欢迎,但是从专业角度我们将这一变化更多地看作是对公民平等权的保障以及在公共政策制定时贯彻遵守平等和比例原则的结果。

以上是公共政策制定在宏观指导下应坚持的原则。在公共政策制定的具体操作过程中,在微观层次上还应该遵守以下几方面的原则。

①信息原则

具备和收集充分、及时、准确、可靠的信息是制定公共政策的基础和保证。政策制定过程从信息论的角度看就是一个与政策问题相关的信息收集、加工、整理、传递的过程。缺少了信息,公共政策的制定将成为无源之水,而且在现代高度发达的信息社会里,只有及时收集到可靠、准确的信息才能更好地制定适当的公共政策,因此信息在政策制定过程中的作用是不可取代的。

②预测性原则

这一原则同公共政策的前瞻性、社会问题的不确定性相联系。随着社会经济、政治、文化等各方面的不断发展,社会问题逐渐复杂多样,不确定性越来越大。这就要求制定的公共政策对事物未来可能的发展趋势及其结果做出准确的判断,这是政策成功与否的一个重要的决定性因素。只有在客观现实的基础上,运用科学的方法和手段,对政策的时空条件、影响后果做出全面的判断和预测,才能保证制定出反映实际问题的政策。

③兼听原则

在公共政策制定的过程中,必须要听取社会各方面的声音,接受不同意见和建议。在各种见解的冲突和矛盾过程中,通过不断的抉择和完善,制定出更为完善的公共政策。这也与党的方针"一切从群众利益出发"密切相关,强调了民众声音的重要性。党的十七大报告中强调:"要完善深入了解民情、充分反映民意、广泛集中民智、切实珍惜民力的决策体制,推进决策科学化、民主化。"因此,在政策制定过程中一定要坚持兼听原则,考虑并尊重来自于社会各阶层的心声。

6.1.2　公共政策制定的主要环节

　　根据不同学者对公共政策制定过程的不同理解,对公共政策制定过程的阶段性认识大体可以分为两类:一类是广义上的公共政策过程,从政策问题确认开始,一直到公共政策评估和终结为止;一类是狭义上的公共政策制定过程,是指从确立公共政策目标到抉择公共政策方案的一系列过程。前者是站在宏观的角度上,而后者则是站在微观的角度上研究公共政策方案的制定过程。可以用图6-1来表示两者之间的关系。

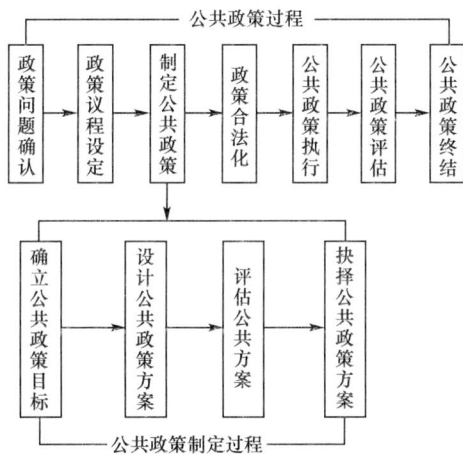

图6-1　政策制定过程

　　本章的政策制定过程采取狭义上的理解,从微观的角度来论述整个公共政策的制定过程。在这里,我们要注意区分政策过程与政策制定过程的区别。

6.1.3　影响公共政策制定的因素

　　公共政策制定过程是一个复杂的、多元社会主体之间在特定政策体制下进行博弈和互动的互相影响的过程。下文将主要论述不同社会主体以及不同政策体制对公共政策制定的影响。

1. 来自公共政策制定者的影响

　　政策制定者对公共政策的制定有着至关重要的决定性影响,由其所形成的公共政策制定集体对公共政策制定的影响取决于以下几方面:①知识结构。政策制定集体的科学合理的知识结构影响着政策制定的质量。②能力结构。政策制定集体应该由具有不同能力的人员组成,这样才能"八仙过海,各显神通",处理好政策制定过程中的各种具体事务。③年龄结构。政策制定集体应由不同年龄结构的人按比例结合在一起,从而形成一个科学的决策集体,这样可以使不同年龄结构的参与者发挥自身的优势,而且不同年龄和性格气质的人在政策制定集体中协调配合才能取长补短,制定出高质量的公共政策。

2. 来自政党及政党制度的影响

政党本质上是阶级利益的代表者,在夺取和巩固政权中处于组织者的地位。不可否认政党是公共政策制定的核心力量,是影响公共政策制定的决定性因素。在社会问题和各种危机出现时,各个政党为了自己的生存,力图寻求各种措施来解决问题并提高自身在社会公众中的地位和影响力。不同的政党制度对公共政策制定过程也有不同的影响。例如,西方国家的政党在政党制度框架内通过一定的途径影响政治或政府行为,并将其意志变为公共意志。政党之间通过政治性竞争对政府进行攻击或向政府施加压力,从而影响公共政策的制定。

3. 来自社会公众的影响

公众的声音是影响公共政策制定的基本社会因素。不得民心的政策,即使制定得再好、再完美,最终也会遭到唾弃。特别是那些与民众切身利益相关的公共政策,在制定过程中受到公众影响的程度会更大。因此,公共政策制定主体在制定公共政策的时候必须考虑到社会公众的普遍要求、心理、态度等方面,处理好各种矛盾和冲突,避免发生社会动乱。另外,在公共政策制定过程中也要充分发挥民众的作用。公众参与公共政策制定的方式包括:建立民意调查制度;信息公开,透明决策;引入听证会等。保证在比较公正客观的立场上,遵循社会各方专业人士的意见和建议,让社会公众多了解公共政策制定的过程和内容。

4. 来自新闻媒体的影响

新闻媒体通过制造和传播社会舆论对公共政策制定产生重要影响。这些影响表现为:提高公共政策问题的认知程度;扩大公共政策诉求群体;形成强烈的公共政策舆论;扩大公众参与度,可以改变行政系统内部信息传递渠道自上而下的单向性特点,从而实现信息在政府和民众之间的双向互动频率。

5. 来自专家学者和权威人士的影响

专家学者和权威人士在公共政策制定过程中发挥的作用也是不容忽视的。专家学者和权威人士与公共政策制定主体的关系不是对立的,而是互相合作、互相影响的新型合作伙伴关系。科学的建议、完备的信息是公共政策制定过程中的基本要素,因此在政策制定过程中,要多听取各领域的专家权威的声音,同时各领域的专家学者也应该尽其所能为公共政策制定者提供合理化的意见和建议,双方之间互相影响的最终目的是要为社会制定出满足最多数人民群众利益的公共政策。

6. 来自政策制定体制的影响

政策制定体制,是指承担政策制定的机构和人员所形成的组织体系及制定政策的基本程序和制度的有机体。政策制定体制可以分为集权模式和分权模式,各有优缺点,会对政策制定过程产生不同的影响。集权模式强调的是决策权力的集中,优点是在遇到紧急问题或危机状态时可以高效率地做出解决对策,快速调动人力、物力和财力去控制破坏的进一步发展;缺点是不可避免地带有专制的特征,没有发挥民主作用,容易导致政策制定权力的失控。分权模式的优点是各级政策制定机关在各自的管辖范围内享有决策权,可以充分发挥民主精神;缺点是效率不高,问题产生时,各种力量之间互相制衡,耽误时间,不能及时到位地解决已经发生的社会问题。

6.2　公共政策规划的程序

公共政策制定是一个动态的过程,其中,公共政策规划是一个重要的环节和内容。在公共政策规划的过程中,有两个基本要素,即目标和方案。确立政策目标是前提,拟定政策方案是基础,选择优化方案是关键。换言之,公共政策规划的程序可以分为确立公共政策目标、设计公共政策方案、评估公共政策方案、抉择公共政策方案这几个相对独立而又密切相关的环节。

6.2.1　公共政策目标的确立

公共政策目标,也就是公共政策制定者希望通过政策的制定和实施所达到的效果。确立公共政策目标是公共政策规划过程中的一个重要阶段,是制定公共政策的根本出发点和落脚点。公共政策目标规定了公共政策方案的方向,为判断公共政策方案的优劣提供了评判标准,同时公共政策目标又是未来检验公共政策执行情况的基本尺度。公共政策目标具有导向和激励作用,如果目标选择错误,就会产生适得其反的结果。

1. 公共政策目标的作用

①公共政策目标是政策方案设计和优选的基础依据。在设计公共政策方案时,必须始终围绕最初所确立的公共政策目标而进行,任何偏离目标的方案设计都是难以取得预期效果的。有了公共政策目标的指引,就有了努力的方向,以公共政策目标为依据,就能从多个备选方案中选取最满意的方案。

②公共政策目标是政策方案执行的指导方针。有了正确的目标,可以统一在公共政策制定过程中的不同诉求,确保不同的公共政策制定参与者能够同心同德地去执行政策,可以随时运用公共政策目标这一标尺去衡量公共政策执行过程中的每一阶段,严格控制并及时纠正偏离公共政策目标的行为,不断缩小客观现实与主观期望之间的差距。

③公共政策目标是政策绩效评估的参照标准。公共政策目标的确立能够起到方向性、指导性的作用,如果公共政策目标错误,就会导致决策失误,甚至还会阻碍经济的发展、政治的变革、社会的进步。

总之,只有客观的、正确的公共政策目标才能起到方向性、指导性的作用,如果目标确定错误或者出现偏差,则意味着一步错、步步错,最终导致决策的失误,甚至还会给社会、政治、经济的发展带来惨重的后果和严重的损失。

2. 公共政策目标确立的原则

①目标必须是针对问题的,要切中问题的要害,找到解决问题的突破口,抓住主要矛盾。

②目标应当尽可能明确、具体。在语言表达上,公共政策目标要描述得准确,以避免歧义。应明确规定达成目标的时间期限和责任限制,尽可能地用量化的标准去衡量。

③明确公共政策目标实现的约束条件。分析目标实现的有利因素和不利因素,公共政策目标的确立应根据客观的条件量力而行,包括人力、物力、财力、信息、技术、时间等方面的资源和国际、国内的社会环境以及社会公众的要求等社会状况,这样可以提高公共政策目标的科学性与可行性,而且还能够为拟定和评价各种公共政策方案提供明确的标准。

④处理好多目标公共政策之间的目标协调关系。公共政策一般面临的都是比较复杂的公共政策问题,公共政策目标往往是多元化的。必须注意妥善处理多目标之间的关系,避免顾此失彼或政策混乱,减少异向性。

⑤目标要具有前瞻性,在确定目标时要以发展的眼光看问题,要科学地预测问题的发展动向,掌握问题发展的各种可能趋势,从而使目标得到合理的定位。

3. 确立公共政策目标遇到的难题

①政治因素以及利益团体的影响。公共政策的制定不是个人的行为,在某种程度上是政治过程的产物,在确立公共政策目标的过程中进行政治上的考虑是一个重要的影响因素。但是各种利益团体的存在,给统一的公共政策目标的确立带来了很大的难度。

②价值观念的因素。不同的政策制定主体会有不同的价值观念,这也给确立公共政策目标带来了很大的困难。

③多种公共政策目标之间的冲突和矛盾也给政策目标的确立出了一道难题。因此,公共政策目标的确立要考虑到不同公共政策目标之间的相互关系,有主有次,合理安排。

6.2.2 公共政策方案的设计

在确立了公共政策目标后,设计各种备选方案就成了公共政策制定过程中的一项基础性工作和中心环节。公共政策方案的设计就是针对公共政策问题,提出实现公共政策目标的各种具体途径、方式和方法。

1. 公共政策方案设计的内容

公共政策方案所要设计的内容是多方面的,包括做什么、为什么、谁来做、什么时候做、怎样去做这几个相互联系的问题,可以概括为"4W+1H",即"What、Why、Who、When、How"。只有具体而详实地设计出这几个相关问题,才是一份完整的公共政策方案,才能有可能成为优秀方案的备选方案。

2. 公共政策方案设计的作用

公共政策方案设计的根本目的就是为问题的解决提供可供选择的路径,因此设计公共政策方案是政策制定过程中的核心内容和中心环节。方案是否可行,直接影响到政策的实施及其后果,以及政策问题是否能够得到顺利、圆满地解决。公共政策方案的设计对实现公共政策目标具有决定性的意义。如果公共政策方案不切实际,没有找到实现目标的合适方法与途径,人们就无法步调一致地按照一个正确的方案去解决问题。因此,在设计公共政策方案时,一定要小心谨慎、全面思考、集思广益。

3. 公共政策方案设计的要求

要设计出高质量、可行性高的公共政策方案必须做到以下几点:①从实际出发,实事求是,必须从现实的人力、物力、财力、时间、技术设备等自然、社会条件出发,运用现实生活中已经存在的资源去寻求解决问题的路径;②解放思想,大胆创新,勇于打破各种思想的枷锁,不局限于现实条件的限制,运用各种创造性的思维去构思政策方案;③独立思考,集思广益,使各种想法在互相博弈的过程中不断地完善和发展;④设计尽可能多的公共政策方案,这样才能有充分的比较和选择,选出最优的公共政策方案,更好地解决现实生活中存在的公共政策问题。

4.公共政策方案设计的步骤

设计公共政策方案的工作是一个动态的过程,可以分为若干个步骤,总的说来,可以分为轮廓设计、细节设计两大步骤。

(1)轮廓设计

公共政策方案的轮廓设计,是指尽可能从多种角度和多种途径,大胆设想,寻找各种方案去解决问题。轮廓设计应主要解决两个方面的问题:一是为实现既定的公共政策目标,大致可提出多个政策方案;二是将各方案的轮廓具体勾画出来。轮廓设计具有创新性、多样性的特征。在进行轮廓设计的过程中也应该遵循以下基本准则:公共政策方案应尽可能多样化,公共政策制定在于选择,有比较才有鉴别,如果没有多种方案以供选择,决策便失去了意义;要满足整体上的完备性和个体间的互斥性。完备性指的是应把所有可能的备选方案全部构想出来,不能有任何遗漏,这是保证最后能选定最优方案的重要条件;个体间的互斥性指的是不同的备选方案之间必须是互相独立、互相排斥的,否则就是浪费资源。

(2)细节设计

公共政策方案的细节设计,是指将公共政策方案具体化,确定实现公共政策目标的各种措施。如果说轮廓设计需要的是勇于创新的精神和丰富的想象力,那么细节设计需要的则是冷静的头脑和理性的思考,必须就方案的各个细节进行严格的论证、反复的计算和细致的推敲。因此,细致性、可操作性、实用性是细节设计的重要特征。下文将举例说明以更好地理解细节设计的重要性。上海地铁一号线是由德国人设计的,看上去并没有什么特别的地方,直到我国自己设计的地铁二号线投入运营才知道其中有那么多重要的细节被忽视了,而这些细节导致了地铁二号线运营成本远远高于地铁一号线,以致至今仍未实现收支平衡。例如,三级台阶问题。一号线地铁的每一个室外出口都不是和地平面齐平的,要进入地铁口,必须先要踏上三级台阶,然后再往下进入地铁站。这三级台阶实际上起到了在下雨天阻挡雨水倒灌的作用。由于忽视了这个细节,地铁二号线经常发生雨天被淹的惨剧。再如,地铁的转弯问题。地铁一号线的每一个出口都会转一个弯,不会直接通到室外,而地铁二号线显然没有注意这一点。这一个转弯大大减少了地铁站台和外部的热量交换,从而减轻了空调的压力,使得地铁一号线的电费远远小于地铁二号线。

一个地铁建设方案就有如此多的细节需要关注,那么设计和执行一项制度又有多少细节需要掌握呢?因此,政策制定者在制定公共政策过程中一定要着重考虑细节问题,否则因为细节问题导致整个方案失败的后果是不堪设想、无法弥补的。

5.方案设计过程中的不同主体

一个优秀的、完美的公共政策方案的产生,不是个人思想的结果,而是多方主体的集体思维智慧的结晶,因此公共政策制定过程中的不同参与者的角色是至关重要的。要重视不同主体、决策者、咨询者、利益相关团体、公众等各方参与主体,综合权衡各方的意见和建议,才能制定和设计出质量较高的、切实可行的公共政策方案。

6.2.3 公共政策方案的评估

1.公共政策方案评估的主要内容

对备选方案的评估,简单地讲,就是对已经列举的各种公共政策方案的科学性、可行性及其实施可能收到的效果进行综合评价,以便为确定最终实施的公共政策方案提供科学依据。对公共政策方案的评估主要涉及以下几个内容:以何种标准判断所拟订方案的优劣;方案的优劣是否存在一定的"度";比较不同的方案时以何种标准作为决定依据;如何判断结果的优劣。就一般意义而言,对公共政策方案的评估,应集中在如下几个方面:公共政策方案是否促进生产力的进步和社会公共利益的改善;公共政策费用是否合理,包括新旧政策交替的成本、执行新政策的成本是否最少;实施公共政策方案所需要的条件是否具备,筹集和利用这些条件需要付出何种代价或成本;公共政策方案的效益如何,即公共政策方案的实施将带来何种短期收益和长期收益,方案执行可能产生的间接收益或副作用的程度如何;公共政策方案的可行性程度如何,即公共政策方案在执行中遇到的政治阻力、法律与政策条件的限制有哪些,技术保证如何,社会心理环境如何;公共政策方案在实施中对环境变化和意外事件干扰的适应性如何,可能遇到的风险、失败的可能性有多大。

为了准确地对公共政策方案进行评估,必须对方案的后果进行科学预测,这是公共政策规划过程的一个重要环节。方案后果的预测应当包括两方面的内容:一是对客观条件变化的预测,二是对方案在各种可能的客观条件下产生效果的预测。客观条件分为有利条件和不利条件。尽管任何一个方案的设计者在设计之初主观愿望上都希望从有利条件出发最终取得一个圆满的结果,然而,环境的不断变化有时会将原有的有利因素转变为不利的阻碍因素。因此,在制定政策时,必须从这种变化的可能性出发,事先做出充分的估计。对客观条件的预测通常需要解决以下问题:在政策的相关环境和条件中,存在哪些有利因素和不利因素,如何利用这些有利因素,怎样克服不利因素;政策执行的未来环境和条件会有怎样的变化和发展趋势,可能出现几种情况以及如何寻求解决政策问题的新途径和新办法,等等。

2. 公共政策方案评估的角度

一般来说,政策方案评估的角度可以从以下几个方面去考虑:价值评估、效果评估、风险评估和可行性评估。其中,可行性评估是政策方案评估中的重点内容。

公共政策方案的价值评估主要是对公共政策方案进行价值分析。它所要回答的问题是:为什么设计这一方案?与政策目标是否一致?为了谁的利益?期望达到什么结果?优先考虑的问题是什么?值不值得为这些目标去奋斗?要对这些问题进行分析和论证评估,就必须对公共政策目标产生的背景和现状进行分析,从而确定其价值所在。

公共政策方案的效果评估主要是对一个公共政策方案将会产生的效果进行预测和分析,来决定该公共政策方案的取舍。公共政策效果既包括正面效果,也包括负面效果;既有经济效果,也有社会效果;既有物质效果,也有精神效果。要对产生的各种效果进行综合评估,权衡利弊,选择那些能产生积极、正面、预期效果的公共政策方案。

公共政策方案的风险评估是指不同的公共政策方案有着不同的风险程度,因此,必须要对各种备择方案的风险进行预测评估,以选择那些在类似条件下风险相对较小的方案,稳中求胜。

公共政策的可行性评估是公共政策方案评估中最重要的内容,包括技术可行性评估、经济可行性评估、政治可行性评估、行政可行性评估、文化可行性评估等。

①技术可行性评估是从技术层面上去衡量公共政策是否能够实现预期的政策目标。

这一标准包括两层含义:一是是否具备实施某项公共政策方案的技术手段,使公共政策目标的实现成为可能;二是在现有的技术水平或方法上达成公共政策目标的可能性有多大,即在多大程度上实现政策目标。

②经济可行性评估包括两方面的内容:一是某一备选方案占有和使用经济资源的可能性,进而达成实现公共政策目标的可能性;二是实施某一公共政策方案所花费的成本和取得的收益相比较是否划算。政府的公共政策资源是有限的,任何公共政策方案占有和使用的经济资源也是有限的。因此,任何一项公共政策都存在一个争取公共经济资源的问题。

③政治可行性评估指的是任何一项公共政策的制定都是建立在一定的政治舞台上的,必须接受政治的考验。如果一项政策得不到决策者、政府官员、利益团体或者普通公众的支持,那么该项政策被采纳的可能性就很小了。即使被采纳了,成功执行的可能性也很渺茫。

④行政可行性评估也称为行政管理的可操作性评估,作为公共政策评估的基本标准之一,行政可行性评估的重要意义在于:假如一项公共政策方案在技术上、经济上和政治上都是可行的,但在行政管理上却不能加以贯彻执行或难以贯彻执行,那么这项方案的优点也会大打折扣甚至毫无用处。

⑤文化可行性评估,尤其是政治文化成为影响公共政策可行性的一个重要的影响因素。如果人们在政策方案的价值取向上、伦理道德层面上以及信息承受能力上都不能达成共识,势必会影响公共政策方案的可行性。

比如,葛洲坝水利工程建设的曲折经历与经验教训无不体现着公共政策方案可行性评估的重要性。在此项巨大工程开工之前,国家有关机关和社会各领域的专家学者和权威人士分别从社会、文物价值、生态保护、自然环境、财政资金等方面进行了可行性的论证和评估。公共政策方案必须同时具备这几方面的可行性,才有可能被抉择为最佳的公共政策方案予以实施。

3.公共政策方案评估的标准

公共政策方案评估要有一定的标准和准绳,否则就会失去评估的依据。主要标准有:政治价值标准、成本效益标准、伦理道德标准等。政治价值标准指的是公共政策方案的评估者不可避免地会受到社会各种政治力量的影响,都有不同的政治目的、政治利益、政治态度等,这些构成了特定的政治价值标准。科学的政治价值标准在我国主要体现社会大多数人的利益,体现最广大劳动人民的根本利益;成本效益标准,主要是公共政策方案的成本效益分析,成本是多方面的,效益也是多方面的,都需要综合权衡来考虑,只有以最小的成本换取最大的效益的公共政策方案才是最高质量的公共政策方案;伦理道德标准主要是指公共政策方案是否符合社会普遍认同的道德规范和伦理准则,是否得到人们的普遍认同,符合人们一般的社会心理,偏离这一标准的公共政策方案不会深得社会的真正认可与接受,自然在实施的过程中就会受到抵制。

4.公共政策方案评估中需要注意的问题

在对各种备选公共政策方案进行评估时,首先,公共政策决定者必须创造宽松的环境,确保公共政策方案的论证者、分析者对各种备选方案做出客观的评估,尤其是善于听取反面的意见。为此,公共政策决定者在对公共政策方案的论证与评估的过程中,不能预设立场,既要听取原拟订方案人员的各种建议与设想,又要听取专家的各种意见;既要听取赞同的声音,也要听取反对的意见;既要重视对方案的正面论证,又要重视对方案的反面论证。其次,整个评估过程必须要与政策目标保持一致,这是方向性的指导,否则科学的评估就无从谈起。参加评估的人员必须保持与政策目标一致,以及价值标准的统一。再次,切莫把政策评估等同于可行性论证,还要进行反可行性论证,要善于听取反面的意见或建议,要重视对公共政策弊端的分析,不能夸大成效而忽视负面效应。最后,要从思想上提高对公共政策评估重要性的认识,建立专职的公共政策评估组织,包括官方的和非官方的社会中介组织,并实现公共政策评估的制度化。

6.2.4 公共政策方案的抉择

在公共政策方案分析、论证之后,进入了最后的抉择阶段。所谓政策方案的抉择就是在评估、论证各种政策方案的基础上进行比较,最后选择出最佳政策方案的过程。

1.公共政策方案抉择的地位和作用

公共政策方案抉择的科学合理与否,将直接影响到决策的成败。公共政策方案的抉择是公共政策的制定过程中的关键环节。如果缺少了方案的抉择来谈政策制定,只能得到一些未完成的政策的半成品,从而使得公共政策制定过程前功尽弃。公共政策方案的抉择从根本上决定着公共政策实施的成败。公共政策方案要符合客观实际,能解决现实问题,这是公共政策成功实施的前提。然而要判断各种不同政策方案的优劣,进行取舍,离不开方案的抉择。公共政策方案的抉择一旦出现错误和偏差,就会给人类历史造成巨大的损失和灾难。从这个意义上说,公共政策方案的抉择决定着政策实施的成败。总之,为了尽量减少和避免政策失误,必须认真地做好公共政策方案的抉择。

2.公共政策方案抉择的标准

公共政策方案的抉择必须有统一的标准。邓恩在《公共政策分析导论》中指出,公共政策方案优选的标准主要包括效益、效率、充分性、公平性、回应性和适当性等。效率是指特定政策方案投入与产出的比率,它主要是一个量的概念;效益则指的是政策产出给社会公众带来正面、积极的福利程度,它包含质的概念;充分性指特定的政策效益满足引起政策问题的需要、价值或机会的有效程度,它明确了对政策方案和有价值的结果之间关系强度的期望;公平性指的是政策效果在社会中不同群体间被公平或公正地分配,它与法律和社会理性密切相关;回应性指政策满足特定群体的需要、偏好或价值观的程度,这个标准的重要之处在于,政策方案可能满足其他所有的标准——效益、效率、充分性、公平性,却仍然不能对可能从政策中获益的某个群体的实际需要做出回应;适当性是一项政策目标的价值和支持这些目标的前提要站得住脚,在逻辑上来说,它应该先于政策方案优选的其他标准。

罗伯特·达尔说:"选择一项公共政策意味着你既有规范性的标准又有经验性的判断。因为当你选择一项公共政策时,你就试图走进一个你认为是可取的目标,因而你就不得不对达到那一目标的各种可能的方式做出判断,并判断某种方式的难易程度。一项好的公共政策是你认为值得付出代价达到最佳境界的途径。"

赫伯特·西蒙曾经把"最优决策"标准改为"满意决策",因为理性就是要用评价行为后果的某个价值体系去选择令人满意的备选方案。"按照理性的要求,行为主体应具备关于每种抉择的后果的完备知识和预见。而事实上,行为主体对后果的了解总是零碎的。由于后果产生于未来,在给它们赋以价值时,就必须凭想象来弥补其所缺少的体验。然而,对价值的预见不可能是完整的。按照理性的要求,行为主体要在全部备选的行为中进行选择。但对真实行为而言,人们只想得到全部可能行为方案中的很少几个。"在现实中这三个方面的条件并不完全具备,因此提出了有限理性的决策模式,与之相适应,选择公共政策方案的准则也发展为满意决策,或者叫次优决策。

一般的方案的抉择可以包括如下几个方面的内容:

①政策预期收益的对比。政策收益不仅包括经济收益,还包括社会收益;不仅包括物质收益,还包括精神收益。因此要对备选方案进行综合收益的对比,选择综合收益最大的方案加以实施。

②政策方案成本的对比。方案的实施成本也是多样的,除了经济费用,还有社会代价等,要对所消耗的各种费用和付出的代价换成统一的具有可比性的计量方法来进行比较。

③风险程度的对比。一般来说,在其他因素相似或相近的情况下,应选择那些风险相对较小的方案实施。

总之,要选择那些相对来说收益较大、成本较低、风险性较小的政策方案作为最后的抉择及实施的方案。

3. 公共政策方案抉择中共识的形成

按照上述公共政策方案抉择的标准优选出来的公共政策方案应该是最多数人认同的,受到最多数人支持的。那么这种抉择中的共识是怎样形成的? 通常有三种途径,即交换、说服、强制。

①交换。交换表现为决策中两个或两个以上的决策者彼此调整立场和态度,以适应对方的某种利益需要,从而达成使各方都获益的协议行为。公共政策实质上是政府制定的为解决现实生活中的社会问题、协调人民群众各方的利益的行为准则。政府决策的过程实质上也是使公众利益得到平衡的过程。因此,在抉择政策方案的过程中,既要有国家的意志又要有人民群众的愿望,只有达到双赢的公共政策方案才是最佳的公共政策方案。需要注意的是,决策中的交换必须具备一些前提:决策的各方都拥有一定的能使对方得到利益满足的资源;决策的各方都愿意通过谈判来解决问题;决策的各方都愿意遵守最终达成的协议。

②说服。说服是指某一决策主体以另一决策主体为对象,试图证明自己在选择某一决策方案上所采取的立场、态度的正确性与合理性,从而要求对方给予理解和支持的行为。说服与交换最大的区别就是,说服的过程中没有妥协,只是说服者运用自己的辞令让被说服者相信自己选择的正确性,而交换是双方妥协后的结果。

③强制。强制是某些决策者利用手中控制的权力、物质及其他优势,在优选公共政策方案时,迫使与自己利益不相符的决策者放弃原有的立场和原则,听从其安排的行为。公共政策决策中的强制往往通过命令和威胁两种具体方法来实施。命令就是处于优势的决策者要求另一些决策者按照其旨意行事;威胁则是让他方知道如果不服从安排则会丧失更多的权力和利益,从而迫使他方不得不服从决定。

4. 公共政策方案抉择中常犯的错误

在公共政策方案的抉择过程中,决策者有可能犯两类错误:利益偏差导致的错误和技术偏差导致的错误。

利益偏差导致的错误主要表现为政策获利化、政策廉价化、政策优惠化、政策分割化。政策获利化是决策者只选择那些能使自己或自己所属利益团体获得特殊利益的政策方案;政策廉价化是决策者只选择那些特定团体或个人能够以最小的代价最大限度地满足利益需求的方案;政策优惠化是决策者在最终选择政策方案时,有意选择那些能给某些个人或团体一定优惠的政策方案;政策分割化是决策者最终采用的将利益在几个团体间按一定比例分割的方案。

技术偏差导致的错误表现在:只着眼于眼前,认识短浅;把未来只看成是过去的重复;对问题采取过分简单的解决办法;过分依赖于某个人的自身经验;决策者先入为主的看法;不愿做谨慎的实验工作;决策者逃避决断等。

6.3　公共政策合法化

公共政策方案经过规划环节之后还需经过一定的合法化形式才能转变为正式的、可实施的公共政策,进而才能得到社会的认同和认可,这便是公共政策合法化或法制化的过程。

6.3.1　公共政策合法化的内涵

对于公共政策合法化的内涵,不同的学者有着不同的理解。我国有学者指出:"政策合法化,就是赢得多数立法人员对政策方案的支持。在美国,政策合法化的过程就是政策方案经参、众两院多数议员同意,并经总统签署的一个过程。即使政府政策得到授权获取的合法化地位的过程。"还有学者认为:"政策合法化过程就是指一种由法律或习惯所规定的程序,使政策能够具有约束性或合法性,使政策被大多数人接受和遵行。任何政策必须经过合法化的程序,才能成为真正的政策。"还有学者认为:"在政治系统中存在着两种层次的政策合法化。第一层次的政策合法化是政治系统统治的正当性,这是政治系统存在、稳定、持续、成长与发展的前提,而且也是塑造某一政治系统政策制定过程的特殊性与有效性运作的基础;第二层次的政策合法化是政策取得法定地位的过程,亦即政府有关机关反映人民的政治需要与人民所提供的资源并表示支持,进而将其转变成公共政策的过程。"

综上可见,公共政策合法化具有广义和狭义两个层面的含义。从广义角度而言,能被公众认可、接收、遵从和推行的政策就是具有合法性的政策,而使公共政策能够逐渐被公众认可、接收、遵从和推行的过程就是公共政策合法化的过程。任何一项公共政策都需要经过合法化的过程,否则它就不可能具备合法性的特征,也不能成为具有真正意义的公共政策。公共政策合法化的核心在于人们内心对政策道义性、正当性和合理性的认可。狭义层面上的公共政策合法化,主要偏重于从法律角度去解释合法性这一概念。公共政策的合法性主要包括这样一些内容:法定的决策主体、法定的程序要求、符合国家宪法和相关法律的政策内容以及政策的法律化。公共政策合法化在狭义层面上有如下内涵。

(1)合法的决策主体

决策组织的建立及其享有的权力是宪法和法律规定的,是由国家权力机关上级国家行政机关授予的。一般而言，主要从管理职能、机构设置、人员组合、权责体系、组织经费、运行规则这六个方面考察决策主体的合法性。

（2）合法的政策程序

程序是规范决策组织行为的有效途径，因此程序的合法性对行为的合法性有着重要的影响。如果没有程序的保证，公共政策制定就很有可能演变为随机行为，使个人或少数人的意愿凌驾于组织目标之上，个人行为代替组织行为，这绝不是什么好现象。许多国家都制定了涉及决策程序的相关法律，如审查制度、听证制度等。在公共政策实践的发展过程中，人们逐步形成了一种共识：现代社会的公共政策制定需要合理合法的程序。公共政策符合法定的程序，但实际效果欠佳，那是决策机构的能力问题；而公共政策违反法定程序，即使公共政策效果不错，也容易引起合法性冲突，那就是法律问题了。在多数情况下，程序不合法必然会牵涉决策者的政治道德和法律惩处问题。不论效果如何，都是法律所不能容忍的。一些决策者在政策制定过程中违反了法定程序，即使动机是好的，政策执行的效果也不错，但是法律的严肃性是不能动摇的，其行为必须受到法律的制裁。

（3）合法的政策内容

公共政策内容的合法性主要是指政策应该与国家宪法和现行法律保持一致，在内容上不得发生抵触。不仅要符合有关的法律原则，而且要符合法律的具体规定。为了做到这一点，不仅需要在决策过程中将备选方案与相关的法律法规相对照，而且需要充分发挥法律性政策机构的审查作用。必要时应考虑在公共政策制定的相关程序中建立专门的法律审查机构，以保证公共政策内容的合法性。

6.3.2 公共政策合法化的地位和作用

1. 公共政策合法化是政策执行的前提

公共政策制定出来后，只有被证明是合法的，即经过合法化的过程后，才能应用于实践，同时，也只有合法化的政策才能更好地付诸实施，以解决现实生活中的公共政策问题。

2. 公共政策合法化是政策民主化的保证

公共政策合法化过程是公共政策不断被检验、淘汰、修改的过程，在这个过程中，需要听取社会各方的不同声音，听取他们的意见和建议，因此公共政策合法化过程也是一个多方利益协调的过程，这一过程充分体现了民主精神，成为政策民主化的重要保证。

3. 公共政策合法化是依法治国的需要

公共政策用于解决社会问题、促进社会的不断进步和发展，因此没有经过法律的审查或者没有得到合法化肯定的公共政策都不是真正意义上的政策。在政策合法化过程中应该尽量避免人治的倾向，实现依法治国，这也是建设社会主义法治国家所要达到的目标。

6.3.3 公共政策合法化的程序

公共政策合法化的程序是指公共政策方案获得合法化地位和认可的步骤、次序和方式。不同的政策方案，不同的政策方案合法化主体，往往有着不同的合法化程序。

1. 立法机关的政策合法化程序

立法机关既行使立法职能又行使相关的公共政策合法化职能,其政策合法化一般要经过下列程序。

(1)提出议案

议案是各种议事提案的总称。按照立法机关的议事规则,提出议案的同时不一定要提出法律或政策的具体草案。但政策合法化是将已经过政策规划而获得的政策方案提交立法机关审议批准。因此,提出议案的同时也就提出了相应的政策方案。

(2)审议议案

审议议案就是权力机关对所提交的议案进行审议,决定其是否列入议事议程,是否需要修改以及如何进行修改的专门活动。对政策方案的审议主要包括:是否符合政治、经济、文化和社会发展等的需要;是否具有必要性和可行性;是否符合法律和公共利益;是否征询和协调有关方面的意见和利益;名称、体系、逻辑结构、言语表述等具体问题。

(3)表决和通过议案

政策方案如果获得多数以上人员的赞成、同意、肯定,即为通过。通过原则一般为过半数通过。有关宪法的议案一般要三分之二以上的绝对多数通过。有些国家在某些情况下,对议案还要进行全民公决。

(4)公布政策

这是政策合法化的最后一个步骤。政策方案通过表决通过后,还必须通过其他机关或其他形式的批准、审核后,才能成为真正意义上的政策。但此时政策还不能执行,还得经过公布程序。公布权不一定都属于立法机关或权力机关,在一些国家里,法律可以由国家元首公布。

2. 行政机关的政策合法化程序

行政机关的政策合法化程序是指行政机关把自己制定的政策合法化的过程,从而使政策具备合法性,能够得以贯彻执行。主要经历如下阶段。

(1)法制工作机构的审查

目前,我国县级以上各级人民政府都设置了专门的法制工作机构,其重要职责之一是审查政策方案的合法性。相关行政部门拟定政策方案后,一般先由法制工作机构审查,通过后再报领导审批或由领导会议进行讨论决定。法制工作机构对政策方案进行审查具有重要意义,它可以保证政策符合法律的要求,不会与现行的宪法和各项法律法规相抵触。

(2)领导决策会议决定

一般性的政策方案由主管的行政领导拍板后颁布,重大的政策方案则要召开领导常务会议、全体会议或行政首长会议来决定政策是否合法。根据法律规定,县级以上各级人民政府工作中的重大问题须经政府常务会议或全体会议讨论决定。行政首长主持召开会议时,要使大家畅所欲言,集思广益,充分发挥集体智慧的作用。对于应该做出决定的政策,经讨论后,由行政首长最终拍板敲定。

(3)行政首长签署发布政策

行政首长负责制的主要内容为:行政首长在各级政府中处于领导地位,拥有绝对的权威,拥有最高的决策权和领导权。本级政府制定的政策,由行政首长签署发布。根据规定需要上报审批的政策,要在本级行政机关批准后上报上一级行政机关,经过同样的审批程序,实现合法化,经上一级行政机关批准的政策方案根据规定或由原行政机关公布、或由上级行政机关公布实施。

6.3.4　公共政策法律化过程

政策法律化,顾名思义,就是将政策转为法律的过程。具体地说,也就是享有立法权的国家机关在法定权限内,把一些经过实践检验的、比较成熟和稳定的、能够在较长时间内发挥作用的公共政策上升为法律的过程。它一般要经过以下几个步骤。

1. 提出立法议案

要想使公共政策上升为法律,首先必须由具有法律提案权的国家机关、社会组织、一定数量的人大代表向立法机关提出对某项公共政策进行立法的议案。这是公共政策法律化的第一步。

2. 立法机构审查

提出了立法议案后,立法机关必须对所提的公共政策进行严格的审查、判断,确定其是否具有成为法律的合理性和条件。对于具备立法条件的提案,将列入立法的议事议程。政策法律化的审查内容有:是否具备立法的必要性,政策本身是否成熟、稳定。这两方面的内容有一方面不能通过审查,就不可能被立法。实践证明,只有那些对国家和社会的发展有着重大影响的公共政策,并且经过了历史的证明是成熟的、稳定的,才能经过一定的程序转化为法律。

3. 法律草案的审议过程

通过对法律提案的审查,那些符合立法条件的公共政策将被列入立法的议事议程,并且拟定法律草案。对法律草案的审议,要多听取社会各方的意见和建议,进行不同角度的、全方位的分析和判断。

4. 立法机关的批准

在立法议案审查完毕、法律草案修改完毕之后,由立法机关批准是否通过此项法律。

5. 公布实施

通过批准实施的法律要通过一定的形式得以公布才能正式生效。此步骤实施完毕后,整个政策法律化的过程也就随之结束了,此时政策转化为了法律。

从以上的分析可以看出政策法律化与政策合法化的过程既有区别又有联系。公共政策法律化的过程是制定法律的过程,同时也是使公共政策更加合法化的过程。

6.3.5　公共政策合法化过程中需要注意的问题

1. 公共政策合法化是当代法治社会的重要体现

公共政策合法化指的是不仅要符合宪法和相关的法律条文,还要符合法律原则和精神,符合一套社会认可的规范。

2.公共政策在合法化过程中不能拒绝任何审查

这不仅是行政与政治监督的要义,而且是民主权利的要求。只有人民群众才能完成这种自下而上的监督,要让公民行使对公共政策合法化的质询权,对公共政策的合法化过程建立全面的监督机制。公共政策的制定者有必要了解和掌握与公共政策有关的利益团体的要求和想法,以此来督促自己不断地对公共政策进行适时适当的调整、修改和完善。

3.要注意人民群众在公共政策合法化过程中的影响

公众参与是确保公共政策合法化的根本途径。政府制定公共政策的本质也是通过对自身利益和公共利益的考察,在减少主观差距和减少客观差距之间做出选择,进而及时有效地解决公共问题,满足广大人民群众的切身利益。因此,在公共政策合法化这一过程中,一定要重视人民群众的力量,重视他们的感觉和想法。

总之,公共政策合法化是政策制定结束后,赋予选择出的公共政策方案以特定的合法性和执行的效力,从而为公共政策方案的执行提供合法的依据,未经政策合法性检验的公共政策,它的质量必然会遭到质疑,为公共政策自身的质量和缺陷埋下隐患。因此,公共政策合法化是公共政策制定与公共政策执行的中介环节,必须要重视这一中间过程。否则,将不能保证所选择出来的公共政策方案是科学的、合理的、具备执行力的。只有经过公共政策合法化论证的公共政策方案才能经得住历史的检验,才能在贯彻执行的过程中彰显自身的力量。

思考题

1.说明公共政策制定的含义、基本特征以及要坚持的基本原则。

2.公共政策制定的主要环节有哪些?

3.说明公共政策方案评估的主要内容及标准。

4.说明公共政策合法化的内涵。

5.思考公共政策制定过程和公共政策合法化的关系。

案例分析

长江三峡水利枢纽工程的方案设计与论证抉择

长江三峡水利枢纽工程是迄今为止世界上最大的水利枢纽工程,对造福子孙后代有着巨大而深远的影响。该工程是从我国自然、社会、经济等客观实际出发,由党和国家领导人提出来的。1982年9月,中共十二大决议提出在20世纪末,工农业总产值翻两番后,国务院领导带领有关部委领导人专程勘查三峡坝址,专门研究机构"长办"立即开展工作。1983年3月,"长办"完成了拟用三斗坪坝址、正常蓄水位150米、坝顶高程165米的《三峡水利枢纽工程可行性研究报告》,在此前后,各界人士提出了各种有益的意见和建议。这些意见和建议主要集中在三峡工程对生态环境的影响、国力的支撑问题、坝址的选择和正常蓄水位的确定等方面。本文主要围绕后两个问题加以讨论。

1. 坝址的选择

专家们经过勘查和研究,曾提出过南津关和美人沱两个坝区15个坝段方案。经过对两个坝区所有15个坝段的地址、地貌、水文、施工场地等数据和事实进行初步计算、比较分析后,优选出两个坝段:一个是南津关坝区的南津关坝段,另一个是美人沱地区的三斗坪坝段。接着,又集中对这两个坝段进行了更全面、更系统、更深入细致、更科学的勘查、鉴定,计算,分析和比较。分析比较的情况概括起来是:①南津关坝段喀斯特熔岩分布广泛,地质条件较复杂;三斗坪确是花岗岩地段,岩石比较完整、坚硬,修建高坝具有明显的优越性。②南津关坝段河谷窄,需要采取隧洞导流,河床布置溢流坝,电站厂房就只能采用地下厂房,通航建筑物也需要开山辟岭才能布置,枢纽布置比较困难,因而工程难度大,造价昂贵;三斗坪坝段河谷阔,可采用明渠导流,溢流坝和大部分电站厂房均可布置在河床中,通航建筑物也较易布置。通过对地质条件、施工条件、工程量、工程造价等综合因素的分析、比较,最后选定三斗坪坝段方案。

仍需指出的是,在坝址选择论证的初期,由于国际形势紧张,基于战备的需要,提出了坝址选择要考虑防空,要从防御常规武器、核武器在一定距离保障或直接命中等假设来选择坝址和布置枢纽建筑物。从战争的观点来考虑,以防空作为价值判断标准,则三斗坪坝址所具有的明显优势都变成了不利因素。因此,曾一度转而研究在狭窄河谷地段的石碑坝址,采用定向爆破修筑堆石坝的方案。根据这一方案可将两岸高山的岩石抛入江中,避免了施工导流、基坑排水等困难,坝顶高为250米,坝顶宽为575米,可防核弹直接命中,电站厂房和通航建筑物可全部置于地下,有利于防护。但根据科学的精细计算,该方案工程量太大,工期长,造价高,淹没损失大,不符合以最小的投入获得最大产出的原则。经过两年的研究、计算、论证,终于放弃了这个石碑坝址的方案。

2. 正常蓄水位的确定

三峡水库正常蓄水位的选择论证经历了30多年,这在世界水电建设史上是空前的。最初提出了260米、235米、220米、210米、200米、190米这6个正常蓄水位并进行比较,结果表明:正常蓄水位越高、技术经济指标越优越。防洪、发电、航运的效益也越大。但正常水位高于200米后,重庆市区和郊区农村都将造成很大的淹没损失。因此,1958年成都会议曾决定最高水位不得超过200米。后来就以不超过200米为上限提出各种方案。根据该方案,防洪库容只有73亿立方米,淹没区人口33万人,淹没耕地14.6万亩,发电机单机容量50万千瓦,船闸为二级,施工期为17年,静态投资208.5亿元(按1986年价格计算)。该方案在防洪、发电方面都有明显的效益,水库淹没较小,移民较少,国家财力、物力和人力方面的问题较容易解决。但防洪能力没有达到最高的安全度,航运方面万吨级船队不能直达重庆港,发电能力还没有得到充分发挥。

1984年10月,重庆市上报中央,出于万吨级船队直达重庆港的考虑,提出正常蓄水位180米方案,建议中央考虑。于是初步设计提出两个补充方案:一是在坝顶高程175米的情况下,比较正常的水位是160米、170米;二是在正常蓄水位180米的情况下,坝顶高程195米。有关部门又组织专家重点对150米和160米方案进行论证,没有取得一致意见。在这种情况下,中共中央、国务院在1986年6月联合发出《关于长江三峡工程论证工作有关问题的通知》,责成水电部在广泛征求意见、深入研究论证的基础上,重新提出三峡工程的可行性报告。

1992年2月20日,中共中央政治局常委讨论了兴建长江三峡工程的议案,决定将这个议案提交全国人民代表大会进行审议。同年3月21日,邹家华代表国务院向七届全国人大五次会议做了《关于提请审议兴建三峡工程议案的说明》。七届全国人大五次会议于4月3日以三分之二以上的多数票通过了蓄水位为175米的新方案以及《关于兴建长江三峡工程的决议》。从此,三峡工程开始步入实施阶段,1994年12月14日,三峡工程正式开工,为三峡决策画上了句号。

（资料来源:陈瑞莲.行政案例分析[M].广州:中山大学出版社,2002.）

案例讨论题

1. 结合本案例,简释要实现政策制定的科学化,必须要经过那几个重要阶段。
2. 通过本案例,说明最后抉择出的政策方案是怎样实现合法化的。

第7章　公共政策执行分析

本章摘要

正如美国学者普雷斯曼和韦达夫斯基在《执行》一书中指出的，"再好的政策方案，如果没有正确、有效的执行，仍将导致失败。"公共政策执行是整个政策过程的中心环节，是实现政策目标最重要的过程。一方面，政策执行的成败直接决定着政策效益和政策价值的实现程度；另一方面，通过政策执行可以检验政策的质量，并根据实际情况不断地发展、修正和完善公共政策，以提高公共政策的科学性、可行性和有效性。因此，对公共政策执行过程的研究和分析，有着非常重要的意义。

7.1 主要介绍了公共政策执行的含义和原则

7.2 探讨了公共政策执行的过程和方式

7.3 分析了影响政策执行的主要因素

7.4 介绍了公共政策失效的含义、分类、表现形式、原因和对策

关键术语

政策执行　政策执行的原则　政策执行的过程　政策执行的方式　政策失效　浴盆模型　政策表面化　政策扩大化　政策缺损　政策替换　政策"贪污"

7.1　公共政策执行概述

7.1.1　政策执行研究的兴起

政策执行研究的兴起以 1973 年普雷斯曼（Pressman）和韦达夫斯基（Wildavsky）对美国联邦政府的"奥克兰计划"（一项创造就业机会的政策项目）执行的跟踪研究而写成的报告——《执行》——一书的出版作为标志。"奥克兰计划"并没有按照政策制定者的意愿而执行，也没有取得预定的目标，其问题主要出在政策的执行上，尤其是在"联合行动"的困难上。对这一计划的研究工作引发了政策执行研究的热潮，并导致了 20 世纪七八十年代西方尤其是美国公共政策研究领域出现的声势浩大的"执行运动"。

政策执行研究的兴起并不是偶然的，而是有着深刻的理论和实践的原因。从理论上来看，20 世纪 60 年代末 70 年代初新公共行政学和政策科学的兴起，要求对政策系统和政策过程的各种因素和环节做全面深入的研究。过去一直存在着的对政策执行、评估和终结研究的忽视，严重制约着公共政策学科的发展，必须加以纠正。从实践上看，20 世

60年代由约翰逊政府发起的"伟大社会"的改革并没有达到预期的效果,这就促使人们对政策进行评估,从政策执行方面寻找原因。正是在理论发展与实践受阻的双重推动下,政策执行在20世纪70年代初以后成为政策科学研究的一个焦点话题。

西方的"执行运动"持续将近二十年,政策科学家们写下了大量的论著,做出了大量的实证案例分析,提出了种种关于政策执行研究的途径、模式或理论。纵观这一时期的执行研究文献,西方学者们所提出的政策执行研究的途径主要有如下几种:

一是自上而下途径,也称为以政策为中心的途径或政策制定者透视途径。这种途径假定政策是由上层规划、制定的,然后被解读或具体化为各种指示,以便由下层的行政官员或职员执行。依照这种途径,政策过程被看作一种指挥链条。其中,政治领导人形成政策偏好,而这种偏好随着行政层次的降低而不断地被具体化。这种途径关注的焦点是政策的制定者,要考察他们做什么以及如何将政策付诸实践并生效的。普雷斯曼和韦达夫斯基的《执行》一书所采取的正是这种途径。

二是自下而上途径。与自上而下途径相反,自下而上途径以组织中的个人(即参与政策过程的所有行动者)作为出发点,政策链条中的较低及最低层次被当作政策执行的基础,它强调政策或项目的成功与否依赖于参与执行项目的行动者的承诺与技巧。这一途径以美国学者韦瑟利(Weatherley)和利普斯基(Lipsky)的《基层官僚与制度创新》为代表。

三是政策/行动连续统一途径。该途径或多或少有将自上而下和自下而上两种途径综合的意味。按美国学者巴雷特(Barrett)和英国学者富奇(Fudge)的说法,应该将执行当作一种政策/行动的连续统一,在那些寻求将政策执行付诸实践者与那些采取行动者之间随时发生相互作用和谈判的过程。在这个意义上,这一过程既可以看作"自上而下",也可以看作"自下而上",政策制定者将做出限制其他行动者权力的决策,而行动者将做出规避决策者权力的决策。因而这一途径也可以说是以权力作为焦点。

四是工具选择途径。这种途径从这样一个观察开始——政策执行在很大程度上包含了将一个或更多的政府的基本工具应用到政策问题上,这些基本工具被称为政策工具。不论是以"自上而下"设计的方式,还是以"自下而上"的更传统的行政管理方式来研究政策过程,政策决策的实质或形式的过程总是包含着在可利用的政府工具箱中选择一种或几种工具。这种途径处理表明了政府从许多可供利用的工具中选择特定的工具的原因,以及是否可以在政策执行的过程中探明工具选择的模式或风格等问题。

西方的"执行运动"大大地拓展了早期政策科学的研究范围,将长期被人们所忽视的政策执行这一环节或阶段纳入政策分析学科的视野,大大丰富了政策科学的研究内容,使得政策执行成为公共政策研究的一个重要领域。可以说,现代公共政策科学的基本任务可表述为如何正确地制定政策和如何有效地执行政策。

7.1.2 政策执行的含义

政策方案一旦经过合法化过程并公布之后,便进入了政策执行阶段。关于政策执行的含义,国内外有许多政策科学研究者从不同的角度给出了不同的解释,归纳起来,主要有以下七种有代表性的观点。

①行动理论:政策执行被视为对某项公共政策所要采取的广泛行为

②组织理论：强调组织在政策执行中的地位，认为只有了解组织是怎样工作的，才能理解所要执行的政策以及它在执行中是如何被调整和塑造的；

③因果理论：将政策看作一种假设，将政策执行看作引导人们到达目的地的地图，关心政策过程中的因果关系；

④管理理论：强调政策执行是一个管理过程；

⑤交易理论（博弈理论）：认为政策执行是一个政治上讨价还价的交易过程；

⑥系统理论：将政策执行理解为政策行动者与环境的相互作用；

⑦演化理论：主张在政策执行中重新设计目标和修改方案，政策的制定与执行是一个演化的过程。

下文将主要讨论行动学派和组织理论学派关于政策执行的观点。

第一，行动学派的定义。行动学派认为政策执行就是一定的机关或人员为了实现既定的政策目标而采取的各种行动。美国学者查尔斯·奥·琼斯（Charles O. Jones）认为："政策执行是将一项政策付诸实施的各项活动，在诸多活动中，以解释、组织和实施三者最为重要。所谓解释是将政策的内容转化为民众所能接受和理解的指令；所谓组织是指建立政策执行机构，拟定执行的办法，从而实现政策目标；所谓实施是由执行机关提供例行的服务与设备，支付经费，从而完成预定的政策目标。"可见行动学派强调一系列的执行活动对于政策执行的重要性。该学派的代表人物还有普雷斯曼（Pressman）、韦达夫斯基（Wildavsky）以及美国学者霍恩（Horn）等人。

概括地说，政策执行具有以下八个方面的特点：

①政策执行是一种活动或行动的过程。其目的是试图将既定的政策目标由一种法权的规定性变为一种可供观察、可供比较的实际结果。

②政策执行是一种有组织的活动或行动。它通过组建机构召集人员并获取必要授权的方式形成组织特有的力量，进而依靠组织的力量有计划地实现政策决定规定的政策目标。

③政策执行是一种法权活动或行动。它向社会公众解释政府的既定政策，要求社会公众遵从法律并与政府一道执行法律。

④政策执行是一种广泛的活动或行动。它综合利用信息、资讯、沟通、权力、财政等政府手段推进政策执行。

⑤政策执行是一种持续的活动或行动。它在一个动态发展的进程中分阶段、有步骤地实现政策目标。

⑥政策执行是一种追求政策效果的活动或行动。它以最大限度地实现政策目标为最高的价值判断标准，但以不违反法律为限度。

⑦政策执行是一种需要不断总结来自实践的经验教训、不断修正行动策略的活动或行动，它强调在既定政策规定性的条件下，根据具体情况的变化随时调整工作方式和方法。

第二，组织理论学派的定义。组织理论学派认为政策之所以能被有效地执行，组织是关键，因为任何政策都是由组织机构来执行的。要了解政策执行的真谛，应着重研究组织。如斯诺（Snow）和特里林（Trilling）指出："任何一项化观念为行动的作为均涉及某种简化工作，而组织机构正是从事这种简化工作的主体。是它们把问题解剖成具体可以管理的工作项目,再将这些项目分配给专业化的机构去执行。因此只有了解组织是怎样工作的才能理解所要执行的政策,也才能知道它在执行中是如何被调整和塑造的。"组织理论学派的代表人物之一美国学者佛瑞斯特认为,政策执行不仅是政策执行机构及其人员对政策目标和政策规定的顺应行为,而且是政策规划者、政策执行机构和人员的预期分析能力的应用,预期分析能力是政策执行成功与否的关键。组织理论学派强调有关政策执行的一切都与组织直接相关,特别是组织的原则、结构和运作方式直接影响了政策执行的效率。

两大学派在论及政策执行时各有侧重。但不难看出,无论是关注于政策执行所采取的行动,还是强调执行组织机构的作用,其意图都是为了达到政策目标。一切与之有关的行动和组织机构均是以实现政策目标为指向的。

综合上述各学派的观点,可将政策执行界定为一个动态的过程,它是政策执行者通过建立组织机构,运用各种政策资源,采取解释、宣传、试验、实施、协调与监控等各种行动,将政策观念形态的内容转化为实际效果,从而实现既定政策目标的活动过程。

7.1.3 政策执行的原则

政策成功、有效地实施离不开科学的执行原则,主要包括以下几个方面。

1. 合法、公正性原则

首先应该明确的就是执法合法的问题,政策执行必须依法定职权进行,遵守法定程序,并接受法律、法规和政策的约束。在政策执行的过程中,要维护政策的严肃性、权威性、原则性和稳定性。政策执行还必须坚守公平公正的原则,保证政策面前人人平等。

2. 强制性原则

公共政策是公共机构制定出来的,经过法定机构的审批,具有合法性、权威性,因而也具有强制性。公共政策所规定的行为规范,要求人们自觉去遵守。按政策要求去行动的公众,就会受到政策的保护,从而获得利益;反之,如果不按政策办事,自行其是,必然会遭到政策的惩罚。

3. 权变性原则

政策执行是一个复杂多变的动态过程,几乎在政策执行的每一阶段都会发生主客观情况的相应变化。一方面,政策方案无论设计得怎样科学和正确,它都不可能与纷繁复杂的客观实际情况完全一致;另一方面,随着时间的推移、执行活动的进展和外界环境的变化,政策执行还会遇到一些新情况和新问题。政策执行者必须根据这些变化了的新情况,根据执行过程中的反馈信息,不断地改变、修正和调整原定的执行策略、计划和程序,而且这种不断调整的变动要贯穿于政策执行的整个过程。政策执行是原则性和灵活性的有机结合,一方面要大力强化政策执行中的原则性,另一方面要严格界定权变性原则,以限制所谓的"变通执行"。

4. 系统性原则

政策执行是一项系统工程,它涉及内外各项因素,具有时间上的阶段性和连续性、空间上的协调性和同步性的特点。各项因素之间都是相互联系、相互制约、相互作用的。对某一因素进行调节和控制的政策的实施,就意味着其他因素也要相应地改变或调整。因此,政策的实施必须遵循系统性原则:坚持系统的整体观念,运用系统方法,发挥政策的整体功效;强调政策执行中的沟通与协调,实现执行机构与执行人员思想认识与行动的协调一致;综合考虑政策执行的社会环境因素,使政策执行的工作服务并服从于整个社会发展的需要。

5. 时效性原则

任何公共政策都是依据一定的客观形势制定的,时效性是政策系统中极为重要的原则。有些政策的季节性、时效性非常强,一旦超过必要的时限或错过相应的时机,即使是科学、合理的政策也会变得无效,甚至使政策问题恶化、矛盾激化。因此,抓住时机,迅速果断地贯彻政策是一条重要原则。

7.2　公共政策执行的过程与方式

7.2.1　政策执行的前期准备

1. 进行政策宣传,加强政策认知

所谓政策宣传,是指向社会公众宣布和传播公共政策的意图和内容,促使和引导政策执行者和政策目标群体的行为向着宣传者所希望的方向发展。政策宣传除了向社会公众公布新出台的公共政策外,还含有教育、说服和鼓动的成分。它贯穿于政策实施过程的始终,既是政策执行的先导,又是政策执行的手段。

具体来说,政策宣传在政策执行过程中具有以下重要作用。

首先,加强政策宣传,有助于提高政策执行者的政策认知。政策执行是以政策执行者对所推行政策的认知和认同为前提条件的,政策执行者只有对公共政策的意义、目标、内容以及政策执行的原则、方法和步骤有了明确的认识和充分的了解,才能积极主动地执行政策。因此,通过多种形式的政策宣传,可以使政策执行者认真领会和深刻理解公共政策的精神实质、内在规定和外部环境,从而强化政策认知与认同,为高效的政策执行奠定统一的思想基础。

其次,加强政策宣传有助于提高目标群体的政策认知。任何一项公共政策总是涉及社会一定群体的利益分配及再分配问题,因此,要想使政策取得社会各界最广泛的支持,从而得以顺利有效的推行,就必须使政策的相关人员充分理解及认同政策的基本内容和社会价值。多渠道、多形式的政策宣传的目的在于:当政策规定满足目标群体的利益需求时,政策宣传能够进一步加强目标群体的政策认知,动员人们努力地实施政策;而当政策总体上符合目标群体的根本利益和长远利益,但要求人们对眼前利益和固有观念进行适当调整和改变时,政策宣传就需要起说服、教育的作用,引导人们从整体利益和长远利益出发,从而为高效的政策执行营造良好的舆论环境。

政策宣传的内容包括政策公布和政策方案的解释和说明。

政策公布也称政策声明,就是下达实施政策的指令。政策公布一般是以法规、命令、指示、决议、批示、纪要、规定、通知、细则、办法等形式下发。除特殊情况外,公共政策都有正式公布的环节。政策一经公布,就进入实施环节,产生约束力和指导性。

对政策的解释、说明,就是通过各种有影响力的渠道和方式,向政策执行者、政策对象和社会相关群体传播政策的合法性、合理性、必要性和效益性等方面的信息,以获得政策执行者和政策目标群体对政策的理解、支持和接受,并形成有利于政策执行的社会舆论环境,以确保目标群体的行为与政策规定的要求保持一致。

2.做好政策执行的准备工作

(1)制订执行计划

一般来说,一项公共政策的推出,往往是从宏观和战略的角度来规定政策目标的基本方向,具有抽象性、原则性、笼统性和模糊性的特点。公共政策这种具有普遍意义上的指导作用在面临复杂多变的实际情况时,往往存在着可操作性不高的现象。因此,政策执行机构需要在全面深刻的政策认知基础之上,通过调查研究对政策规定加以具体化,对政策目标进行分解,从而制订出具体可行的政策执行计划。

制订政策执行计划时,必须遵循下列原则:

第一,客观性原则。政策执行计划要实事求是,一切从实际出发,编制的计划要切实可行,计划的各项指标既不能保守也不可冒进。

第二,弹性原则。制订政策执行计划必须要有适应外部环境变化的弹性机制,特别是要有应对意外情况发生的防范机制。弹性原则要求在坚持政策原则性的基础上,要具有灵活性,通过创新来发现政策执行新的切入点,既能科学有效地执行政策,又能减少政策的执行成本。

第三,统筹性原则。制订执行计划要能够统筹各个方面,理顺各种关系,实现长期目标与近期目标相统一、上级目标与下级目标相统一、经济目标与社会目标相统一,做好政策的前后衔接、全局与重点的协调发展,做到兼顾效率与公平。

(2)做好组织准备

组织准备主要包括组织机构的设置以及组织人员的配备。

组建相关的政策执行机构是组织准备中的首要任务,必须遵循一些基本准则:要按照既定政策目标的实现需要和政府管理部门的职能需求来为政策的实施做组织准备,不能因人设事、因人设岗;政策执行机构的设置要完整配套、权责明确、统一指挥、统一领导,以防止因政出多门、多头领导而造成的执行机构功能紊乱。

配备必要合格的政策执行人员是组织准备中的另一项重要任务,因为人是政策执行的最终承担者,也是最能动、最活跃的因素。现代政府管理的专业化和政策环境的复杂化,对政策执行人员的素质和能力都提出了更高的要求。

(3)制定必要的管理制度

在组建了政策执行机构和配备了政策执行人员以后,还要制定必要的管理制度,以明确政策具体推行的准则和依据,保证政策执行的正常秩序。必要的管理制度包括目标责任制度、检查监督制度和奖励惩罚制度。三者是一个有机整体,其中,目标责任制度是核心,检查监督制度是手段,奖励惩罚制度是杠杆,三者相辅相成,缺一不可,共同构成了推动政策全面、顺利、有效执行的一套完整制度。

(4)进行物质准备

任何一项政策的执行都离不开一定的物力和财力做保障。因此,充分做好政策执行的物质准备也是政策执行准备工作中必不可少的一项内容,主要包括政策执行所需的经费(财力)和必要的设备(物力)两个方面。

7.2.2　政策执行的实施过程

1. 政策实验

(1)政策实验的含义

所谓政策试验,是指一项新政策在正式推广之前,先使用较少的人力、物力、财力和其他社会成本,在较小的范围和较短的时间内付诸实施。其目的和作用在于检验或补充、修改、发展原来的设想,使其进一步深化和完善,减轻社会震动,避免不必要的损失,同时起到示范作用,为日后的全面推广积累经验。

(2)政策实验的必要性

一些事关全局的重大政策,特别是具有较高的创新性、非常规性和风险性的政策,由于涉及政治、经济、文化、心理等诸多社会因素的制约和影响,一般难以进行精确的判断和分析,而政策的后果影响深远、难以预料,又十分缺乏类似的政策经验。在这种情况下,政策实验就成了一个必不可少的环节和十分有效的验证手段。

(3)政策实验结果的总结与分析

总结与分析实验结果是政策实验过程中最为关键的一步,因为总结阶段要根据实验的整个过程和结果来检验、评估、修改、补充或者否定、废止原有政策方案。实验结果的总结与分析要注意几个问题:

一是总结经验要实事求是,要全面系统地考察整个实验过程,分析产生结果的所有原因。要分清哪些是最根本的、最重要的原因,哪些是非根本的、次要的原因;哪些是必然性原因,哪些是偶然性原因。同样是成功的结果,通常可以证明政策方案是正确的,但也可能是偶然因素促成的;同样是失败的结果,可能是由于政策方案本身的错误所致,也有可能是实验过程中的人为差错而引起的。

二是对成功经验要进行理性思考,要分析研究这些经验适用的范围和条件。要分清哪些经验仅仅适用于试点本身,而哪些经验具有普遍性指导意义;运用这些经验需要具备哪些条件,需要附加哪些条件。

三是要重视政策实验失败的教训。要善于从失败的教训中得到启迪,为下一步政策的全面实施扫清障碍。成功的经验能从正面回答人们应该怎样做,失败的教训却能直接告诉人们不应该怎样做。只有将两者结合起来,才能知道必须怎样做。

2. 全面推广

在经过执行准备和政策实验的各项工作以后,就进入了政策实施的全面推广阶段。这是政策执行过程中最重要的阶段,因为政策执行绩效的好坏在很大程度上取决于这一阶段的执行情况。

在政策执行的全面推广阶段,必须遵循原则性与灵活性相统一的原则。所谓原则性,是指政策执行必须遵循政策的精神实质,保证政策的统一性、严肃性和权威性,严格按照政策规定的要求去做,全面地、不折不扣地实现政策目标。所谓灵活性,是指在不违背政策原则精神和保持政策方向的前提下,坚持从实际出发,采取灵活多样的方式方法,因时制宜、因地制宜、因人制宜、因事制宜,使政策目标得到真正的实现。

3. 指挥与协调

指挥与协调作为两种重要的功能性活动,贯穿于政策执行的全过程。

指挥就是行政领导者将已经确定的执行计划和目标任务通过命令、指示、决定等方式，分派落实到具体的部门、单位和个人；按照计划筹集、分配物资经费，组织实施试点工作，总结推广试点经验；通过行政命令、经济调控和教育激励等手段，指导政策执行工作的全面展开和有效推进的过程。

协调是指行政领导通过引导、调停和说服的办法，使不同的政策执行机构和政策执行人员之间建立起相互协调、相互配合的关系。协调工作做好了，才能化解矛盾、解决冲突、缓和关系，使政策执行人员及其他相关人员做到思想观念上的统一和行动上的一致，才能保证执行活动的同步与和谐，提高政策执行的效率，减少人力、物力、财力和时间等方面的浪费。

政策执行是一项非常复杂的系统工程，在此过程中需要不同执行机构和执行人员的共同参与和密切配合，需要调动并利用人力、物力、财力、时间、信息等多种资源，需要综合使用行政、法律、经济等各种手段。由于不同的政策执行机构具有不同的职责范围和管理权限，不同的政策执行人员在知识、经验、智力、观念、利益、性格以及观察问题的角度等方面存在着差异，因而在政策执行过程中难免出现意见分歧和冲突摩擦。而这些矛盾、冲突以及摩擦往往会成为政策执行过程中的种种障碍，增加政策执行的成本，降低政策执行的效率。因此，政策的及时有效执行离不开统一的指挥和有力的协调。

7.2.3 政策执行的监督控制

监督控制是政策执行过程的保障机制和保障环节，是预防政策执行偏差的有力工具，是及时发现失误、纠正偏差的有力武器。在实际的政策执行过程中，由于政策执行者与政策制定者存在着利益上的差异，或者由于政策执行者主观认识上的偏差，造成了对政策理解的失当等，常常会使政策的执行偏离了政策的既定目标，出现政策执行的偏差、失误、低效，甚至是违法的情况。因此，必须加强对整个政策执行过程的监督控制。

7.2.4 政策执行的方式

政策执行的方式是执行政策所必需的政策资源、工具、措施、方法，是政策执行的途径和中介条件。政策执行可采取的措施按照内容和对政策对象施加影响的性质、作用的不同而有所差异，各种方式互相补充、相辅相成，都是政策执行中不可或缺的。

1. 行政手段

行政手段是政策执行的最基本方法，是指行政机关采用行政规章制度、命令或指示、组织纪律等行政方式执行公共政策。行政手段有着显著的特点：第一，约束力强，具有一定的权威性和强制性。它以命令、指令、规定、条例等形式出现，以行政处罚作为保证，在规定的范围内，任何单位和个人都必须执行，否则就要承担一定的责任，受到一定的惩罚。第二，准确性高。行政手段以行政命令、指令、规定、条例等形式直接调节政策活动，因此准确性比较高。第三，发挥作用快。由于约束力强、准确性高，同时又是直接调节政策的实施活动，因此它比其他手段发挥作用快；第四，具有纵向性特点，即主要依照行政系统、行政层次的隶属关系进行自上而下的管理。

但行政手段也有不足之处：第一，运用行政手段容易只从行政角度考虑问题，忽视其他政策规律和各方面的利益,容易产生"一刀切"、瞎指挥;第二,运用行政手段在某种程度上容易影响下级组织的积极性。正是由于以上的缺点,行政手段的使用要适当,不能滥用。同时,行政手段的运用还离不开有效的行政监督,没有有效的行政监督,行政机关就难以了解下级实施政策的真实情况,对下级组织的奖惩也就失去了可靠的依据。

2. 法律手段

法律手段,是指通过各种法律、法令、法规和司法程序审批、仲裁的方式保证政策执行。法律手段所依靠的不仅仅是国家正式颁布的法律,同时也包括国家各类管理机构制定和实施的类似于法律、具有法律效力的各种规范。它虽然不是政策运行过程的必要环节,但法治社会为强化政策效力,政策法律化是一个普遍趋向。法律活动既是政策执行的特殊形式和补充,又是对政策执行的一种监督,它依靠法权的强制力量,通过有效的立法、司法和法律监督来保障公共政策目标的实现。

法律手段除了与行政手段一样具有权威性和强制性以外,还具有以下几个特点:第一,相对高的稳定性。行政指示和命令往往是针对具体的公共事务或政策执行中的行为,时效性强,而法律、法规是在较长时间起作用的行为规范,变动性小。第二,普遍的约束性。法律涉及的范围比行政手段更广,行政手段一般适用于具体的人和事,因人、因时、因事、因地而异,范围较小。而法律对每个人都有着普遍的适用性,对任何人和组织都有相等的效力。第三,程序性。法律的制定要遵循特定的程序,法律的实施要通过法定时间与法定空间上的步骤和方式进行。在政策执行的过程中,法律手段的运用既要讲究实质,又要讲究程序。

法律手段是政策执行法治化、制度化、规范化的根本保障。只有有效运用法律手段,消除政策执行过程中人治重于法治的现象,才有助于政策的顺利进行。

3. 经济手段

经济手段是指运用一系列与价值相关的经济利益范畴作为经济杠杆来组织调节和影响社会经济活动,促进政策的实施。经济手段主要有财政手段和货币金融手段。其中,财政手段包括预算、税收、公债、政府投资、政府购买、财政补贴等政策工具;货币金融手段则包括利率、汇率、存款准备金率、再贴现率、公开市场操作和信贷规模控制等政策工具,此外还有价格管制、工资管制等。

经济手段的特点有:第一,间接性。经济手段不像行政手段那样直接干预,而是利用经济杠杆的作用对各个方面的经济利益进行调节,以此来实现间接的调控。第二,有偿性。经济手段的核心在于贯彻物质利益原则,注重等价交换原则,有关各方在获取自己经济利益的权益上是平等的。第三,关联性。一种经济手段的变化不仅会引起社会多方面经济关系的连锁反应,而且会导致其他各种经济手段的相应调整,它不仅影响当前,而且会波及今后。

实践已经充分证明,在政策执行的过程中,只有正确贯彻物质利益原则,按客观经济规律办事,运用经济手段来调整各方面的经济利益,将执行政策的任务与物质利益挂钩,并以责、权、利相统一的形式固定下来,间接规范人们的行为,给人以内在的推动力,才能充分调动人们执行政策的积极性和主动性,最经济有效地实现政策目标。

4. 说服引导

与行政手段、法律手段和经济手段相比,说服引导方式的强制性比较小,因而是政策对象更易于接受的执行方式。

耐心说服、正确引导是政策执行的有效方法之一,它对于促进政策目标群体的政策认知、增强其政策认同感具有十分重要的作用。相反,简单粗暴、武断专行的执行方式往往会受到政策对象的反抗。对于政策目标群体的思想问题,政策执行人员应依据其思想发展的规律,采取循序渐进、耐心说服的方式对其进行正确的引导,特别要讲明道理、分清利弊、权衡得失,使其真正认识到所推行的政策蕴涵的价值与其自身的利益是密切相关的,从而加深政策对象对政策的认识和理解,引导政策对象自觉、主动地执行公共政策。

5. 技术手段

技术手段是采用网络技术、信息技术等现代化的科学技术,改进政策执行的方式,提高政策执行的效率。继美国、加拿大、新加坡等国开始构建本国电子政府之后,我国政府于 1999 年发起了"政府上网工程",这标志着我国电子政府建设的全面开始。2006 年 1 月 1 日,中国中央人民政府门户网站正式开通。提供"一站式"信息和服务是政府门户网站的基本要求。目前我国政府网站的主要内容包括网上发布信息、网上政府采购、网上工程招标、网上征税、网上医疗、网上教育等信息。从政府职能的科学配置来看,发展电子政务必须按照市场经济的要求,重新定位政府的角色,减少不必要的干预;从政府组织机构的整合来看,以电子政务来推动我国政府结构的创新势在必行,电子政务的实行有利于政府精简机构,推动政府结构向"扁平型"发展;从行政流程的重组来看,电子政务的核心是"政务","电子"只是系统的基础和条件,应该利用电子政务实施的时机,对政务流程进行重新的审视、思考和再设计,从而带来政府运作成本、质量、服务和速度等指标的提高。

总之,电子政务工程的实施,对于促进政务公开,转变政府职能,优化公共服务,建立政府与民众之间的互动机制,提高政策执行的效率与质量,都有着至关重要的影响。

7.3 影响政策执行的主要因素

在实际的运作过程中,政策的执行总是会受到这样那样的干扰和影响,从而阻碍了政策目标的实现。

7.3.1 政策问题的特性

政策执行的有效与否,首先与所要解决的政策问题的类型和性质密切相关。越复杂的问题,执行的难度越大。例如,敏感的政治性政策、关于利益分配和调整的经济政策、涉及诸多领域的综合性政策、创造性较强的改革类政策等。政策目标越宏大,政策执行中所触动的权力关系越多,涉及的机构和人员越多,调整的利益关系幅度越大,技术操作等级越高,政策执行的难度也就越大。一般来说,全面性的政策要比局部性的政策执行难度大,高层级的政策要比低层级的政策执行难度大。而同一层级的政策或同属于局部性的政策之间,也会因业务内容的复杂程度不同,在政策执行的难度上有很大差别。

首先,就政策适用对象的特殊性而言,适用对象的同质度低,成员的价值系统、信仰系统差异性大,则政策执行相对比较困难,反之,政策成功执行的可能性就会增加;其次,政策涉及的人数越多,则整合越困难,政策也就越难执行,反之亦然;再者,如果一项公共政策的价值系统与适用对象的价值系统互相冲突或者差距比较大,则在执行过程中势必会冲突迭起,障碍重重,反之则较易成功。

7.3.2　政策本身的因素

1. 政策的权威性

公共政策的权威性是公共政策执行的根本保证,它主要由政策制定主体的权威性和政策制定程序的权威性所决定。不同的政策制定主体所掌握的政策资源不同,在社会成员心目中的评价和地位也不同,因而具有不同的权威性。政策制定主体的权威性直接影响社会成员对政策的认同以及在政策执行过程中的态度和行为倾向,此外,政策执行程序也影响着公共政策的权威性,经合法程序制定出的政策本身就包含着公民的参与和利益的协调,因而容易得到社会成员的认同。

2. 政策的合理性与科学性

所谓政策的合理性是指政策本身所具有的因果联系,即一项政策是否针对客观的政策问题并能够切实解决这一问题。所谓政策的科学性是指在规划时是否运用科学程序,采用了各种科学的方法和手段。

3. 政策的正确性与明晰性

政策的正确性与明晰性是政策有效执行的关键所在,也是对政策执行进行评估和监控的基础。对于错误的政策,执行的效率越高则失误越大,付出的代价越大;同时,政策必须具体、明确,模棱两可、含糊不清的政策不仅无法执行,还容易引起政策执行者对政策目标和内容的误解或曲解,从而造成政策执行的阻滞。

4. 政策的可行性与协调性

任何一项政策都需要付诸实践,通过实践来检验其合理性和有效性,好的政策必须要有好的执行。如果某一政策从一开始就存在明显的、难以弥补的缺陷,并且这种缺陷是主观努力所不能克服的,那么这一政策就是不可行的。政策系统是一个协调有序的有机整体,在确定的时空条件下,各项政策之间以及政策的各种表现形式之间不得互相抵触、互相矛盾,否则,这种政策间的不协调性就会提高政策运行的成本,增加政策执行的难度。另外,政策的协调性还表现为政策的配套。从系统论的观点来看,任何一个政策问题的解决仅靠单一政策是不够的,它往往会涉及多方面因素,需要相关政策的配套解决才能奏效。如果脱离整个行政体制和行政环境的政策治理,没有相关系统的配套配合,则很容易形成“上有政策,下有对策”的局面。

因此,历来的单项治理大都只是一阵风。例如,全国各地有关公车改革的尝试屡见不鲜,却总难尽如人意。其原因在于,公车改革不能够单一推进,而是必须与行政体制改革配套同步进行。公车消费只是众多职务消费的一部分,而职务消费改革必须是一项系统工程。

5. 政策的稳定性与连贯性

公共政策反映了一国政府在一个时期内的基本倾向,因此必须保持相对的稳定性。一项政策如果朝令夕改,执行起来必然会困难重重。当然,在当今这样一个社会大变革时期,政策不能不变,但也不能多变、常变,政策的变化应该具有科学性和制度性。不同的政策之间、现在和过去的政策之间应该保持一定的内在联系性和连贯性,中央政策与地方政策之间要保持基本精神的一致。

6. 政策的公平性

政策能否达到预期的目的,能否发挥其应有的效力,既不是政策制定者一厢情愿的事情,也不是政策执行者能够完全决定的事情,它在根本上取决于目标群体的认同和接受与否。政策对社会资源和利益进行的权威性分配必然会涉及公平性的问题,而这种分配的公平与否会直接影响到目标群体对政策的接受与否,并进而严重地制约政策的执行效果。

举例来说,教育不公问题一直是多年来媒体报道和百姓议论的热点,因为它与每个家庭的利益密切相关,对国家和社会的和谐发展影响重大。教育公平是社会公平的底线,这一点怎么强调都不过分。而造成这种教育不公现象的现行教育政策有很多,譬如高考制度、教育投资制度、中学重点(示范)学校制度等。教育不公追问政策调整,也考验政府的执政能力。

7.3.3 政策外的因素

1. 政策资源的投入

公共政策要想达到预定的效果,必须有足够的、必要的资源投入做保证。否则,不论公共政策制定得如何完美,缺乏必要的资源做保障也是寸步难行的。一般来说,政策执行所需要的资源主要包括财力资源、人力资源、信息资源和权威资源四种。只有当这些资源按一定的比例进行配置,并达到一定的总量时,公共政策执行的过程才能启动起来,并最大限度地产生效应。由于社会资源是有限的,总的来说,公共政策资源是短缺的。

财力资源和人力资源是两种最基本的政策资源,也是政策执行的物质基础。任何政策的执行,都需要投入一定的人力、物力和财力。财力资源和人力资源的投入既要满足政策执行活动的正常开展,又要避免不必要的消耗和浪费。

信息资源不仅是政策制定的重要依据,也是政策执行所需要的资源之一。实践证明,政策执行中的某些失误或困难,常常是因为缺乏必要的信息所造成的。政策执行者不仅要获得足够的信息资源,而且还应该确保信息渠道的畅通无阻,否则就很难制定出正确可行的行动计划和策略,也无法对政策执行过程实施必要的控制。一般来说,政策方案能否达到预期效果在很大程度上取决于实施阶段对信息的有效利用。为此,政策执行者应当讲求运用信息的效率,以信息利用的高效能来谋取政策的高效益,密切关注信息的反馈,及时调整政策的实施方案,保证政策目标的顺利实现。当然,信息资源也并不是越多越好,信息的过度获取不仅要花费大量的人力、物力与财力,而且还会导致信息污染。

"权威"是一种使人信从的力量与威望。在政策执行活动中,权威是一种特殊的资源,是执行人员采取行动、进行指挥、获取资源而执行其工作任务的权力来源。权威之所以成为重要的公共政策资源,是因为权威既可以加强行使权力者的责任感,也可以促使个人遵从权威者制定的规范;权威通过保证专门知识和专门技能的利用,确保具有理性和效能的高质量的公共政策的实现;权威有助于组织的整体协调,让群体的所有成员采取彼此一致的复合决策,以达到预期的目的。

2. 目标群体的影响

目标群体是指政策直接作用、影响的对象。政策执行是政策执行主体与政策客体间的互动,政策能否达到预期目的不是政策制定者一厢情愿的事情,也不是政策执行者能够完全决定的事情,而是在很大程度上取决于目标群体的态度。目标群体认同、接受政策,政策执行就会成功;目标群体不认同,拒不接受政策,政策执行就会失败;目标群体只部分接受政策,也会加大政策执行的难度。可见,目标群体对政策认同和接受的程度是影响政策能否有效执行的关键性因素之一。

一项政策总是要表现为对社会当中一部分人的利益的分配和调整,或是表现为对一部分人的行为的制约和改变。此外,社会系统的运行是具有惯性的,调试量越小的政策往往越容易被人们所认同和接受。因此,如果目标群体政策的预期是能够增加自身利益的,或者对其行为的调试量较小的政策就容易被接受,反之就容易被拒绝。这就要求政策的制定必须要符合社会发展的客观规律,要能够代表广大人民群众的根本利益和长远利益。政策对目标群体行为的调适量要科学合理,以利于人们对政策的认同和接受。

3. 执行人员的素质和工作态度

任何一项政策最终都要靠执行者来实施,政策执行人员的行为对整个政策执行的效果具有直接的影响。

一个合格的政策执行者必须具有较高的自制能力。公共政策的执行在某种意义上是对利益的分配和对行为的调整。特别是当政策的执行者身兼目标群体和执行者的双重角色时,政策执行者便处在整体利益与局部利益的矛盾选择之中,他们是否有较高的觉悟和自制力,将对政策的执行产生极大的影响。

一个合格的政策执行者必须具备坚定的政策目标的认同感与执行政策的使命感。政策执行的好坏取决于政策执行者对于政策目标的认知、理解,对于不同行为可能产生的政策效果的准确推测,以及对于克服政策执行过程中的困难与障碍的坚强意志和决心。

一个合格的政策执行者应当具有合理的知识储备和能力结构。所谓知识储备,主要指两类知识:一是一般性的政策执行知识;二是进行专门领域的政策实施所需要的专业知识。所谓能力结构是指执行政策的一般能力,包括组织能力、计划能力、协调能力、管理能力、控制能力等。

4. 执行组织机构的影响

公共政策的执行是一种典型的组织行为,需要建立或依托一个坚强有力、行之有效的组织机构,组织机构会对政策执行的力度和效果产生直接的影响。

(1)组织机构的层级与幅度

组织机构的层级与幅度会影响政策目标的分解以及政策方案的具体化,从而影响政策的执行。在目标分解和方案具体化的每一个步骤上,都存在着淡化政策的基本要求、扭曲政策的基本方向的趋势和可能。因此,科学合理的组织机构是政策有效执行的重要因素之一。合理的层级划分使整个执行过程能够有序地进行,从而有利于统一的领导与指挥,有利于层级分工、目标分解、逐层落实,有利于信息的传递和监督控制。纵向结构不合理,如管理层次过多容易造成信息不畅、程序复杂;管理层次过少则会造成分工不明、责权不清;组织的横向结构不合理,同样也会对政策执行造成不利影响。管理幅度过宽会造成穷于应付的局面,管理幅度过窄则势必会增加管理层次,造成机构臃肿、人浮于事。

(2)组织机构的分化与整合

有效地执行政策,需要组织机构的分化,即根据性质、领域、地区、职能等因素,对组织机构进行必要的分解。但分化不应导致"分家",只有恰当的分化与整合才能使组织机构更有效地发挥职能。要明确职责范围,做到职权相称,有权就有责,强调责利相连,避免有利相争、有责推诿的现象,以确保各个执行部门、执行人员各司其职,各尽其责,协调统一地完成政策执行的任务。

（3）组织机构间的沟通与协调

沟通是政策执行过程中各级组织人员进行信息交流、传递的过程,是对于政策目标及其相关问题获得统一认识的方法和程序。有效的沟通是政策执行成功的重要条件之一。一项政策的实施常常会涉及众多机构层级、不同部门及执行人员的分工合作,而在分工合作的过程中难免会产生分歧、误会、隔阂甚至是矛盾冲突,这就需要通过有效的沟通和协调来相互交换意见和看法,消除误会和隔阂,化解矛盾和冲突,增进彼此间的了解以达成共识,提高政策执行的效率。此外,政策执行的过程是执行主体与目标群体之间就目标或手段进行相互调适的互动过程,成功的政策方案有赖于成功的政策执行,政策执行的有效与否则取决于政策执行者与目标群体之间的行为调适的程度,其中沟通与协调是必不可少的有效方式。

政策协调是管理组织为了顺利实现政策目标,而谋求自身统一和谐、谋求自身各相关要素协作分工的一种行为方式,可划分为三个层次:其一是执行机构内部的协调;其二是执行机构之间的协调,包括上下级执行机构之间的协调和平级执行机构之间的协调;其三是执行机构与其他机构之间的协调。

5. 政策环境

由于从制定政策到实施政策存在一定的时滞,执行政策的环境、条件与制定政策时的环境、条件就会有所不同,这就必然会给政策实施带来困难。任何一项政策的执行都要受所处社会环境的影响和制约。影响政策执行的环境因素主要有政治环境、经济环境和社会心理环境等几个方面。

（1）政治环境

政治环境越民主,社会公众对公共政策制定的参与度越高,对政策执行的认同度越高,就越有利于政策的执行。首先,政治安定是政策顺利执行的重要条件。安定和谐的政治社会环境既能保证经济持续稳定地发展,又能培养良好、健康的社会政治心理,有利于政府各项政策的顺利推行。此外,在当今全球经济一体化的进程之中,国与国之间的联系和相互依存的程度不断加强,一国政策的推行不仅要受到国内政治气候的影响,而且还要受到国际政治大环境的制约。其次,政治文化也是影响政策执行的重要因素。政治文化是一个民族在特定时期的一套政治态度、信仰和感情。不同的人所处的生活环境、所接受的文化教育以及所经历的政治社会化过程不同,因而常常形成不同的政治取向。政治文化会影响人们的政治取向,而政治取向又会影响人们对政策的接受并进而影响政策的执行。

（2）经济环境

经济基础决定上层建筑,政策执行作为一种政治现象,同样也要受到经济环境的制约和影响。经济环境一旦发生变化,则很可能会影响目标团体、一般民众、大众传播媒介乃至执行者对政策的关注,也会影响政策产出和政策目标的实现。一般来说,经济越发达,物质文明水平越高,就越有利于各项政策的顺利推行。

（3）社会心理环境

社会心理是人们在日常生活中形成和积累起来的对物质经济关系、人们生存的社会条件的经验性反映,主要表现为自发的倾向和信念以及感情、风俗、习惯等。社会心理是一种潜在的社会力量,它在社会生活中具有极大的影响力,能直接影响人们的政治行为。因此,社会心理环境是政策能否有效地得以执行的重要条件。

7.4 公共政策失效及对策分析

公共政策失效是我国政治经济生活中经常遇到的难题,也是世界各国普遍关注的问题,是公共政策领域中的一项重要课题。探讨公共政策失效问题,找到有效治理公共政策失效的办法,无论是对政策实践还是对政策科学研究,无疑都有着重要的意义。

7.4.1 公共政策失效的含义及分类

1.公共政策失效的含义

所谓政策失效,是指决策方案在实施过程中遇到抵触,不能完全按决策方案执行下去,决策方案执行结果不同程度地偏离了预定目标。

"政策失效"是世界各国,包括发达国家在内普遍存在的问题,只不过各国政策失效的内容、形式和程度各不相同。政策失效不仅意味着政策不能发挥其应有的作用,还意味着政策各项资源投入的浪费(包括时间成本和机会成本),甚至往往还会给社会造成巨大的破坏,危害公共利益,损害政府威信。政策失效的情况十分复杂,它存在于政策执行的全过程之中,有时即使是经过局部实验证明其可行性的方案,在全面推广时也有可能会出现不同程度的失效。

2.公共政策失效的分类

依据政策失效出现的时间和程度轻重,分为早期失效、偶然失效和耗损失效。早期失效,是指决策方案在付诸实施的过程中一开始就遇到抵触,难以顺利地执行下去;偶然失效,是指突然出现的意外情况造成的,譬如天灾,往往这些意外情况的出现会极大地改变决策实施的条件;耗损失效,是指决策方案或一项政策在实施相当长一段时期以后,主客观情况发生了重大变化,以致无法贯彻实施而产生的大量失效。

政策失效率的变化类似于图 7-1 所示的浴盆状,人们把这种曲线称为"浴盆模型"或失效规律曲线,如图所示。在政策早期失效时,不要被早期失效率一时较大的现象所迷惑,而应着重于失效的质的分析,切忌轻易地修改政策,造成政策不稳定。在政策偶然失效时,要不断采取追踪检查,针对失效原因提出新的措施。一般来说,由于偶然失效的失效率较低,给予了人们对原方案进行修正的时机,故应尽可能地使这一时期延长。在耗损失效时,随时间不断增大的失效率反映出政策老化的程度,应抓紧机会进行政策创新,及时制定出新的政策。"浴盆模型"提醒人们要保持清醒的头脑,认真分析政策失效的原因和所处的阶段,谨防认定失误所带来的政策损失。

此外,还有许多种政策失效的分类方法。若以时间变量作为衡量标尺,可分为早期失效、中期失效和后期失效;以程度为衡量标尺,可分为严重失效、轻度失效、完全失效和部分失效;以持续变量为衡量标尺,可分为突变失效、间歇失效和渐变失效。另外,还可分为政策正效力偶然失效(或称政策正效力局部失效)、政策正效力全面失效、政策负效力等。

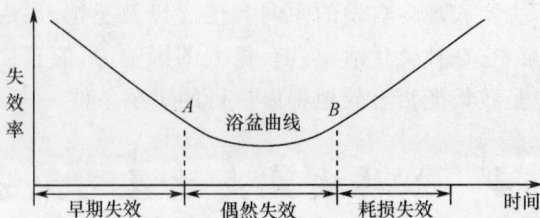

图 7-1 失效规律曲线

7.4.2 公共政策失效的主要表现形式

1. 政策表面化（政策的象征性执行）

政策表面化是指政策在执行过程中只宣传不实施,政策未得到具体落实。由于本位主义及地方利益的驱使,当上级政策整体上既无益于也无损于本区域的利益或者有可能损害本区域利益时,下一级政策执行者就可能会消极怠工,只传达政策而不具体操作,致使政策的执行流于形式。例如,素质教育政策在许多地方都是形式性的宣传,基本上是以会议落实会议,以文件落实文件,以应试教育为中心的教育模式仍然大行其道,结果出现了"素质教育轰轰烈烈,应试教育扎扎实实"的现象。

2. 政策扩大化（政策的附加性执行）

政策扩大化是指政策在执行过程中附加了不恰当的内容,使政策的调控对象、范围、力度、目标超越了既定的要求,从而影响了原有政策目标的实现。在政策实践中,由于公共政策产生的途径往往是自上而下而非自下而上的,使得政策执行者在解释这种"扩大"了的政策时常常可以找到"合理"的理由。很多时候,这种"扩大"的政策内容表面上被解释起来似乎是顺理成章的,但对于政策目标而言,则往往是不合理的,甚至是不合法的。最典型的莫过于以"有关政策"的名义实行的行政乱收费、乱摊派、乱罚款的"三乱"现象。

3. 政策缺损（政策的选择性执行）

政策缺损是指一个完整的政策在执行时只有部分被贯彻落实,其余的则被遗弃,使政策内容残缺不全。政策是以一个整体的功能来发挥作用的,只有政策要素的量的总和才能引起整体的质的飞跃。对政策内容进行有选择的执行和截留,就严重影响了政策目标的顺利实现和政策效能的正常发挥。例如,经济适用房政策采用减免土地出让金和相关税费的方式,责令开发商限价出售给中低收入城市居民,而开发商通过协议的方式取得土地,并以政府的定价出售。由于缺乏监督机制,开发商为了盈利,就在房屋质量、相关配套设施等方面做文章,造成房屋质量差、配套设施不齐全等现象,严重影响了经济适用房政策的贯彻落实。

4. 政策替换（"搞土政策"或"上有政策,下有对策"）

政策替换是指政策在实施的过程中表面上与原政策一致,事实上却背离了原政策精神的内容。"有利就执行,不利就变形",利用政策的某些抽象性,借口本地区或部门的"特殊情况"而做出不同的解释,使上级政策的精神难以得到真正的贯彻和落实。例如,在市场经济高速发展的时期,一些地方政府为保护本地利益而封锁信息、技术和资源,搞"土政策",封关设卡,导致争夺资源的"大战"此起彼伏,扰乱了市场秩序,严重危害了中央宏观政策的贯彻和实施。

5. 政策"贪污"("政策截留")

政策"贪污"是指政策已经出台,但在自上而下的传递过程中,被中途截留,政策内容无法传达给目标群体和利益相关人。政策"贪污"的结果是造成了一些政策的"盲点",部分政策目标群体无法了解政策,政策决定所指向的社会问题仍然存在,政策目标落空。例如,农村医疗保障政策在执行时,由于缺乏相应的监督制度保证从农民身上筹集的合作医疗基金得到有效利用,因而农民交纳的钱很可能成为基层政府的又一项乱收费。

7.4.3 公共政策失效的原因

好的政策必须要有好的执行力,公共政策的执行是一项极其复杂的社会实践过程,因而政策实施中的失效原因也十分复杂。当前,公共政策失效的原因主要有以下几个方面。

1. 政策本身的缺陷

第一,政策目标不合理。包括:政策目标不科学,脱离实际,可行性差;政策目标片面化,政策实施难以平衡;政策目标含糊不清,致使政策执行者不得要领,容易导致"钻空子""搞对策";政策目标有失公平,尽管有时可以借助某种公共权力来强制执行,但政策目标团体往往也会采取各种各样的方式予以排斥。

第二,政策内容不具体。政策的具体性既包括政策方案和目标的明确表达,也包括政策措施和行动步骤的明确规定。模棱两可、含糊不清的政策令人摸不到头脑,也容易引起政策界限不清或导致政策随意变通。

第三,政策不配套。新老政策之间,宏观和微观政策之间,政治、经济和社会等各个领域、各部门的政策之间,以及一个大政策和它的具体实施细则之间,往往没有很好的衔接和配套,没有形成一个科学合理的政策体系。任何单项政策都是整个政策体系的一个子系统,只有当政策配套、协调一致时,才能取得良好的整体效应。然而,很多政策往往以单一政策的形式出现,看起来似乎没什么问题,但实施起来却是问题百出。其原因就在于忽视了政策的整体性和相互配套性,只抓住了某一政策或政策的某一方面,片面追求单一目标或某一方面的利益,却损害了整体利益。

第四,政策不稳定。公共政策一经制定出来,就要保持一段相对稳定的时期,不能情况有所变化就匆忙出台一个新政策,"头痛医头,脚痛医脚"。频繁变化、朝令夕改的政策,无法建立起政策的权威性和可信度,只能造成执行过程的重重困难。

2. 政策执行上的偏差

(1)政策宣传不当

政策宣传不得要领,宣传不足、宣传相互矛盾或者宣传过了头,误导政策目标群体,造成了对政策的不了解、不理解,或者对政策期望过高等情况,不利于政策的顺利执行。

(2)执行机构设置不科学

由于机构繁多、部门林立、职责不明,又缺乏有效的沟通和协调,造成政出多门和多头管理,有时甚至相互矛盾,导致政策执行阻塞。机构职责不清还使得政策执行机关争功诿过、互不买账,从而出现政策执行敷衍或执行中断。

(3)执行者素质的缺陷

政策执行者是公共政策最终的体现者,他们直接与政策执行对象进行沟通和交流。由于政策执行者自身文化较低、理论及政策水平不足,致使对政策认识不深、把握不准,缺乏正确制订执行计划的能力,导致政策在执行过程中失真、失当、失控。

(4)利益冲突导致政策执行偏差

按照"经济人"假设,每个人都追求自身利益的最大化,政策执行者也不例外。整体利益、区域利益、群体利益和个人利益差别的客观存在,决定了政策执行失效的可能性。公共政策是从整体利益、全局利益和长远利益的角度出发制定的,而政策执行者往往可能从局部利益和个人利益的角度出发来对待政策。这样,"利益"就成为政策执行过程中不可忽视的驱动力,政策能否得到落实攸关各方利益。

(5)政策的执行原则掌握不好

一旦政策执行的原则性、灵活性和创造性三者关系处理不当,就会出现偏差。注重原则性而忽视灵活性和创造性,容易造成机械教条地执行政策,无视各种新情况、新问题和新特点,脱离客观实际,缺乏灵活变通性;注重灵活性和创造性而忽视原则性,则容易片面夸大政策的灵活性,符合地方利益的政策就"用足用活",反之就随意"变通"或软拖硬抗,出现与既定政策相悖的情况。

(6)政策适用对象不配合

有些政策本身并无缺陷,有足够的投入,政策执行者也尽职尽责,但政策对象或因无法获益或利益受损,或因无法了解政策的整体利益和长远利益而不予配合,甚至采取抵制的行为,这也严重地影响了政策执行的效果。例如,我国的计划生育政策在执行过程中就有部分群众以各种形式拖延、抵制或逃避政策,加大了政策推行的难度。

3.政策监督控制机制的乏力

公共权力的腐败导致寻租行为产生,源于监督机制不严。寻租活动的本质是以公共权力换取私人利益,表现在公共决策上,是以牺牲公共政策的有效性来满足一己私利,是导致公共政策失效的重要根源。

应该说,改革开放以来我国各级政府的监督机制不断得到加强和完善,监督监察工作逐步走上系统化、法治化的轨道。但是由于监督主体自身监督意识较弱、体制不顺、制度欠缺等方面的原因,在政策实践中依然存在着严重的"弱监""虚监""漏监"等监督乏力的现象,未能真正体现监督的有效性和权威性的作用。

主要表现在:首先,当前我国各类行政监督体系在运行机制上缺乏应有的沟通和协调,监督主体之间相互推诿现象严重,使政策执行过程缺乏正常的监督;其次,监督缺乏法律规范性,长官意志严重,对政策执行的效果缺乏明确的考核;最后,政策执行的过程缺乏有效的风险预警机制和责任追究制度。

7.4.4 公共政策失效的对策

公共政策的失效严重影响了政策作用的发挥,出现政策"零效力"乃至"负效力";严重损害了政策对象的利益,挫伤了政策对象的积极性;严重损害了政策制定和决策机构的形象,丧失了威信。根据上面的分析,要防范公共政策失效,可采取以下应对措施。

1.合理划分中央和地方的事权,完善政策的利益协调机制

首先,合理划分决策权限,即宏观决策中央独统,微观决策地方自主。宏观决策的内容、时间与步骤,由中央政府做出。对于比较抽象和不太明确的政策条文,由中央政府进行解释,地方不得随意解释;"微观决策地方自主"则要求地方在遵循宏观决策的前提下,发挥决策的灵活性和创造性,即宏观决策明确后,地方政府可以根据政策精神与内容结合本地的实际情况自主决定实施办法。其次,实现中央与地方、全局与局部的利益整合。工作的重点就在于进行有效的宣传,阐释清楚政策的实质。要有全局观念,树立"全国一盘棋"的思想,维护中央权威,反对分散主义和地方主义。要坚持利益普惠的原则,即在政策的制定和执行中要以实现大多数人的利益为宗旨,坚持集体利益优先的原则和"损益补偿"的原则,减小政策执行的阻力。

2. 规范公共政策的制定

第一,无论是宏观还是微观政策的制定,其出发点和立足点必须是本国、本地区的实际情况和特点,特别要注意借鉴政策的内生化(本土化)过程,不能犯"拿来主义"、照搬照抄的错误。此外,制定政策还要着眼于国际环境,制定政策时必须要把中国放到世界这个大环境中统筹考虑。第二,政府决策机构在制定公共政策的过程中,要跨越公共政策的制定过程,从政策执行的角度去审视政策的科学性,预测政策的有效性和可操作性,分析政策的"社会互动性"等。第三,在制定公共政策的过程中,要坚持可持续发展的战略思想,树立协调发展的观念,确保经济与环境、社会的协调和统一发展。第四,在制定公共政策的过程中,要运用系统方法,把政策看作一个相互联系、相互依赖、相互制约的有机整体,把政策制定的过程看作一项系统工程,纵向上使各层次的政策上下一致,横向上使各方面的政策相互协调。

3. 提高相关人员素质

一方面,要提高政策执行人员的思想素质,强化职业道德,增强大局观念,规范执行行为,防止和克服地方保护主义和部门保护主义,自觉抵制以权谋私等不良行为;另一方面,要提高政策执行人员的科学素养和理论水平,加强业务素质的锻炼,拓宽知识面,防止和克服短视行为。

4. 建立有效的政策监控机制

第一,加大政策执行的透明度,进一步加强政策执行的监督力度。除了政党的监督、国家权力机关的监督、政策执行机关的内部监督以外,还要加强社会监督,让各阶层公民、社会团体和大众传播媒介等社会力量都来参与监督。第二,改变原来监督主体(监督机构)受制于同级监督客体(执行机构)的现状,构建相对独立的政策监控体系,强化监督机关的权力。第三,完善法律、法规,落实执行过程中的责任问题,加大责任追究和惩罚力度,通过法律的威慑力,预防和处罚违法违规的现象,提升政策执行者的责任意识和效率意识。

5. 健全政策执行的体制环境

公共政策总是在一定的体制下产生和运行的,政策的整个活动受制于现实的体制环境,体制不合理就无法产生正确的政策,即使有了正确的政策也难以正常组织运作。制约政策的体制包括国家行政管理体制和干部人事体制。一方面,要通过改革建立起一套功能齐全、设置合理、职责分明、沟通协调、精干高效的行政管理体制;另一方面,要进一步完善国家公务员制度,建立一支规范、稳定、高效的国家公务员队伍,增强公共政策的理性化、民主化程度,从而确保公共政策的有效执行。

思考题

1. 政策执行的含义和原则是什么?
2. 试述影响政策执行的主要因素。
3. 公共政策失效有哪些情况? 试举例说明。
4. 公共政策失效的原因有哪些? 应如何应对?
5. 如何理解政策执行中的原则性与灵活性、创造性相统一的原则?

案例分析

四川南充嘉陵区乱收费大发死人财

四川南充嘉陵区设有省级政府根据国家有关政策规定的火化区,可在这里,农家人去世后,八方借贷拼上全家之力交上一笔不菲的款项后却能土葬。一农民百岁老母亲去世后交钱索要正式票据被拒竟遭掘坟刨尸。据记者调查,该区为国家级贫困地区,农民年均纯收入仅 2 000 元左右,家中若有人去世,因上交相关巨额费用而导致生计困难者大有人在。一农民因父母短时间内相继去世,交纳相关费用竟高达 8 000 元,致使生活难以为继,几近倾家荡产。

当地一镇政府民政部门两三年间违规收费敛财竟高达数十万元,至今去向不明。嘉陵全区有近 50 个乡镇,据了解有相当一部分乡镇都在这样乱收费,如此一算,违规收费数目相对于嘉陵这样的国贫区来说是一个天文数字,而如此多的钱款又到哪去了呢?

老农哭诉:"我千错万错就错在不该向他们要正式发票。"

"我是嘉陵区文峰的农民,我妈死了想土葬,我们这里的干部向我们索要土葬费 4 000元,我找他们要正式发票,他们生气就把我 100 岁老母亲的尸体从坟里挖起来,现在不知道弄到哪里去了。你们能不能来关注一下?"3 月 29 日,嘉陵区文峰镇的任德福向记者反映。

4 月 2 日,记者赶到四川省南充市嘉陵区文峰镇七村五社调查采访。64 岁的任德福老人涕泪俱下地告诉记者:"我母亲有 99 岁了,在 2005 年腊月十九去世。在去世当晚,我就找到村主任说我母亲年龄大了,你看有没有优惠政策?他说交 4 000 元钱就可以土葬。可是乡民政员又说做不了主,要镇上领导点头才行,你要跟他们说一下。我不放心这个事情,然后就去找我的侄儿唐正成,他和镇干部熟悉。唐正成就跟镇里说了,然后让我交3 500 元。因为当时我儿子修房子给工人准备的工资还有 5 000 元,我就准备把这个钱先给他们交上。但是我要求他们给我开正式发票,因为我儿子不在家,我有个正式发票才好跟他说。村上书记蒋志江说,你要正式发票的话,没有,你坚持要票,那你就火化吧,没有商量的余地。后来我们安葬老母亲的时候他们也没有过问。等我下葬后两天了,说都没有跟我们说,背着我们就挖了我祖坟。天哪,这就是我们的政府吗?好逼迫人哪。我想,我千错万错就错在不该跟他们要正式发票。"

死者的孙媳妇党小英伤心地告诉记者:"那天镇上领导到我们家,也没通知,就把我奶奶的坟给刨了。我上前阻拦,镇上的人却把我架开,开上运尸车就走了。到现在都不知道奶奶的遗体被乡上如何处理的。"死者女婿冯会成情绪十分激动地对记者说:"我们文峰都是火葬区,但是乡上从来都是给钱就让土葬,而且收了钱全是打的白条子。我岳母之坟被掘后,我先后多次到镇上找他们理论,镇里有领导竟说'这里山高皇帝远,我说了算。''蒋介石八百万军队都打得垮,你几个刁民还打不垮。'"说完拿出一沓白条给记者看,记者在白条上面看到收取土葬费及土葬保证金为3 000元到4 000元不等,都没有盖章。时间从2002到2006年3月20日的都有。

文峰乡八村的农民李成章说:"我们不希望别的,只希望莫要再乱收了,农民抗不住,没有关系的硬收4 000元,有关系的还可以优惠500元或者1 000元,我一年才挣2 000元块钱,家里老母亲要死了,我两年的收入都还不够交保证金呢。"

文峰乡九村七社的农民张从文,2005年他的父母双双去世,为求得土葬,乡上向他收取了整整8 000元所谓的"保证金",而年龄不小的张从文由于经济窘迫,至今孤单一人,连婚都结不上!知道他情况的附近农民说:"乡上咋个做得出来哦,一个人到哪里找8 000元钱哦。"

4月3日,记者来到嘉陵区民政局,就了解到的相关情况进行核实。一名姓李的副局长接受记者采访时承认任德福所说的情况属实,同时告诉记者从2002年起,嘉陵就是全面火化区,人死后肯定是全火化。收钱就可以土葬肯定是不对。记者问嘉陵区有文件规定违规土葬罚款应是300元到1 000元,下面怎么会收4 000元土葬保证金,并且是事前收取,收取费用后对违规土葬又听之任之?李副局长表示对此毫不知情。对收钱打白条子,李副局长却表示白条子他们后来是换了正式手续的,农民那里可能还没有换完。记者问他既然规定不能收钱怎么还可以来换正式手续,这样做是不是认可了乡镇可以这样违规收钱时,李副局长没有言语。至于收了钱后,这些钱怎么安排,李副局长表示已上缴财政。

当记者要求看看关于这些资金去向的账目时,李副局长表示安排镇上的人送来。可是直到下午5时,记者仍然没有见到账目。

下午5时,记者赶到南充市政府采访,市政府刘姓副秘书长接待了记者。他在听取了记者反映的情况并见到了相关的收费白条后神情严肃地拨通了南充市民政局的电话,要求他们马上调查。

6时,记者赶到南充市民政局社会事务科,一严姓工作人员在听了记者反映的情况后态度明确:"这肯定不对,我们马上安排人调查。"胡姓科长则表示这简直是胡搞,2002年他们就已经给南充各区、县下了文件,一再强调不能乱收费。

在记者看到的票据中,有两种收款凭证,一种是完全手写的白条,另一种是非经营性的结算票据,但其上面却只有收取的金额数,却无任何有效印章。文峰乡党政办周晓燕经手的就有6张,总金额达到20 000元以上。记者问她这些钱收取后到哪里去了,周晓燕说交财政了。记者又问以什么名义入的财政账,她无语。

嘉陵全区有近50个乡镇,据了解有相当一部分乡镇都在这样收费,如此算来,违规收费之数目对一个国家级贫困地区来说是一个天文数字,而这些钱款又到哪去了呢?

据当地一知情人士告诉记者,他们这么做是有油水可捞的,一般收上钱以后,30%上交区民政局,剩下70%的乡镇可以自行分配。而对这个情况,区民政局李副局长则表示不知情。

　　记者难以理解,中央和国家有关部门三令五申不准加重农民负担、不准侵占农民利益、不准巧立名目在农民身上乱收费,而四川省、南充市两级相关部门也对殡葬问题有相关的具体规定,强调不能乱收费,嘉陵区怎么还在如此"收费"呢,而且收的钱几乎全打白条? 如此明目张胆地在农民身上违规乱收费,是不是有悖中央对农民"多予、少取、放活"的政策呢?

　　如此明目张胆的收费敛财且款项去向不明,确实让人感到匪夷所思。

(资料来源:《经济日报》2006-04-08)

案例讨论题

1.影响公共政策执行的主要因素有哪些?

2.此案例反映出我国公共政策执行中最突出的问题是什么?

3.你对改进我国公共政策执行有什么建议?

第8章　公共政策评估分析

本章摘要

公共政策评估处于公共政策制定环节中的程序执行和结果反馈中,在公共政策制定程序中起到关键作用。作为一种对公共政策的效益、效率和价值进行综合判断与评价的研究行为,公共政策评估不仅是考量公共政策延续、改进和终止的重要依据,而且还决定着政府部门的工作质量和价值导向,并最终影响公共资源的优化配置方向和公共部门的良好社会形象。只有通过公共政策评估,才能够判断一项政策的制定和执行是达到预期效果,从而决定该项政策是继续、调整还是终结。同时,通过政策评估,可以总结和汲取政策执行的经验教训。

8.1主要对公共政策评估的基本知识进行概述,从公共政策评估的含义、功能和类型方面进行讨论。

8.2从系统论的角度出发,介绍了公共政策评估的五个基本要素,即评估者、评估对象、评估目的、评估标准和评估方法,并指出各个要素的重要功能。

8.3主要介绍了公共政策评估流程,该流程包括评估规划设计、评估规划实施和评估终结几个阶段。通过分析公共政策评估流程,了解公共政策评估模式,达到加深对公共政策评估的理解。

8.4介绍了我国公共政策评估的现状,对我国公共政策评估存在的问题进行了分析,并提出解决对策。

关键术语

公共政策评估　　公共政策评估流程　　公共政策评估模式

8.1　公共政策评估概述

政策评估在政策分析中起到关键作用,是一种具有特定指标、科学方法和严密程序的活动。在公共政策制定过程中,公共政策评估位于程序执行和结果反馈中,是一个很重要的环节,具有重要意义。作为一种对公共政策的效益、效率和价值进行综合判断与评价的研究行为,公共政策评估不仅是考量公共政策延续、改进和终止的重要依据,而且还决定着政府部门的工作质量和价值导向,并最终影响公共资源的优化配置方向和公共部门的良好社会形象。本节对公共政策评估的基本知识进行概述,从公共政策评估的含义、功能和类型等方面进行讨论。

8.1.1 公共政策评估的含义

到目前为止,学术界对公共政策评估还没有一个被广为接受的具有权威性的含义表述。国内外学者纷纷从自己独特的研究视角提出了对公共政策评估的理解。一般来说,学者们对公共政策评估含义的界定大致持有如下四种观点。

1. 公共政策评估主要是对公共政策方案的评估

持这种观点的学者将公共政策评估视为一种分析过程,其目的在于分析、比较各种不同的公共政策方案的可行性及优缺点。公共政策评估主要是对公共政策方案的评估,学者们主要从政策目标、政策方案、政策执行手段等参考要素着手,对公共政策评估进行概念界定。例如,张国庆在 1997 年《现代公共政策导论》一书中将公共政策评估定义为根据某些公认的标准去判断某一项公共政策是否有价值或有什么价值。劳伦斯 · 摩尔(Larance Moore)在 2001 年朱子文译本《公共政策的制定:程序和原理》一书中将公共政策评估定义为一种反应性的经验,公共政策评估正不断成为事前的活动或预先进行,而不是针对某一事件的反应或事后进行。一项被实施的决策,其效果往往不能真正地确定。

简单地说,将公共政策评估与公共政策方案制定等同起来,具有片面性。将公共政策评估等同于对某项公共政策在完成预期目标方面所产生的效果评估,而忽视其全部结果(包括直接结果、间接结果、非预期结果、潜在结果等),这事实上是将公共政策评估置于公共政策过程的前期,把公共政策分析与公共政策评估混为一谈。

2. 公共政策评估是对公共政策全过程的评估

持这种观点的学者将公共政策评估视为既包括对公共政策方案的评估,又包括对公共政策执行以及公共政策结果的评估。例如,林永波、张世贤在 2002 年《公共政策》一书中将公共政策评估定义为一种过程,这个过程在于确立重要的决策范围,选择适当的资信,搜集与分析资信而做成有用的摘要资料,提供决策者选择适当的公共政策方案之基础。艾迪 · 戈登堡(Edie Goldenberg)将公共政策评估定义为在公共政策执行过程中或在公共政策终结之后,评价是否成功地达到了所企图的目的的知识性活动。安德森认为公共政策评估涵盖了对一项政策的内容、执行、目标实现以及其他效应的估计和评价。

简单说来,这种观点将公共政策评估认为是对社会、社区或特定社会群体的政策诉求、政策方案、政策执行、政策效果等进行客观、系统的评估,片面地将政策评估和政策产出混为一谈。仅将公共政策评估视为是对政府行政行为的一种检测,忽略了公共环境的变化。

3. 公共政策评估就是发现误差、修正误差

持这种观点的学者将公共政策评估视为一种政治行为,是一种具有特定标准、方法和程序的专门研究活动,其意义在于实现社会资源的分配。例如,陈振明在 2002 年的《公共政策分析》一书中将公共政策评估定义为依据一定的标准和程序,对公共政策的效益、效率、效果及价值进行判断的一种政治行为。戴维 · 伊斯顿(David Easten)在 1953 年 *The Political System* 一书提出公共政策评估为制定公共政策的人们提供了"反馈";伊 · 豪斯(E. R. House)明确提出,公共政策评估的本质上是一种政治活动,除了为决策者提供服务外,其意义在于产生资源的再分配以及明确由谁合理地得到什么,其中的主要意义在于分配社会的基本财富。

以上观点将公共政策评估视为一种理念的陈述,一种关于分配的社会机制。然而,公共政策评估不应当只是真实的,它更应当是正义的,在公共政策评估中不仅要考虑评估架构的真实价值,还应当在不同程度上兼顾正义和公平,这才是公共政策评估的重要标准。

4. 公共政策评估的着眼点应是公共政策效果

持这种观点的学者将公共政策评估视为结果导向,着眼于公共政策的效果分析。例如,詹国彬认为公共政策评估就是依照一定的标准,运用特定的方法对公共政策的科学性、可行性及其实施后的效果、效益与效率所进行的综合评价。白常凯在 2004 年的《政策评估概念体系界定存在的缺陷研究》一书中将公共政策评估定义为一种对公共政策的效益、效率、效果及价值进行判断的行为,它衔接公共政策执行环节,对公共政策执行进行全面评估,对后续的公共政策反馈与修正环节具有承上启下的作用。威廉·邓恩(William N. Dunn)在 2002 年的谢明译本《公共政策分析导论》中提出,公共政策评估是设法发现预想和实际执行情况间的差异,由此提供公共政策的相关知识,从而在公共政策制定过程的评估阶段为公共政策制定者提供帮助,主张公共政策评估的着眼点应是公共政策效果。

以上观点将公共政策评估局限在政策执行的效果分析上,而公共政策评估包括政策的准备阶段、执行阶段和总结阶段,这种观点仅侧重后两项环节,忽略了政策准备阶段的价值效用。

总之,这些观点虽然各有侧重,但最重要的共识已经达成,即公共政策评估是一种包括价值、原则、标准及方法论在内的活动过程,而不仅仅是一种纯技术性、量化性的活动。

综上所述,公共政策评估的概念从广义上讲,需要从多角度加以界定,把握住公共政策评估的定位,首要的是对公共政策效果进行价值评判,接着是确定公共政策走向,并提供依据,或是动态调整公共政策执行,最后是总结经验作为今后公共政策工作的借鉴;从狭义上讲,公共政策评估是指运用特定手段和方法,对公共政策实施前后的效果进行衡量、分析、比较,从而对公共政策的价值、效果进行评估。

8.1.2　公共政策评估的功能

公共政策是国家公共政策的重要组成部分,集中体现了国家关于发展公共事务的意志和行动,公共政策的调整和变动关乎国家和个人的切身利益。作为公共政策的重要组成部分,公共政策评估同样也具有重要的功能:公共政策评估不仅在学术上为相关专家学者提供公共政策评估方面的社会科学知识,同时也在实际应用中为决策者提供更广泛的公共政策信息,制订优良的公共政策方案。具体来说,公共政策评估有如下功能。

1. 为公共政策的质量完善提供科学依据

公共政策评估可以为公共政策的执行提供相关信息,实现公共政策的修正和完善。公共政策评估可以创造一个交流信息和发表建议的平台,形成良好的环境氛围,使公共政策的制定者、执行者和受众能够适时沟通,从而对公共政策的影响有完整的认识。这不但有利于现行公共政策的推行,提高公共政策的认同度,减少公共政策执行的阻力,还可以促使公共政策制定得更加理性,使公共政策相关者更加科学地进行通盘考虑,使得公共政策的质量不断得到提高。

2. 对公共政策效果、效率和效益进行有效检验

有效地检验公共政策效果、效率和效益,需要利用技术手段收集公共政策效果信息。

公共政策评估就是在科学地分析公共政策效果信息的基础上,判断公共政策是否实现了预期目标,以何种程度实现了预期目标。公共政策评估还可借助大量的投入产出信息,检测一项公共政策的实际效益和效率,判断公共政策所产生的社会效益、经济效益、生态效益如何。公共政策评估根据不同的公共政策效益和效率,合理配置资源,一方面可以使宏观决策者站在整体利益的高度,使有限的资源发挥出最大的效益;另一方面,可以防止执行人员片面考虑局部利益而采取不当的投入。通过公共政策评估,可以确认每项公共政策的价值,并决定投入各项公共政策资源的优先顺序和比例,以寻求最佳的整体效果,有效地推动政府的各项工作。

3.对公共政策执行时出现的问题起到及时修正作用

公共政策在执行时常常会遇到公共政策方案不符合实际的情况,存在这样那样的误差,使得公共政策执行遇到困难。公共政策评估可以及时发现公共政策目标设定的误差,从而进行相应的调整,重新拟定公共政策目标。如果公共政策目标设定没有问题,而是在相应的公共政策执行过程中,由于技术方法而出现缺陷,通过公共政策评估则可排查出执行方案、执行流程等环节的问题,从而及时加以修正。

4.推动公共政策科学化和民主化

公共政策科学化和民主化是当前公共政策各利益相关者对公共政策的内在要求。为了实现有效的公共管理,加快现代公共管理理念的实现速度,公共政策必须具有科学性和民主性。公共政策评估可以有效地判断出公共政策的价值,还可以计算出公共政策资源的优先排列顺序,通过公共政策评估,了解公共政策的价值和存在的问题,可以明晰公共政策的科学性。此外,公共政策评估还可以超越少数公共政策制定者的局限观念。综合各方观点,应从宏观上把握住公共政策的方向,促进公共政策科学化、民主化的实现。

8.1.3 公共政策评估的类型

公共政策评估通常可分为两种类型,一是考察公共政策结果是否达到了公共政策目的的总体性评价;二是考察公共政策结果是否是由实施的公共政策所引起的。公共政策评估可以按不同标准进行分类。从政策评估的活动形式上看,公共政策评估可以分为正式评估和非正式评估;从政策评估的组织结构上看,公共政策评估可以分为内部评估和外部评估;从政策评估的阶段环节来看,公共政策评估可以分为事前评估、执行评估和总结评估。

1.正式评估和非正式评估

正式评估是指事先制定完整的政策评估方案,严格按照方案规定的目标、流程和内容执行,对此进行评估。正式评估在公共政策评估中占据主要地位,其结论是政府部门考察公共政策的主要依据。正式评估的优点是评估过程较为标准,评估方案科学,评估结论比较全面客观,操作性较强。其缺点也是明显的,即评估活动的开展会局限在苛刻的条件要求下,开展评估活动的准备工作很多,会耗费大量的人力、物力和财力。

非正式评估是指对评估主体、评估内容、评估方式等不做硬性规定,对评估结论也不做严格要求,评估者根据自己所掌握的资料自由评估。非正式评估的优点是灵活、易操作,应用性强,在各种职能部门的日常工作中得到了大量运用。非正式评估由于其评估标准缺乏科学依据,其评估结果具有一定的主观性和局限性。

2. 内部评估和外部评估

内部评估是指政策制定者、执行者等政策主体对政策进行的评估,由公共政策机构内部的评估者进行。一般来说,评估工作由公共政策操作人员或者公共政策评估专职人员来承担。由于都是内部人员从事评估,在评估活动中会存在评估结论客观性不足的弊端,但内部人员对公共政策的了解程度高,资料掌握丰富,有利于进行公共政策评估。

由内部人员进行的评估,显著的优点表现在评估者能了解政策实施的整体情况,掌握有关公共政策制定和实施的信息资料,全面了解公共政策的运行过程,并且可根据公共政策的运行情况,及时对公共政策进行调整,便于评估活动的开展。但其缺点也很明显,内部评估成员往往是公共政策制定者或者公共政策的执行者,其主观色彩很浓,对公共政策的失误不能秉持客观的态度,真实性也有潜在风险。

外部评估是指由政策外部机构对公共政策进行的评估,由第三方评估部门完成。它可以分为受委托进行的评估和不受委托进行的评估两种类型。

受委托进行的评估是指公共政策机构委托营利性或非营利性的研究机构、学术团体、专业性的咨询公司、高等院校的专家学者等进行公共政策评估。这类评估的优点表现在评估者是专业人士,具有丰富的评估经验;评估主体置身于公共政策机构之外,与公共政策机构是契约关系,具有相对的独立性,能够进行较为公正的评估。不过,由于契约合同关系,接受委托的评估主体有可能受利益等条件的限定,而做出迎合委托人的评估结论。

不受委托进行的评估是指外部评估者出于自身的工作职责、社会责任感、研究目的、兴趣点或相关利益而自行组织开展的公共政策评估活动,其中具有代表性的是由公共政策目标群体进行的评估。由于目标群体对公共政策制定与实施的利弊得失有着最为真切的感受,获取了第一手资料,可以得出真实的评估,这是一种值得推荐和推广的公共政策评估。

总的来说,外部评估能够较为客观地进行,并且将各方面的观点和看法忠实地呈现出来,具有客观、公正、权威的特点,能代表社会利益诉求,评估结果易被公众认可。但外部评估相对内部评估,获取信息困难且片面,评估结论和评估结果不易受到重视和采纳。

3. 事前评估、执行评估和总结评估

事前评估是在公共政策执行前进行的一种评估模式,其结果带有前瞻性。事前评估的内容大致包括三个方面:一是对公共政策实施对象发展趋势的预测;二是对公共政策可行性的评估;三是对公共政策效果进行的预测和评估。评估流程分为确定评估目标、制定评估方案、挑选和培训评估人员三个环节。事前评估是公共政策制定时进行公共政策准备所必须要做的工作,它立足于公共政策运行的全过程,可在公共政策准备阶段广泛听取各方的意见。事前评估能对政策效果进行预测,有针对性地对公共政策进行调整,使之优化,但受政策环境的影响,其结果对可行性和有效性的要求较高。

执行评估是指在公共政策执行过程中对政策的实施情况进行的评估,执行评估与公共政策执行是同步进行的。其主要内容包括:分析政策信息和确定评估方式。执行评估在政策执行过程中对公共政策进行监控和管理,所获取的信息都是即时的,因此具有时效性和灵活性。通过执行评估可以实现评估结论的实时调整和修正,有利于对公共政策效果进行评估。但是,由于执行评估只是对公共政策执行过程中的一些误差进行评估,其对于政策信息的收集和分析要求较高,在过程未结束的时候,执行评估都带有过渡性质。

总结评估是指在公共政策执行后对公共政策效果进行的评估,是对一项公共政策的最终的评估。其主要内容包括:统计分析评估信息、撰写评估报告和评估总结。它在公共政策完成之后发生,是最主要的一种评估方式。作为公共政策过程的终结,事后评估对公共政策所做的价值判断最具有权威性和影响力,有助于吸取经验和教训,为制定公共政策提供价值导向,根据总结评估基本上可以决定一项公共政策的延续、调整或终止,解决公共政策资源的获取和分配问题。但总结评估对综合信息的分析要求较高,不适用于长期性的公共政策的评估。

8.2 公共政策评估的基本要素

公共政策评估,即明确什么人、出于什么目的、根据什么标准、采用什么方法、对何类公共政策进行评估。《中国行政管理大辞典》指出公共政策评估是一系列要素的组合,是包括评估主体、评估对象、评估目的、评估标准和评估方法等环节的系统,回答了上述五个问题,也即达成了评估实施计划制订的目的。

公共政策评估的五个基本要素包括评估者、评估对象、评估目的、评估标准和评估方法。其中评估者是评估主体,评估对象是评估的客体,评估目的是评估的出发点,评估标准是评估的准则,而评估方法是评估赖以实现的手段。对于特定公共政策的评估,就是由这些要素有机组合构成的。公共政策评估作为由一系列要素组成的整体,可以把它看作公共政策制定这一系统中具有自主功能的子系统。

8.2.1 公共政策评估主体

美国都会研究所认为,公共政策评估主体不仅仅是政府自身,非政府团体同样可以实施评估,尤其是学术性的专业评估团体。经研究表明,评估环节的可能主体包括三部分,一是公共政策制定与执行者本身,二是专业评估团体,三是公共政策目标群体。

公共政策制定与执行者本身即政府机关。它担负着公共政策活动的关键角色,能够比较全面、直接地掌握公共政策运行的第一手资料,了解政策情况的全貌,对政策的价值取向、政策的执行程序、具体执行的情况以及政策执行中遇到的问题等各方面比较了解。但是,作为公共政策运行的内部参与人员,会受到各种因素的干扰,往往难以秉持公正客观的立场,并且缺乏专业的评估职业素养。立法机关可以通过行使立法权对公共政策的合法性进行认定,重大公共政策只有经过立法机关的批准才能生效和实施。立法机关可以通过行使监督权,对公共政策的执行情况进行监督和评估,督促公共政策的有效执行;通过行使调查权,对公共政策的执行和运行效果进行评估。因此,立法机关是政策评估的重要主体,但是立法机关的政策评估易受到政策制定和执行机构的影响,并且评估的程序比较复杂、周期较长、成本较高。政策制定和执行者的上级由于自身拥有的权力和权威对政策评估起着举足轻重的作用,因此成为政策评估的重要主体,但是有时由于公共政策制定和执行者从自身利益出发,弄虚作假,不能提供公共政策执行状况、执行效果等方面的全面信息,从而使得这种权力被架空,权威被削弱。

专业评估团体,即专业的学术团体和研究机构,往往受托于政府部门进行公共政策评估,在获得必要的经费等支持外,还可能受制于公共政策部门,影响其评估质量;其职业化的评估使得其评估结论不容忽视。但是,传统的理论假定公共政策制定者是从公共利益出发来制定政策的,但是公共选择理论告诉我们公共政策评估者并不会因为进入公共领域就改变自己的"经济人"特征——往往从私人利益或者部门利益出发来进行利益选择,往往从自身的"部门利益"等私利出发进行政策评估。

公共政策目标群体,即公共政策的作用对象——民众,他们往往通过对公共政策的切身感受做出评估。公共政策目标群体是公共政策的承受体和参与主体,与公共政策的成败具有直接的利害关系。在一般意义上,公共政策目标群体既可以从公共政策中获益,也可能会受到某种损害,其难免会从利益角度对公共政策进行价值判断,因此对目标群体的意见要综合考虑。

8.2.2 公共政策评估客体

公共政策是政府及其他政治团体在特定时期为实现一定的社会政治、经济和文化目标所采取的政治行动或所规定的行为准则,它是一系列谋略、法令、措施、办法、条例等的总称。从本质上讲,公共政策在于实现三种功能:社会公共管理或服务、政治控制和阶级统治、社会利益关系的平衡与调节。那么,如何界定政策评估的客体呢?

公共政策评估客体是指公共政策评估的对象,即所要评估的公共政策。评估对象在评估的时机、人力、物力、财力等各方面能够满足评估的需要。具体地说,应从以下方面来选择评估对象:法定评估项目、问题较大的政策、效果显著的政策;长期项目的阶段评估,即对于长期项目应该根据阶段性要求确定是否进行评估。虽然在一项具体的公共政策评估活动中,评估对象是既定的,但这并不是说所有的公共政策在任何时候都可以并有必要进行评估。公共政策评估的开展要以公共政策的实际需要为前提。

8.2.3 公共政策评估目的

公共政策评估要解决"为什么要进行评估"这样一个问题。通常,公共政策评估的目的是为了检验公共政策效果,总结公共政策经验和确定公共政策的变化方向。但是由于评估动机的复杂性,公共政策评估的动机和目的会有其消极的表现。一般来说,评估目的有积极目的和消极目的两方面表现。

公共政策评估的积极目的包括:对公共政策效果、价值的综合判断和对制定者的反馈,提供继续执行或者停止执行公共政策的参考;对政治活动家们的启蒙;发现误差、纠正误差,提供改善公共政策执行程序和技术的参考,作为重新分配公共政策资源的根据。

公共政策评估的消极目的包括:炫耀政绩;规避责任,推诿扯皮;夸大工作难度,投机取巧,赚取大量额外资金;借机修改公共政策,坐收渔翁之利;谋求私利,拖延时间等。

8.2.4 公共政策评估标准

公共政策评估的过程是个非常复杂的过程,必须围绕着公共政策及其活动全过程的各个环节的结果的价值进行评估。由于学术界对于公共政策评估标准的确定存在很大的分歧(学术界歧义的焦点在于公共政策评估究竟是以公共政策结果还是以公共政策方案作为评估的导向),因此,目前还没有一套统一的评估标准。国内外的学者从不同的角度确立了不同的标准。

国内方面,林永波、张世贤在《公共政策》一书中认为评价标准包括八个方面:投入工作量、绩效、效率、充足性、公平性、适当性、执行力、社会发展总指标。樊钉在其编著的《公共政策》一书中将公共政策评估标准划分为两类:一是事实标准,包括公共政策效率、公共政策效能、公共政策效益、回应的充分性、执行力;二是价值标准,包括促进社会生产力的发展、满足人民群众的利益、有利于坚持社会公正的原则、有利于保持政权巩固和社会稳定、有利于增进民族团结。此外,张国庆在《现代公共政策学导论》中提出公共政策评估的首要标准和次要标准的概念,他认为,对于一项公共政策的整体评估是建立在若干单元评估基础上的,他把用于整体评估的标准称为首要标准,把用于单元评估的标准称为次要标准,从立体的角度构建了一个评估标准的架构。首要标准是指对某项公共政策进行评估的综合标准,是事实标准和价值标准的统一和高度概括,是从整体和原则的高度来衡量某项公共政策的是非曲直或利弊得失的标准;用于评估公共政策单元的事实标准和价值标准称为次要标准。首要标准是根本标准,次要标准必须服从首要标准,不能与首要标准相违背,更不能以次要标准来取代首要标准。

国外方面,英国著名学者杰弗里·维克斯在其名著《判断的艺术》中提出了公共政策成功的评价标准,即保持动态平衡的功能(这种平衡不仅必须全面保持,它的暂时性波动也必须保持在该系统的弹性可以容纳的限度之内),又称为生存功能;优化自我保持功能;使资源流动最大化的功能,又称为增长功能;优化功能性绩效的功能。他认为,这四种成功和失败的维度(前三种为新陈代谢,后一种为功能性的)对于所有的组织机构都是共通的,而且它们是所有组织机构管理者必须认同的成功条件。另外,邓恩在《公共政策分析导论》中将评估标准分为六类:效果、效率、充足性、公平性、回应性和适宜性。

根据前文对政策评估概念的界定,结合国内外学者的观点,本书把政策评估的标准分为三大类:政策系统的评估标准、政策过程的评估标准和政策结果的评估标准。政策系统的评估标准包括政策主体、政策客体、政策环境、政策工具四个方面的评估标准,如合法性、合理性、适当性、有效性、回应性、适宜性、充分性、社会发展总指标等;政策过程的评估标准包括政策制定、执行、监控、评估、终结等过程的评估标准,如执行能力、反应度、充分性、适当性、公众参与度、可预见性、程序公正性、可行性、执行力、政治可接受性、经济可承受性、社会可接受性、政策影响、社会可持续发展等;政策结果的评估标准包括效率、效益、效能、工作量、公平性、充足性、回应性、适宜性、绩效、有效性、生产力等。上述这些政策评估标准,针对不同公共政策进行评估还有一个选择、排序和组合的过程,如政治性公共政策以过程评估为重点,相应的评估标准选择也就侧重于公众参与度、程序公正性、政治可接受性、社会可接受性等评估标准。这些标准中哪些作为主要标准,哪些作为次要标准,要根据政策环境来进行排序。

8.2.5 公共政策评估方法

公共政策评估方法是针对公共政策的某个环节或某个方面进行评估的手段、方式,有时也用于对政策的全面评估。一般而言,对公共政策的全面评估要用到多种评估方法。各种评估方法的选择与组合,一般用于对公共政策进行全面评估,但一项公共政策的评估也可能是多种评估方法的综合应用。

公共政策评估方法是政策评估体系的有机组成部分,它是政策评估主体进行政策评估、实现政策评估目标的桥梁和中介。政策评估理论发展的每一阶段,都是政策评估方法的革新和应用,政策评估方法的创新也是政策评估理论和实践发展的动力。20 世纪 50 年代,系统科学方法、数理统计方法、运筹学方法和经济学方法在政策科学中的广泛应用,推动了实证主义评估理论的诞生。自 20 世纪 70 年代以来,价值分析、政治学和社会学分析方法在政策评估实践中逐渐恢复和发展,政策评估的方法从内容和形式上都已走向多元化、多样化,政策评估理论也由实证主义走向后实证主义。自公共政策学产生以来,政策理论和实践工作者使用的政策评估方法至少有上百种。

根据政策评估对象,可以分为政策系统的评估方法、政策过程的评估方法和政策结果的评估方法;根据分析手段,可以分为定性评估方法和定量评估方法。

定性评估方法是评估者根据经验和知识,应用逻辑思维,对评估对象的性质进行分析和判断,如价值分析方法、制度分析方法、因果分析、目标分析、专家咨询(如德尔菲法、头脑风暴法)、主观概率预测和超觉理性预测等。定性评估方法对不能进行量化的政策评估对象,如政治、文化、社会伦理等领域的政策评估具有定量方法所不具有的优势,有利于克服政策可行性与政策可接受性之间的矛盾。定性评估方法由于依靠评估者的经验和主观认识,甚至是直觉的判断,得出结论的普适性和可靠性都值得怀疑,这也是定性评估方法的弱点或局限性,弥补这一不足需要应用定量的分析方法。

定量评估方法是指根据评估对象的数据信息或量化的数据信息,运用运筹学、统计学、计量经济学、系统工程理论等学科的理论和方法,建立政策评估的数学模型,再借助电子计算机等手段进行计算来求得答案的方法和技术。如回归分析、成本收益分析、马尔科夫分析、随机分析等。定量评估方法以理性主义为其方法论基础,以数据资料作为评估的依据,将严密的逻辑推理、精确的数学计算作为评估的基本工具,是政策评估领域最富于生命力和应用最多的评估方法。定量评估方法克服了评估活动中的主观倾向,评估结果更客观、更科学,这些优势推动了政策评估从传统的政策判断向现代科学评估的转变。现代政策评估都遵循定性评估与定量评估相结合的原则,经验主义与理性主义走向融合。

中国政策研究和政策评估理论研究刚刚起步,实践上尚处于引进、消化和吸收阶段。目前全新的公共政策评估方法是将事实和价值结合起来进行评估的多重方法论框架结构,并研究探讨该理论框架的四种形态:项目验证、情景确认、社会论证和社会选择。如何使其与中国公共政策实践相结合,是实践应用和理论创新的前提和基础。根据后实证主义评估理论和国内外政策评估实践的经验,综合选择和应用评估方法应做到两个结合:一是事实分析与价值分析相结合,二是实证分析和规范分析相结合。应把经济、技术和财政上的可行性与政治、社会的可接受性结合起来,既要考量公共政策是否符合技术理性和经济理性的要求,也要考量公共政策是否符合法律理性和社会理性的追求,以及是否能够协调各项理性之间的冲突,即政策评估要经得起"多元理性"的考量。未来的研究应从信息是否完全、公共政策效力强度、公共政策对象的数量、公共政策预期效果的大小、时间与资金资源的限制等角度来具体分析这些方法的适用性,同时针对方法使用者对适用类型加以区分,这样才能达到方法学围绕研究目的服务的根本目的。

8.3 公共政策评估流程及模式

许多事务的处理需要进行流程分析,公共政策评估也不例外。一般来说,公共政策评估活动分为三个阶段,它包括评估规划设计、评估规划实施和评估终结。为了使读者对公共政策评估的具体实施有个直观的了解,在本节中,还将介绍公共政策评估模式。

8.3.1 公共政策评估流程

1. 评估规划设计

评估规划设计是政策评估的准备阶段,它主要包括四个方面的工作,即确定评估对象、分析评估对象、设计评估方案和建立评估组织和制度。

(1)确定评估对象

确定评估对象是公共政策评估的首要工作,需要明确公共政策类型及实施情况的初步反馈,依据有效性和可行性相结合的原则,选择有价值的公共政策作为评估对象,力求保证评估的客观公正性与评估方法的科学性。

不是任何政策在任何时候都可以而且有必要进行评估,评估是对具有"可评估性政策"进行的评估,而且政策评估是贯穿政策全过程的活动,但具体到某一项政策,是进行全方位的评估,还是有选择的评估(如政策要素的评估或政策过程的评估),要根据政策的特点和评估的可行性来综合考虑。如消除贫困、遏止犯罪等类型的政策,通过对执行结果进行评估来决定是否继续开展这些政策,是不恰当的。因为这类政策往往是"从公共政策的善良意图而不是它的实现程度来判断它的好坏"。同样,由于不具备评估的可行性,如当年的教育投入政策,就不宜对政策实施效果进行评估。因为教育投入政策的效果只有在较长的时期内才能显现出来,评估当年的实施效果是不恰当的。

(2)分析评估对象

为了消除评估工作制度层面的阻力,为后续工作开展提供制度保障,在启动公共政策评估的过程中,需要分析特定公共政策演进过程及评估可行性与必要性,要针对国情分析公共政策评估工作的主要阻力因素,为评估消除阻力。分析评估对象,即分析政策所要解决的社会问题、政策利益相关者、政策目标、政策过程、政策工具和政策保障制度等。具体分析流程如下:

首先,公共政策分析应立足于"政策所要解决的社会问题"。要求对以下问题做出回答:该问题能够构成政策问题吗?该问题是如何进入政策议程的?政策议程是怎样的?

其次,分析"政策利益相关者",即搞清与政策运行有直接或间接利益关系的个人、团体或组织以及他们对政策的态度。政策利益相关者包括三类:一是参与政策制定或执行的人员或组织;二是与被评估的政策有直接或间接利益关系的人,包括非正式评估的发起者和资助者、政策监督者、利益团体、政策对象等;三是与政策利益没有直接或间接利益关系但对该政策表示强烈关注的人,如政策理论研究的组织或个人。政策利益相关者的态度,就是政策利益相关者对公共政策是持赞成、反对,还是中立态度。

第三,分析"政策目标",即明确政策所要达到的目标是什么。从理论上讲,每一项公共政策都应有明确具体的目标,这是政策形成和执行的前提和基础。但在公共政策实践中,由于种种原因,公共政策存在着目标不明确、目标间冲突、目标变更等问题。如许多地方出台的旧城改造政策,公开宣布的目标是促进城市发展、造福于民,更重要的目标可能是官员的政绩,这是隐含的但可能是真实的目标。这些目标之间可能是协调的,也可能是冲突的。政策目标分析必须弄清楚政策的真正目标是什么,主要目标和次要目标是什么,直接目标和间接目标是什么。

第四,分析"政策过程",即分析政策从制定到终结的整个过程的情况。主要涉及如下问题:谁是政策制定的倡议者,谁是决策的参与者,谁是政策相关者,谁促使政策的形成,谁是政策采纳的主体,谁负责政策的执行,谁监控政策执行,政策制定过程是怎样的,政策执行环境如何,政策执行过程怎样,政策监控制度和程序是什么,等等。

最后,分析"政策工具和保障政策制度"。弄清为实现政策目标所采用的具体途径、方式和手段;弄清政策过程的保障制度,包括政策制定制度、执行制度、监控制度和评估制度等。

(3)设计评估方案

评估方案是指导评估的蓝图,是评估实施的依据和内容。评估方案设计得是否科学合理,直接关系到评估的质量和评估工作的成败,因此,评估方案设计是评估规划中最重要的工作。一个完整、系统的评估方案主要包括评估对象和主体、评估目的和目标、评估标准和方法、评估程序和制度等。

在进行可行性分析后,可根据公共政策执行后的社会系统运行的参数变化等公共政策信息,形成评估指标体系,完成评估实施计划及落实人力物资准备。这样就可制定出反映公共政策效果运行参数的统计指标体系,指导资料收集过程。

在进行评估制度化及评估可行性与必要性分析的过程中,需要进行如下步骤:分析评估制度化和环境,弥补评估制度的缺陷,分析评估的可行性和必要性,确定评估的要点。一般来说,需要用到规范-差距分析技术、根源分析程序、对比分析技术、归纳演绎、因果分析、对比分析技术以及投入产出分析技术。

在制定评估方案的过程中,需要依序做到:首先,利用问题确认程序和根源分析程序对公共政策目标进行再认识与不断修正;其次,通过直觉法、类比法、枚举法、头脑风暴法、专家咨询法以及系统分析法,搜索确认原目标外公共政策效果;再次,运用层次分析法、专家评分法和德尔菲法构建评估指标体系;最后,形成评估实施计划。

(4)建立评估组织和制度

评估组织工作,主要是人、物、财等评估资源的配备和组织结构的建立。评估制度是评估工作顺利进行的保障,一般包括评估的组织制度、程序制度、监控制度、激励制度等。

2.评估规划实施

评估规划实施是评估主体实施评估方案的过程,主要有两个阶段:第一阶段是政策信息的收集。从某种意义上来说,公共政策评估的过程实施就是一个信息搜集的过程。在公共政策评估的实施流程中,很重要的一个环节就是要对搜集的公共政策信息进行去粗取精,去伪存真,对资料进行整理、分析、统计和处理,将完整地反映公共政策效果的定性和定量资料,进行单指标和多指标的对比分析,最后将评估指标解释为可供直接判断的考核结论。为了将公共政策效果的表现量化或转化为指标描述,公共政策评估执行者可依据评估实施计划开展资料收集,信息大致包括反映公共政策运行后社会系统所必需的各参数资料。信息收集是政策评估的基础,政策评估的实质就是政策信息的收集与处理。政策信息主要包括政策系统、政策过程、政策影响和政策效果等方面的信息。这些信息可以分为两类,即主观性信息和客观性信息,如政策效率和民众对政策效率的认知,前者是客观性信息,后者是主观性信息。政策信息的来源有一手信息资料(如社会调查收集的信息资料)和二手资料(如各种政策文献资料)。在依据评估实施计划收集所需资料的过程中,需要通过实验法、常规资料提取法、社会调查法和意向论证法进行资料收集,在资料收集过程中要注意控制资料的质量。不同信息来源和信息种类需要采取不同的信息收集方法,如一手资料信息的收集要采用观察法、调查法、个案法、准实验法等方法,而二手资料则要采用文献研究法、统计分析法等。

第二阶段是政策的评估分析。政策的评估分析包括由具体到抽象、由分析到综合的三个方面,即统计分析、逻辑分析和理论分析。统计分析就是应用统计分析的方法分析收集到的各种数据信息,使之易于理解并系统化,如对"民众支持政策情况"的调查数据进行统计分析,可以得出政策获得认可的程度。逻辑分析就是把统计分析的各个结果进行排序组合,分析它们之间的逻辑关系(如因果关系),如考察民众支持与政策执行效果的关系就是一种逻辑分析。理论分析就是对统计分析和逻辑分析的结论进行归纳、抽象,总结政策经验、教训和原则、规律的过程,这个过程也是对政策做出最终评价的过程。政策评估分析的各个阶段所采用的分析手段和方法有很大的不同,实践中要根据分析信息的特点和评估目标进行选择。

在综合分析公共政策信息过程中,需要进行常规统计描述和单因素、多因素综合对比分析。在调查资料的常规统计描述中,通常采用常规统计方法,并且运用单因素统计分析、多因素统计分析、对比分析、定性定量综合评价和多维度组合评价等方法进行单因素和多因素综合对比分析。

3. 评估终结

评估终结就是处理评估结果、撰写评估报告的过程。任何评估都是一个价值识别、确认和选择的过程,政策制定和执行者与政策评估者肯定存在不同的价值判断。这就要求政策评估的结论要有一个与政策主体、政策客体互动的过程,以发挥政策评估的诊断、监督、反馈、完善和开发的作用,使评估结果更具有可信性、有效性和可接受性。互动过程要求评估者说明评估的对象、目的目标、评估标准和方法、评估过程和最终结论,其形式可以是座谈会、讨论会、发布会、听证会、网评和社会讨论等。进行综合分析后,一般采用逻辑推导和因果分析方法,推导出评估结论,并撰写评估报告。主要是将评估结论整理成评估报告,得出对公共政策评估的优劣结论,提供确定公共政策取向的依据。评估报告要使用公共政策主体或委托人能看懂的语言和图表,由于面对的公共政策主体也可能有专家,因此也会提供一份使用专业术语的分析报告。报告的内容要能够反映公共政策的优劣,还要有问题产生的原因和对策建议,以利于公共政策的调整。

8.3.2 公共政策评估模式

公共政策评估作为整个公共政策过程的一个重要环节,其发展也呈现了新的趋势,公共政策绩效评估成为其研究热点,其理论研究也侧重于综合研究,强调跨学科研究,并逐步形成了自己独特的模式。西方学者韦唐以价值标准为基础,从政府干预的实质结果入手,将评估模式分为三大类:效果模式、经济模式和职业化模式。效果模式由一个相当大的、各不相同的团体组成,包括目标达成模式、附带效果模式、无目标模式、综合模式、顾客导向模式和利益相关者模式;经济模式的主要特点是关心公共政策的成本,它包括生产率评估和效率评估两种模式;职业化模式要求专业化非常强的某些具体公共政策,必须根据专家意见制定特殊的评估标准,其代表是同行评议模式,例如医生评估医生、教授评估教授等。

1. 效果模式

(1)目标达成模式

目标达成模式就是将预定的公共政策目标作为评估时所持的唯一标准。其包括三个步骤:首先,明确公共政策目标,将公共政策目标按照级别进行排序,并转化成可以测量的客体;其次,测定目标的实际可实现度;最后判断公共政策促使或阻碍预定公共政策目标实现的程度。具体公共政策评估操作中需要进行两个判断:一是公共政策是否在目标范围内取得预期结果;二是所看到的结果是否是该公共政策作用的产物。

目标达成模式有其特殊的优点:一是简单性,它是一种最简单、最直观的公共政策评估模式,便于使用;二是体现评估标准的客观性,以其特定的公共政策作为评估的标准,以目标来判断项目结果;三是体现了公共政策目标制定的民主性,因为预定的公共政策目标都是在充分考虑了民众利益和可利用资源的基础上制定的,并且在人民代表大会上依据法定程序通过的,所以充分体现了公共政策过程的民主性。

由于目标达成模式将一个复杂的公共政策评估问题简单化,所以难免会有一些缺点:一是公共政策目标难以界定,不易判断公共政策目标的可操作性;二是一项公共政策往往含有多个目标,目标的主次、目标间的冲突等都会给目标实现情况的评估造成困境;三是忽略了公共政策实施后出现的非预期效果;四是忽略了公共政策的实施过程。

(2)附带效果模式

一项公共政策实施后将会在目标范围之内、目标范围之外出现许多预料不到或不希望出现的结果,目标达成模式只关注目标范围内取得的结果,附带效果模式很好地补充了目标达成模式的缺陷,给予非预期的公共政策效果以关注。附带效果产生于目标范围之外,没有预先规定衡量标准,因此对于附带效果模式的评估采取什么样的标准到目前为止是一个难题。通常来说,可将附带效果列举出来,留给委员们和其他评估的使用者去明确它们的价值。

(3)无目标模式

无目标模式对公共政策的效果持广阔的视角,要求评估者全面观察公共政策实施,全面关注结果,特别是一些容易被忽略的结果。

要理解无目标模式,首先应该对其与附带效果模式的区别加以注意。附带效果模式仍然以预定目标为基础,同时强调对各种附带效果加以考察;而无目标模式则完全抛开公共政策的预定目标,关注的焦点是公共政策结果,并以此来评判公共政策的价值。

可见,无目标模式是在一种较为自由、没有目标约束的情况下开展评估的,具有全面考察公共政策实施的方方面面的作用,因此,其应用领域很广泛。但是,在具体操作中,由于它完全放弃了评估标准和预定目标的绑定,只依赖于决策者和权力使用者的公正判断,影响公共政策评估的客观公正性,因此,在实践操作中存在难度。

（4）综合模式

综合模式是将公共政策的前期准备、实施、公共政策取得效果等阶段都纳入评估范围。综合模式的评估范围比目标达成模式宽泛，它不仅关注公共政策结果，还关注公共政策的计划和公共政策的执行。在评估过程中，对运行公共政策的各个阶段进行描述和判断。需要描述的内容有两项，即各阶段目标和现实情况；而判断则要明确评估标准，然后把目标、现实情况与评估标准进行比较，进而得出评估结论。

相比其他评估模式，综合模式有两个优点：一是公共政策的制定和落实过程都属于评估范畴，因此评估结论能够很好地反映决策民主化程度以及公共政策执行程序的公正、公开、公平性；二是对公共政策实施后出现或不出现某个结果的原因能够给予较好的解释。当然，综合模式的瓶颈也很易见，如只关注官方的具体目标、不重视成本、实际应用存在困难等。

（5）顾客导向模式

顾客导向模式将项目干预对象的目标、期望、关心甚至需要作为评估的组织原则和价值准则。顾客导向模式的精髓就是以公共政策的受众者——顾客为中心，关注顾客的需求。顾客导向模式的特殊之处是首次从顾客的视角来关注公共政策评估，按照顾客需求满足与否来进行评估，将公众意识反映到评估结论中。顾客导向模式体现了民主与参与，顾客处于主动位置，可方便地对服务供应者表达他们的需求，在一定程度上对服务质量施加影响，同时，也可使公共政策制定者洞悉顾客的需求，清楚公共政策的走向，这极大地方便了公共政策制定者的工作，使顾客和公共政策制定者都达到了自己的要求，是一个双赢的方式。

当前，顾客导向模式在西方得到了广泛的应用，尤其在涉及向公众提供公共物品与公共服务的公共政策范围，如公共交通、绿化、环保等。一般情况下，开展顾客导向模式的评估，首先要进行顾客定位，接着确定评估样本，最后统计分析调查结果，得出评估结论。一般而言，顾客导向模式没有给出需要调查内容的范畴是什么，获取顾客的看法和需要会花费大量的时间，此外，顾客的价值标准注定是个人利益优先原则，因此，顾客是上帝这样的观念不能完全带入公共政策评估中，所以顾客导向模式需要和其他模式综合使用。

（6）利益相关者模式

"利益相关者"一词在公共政策评估活动中是指所有对公共政策的目标和执行感兴趣并对其具有影响的团体和个人。韦唐认为利益相关者包括：公民，即在国家政治系统中有权选举各级决策者的人；决策者，即负责决定各种公共政策是否要制定、继续实施、终止、暂缓执行或取消的政府官员；不同政见者，即对某项公共政策持不同意见的人；主管官员，即负责公共政策实施的各级官员；独立中介机构，即对于公共政策实施，在某方面负有责任的非政府组织；顾客，即公共政策调节的对象；交叉部门，即实施公共政策所涉及的其他政府机构；竞争者，即与公共政策执行部门竞争有限资源的机构或组织；大环境中的利益相关者，即实施一项公共政策的大环境所涉及的组织、团体、个人及其他单位；学者，即从事公共政策相关内容研究的人员。

利益相关者模式是在顾客导向模式的基础上发展起来的，它的运作程序与顾客导向模式类似。它们的主要区别在于顾客导向模式所关心的对象是受影响的一组利益团体，而利益相关者模式所关心的是所有对象。

利益相关者模式具有以下优点:评估者通过与利益相关者的交流,可以解决缺少专业知识的瓶颈;通过综合考证各种公共政策评估的相关因素,最大化地反映了现实情况;多方面地反映了利益相关者的意见,公共政策建议具有可操作性。

同样,利益相关者模式也存在相应的缺陷:一是由于收集全方位的信息,耗费大量的人力、物力、财力,真正实施起来很不容易;二是利益相关者的定位还很难确定,造成了操作的随意性,进而影响到评估结论的权威性;三是利益相关者大多会过度关注自身的利益,它们之间的利益冲突在所难免,调和起来较为困难,公共政策评估也会由于相关方各执一词而陷于困境。

2. 经济模式

经济模式是在公共政策评估中应用经济学方法,充分关注成本的一种公共政策评估模式。一般来说,经济模式可分为生产率模式和效率模式。

生产率模式一般是以产出与投入的比率为模式。韦唐提出判断生产率高低的十条准则:一是过去,即已经取得的生产率和过去的相比较;二是国内比较,即统一国家或行政区域相似组织间生产率的比较;三是国际比较,即不同国家相似组织已得到的生产率的比较;四是水准基点,即和过去最好的经验相比已取得的生产率如何;五是目标,即已取得的生产率是否符合政治主体的目标,这个结果与政府的目标是否一致;六是顾客期望,即是否满足顾客的需要;七是利益相关者期望,即是否满足利益相关者的需要;八是职业准则,即生产率是否符合已被接受的职业准则;九是最小化,即投入的成本是否满足最小化的要求;十是最优化,即生产率是否与最优化模式一致。

效率模式一般指既定的投入水平下使产出水平最大化。效率模式可以从两方面分析:成本-收益分析和成本-效能分析。在成本-收益分析中,项目的投入和产出都用货币单位测量;而在成本—效能分析中,投入用货币单位,而产出则根据真实效果计算。

经济模式存在两个明显的优点:一是它把成本及公共政策投入作为一个重要指标纳入评估范畴,克服了其他效果模式忽略成本的缺点;二是经济模式在现代公共政策评估中因为数字的准确性而广受推崇。由于经济模式侧重于定量评估,其对公共政策的社会影响、象征性的效果、软目标以及公正民主的价值取向等无能为力。

3. 职业化模式

职业化模式是指聘请在该领域或相近领域工作的专家,运用其专业修养,根据他自己的评价准则和执行的质量标准来评估其他人员的执行情况。职业化模式主要应用于公共活动中的一些目标较复杂、技术难度大的领域,主要是指同行评议。同行评议突出对评估对象进行全面的质量判断。实施同行评议主要选择具有丰富专业知识的专家,同时,评估者应该认真考虑被评估者的意见,给予较为公正的评估结论。同行评议能够以专业的视角,简单快捷地进行评估,并且从宏观层面评判公共政策的间接效益和公共政策效果的潜在性质,具有高瞻远瞩的气魄;但是,同行评议也存在着透明度和监管力度不够等不足之处。

8.4 我国公共政策评估的发展与完善

公共政策评估在某种程度上反映了政府的意志,用戴伊(Thomas R. Dye)在《理解公共政策》一书中强调的事实来解释:公共政策评估中一个很大的问题就是评估的重点、方向甚至结果往往都走向政府一方。我国政府作为公共政策的制定者和评估者,在面对公共政策的合理性和合法性的内在要求时,常常处于两难之中。近年来,由于公民参与公共政策制定的热情不断高涨,我国公共政策评估也获得极大的发展,在公共政策评估中普遍采用了公共利益原则、民主原则、可行性原则、权变原则、信息真实与完整原则和优化原则,获得了不错的评估效果。但是,影响我国公共政策评估的因素很多,诸如公共政策目标的不确定性,公共政策影响的广泛性,公共政策主体有关方面人员的抵制,评估者主观动机上的错误,公共政策信息系统不完备,公共政策评估所需经费获取不易,决策目标的意识形态性、公共政策资源的混合和公共政策重叠,等等。这些都导致我国公共政策评估还有很多需要改进和完善的地方。

8.4.1 我国公共政策评估的现状

1. 以政府的非营利性评估为主导、以民间营利性评估为主体的评估体系逐步完善

目前我国各级政府基本都已设立公共政策研究室,承担了政府公共政策评估的大部分工作。与此同时,各大专院校和科研机构的专业人员相互推动,不断结合公众自发的议政主题,逐渐形成社会舆论的热点,进而形成了公共政策评估的一种主体,如天则经济研究所等。新闻媒体和人民大众参与公共政策评估的热情也开始高涨。比如,央视一套每天晚上黄金时间推出的"焦点访谈"栏目常常深入调查某些公共政策,并邀请专家对公共政策做出评价。许多网站也常开辟专栏请网友就某些公共政策发表看法。可以预见,将有越来越多的媒体关注公共政策评估。我国现有 2 500 个左右官方、半官方的思想库,民间思想库也开始出现并成长,如 1993 年成立的著名经济学家茅于轼为首任所长的天则经济研究所和李凡的世界与中国研究所,2002 年由吴敬琏、江平发起和创立的法律与经济研究所。民间思想库大多从公平出发,为民间立言,如天则经济研究所秉持"独立""社会的良心"的信条,既不依托单位,又不取媚企业,力求独立地做出判断。但毕竟我国当前独立的民间思想库数量甚少,难以产生较广泛和深入的影响,而且还没有建立行政与专业人员组成的专业公共政策评估机构。

2. 创造性地开展了公共政策评估的试点

试点就是公共政策的制定者与执行者直接见面,从实践中获得公共政策效果的第一手资料,并及时对公共政策措施加以调整和完善的过程。它将西方国家公共政策评估一般程序中的预评估环节后移,把通常的事中评估或事后评估环节前置,经过局部试验发现偏差及时纠正,避免了未经试验就大面积铺开可能带来的损失。这符合现代公共政策决策理论中以最小的耗费取得最大收益的成本收益原则。通过对公共政策执行过程的实地监测,系统收集公共政策实施所带来的社会经济变化和公众对公共政策的反映,对公共政策目标和公共政策措施的有效性、可行性进行实际检验。试点这种在实践中对公共政策进行评估的方式有诸多优越性,但也有一定的局限性。一是试点单位的选择有无代表性,能否包括公共政策执行在面上铺开后可能遇到的各种复杂情况;二是在进行试点时投入的人力和工作量在面上铺开时有没有可能做到;三是试点时往往有重要领导人亲自指挥调度,可支配的资源包括资金和物资支持比较充沛,在面上铺开时有无可能获得相同的条件;四是公共政策执行的外部环境有无变化。因此在试点时可行的公共政策在面上不一定可行,在试点中有效的公共政策在面上铺开时不一定有效。这是在多年的公共政策实践中所得到的经验教训,对此应有清醒的认识。试点与其他科学的公共政策评估方法结合进行,取长补短,相辅相成,有利于提高评估的质量,取得更加理想的效果。

3.公共政策评估符合渐进式公共政策模式的需要

改革开放后,随着公共政策实践的深入开展,科学的公共政策对经济社会发展有巨大的推动作用,政府层次日益重视公共政策评估对决策科学化、民主化的重要作用,并鼓励在公共政策实践中开展公共政策评估工作。政府出台的一些重大基本公共政策,比如国企改革、政府机构改革、金融制度改革等,都要经过专业研究机构和人员的深入调查研究、充分论证,先试点再评估后调整,然后才深入实施。一些重大项目的建设也充分重视了公共政策评估。比如三峡工程的可行性论证,专家学者的反复论证起到了举足轻重的作用。2000年,中国工程院组织涉及地理、地质、气象、水文、农业、林业、水利、社会经济等学科的43位两院院士和近300位院外专家,就"21世纪中国可持续发展水资源战略研究"咨询项目进行研究,经过一年多的紧张工作,向中央提出9个专题报告和一份综合报告,必将对中国水资源战略公共政策产生影响。再如,在2008年北京奥运场馆的建设过程中,经过许多专家的科学评估论证,对最初的建设方案给予及时调整,不仅提高了奥运场馆的建设水平,还节省了大量的宝贵资金。

8.4.2 我国公共政策评估存在的问题及原因解析

我国公共政策评估还有很多需要完善的地方,总体来说,公共政策评估的发展在全国呈现出发展不平衡的状态。中央一级的公共政策过程比较规范,比如中共中央政策研究室、国务院发展研究中心等机构能较好地实现其公共政策评估的职能。在地方,公共政策研究组织的水平参差不齐,经济和社会发展水平较高的上海、天津等地方的公共政策研究组织能较好地实现其职能,但落后地区和较低层级的公共政策研究组织则很难实现其公共政策评估的职能,这些机构在公共政策的评估过程中能否发挥作用及发挥作用的大小在很大程度上取决于领导者个人的素质。据调查,在地县级政策研究机构中,智囊型占30%,文秘型占20%,兼顾型占50%。由于地方公共政策研究组织无法有效发挥其公共政策评估的职能,长期以来,我国地方上的绝大部分公共政策是由领导者凭个人经验、凭想象、凭个人的主观偏好而选择的。由于没有有效的事中和事后的公共政策评估工作,也就无法鉴定领导者所选择的方案是否令人满意、执行部门的执行状况是否理想,也就无法及时纠正或终止不合理甚至有害的公共政策,这种有害的公共政策在实践中往往会造成重大的损失。目前在我国广大地方,按照系统的公共政策评估程序进行正式和规范的公共政策评估基本不存在。我国公共政策评估面临着很多问题,具体表现在评估主体、评估操作、评估支撑体系等几方面。

1.公共政策的决策者对公共政策评估缺乏科学的认识和认真的态度

公共政策的决策者往往视公共政策评估为可有可无的工作,能不评估的尽量不评估,迫于需要进行评估的,往往缺乏科学的态度和方法,甚至经常夹杂着种种不良的动机,有意识地夸大或缩小、掩盖或曲解评估中的某些事实,以求实现某种特殊目的。这种有意识歪曲评估的行为被称为公共政策评估的"主观误区"。主要表现为:以评估作为炫耀工作业绩的手段、歌功颂德的工具,对公共政策的负效应避而不谈,背离了实事求是的原则;以形式取代实质,使评估工作徒有虚名,仅具有形式主义外观,无法发挥公共政策评估应有的作用;借评估使效果不佳、绩效不良的公共政策合理化,以掩盖自己公共政策举措失当或无能,甚至借不正当的评估来诋毁别人;借评估以推卸应负的责任或将责任推给他人;借公共政策评估来证明客观资源不足是影响公共政策的主要原因,从而要求获取更多的公共政策资源等。

2. 公众参与公共政策评估的意识、能力和参与渠道存在不足

我国的市民社会还未充分发育,公民整体素质不高,参政议政意识不强、能力不足。代表较低阶层和行业公民利益的团体不仅数量较少而且力量薄弱,难以发出自己的声音;传统官僚制行政管理体制形成的自上而下的金字塔形的等级模式造成了政府运作的封闭性特征,组织内所有的职位都按照权力等级进行安排,形成了一个自上而下的、等级严密的指挥体系。官僚制的这种层级结构特点就决定了它排斥外部评估,排斥公共政策制定和执行外的组织和公民的参与,使得广大公众的评估渠道不畅通。官僚制还容易形成政府部门决策与执行信息的垄断,使民众缺乏进行有效评估所必需的信息。此外,官僚制追求的是目的合理性而轻视价值合理性,追求效率而轻视对民众正当需求的关怀;我国政治生活中还较普遍存在着"人治"现象,公民参与评估常常被许多政府部门和官员当作负担和麻烦来对待。这都使得公众无法有效参与评估或使参与评估成为费力不讨好的事,大大减弱了公民参与公共政策评估的能力和热情。现实中像"听证会""公民调查"之类的方法鼓励公众参与,但也大多流于形式,因为决策权在管理者手中,充其量也只是作为从公众获取信息的一种手段。管理者经常需要从更具代表性的公众那里获得信息,但同时,他们又不希望同这些公众分享任何决策权力。

3. 专业的独立公共政策评估组织的发展满足不了公共政策评估发展的要求

当前,评估组织在我国数量较少,我国现有 2 500 个左右的思想库,几乎全是官方、半官方的,只有极少数是民间的,如天则经济研究所、世界与中国研究所、法律与经济研究所等。虽然民间思想库想从公平出发独立地做出判断,但其局限性也显而易见:首先,我国当前独立的民间思想库数量甚少,难以产生较广泛和深入的影响;其次,少量的民间评估组织因其独立性质而面临着经费短缺的窘境,迫使个别独立组织为了取得项目和资金而在一定程度放弃独立原则,决策机构和独立研究组织的关系很容易变成一种变相的雇佣关系,独立组织所做出的评估结论在某些时候也会迎合"雇主"失去客观公正性;再次,独立评估组织虽然在理论上可以摆脱决策机构的权力束缚,但因其地位缺乏组织制度的保障,导致其在评估实施过程中,在资料的收集方面可能遇到决策机构的干预。

4. 公共政策评估的操作在方式、标准和技术上存在桎梏

非正式评估是我国总公共政策和基本公共政策的主要评估方式,其使用的评估方法属于定性方法。定性方法侧重于用语言文字描述、阐述及探索事件或现象和问题。这种方法不涉及数字技术和方法,具有速度快、方便和直接的优点,能够使决策机构迅速掌握公共政策实施的情况,同时受政治气候和政府官员素质的影响较大,科学性、客观性难有保障。内部评估是我国当前一般公共政策和具体公共政策的主要评估方式,是由行政机关内部的工作人员进行的评估,是当前国内最主要的公共政策评估方式。但这种方式由于其体制性问题,难以保证公共政策评估的客观性。隶属于政府的公共政策研究组织所做出的评估结论往往受到上级机构的影响,难以做到评估结论的客观性。

我国公共政策评估标准的设立存在两大困境：一是评估标准设立的指导思想，过于注重考虑经济、技术因素，而相对轻视了政治、社会、环境等价值因素，在实际中造成了社会不公、环境污染等许多严重的社会问题，在实际评估过程中，应当十分重视意识形态以及道德的作用；二是在实际评估过程中，评估者习惯用原则判断来取代事实分析，但原则判断容易受评估者主体因素的影响，难以保证评估的客观性。

当前我国公共政策评估技术的研究成果还相对滞后，严重制约了我国公共政策评估的发展，也在很大程度上影响了我国政府运行与公共政策制定的科学化、高效化和规范化目标的实现，表现在：一是定性分析多、定量分析少，没有充分利用计算机、统计学、运筹学、计量经济学等方法和手段进行定量分析；二是在评估中总结分析多，但能用于指导未来决策的研究少，这样就无法真正发挥公共政策评估应有的作用；三是跨学科、综合性、多角度的研究少，局限于某个领域和某些具体公共政策的评估技术和方法，没有形成统一的用于公共政策评估的方法论基础。

5. 我国公共政策评估缺乏必要的法规和经费支持

一项公共政策从推行之日起经过多久应该进行一次法定的评估，评估的权限、程序及评估组织的资格、评估经费的来源、评估的条件限制等，都应在法律或规章中规定，以便保障评估活动的正常开展和评估的质量。由于我国公共政策评估发展的历史较短，又没有配套的制度和法律，使得目前的公共政策评估处于一种自发的状态，表现在：或是不评估；或是出于诸如"政绩""形象"的考虑，而推行的有名无实的空壳评估；或是对公共政策评估的意义有不完整的理解而进行的势单力薄的尝试；或是因缺乏评估正常进行所必需的各种资源（如资金、信息、知识等）而实施不科学的评估；或是对评估结果持随意态度，其被采纳与否完全取决于公共政策制定者的个体因素。这些行为不但造成政治资源的浪费，还会极大地影响政府部门和公众对公共政策评估的认识和接受，不利于公共政策评估的健康发展。

公共政策评估是一项复杂、系统的工作，需要投入相当的经费、设备和人力。在我国，评估经费的主要来源是政府拨款。但实际情况是政府多对公共政策评估的重要意义缺乏正确认识或出于自身利益考虑而抵制评估，使公共政策评估的拨款不能按时足额到位，在实际中也存在违反专款专用和截留评估款项等问题。即使有的机构愿意提供评估经费，也常常是试图影响评估结论。独立的公共政策评估组织或人员在不接受委托的情况下独立地进行公共政策评估，更是面临经费缺乏、举步维艰的窘境。许多评估实践证明：公共政策评估的功利追求和科学追求常常使评估者陷入两难处境。因此，评估经费短缺是我国公共政策评估的又一大难题。

8.4.3　探索解决我国公共政策评估困境的对策

以现阶段我国国情来看，公共政策评估究竟需要什么样的评估体制，才能保障科学的公共政策制定过程的顺利运行；科学的评估体制需对哪些方面做出明确要求；评估体制将如何指导评估的具体实施；公民的意志如何在公共政策评估中得到体现……对这些问题做出明确界定将是科学的公共政策评估的一个基本要求，也是专家学者亟待研究的课题。

公共政策过程包括了公共政策分析、公共政策执行、公共政策评估、公共政策终结等环节，这些环节是互为条件、互为制约的。公共政策评估因为聚集了诸多利益诉求的关系从而涉及公共政策过程的几乎全部环节,因此要实现公共政策评估合法性与合理性的全面提升,就要注意公共政策过程中诸多环节间的平衡。中国地方性公共政策实践中不乏忽视评估环节的现象,同样,把评估作为摆设走过场的例子也不在少数,要保证公共政策的合法性与合理性,就要保证公共政策的制定、评估及公共政策终结的科学化,并保证多方利益在公共政策过程中都能得到体现和充分考虑,建立合乎我国国情的公共政策评估体系。

1. 构建多元的评估主体,实现公共政策评估的系统化

在公共政策评估过程中,公共政策评估主体应该涵盖政府、科研机构、高等院校、社会团体、企业集团、民间研究组织以及民众等与公共政策密切相关的群体。公共政策评估参与主体应具有广泛性和代表性,不论是持正面的评价还是负面的看法的群体都要包括在内。作为公共政策评估参与主体的代表,应该遵循制度化的选举程序,由公开、民主的程序选举产生。而与公共政策执行者有利益关系的公共政策评估参与主体,根据具体的实际情况,按照有关的公共政策评估法规、制度决定是否应该回避。在公共政策评估过程中,政府机关、党的组织、人大代表、政协委员、利益相关组织和公众代表、专业评估组织的专家,都可以进行充分的意见表达,这些代表也可以交叉询问,最后由各级政府设立的公共政策评估局或由评估局委托独立的民间公共政策评估组织根据讨论的结果做出公开的结论。

其中,尤其要注意保证利益相关组织和公众代表产生方式的公正性,为使他们的观点具有真正的代表性,代表与被代表的公众之间需要进行充分的交流,否则,代表无从真实反映被代表人的利益。公众是公共政策直接作用的对象,他们对公共政策的执行效果有着最真实最深刻的体会,因此,尤其要重视公众满意度的测评,赋予公众参与评估的权利。

公共政策评估主体的多元化取向可以使不同评估主体互为补充,尽可能地保证科学、公正、真实的公共政策评估。一方面,使评估结果能更客观地反映公共政策实际效果,从而对公共政策做出必要的调整;另一方面,能使被评估项目的负责人通过评估更多地了解公共政策的管理对象,把评估结果能够整合到公共政策的制定和执行中。

2. 努力提高公共政策评估组织的独立性和专业性

公共政策评估组织的独立性是公共政策评估科学性和客观性的保证。保持公共政策评估组织的独立性甚至比建立公共政策评估组织更为重要。纵观公共政策评估水平较高的西方国家,都有相对独立和完善的公共政策评估组织,政府和民间都有许多评估机构,这些机构拥有大批职业的公共政策评估人员,他们独立地开展公共政策评估工作,在这方面,国外的一些经验值得借鉴。针对我国公共政策评估组织的现状,可以从以下几个方面进行建设。

(1)努力提高官方评估组织的自主性和专业性

目前我国党政部门已存在不少公共政策研究组织,比如中央一级的中共中央政策研究室、国务院发展研究中心以及各级地方政府设立的政策研究机构等。根据我国实际并借鉴国外经验,要整合组织的力量,从中央到地方设立一套专门的公共政策评估系统。可考虑从国务院到地方政府设立公共政策评估局,专门负责对公共政策进行评估。评估局工作人员应由具备一定评估资格的专家、学者组成。评估局要制定公共政策评估实施纲要,并在纲要中阐明公共政策评估的基本程序和实施步骤,并严格以纲要开展公共政策评估。评估局还要及时通过各种途径向社会公布评估报告,接受公众监督。

（2）大力发展民间的公共政策评估组织

应大力发展民间公共政策评估组织的原因在于：首先,只要存在官僚等级制,官方的评估人员必然会或多或少地受到上级的压力。评估组织是保证公共政策评估结果客观性和公正性的必然要求。民间评估组织地位中立,更能够保持客观、公正的态度。其次,民间公共政策评估组织便于吸收专门的评估人才,其专业性质能保证公共政策评估的科学性。再次,民间公共政策评估组织的社会关系广泛,更能接近群众和直接听取群众的意见和呼声,因而可以听取到官方评估组织无法获得或出于自身利益而想回避的信息,真正把群众满意不满意、群众高兴不高兴作为公共政策评估的重要依据。

决策机构要特别重视民间公共政策评估组织的发展,积极倡导全社会共同关注民间公共政策评估组织的发展,为其发展壮大提供良好的外部条件。设立优秀评估奖励制度等配套措施,对于民间公共政策评估组织及其所得出的评估结论要定期进行评比,对于优秀的民间公共政策评估组织和评估结论要及时进行表彰,以便树立先进典型和榜样,引导民间公共政策评估组织沿着正确的方向健康发展。

政府在选择民间公共政策评估组织进行公共政策评估时可引入竞争机制,具体做法为：政府机关根据公共政策情况,制定可委托评估组织的资格和条件,采取招标的方式选择民间公共政策评估组织。要选择那些具有良好的社会声誉、在公共政策评估实践中能够保证公共政策评估结果的客观公正性、能够拿出比较合理和完善的公共政策评估方案的组织来开展公共政策评估活动,从而获得评估经费和扩大自身的影响力,促进自身发展。特别要注意赋予民间公共政策评估组织超然、独立的地位,保证其工作免受政府干扰,民间公共政策评估组织在人事管理上要独立。即使从政府得到公共政策评估经费,事先也应签订合同,规定民间公共政策评估组织与政府的关系是雇佣合同关系,而非行政隶属关系,这样就可以在一定程度上减轻"人情评估""奉命评估""形式评估"现象。

（3）加强专业评估人员队伍的建设

随着国民经济市场化进程的加速和政治体制改革的深入开展,特别是加入 WTO 以后社会经济运行与国际接轨,公共政策制定、执行的外部环境日益复杂,中国建立职业化的公共政策研究、规划、评估队伍势在必行。必须加强对政府决策人员和评估人员的教育、培训,使其掌握公共政策评估的科学理论和相关技术方法,尽快从"外行"变成"内行"。应在有条件的高校中逐步设立公共政策评估专业或开设公共政策评估课程,逐步为公共政策评估培养和培训人才。可以设立公共政策评估师职业,大学毕业生或社会人员必须经过专门的学习并通过考核才能成为评估师；要采取措施提高公共政策评估组织的地位和人员的待遇,制定完善的职业保障制度,提高公共政策评估组织的吸引力,鼓励和吸引公共政策分析专业人士到公共政策评估组织任职；加强官方公共政策评估人员与非官方公共政策评估人员的交流和合作,官方公共政策评估人员在获取公共政策的内部信息方面有优势,而非官方公共政策评估人员更容易获取公共政策评估的外部信息,两者的交流与合作有利于最大限度地实现信息共享、互通有无,有利于把理论评估与决策现实有机地统一起来。

（4）加强对评估人员的职业道德教育

要加强对评估人员的职业道德教育,提高他们的职业道德素质,这是实现评估独立性的内在因素。要采取灵活多样的有效方式,使公共政策评估人员充分认识到公共政策评估工作对党和国家各项事业的重要意义,从对全社会负责的高度来看待公共政策评估事业,增强他们对公共政策评估工作的责任心和自豪感;认识到公正、客观地进行公共政策评估的重要性,树立他们坚持独立评估的良好意识,自觉抵制与国家法律、公正精神和职业道德相违背的错误行为。

3.通过加大宣传力度增强人们对公共政策评估及其意义的认识

我国政府每年在公共政策制定和公共政策执行环节上耗费大量的人力、物力、财力,然而却很少有政府或组织去关注公共政策评估,相应地在公共政策评估环节上的投入也明显不足,远不能满足实际评估的需要。究其原因,主要在于人们对公共政策评估的意义缺乏正确的认识,没有认识到开展公共政策评估的积极意义和必要性。因此,要推进公共政策评估在我国的发展,必须首先解决思想认识上的偏差。

(1)要加大宣传和教育力度

各级政府和公共政策评估工作者要利用各种媒介包括网络、电视、报纸、杂志、会议等渠道加大宣传和教育力度,让全社会,尤其是公共政策部门充分认识到公共政策评估的意义。要使人们认识到公共政策评估对于公共政策过程而言不是可有可无的环节,而是必不可少的一环,不仅有助于公共政策部门认识公共政策的特点、优劣和成效,监督公共政策的执行过程,补充、修正和完善公共政策,而且有助于开发公共政策资源,增强公共政策效益,从而在思想上予以重视并采取相应的行动。

(2)必须端正对公共政策评估的态度

改变那种把"评估"视为"评优"或"歌功颂德"的错误观念,正视评估的批判性功能。与评估有关的各方人员和机构应充分认识到,公共政策评估的结果是通过系统化的工作,以客观信息资料为主要依据的分析结果。这种结果一方面有可能与各方的主观认识有很大差异,另一方面也存在着对公共政策评估或好或坏两种可能。因此,要使各方人员从心理上做好准备,能够理性地接受评估分析的现实结果,避免评估结果与自己的主观认识产生偏差时拒绝接受和消极抵制评估结果。应本着发现问题、解决问题、改进公共政策系统、提高公共政策质量的态度,坚持全面客观、公正公平地做好公共政策评估工作,以求最大限度地发挥公共政策评估的建设性功能,为实现决策的科学化、民主化服务。

(3)应认识到推进我国的公共政策评估事业需要长期不断的探索

由于公共政策评估受到各种主客观因素的制约,它的开展面临重重困难,这种情况在世界各国也很普遍。为此,我国的公共政策评估工作既不能停滞不前,也要避免急于求成。公共政策科学的研究者要加强对公共政策评估理论的研究。实践需要正确的理论加以指导,开展公共政策评估同样需要评估理论的指导。中国的公共政策科学自 20 世纪80 年代以来获得了快速发展,在许多领域都取得了明显的成效。然而在政府公共政策评估的规范性和效率研究领域,特别是在评估方法体系的建立和完善方面的研究还相对滞后,严重制约了我国公共政策评估的发展,从而在很大程度上制约了我国政府运行和公共政策制定的科学化、高效化和规范化目标的实现。因此,建立规范的、成体系的、与社会主义市场经济相适应的公共政策评估体系,特别是公共政策评估标准体系、分析方法体系和规范的评估程序体系,就显得相当迫切和必要。

4.加强公共政策评估的制度化、法律化建设

在我国这样一个组织庞大、法治意识相对淡薄、法律体系还不完善的国家,各方利益的博弈使得制度和法律在公共政策评估中的作用显得尤为重要。发展公共政策评估事业除了思想上的软约束外,还需要辅之以制度法规的硬约束。公共政策评估的制度化和法律化建设是使公共政策评估工作真正纳入公共政策过程的必要保障。公共政策评估的制度化、法律化建设主要包括以下内容。

(1)实现公共政策评估的程序化

要通过法律和制度规定的途径实现公共政策评估的程序化。应借鉴国外经验制定适合中国国情的关于公共政策评估的法律法规、制度规章,把公共政策评估列入公共政策过程之中。比如在1978年,美国国会通过《公共政策重新审议与评估法案》,规定大多数政府发布的公共政策至少每隔十年要按期重新审议立法,以决定公共政策是继续执行,还是修正或终结。如除了象征性或符号性的公共政策外,事关人民切身利益的公共政策都要进行程度不一的评估;一项公共政策从推行之日起经过多长时间应该进行一次法定的评估;评估的权限、步骤;评估组织的资格,即由谁来实施评估;评估中遇到的问题应通过什么样的途径来解决等,都应在法律或规章中规定。公共政策评估的程序化有利于保障评估活动的正常开展和评估的质量,有利于高水平、及时地检验公共政策效果。要保证多样化的公共政策评估方式落到实处,保证公共政策评估不失真,政府还应该通过行政法规的形式,规范公共政策评估主客体的权力和责任,规范公共政策评估主客体的相关行为,使公共政策评估真正落到实处,促进公共政策科学化。

(2)重视评估信息的反馈和评估结论的消化、吸收

要对公共政策评估所得到的公共政策成败性质的结论深入分析其根源,决策者或执行者应负责任,不能逃避责任,非其责任的则不能将失强加到决策者或执行者身上,有功的要进行奖励和宣传。总之,要将公共政策评估结论与相关人员的奖惩直接联系起来,真正实现公共政策过程中的权、责、利相统一。评估结论不仅提供有关公共政策的长处和改善的机会信息,还要提供公共政策的弱点和不足信息。这些信息应该用于为重新评价、调整公共政策目标和后续公共政策的制定服务,以便能及时改进、修订和补充公共政策的内容,使整个公共政策过程形成良性循环,从而消除公共政策评估中的盲目状态和主观随意性,使评估真正起到改进公共政策系统和提升公共政策质量的作用。

(3)提高公共政策评估的透明度

除了必须保密的公共政策由国家法律或制度明确规定外,其他各项公共政策的评估结论都要向公众做好宣传、解释工作。要公开公共政策的具体规定、界限,公开办事程序、办事机构和办事人员,鼓励全社会对公共政策评估活动实施公开监督。在这个基础上,努力形成稳定正常的社会心理环境,提高对公共政策执行后果的社会承受力,减少公共政策评估可能带来的负面作用,形成上级工作监督、公众舆论监督、公共政策对象投诉等一整套完善的办法,建立专门的信息反馈渠道,防止报喜不报忧的公共政策评估信息失真现象。为了防止公共政策评估过程中的封闭性和神秘性,有必要让大众传媒介入,从而形成"鱼缸效应"。

(4)健全公共政策评估的投入机制

设立专门的公共政策评估基金,同时设立公共政策评估资金的筹措委员会,利用民间

资金和国外资金促进公共政策评估的研究和发展。此外,在现阶段评估中介组织尚不发达的时候,公共政策评估仍需要政府解决部分评估资金的来源问题。要针对具体的公共政策,将公共政策评估资金纳入公共政策投入预算中,以保障公共政策过程的连续性,使其不会因评估资金不足而终止。

(5)完善公共政策评估信息系统建设和信息公开制度

必要的信息是公共政策评估的基础,没有足够数量和较高质量的信息,就无法进行科学有效的公共政策评估。因此,完善公共政策评估信息系统建设和信息公开制度,做好评估信息的收集、整理、加工和使用工作,对于公共政策评估而言有非常重要的意义。由于公共政策资源的多元性、公共政策影响的广泛性和公共政策重叠现象的存在,要全面收集公共政策信息是一件非常复杂和困难的事情。因此,最好在公共政策过程的开始阶段就建立公共政策评估信息系统,对公共政策信息的收集、加工、交流、使用和保存进行理论研究和总体设计,以便改进评估系统,使评估活动更加科学有效。公共政策评估信息系统的核心任务是系统地记录有关公共政策问题、公共政策投入、产出和外部环境变化等方面的信息资料。具体包括公共政策问题和目标、投入某项公共政策资源以及分配情况、公共政策执行的情况、公共政策事实对公共政策目标群体所产生的影响、公共政策实施所造成的社会与经济变化、社会公众对公共政策的反映等。要积极推进政府上网工程,除了法律规定应予保密的信息之外,其他一切有关公共政策制定背景、执行情况、评估结论等均应通过网络或其他媒体及时向社会公布,最大限度地避免出现信息被截留、失真等不良现象,保证信息的全面、真实、客观和及时。建立和维护各级政府尤其是各级地方政府和部门的信息库,并自觉接受群众监督,通过各种途径完善政府的信息公开制度,努力建立覆盖全社会的、快速的信息反馈网络。建立信息网络系统可以最大限度地实现决策中心、评估组织和社会公众之间的有效沟通,提高决策的科学化与民主化。应赋予公共政策评估机构一些特有权力,比如,评估组织的人员可以对国家机构的任何地方和任何材料(涉及国防和国家安全的除外)进行调查,以便获得必要的信息。

(6)建立内外部评估制度

根据我国目前的情况,实现科学的公共政策评估需要建立完善的内部评估制度和外部评估制度,规定重要公共政策的执行过程和执行结果要进行内部评估和外部评估,以便对公共政策的效果做出符合实际的判断和分析。内部评估系由公共政策制定部门的评估者所完成的评估,具体分为操作人员自己实施的评估和由机构中专职评估人员实施评估两种。外部评估系由公共政策制定和执行机构外的评估者所完成的评估。外部评估方式多样,有受委托进行的评估,有投资或立法机构组织的评估,有研究机构、舆论界、社团、公民等组织的评估等。外部评估常常不带偏见,评估者的地位比较超然独立,其评估结论一般比较公正客观,有些专门评估组织的理论和实践水平也比较高,可以较好地保证评估结果的科学性。在具体的公共政策评估中可以很好地将内部评估和外部评估结合起来,进行有效的公共政策评估。

另外,还要依法构建相应的问询制度,作为社会组织和公众有权依法问询根据有关法律法规不需要保密的所有信息,而被问询的机构和成员必须依法根据有关制度和程序做出回应,并且也要对所公开的信息的真实性和完整性负责。

5. 引入先进的评估理论、方法和技术

科学的评估方法和技术是公共政策评估有效开展的技术支撑,评估方法的正确选用是非常关键的,同样的数据资料如果选用不同的研究方法完全有可能导致截然相反的评估结论,因此应充分重视运用科学有效的公共政策评估方法和技术。长期以来,我国的公共政策评估工作主要是判断公共政策实施后的效果是否与制定公共政策时的目标相一致,缺乏先进的评估理论、方法和技术。要解决这一问题,应该借鉴国外先进的评估理论和实践经验,引入科学的评估方法和技术。在20世纪70年代,国外的公共政策评估者就应用各种方法开展了许多成功的评估,包括定性案例研究以及社会政治作用的成本效益分析与定性、定量和成本数据相结合准实验方法(Quasi-experimental Approach),甚至包括实验室的实验。开展公共政策评估比较常用和有效的方法有前后对比法、成本-收益分析法、对象评定法、统计抽样分析法、模糊综合分析法、专家判断法、自评法等。在引进国外先进理论、方法和技术的同时,更为重要的工作是如何消化、吸收和结合我国的国情来运用这些先进的方法、技术。正如某些学者认为的那样,现在中国最大的问题不在于是不是应该引进西方先进的公共政策理论,而在于如何使这些理论本土化,并迅速地普及这些先进的理论。但同时我们需要注意,我国有自己特殊的政治体制和政府运行环境,对公共政策评估理论建设及具体实施起着决定性的作用,在这一点上我国与西方国家有明显的不同。因此,公共政策评估的理论研究必须同我国特殊的国情相结合,立足于理论的本土化。

6. 在公共政策评估中引入公共政策网络理论

在我国的公共政策制定和公共行政领域进行协商式的民主或者建立网络化的公共政策结构是有可行性的。在公共政策制定、分析的全过程中引入除政府机构、人大和其他正式团体性力量之外,包括个人以及非公有制经济因素等在内的监督主体、管理意见提供者、公共政策效果的评估和维护者,对于公共政策实践也是有益的。可以预想到的是在未来的某个阶段,当民主化平台建构到了可以形成理性化、高度秩序化和合法化利益诉求的要求时,公共政策分析和评估阶段就有可能会超越基于独白化的官僚制思维,真正提高评估的质量和效率。

公共政策网络下的公共政策评估可能会因为太多声音的融入而显得没有效率,但多元化的参与是对公共政策合法性的提升,更是对公共政策结果的更高效(益)保障。公共政策网络是建立在没有唯一优势组织和活动方式的、视情景需要组织间相互替代和协调的基础上的,因此,需保证政府与公民权利间的均衡,建立公共能量和公共政策网络化的话语平台,保证各方力量对公共政策评估的参与、分析和监督。话语理论要求对公共政策全过程的参与,这种参与是包括了制定、执行、评估在内的不断的对话过程,需要政府、社会和其他参与者间建立一种相互信赖的、正当的对话机制来解决公共政策中的问题,必须摆脱官僚体制的影响,包括信息沟通不畅和官本位等习惯性思维。在评估过程中,应使评估主体、客体和情景间建立一种良性互动和反应机制,这既是对评估合法性的维护,也是提高评估效率的途径。

公民政治参与意识和水平的提高是一种良性、理智的提升,如政府电子政务的推广,就要求广大网民积极参与、献言献策,既能提高评估的效率,又能降低行政成本,是提高行政效率的良好途径。

7.我国公共政策评估应坚持积极稳妥的方针

在我国,民众政治参与认知水平普遍较低,对行政体制改革进程的配合度不够,这就决定了不可能在全国范围内一蹴而就地推广整齐划一的公共政策评估体系,而应因地因时制宜地把地方成功经验推广开来,促进政府与民众间的平等交流,变要素评估为系统评估,变单纯的绩效评估为地方治理理念。

从理论上讲,公共政策评估的时机应在公共政策执行结束后,因为这时的公共政策效果已经完全显现,可以更好地总结经验教训,为以后更好地决策服务。但是,现实中这种做法却不可取。一方面,很多公共政策具有长期性的特点,部分长期性的公共政策甚至没有明确的执行结束终点;另一方面,公共政策评估的一个重要目的就是为确定公共政策去向提供依据标准,而在公共政策结束后再进行评估就无法实现这一目的。从系统论的角度来看,多数公共政策是对现行标的系统的一个干预过程,在实施干预的初期,公共政策实施的目标群体对新公共政策的认识和接受需要一个长短不一的过程,此时的系统处于动荡期,若进行评估可能会导致结论无法体现公共政策的真正效能。只有标的系统在公共政策实施的干预下经过一定时间的磨合后,公共政策效果才可能是公共政策实际效能的体现。因此,公共政策评估的时机应该是在公共政策执行之后,当公共政策效果开始有较为稳定的表现时开始。具体来说,实施范围小、公共政策措施相对单一的公共政策,通常需要一年时间即可表现出较为稳定的公共政策效果;实施范围较广、公共政策措施多样的公共政策,通常需要两年以上的时间才能使公共政策效能得到充分发挥;而一些具有战略意义的中长期公共政策,则需要五年以上的时间才能较完整地显现效果,并且其效能的发挥可能因社会环境的不断变化而不同,因此,对于中长期公共政策的评估应是一个多次的、不断修正的过程。

要做好启动评估的准备。公共政策评估涉及面广、关系重大,因此,在确定某一个评估项目的同时一定要做好充分的准备。首先要沟通与被评估公共政策相关的机构和人员,使之达成共识,以利于消除评估过程中的阻碍因素,获得最大的支持;其次,要搜集包括公共政策目标、效能效率、执行过程、综合影响等方面的充足的信息资料,以保证评估分析的依据充分;再次,要资金到位,保障评估费用;最后,要提出经得起各方推敲的现实可行的评估计划。

总之,要选择恰当的评估时机,评估活动要做好充分准备,以保障评估有条不紊地进行。开展公共政策评估是必要的,但也必须是可行的。要坚持积极而稳妥的方针,一方面要为开展公共政策评估积极准备条件,以利于公共政策评估的顺利开展;另一方面,要选择恰当的评估时机,在必要的内部和外部条件已经具备的前提下开展公共政策评估,以保证公共政策评估结论的科学性、客观性和公正性。

思考题

1.简述公共政策评估的含义。

2.公共政策评估的基本要素包括哪些?

3.简述公共政策评估的基本流程。

4.公共政策评估的模式有哪些?

5.试述我国公共政策评估存在的问题与解决对策。

案例分析

上海闵行："传感器"评估公共政策 "流水号"记录办事全程

公共政策好不好？正在搭建的"闵行区公共政策传感平台"有望给出确切答案。据闵行区消息，专事公共政策评估的这一平台将于年内启用，届时全区党代表、人大代表、政协委员以及社区干部、企业负责人中将有2 000余人成为"传感器"。在公共政策制定之初该平台就接收到政府部门提供的有关信息，并及时反馈意见，政府将据此决定某项政策的出台结果，不妥的政策可以当即叫停。同时，闵行区大联动中心也将在年内启用"流水号"管理系统，真实记录事务受理解决全过程。

"传感器"与"流水号"，均直指政府公共服务中易被忽视的环节——"无效公共服务"，这也是群众路线教育实践活动中闵行区着力根治的"毛病"。政府一厢情愿地制定公共政策，曾是许多地方的通病。区政府研究室一位负责人介绍，闵行区曾就一项针对困难人员的民生补贴政策听取相关人员意见，令职能部门意外的是，不少与会者当场告诉政府，这笔钱根本花不到"刀刃"上。细加推敲后发现，政策制定的部分环节出现了漏洞，导致政策即便推行也难以兑现，甚至成为新的负担。

而成立数年的区大联动平台，在后台集中诸多职能部门、形成一门式受理的同时，也暴露出缺陷：某一事项可能需要几次向平台反映，却缺乏统一的跟踪机制。市民如果打入3次电话，每次都需要将问题原委从头说起，办事效能大大降低。

"要公开我们跟群众接触的点，找到有效公共服务和无效公共服务的案例，找到政府反应慢、拖延、反应质量水平低的一个个点。"闵行区委书记孙潮在谈及践行群众路线时表示，向"无效公共服务"开刀，正是呼应群众对政府的严格要求。

此前，闵行区已在全国率先试行公共政策制定前评估工作，一年间推进9个区级层面的单项政策评估和1项政策社会稳定风险评估；对涉及超过1 000万元的重大财政支出或政策对象超过1万人（户）的重大政策，区里还明确评估步骤。评估邀请人大代表、政协委员、第三方机构人士等参与，在政策出台前充分讨论，个别尚不周全的政策即被叫停。

此番新增的"传感平台"则是评估机制的升级版。据介绍，闵行区将在全区范围内选取一批有典型代表性的企事业单位、村（居）委、社会组织、社会热心人士，以及各街镇社区事务受理中心、大联动中心、代表委员联络站、信访办等设置"传感站点"，公共政策制定完成后即启动"传感"，通过网站、移动终端等方式向"传感器"们发送有关信息并展开征询，形式包括填写实名调查问卷、线上征集意见、线下召开座谈会等；点对点的反馈意见均将被后台收集分析，并作为政策评估的重要依据。

而大联动平台中的"流水号"，则将全程记录政府部门的办事效能。根据设计，案件一经受理即生成可供查询的流水号，反映人或当事人在收到流水号1个工作日后，即可上网查询案件承办部门、办理时限等信息。区政府除明确涉事部门首问责任制外，还将启动督查机制，对流水号中发现的超时、办理不力等现象及时督查；纳入流水号管理的事项办理情况，也将纳入政府部门的效能考核。

"谁积极、谁推诿,都一目了然。"闵行区区长赵祝平表示,此举有望倒逼政府部门提升面对群众的办事效能;流水号系统中积累的大量数据,也将为政府公共决策提供指向。

(资料来源:上海政务网)

案例讨论题

1.简述公共政策评估的功能。

2.结合本章知识和上述案例,浅谈对这项公共政策评估的看法。

第9章 公共政策周期与终结分析

本章摘要

公共政策在经过政策评估之后,必须对公共政策是否继续实施进行判断,如果已经达成了公共政策的目标,或者由于其他原因导致公共政策无法实施,那么就应终结公共政策。在终结公共政策后,该公共政策就完成了一次生命周期;但并不是所有的公共政策只有一次生命周期,如果公共政策没有达成目标,需要对公共政策进行完善,则会出现新的公共政策,继续下一个周期,从而使公共政策出现螺旋式上升和发展的过程。通过了解公共政策周期与终结规律,可以科学地面对和促进公共政策的终结,正确地认识新的公共政策代替旧公共政策的必然性,从而促进公共政策的新陈代谢。

9.1对公共政策周期的基本知识进行概述,从公共政策周期的含义、分类、重要性、影响因素等方面进行讨论。

9.2围绕公共政策终结的含义、客体、方式、作用等方面展开讨论,探讨公共政策设计、公共政策问题等对公共政策终结的影响。

9.3介绍了我国公共政策周期和终结现状,对我国公共政策评估存在的问题进行了分析,并提出解决对策。

关键术语

公共政策周期　公共政策终结

9.1 公共政策周期

公共政策是一个运动的过程,经历了一个从公共政策制定、执行、评估到终结的过程,公共政策整个过程体现了公共政策的生命周期特性——在整个生命周期中,旧的公共政策渐趋终结,新的公共政策不断产生,如此循环往复、生生不息。

9.1.1 公共政策周期概述

1.公共政策周期的含义

所谓周期就是事物在运动、变化的发展过程中,某些特征多次重复出现,其连续两次出现所经过的时间。作为一个连续的行为过程,公共政策当然也有周期。政策过程就像一个"传送带",一个周期就是一个循环过程,多个周期连续的运动过程形成一种螺旋式的上升和发展过程,在多个周期中,前一个周期的终结就是后一个周期的起点,事物的后一个周期的起点也许是前一个周期的重复,也可能是前一个周期的否定之否定。

所谓公共政策周期是指公共政策经过制定—执行—评估—终结后形成一个周期。当这个周期结束时,新的公共政策过程又开始了。新的公共政策常常是在原有的公共政策基础上的延续,是为了适应新环境而对原有的公共政策进行修正或调整,从而形成新旧公共政策的交替循环。

2.公共政策周期的分类

公共政策周期一般可以分为政策的生命周期和政策的变动周期。

(1)政策的生命周期

政策的生命周期就是一个完整的政策过程,它指公共政策经历了从问题的认定到政策的出台,再经过执行、评估、监控、调整等环节,最终归于终结。这样的历程在理论上是可以独立存在的,但在实际政策活动中,各过程往往不是独立的,而是前后衔接、不断发展的。

公共政策的生命周期是最为常见的一种公共政策周期,该理论最初是由美国政策学家 C. O. 琼斯(C. O. Jones)提出来的,他在分析公共政策过程时,提出一种旨在合理、系统地考察公共政策制定与实施的分析框架,这种过程分析框架便构成了公共政策周期理论的雏形。琼斯认为,公共政策过程架构的基本要素有认知、界定、集结、组织、代议、规划、立法、拨款、执行、评估和终结等。他根据系统分析的概念,将公共政策分析过程分成五个阶段:问题认定、政策发展、政策执行、政策评估和政策终结,由此形成一个周期。安德森·布雷迪(D. Brady)和布洛克(C. Bullock)则认为公共政策过程有六个阶段:问题界定、政策议程设定、政策规划、政策采纳、政策执行和政策评估。而布鲁尔和德龙的五阶段又有所不同,这五个阶段是:公共政策问题的形成和认定、公共政策的制定、公共政策的执行、公共政策的评估和监控以及公共政策的变动和终结。公共政策的反复性变动周期是指公共政策在一定的时间范围内,同样或相似的公共政策现象有规律地反复出现。

(2)政策的变动周期

政策的变动周期是指公共政策在一定的时间范围内,同样获得相似的政策现象,并有规律地反复出现,一般与政策主体的周期更迭、客体的周期性变化、经济等外部环境的周期性波动以及人们的认识规律变化等有关。政策周期是有其内在规律的,政策经常表现为仿佛回到原来的出发点的"否定之否定的过程"。研究政策周期具有极强的现实意义,通过政策周期阶段化的研究,可以吸取经验教训,克服政策制定上的缺陷,确立政策制定的科学化和程序化,促进有中国特色政策制定体系的建构,提高政策制定的科学性。

从人类历史发展的角度看,公共政策周期是指公共政策这一社会政治现象所经历的产生、发展和消亡的运行周期。公共政策是政党、国家在一定历史时期为实现一定目标而规定的行为依据和准则。它本身有一个产生和发展的过程。在原始社会,生产力极为低下,没有剩余产品,没有剥削,为了协调人们之间的共同劳动,为了使社会生活得以正常进行,在原始氏族内部,已经出现了某种为氏族成员所共同遵守的行为准则,这就是原始的风俗习惯,它具有类似公共政策的功能,是公共政策的原始形态,被称为"准政策"。随着氏族社会的解体,阶级的出现,原来用以规范原始人群社会生活基本准则的风俗习惯——"准政策",无法适应新的社会共同体的需要。这时,伴随国家而来的是一整套官吏体系。它的一项重要职责就是将统治阶级在特定时期所要达到的目标规范转化为社会全体成员所必须共同遵守的行为准则，这种规范化了的行为规范和行为准则，就是现代意义上的"公共政策"。公共政策如其他事物一样，有一个发生和发展的过程。从时间上看，公共政策随社会的发展变化经历了其原始社会公共政策形态、阶级社会公共社会政策、社会主义社会公共政策这样一个发展过程；从公共政策自身来讲，公共政策的作用方向、决策形式等都有一定程度的发展。同理，如同阶级和国家一样，公共政策也是一个历史范畴，将随着历史的进程而灭亡。这是公共政策这一现象在人类历史上的生命周期。

结合我国公共政策实践可知，一个完整的公共政策周期应包括制定—执行—评估—终结这几个阶段。公共政策制定是核心，公共政策执行是关键，公共政策评估是对公共政策方案合理性的最具权威的检验，公共政策终结则意味着一个周期的结束。公共政策周期并不代表公共政策在经历终结阶段后最终被抛弃，公共政策周期还代表着新公共政策对旧公共政策的完善，从而形成新旧公共政策的递升，新公共政策是对旧公共政策的否定之否定，如何对旧公共政策进行完善并制定新的公共政策要求制定、执行和评估者在整个公共政策生命周期都必须积极面对。

9.1.2　公共政策周期的重要性

1. 完善政策科学学科理论体系

公共政策周期是政策科学研究的重要组成部分，引入公共政策周期的概念有助于我们理解公共政策的动态过程，理解公共政策运行的客观规律。改革开放以来，我国的政策科学研究已经取得了可喜的成就，初步建立了适合中国国情的政策科学学科体系。但是也应当看到，在现有的研究成果中，有关公共政策周期的研究屈指可数。在不断涌现的专著或教材中，要么语焉不详，要么干脆没有。因此，加强对公共政策周期的研究将填补我国政策科学研究中的一项理论空白，对于政策科学的发展和完善将起到积极的作用。

2. 提高公共政策制定的科学性

公共政策周期反映的是人们认识发展的规律和公共政策本身的发展规律。公共政策的环境系统和公共政策问题是在不断发展变化的，而人们对公共政策问题、公共政策环境以及公共政策方案等的认识也是在逐步深化的，这就决定了人们总是要不断地重新认识、界定公共政策问题、制定公共政策目标和公共政策方案，以使公共政策真正达到解决社会问题的目的。对于公共政策本身来说，它的发展是符合"否定之否定"规律的，而重复性、周期性以及上升性、前进性都是否定之否定过程的一个重要特征。公共政策经过扬弃，克服了前一阶段的过时的、消极的、无效的东西，吸收、保留了前一阶段的发展所取得的一切积极成果，并增添了为过去阶段所不能容纳的新的因素，从而把公共政策推向新的更高的发展阶段。

3. 保持公共政策的连贯性和稳定性

公共政策的持续稳定是公共政策有效地调节社会行为的基础，而公共政策的稳定性和连贯性正是建立在对公共政策周期的研究之上。这是因为：第一，通过公共政策周期的研究，公共政策制定者可以了解公共政策是否实现了预期的目标，公共政策执行是否产生了偏差，随着条件的变化，是否需要进行追踪决策；第二，通过对于公共政策周期的研究，公共政策制定者可以依据研究的结论，决定是否坚持旧公共政策，是否修改旧公共政策，抑或终止旧公共政策、制定新公共政策；第三，通过对公共政策周期的研究，公共政策制定者要根据旧公共政策成功或失败的经验教训,使建立在旧公共政策基础上的新公共政策在新一轮的周期中扬长避短,提高公共政策的效能。如果没有对公共政策周期进行有效的研究,保持公共政策的连贯性和稳定性就失去了依据。

4. 保障改革开放顺利进行

改革开放是我国走向繁荣富强的必由之路,而改革开放的实现主要是通过一系列的公共政策来完成的。我们的改革是一场渐进性的革命,说它是革命,是因为它要终结和淘汰许多旧的政策,同时创立和推行大量新的公共政策;说它是渐进性的,是因为新情况、新问题层出不穷,改革的经验是在"摸着石头过河"当中不断积累的,同时改革的过程要兼顾稳定和发展,公共政策的变动还是以渐进型调整为主。这些都离不开对公共政策周期的研究。如果我们的研究跟不上,不能及时、有效地回答改革过程中提出的公共政策问题,改革开放就不能顺利进行。应该说,改革开放几十年来,我国在政治、经济、文化、教育、科技等领域都颁布了一系列根本性的改革政策,取得了相当大的成绩,积累了丰富的经验。但是也走了不少弯路,有过不少失误,这与忽视对公共政策周期的研究不无关系。缺乏对改革的整体思考,忽视公共政策过程的逻辑顺序,缺少相应环节,特别是在评估和监控阶段,没能选准调整或终结的时期,缺乏与之协调的配套,等等,这些都可能造成严重的后果,带来不必要的损失。

综上所述,公共政策周期是公共政策运行中的一种基本现象,它反映了经济发展和社会发展周期性波动对政府公共政策的影响,也与政府权力的周期性更迭密切相关,反映着不同的政府领导人管理社会事务的不同思路。对公共政策稳定、公共政策变动以及公共政策周期的科学考察,是辩证地把握公共政策运行过程中各种因素相互依存、相互作用的统一关系,因而也是准确地理解公共政策运行规律、提高政府公共政策能力和公共政策绩效的基础。

9.1.3 公共政策周期的影响因素

世界上没有一成不变的公共政策,公共政策的周期性具有必然性,任何公共政策都会从制定走向终结,只是不同公共政策的周期时间各不相同而已,那么影响公共政策发生周期性变更的因素又有哪些呢? 从公共政策的作用对象来看,影响公共政策周期性变更的因素主要包括以下几点。

1. 主体的周期性变更

公共政策制定、执行、评估和终结都离不开政策主体,公共政策主体的主动性是使公共政策发生周期性变更的主要因素之一,每当公共政策主体发生变更时,相应的公共政策也会发生变化。来瑟·施莱辛格在他的周期性政策变动模式中指出,在两党制或多党制国家中,政府的公共政策往往随着执政党的轮换更替而呈现明显的周期波动。如果左翼政党上台,一般要推动国有化,提高税收,增加福利;而一旦右翼政党上台,一般要推动私有化、降低税收并削减福利开支。

2. 客体的周期性变化

客体的周期性,即公共政策所指向的问题具有周期性。比如,我国的自然灾害比较频繁,特别是每年夏天雨季带来的洪涝灾害危害极大,因此一旦灾害出现,党和政府都要成立相应的领导小组,配备一定的政策资源来统一指挥全国的抗洪救灾工程。一旦公共政策客体发生周期性变化时,公共政策也要实现相应的周期性变化,从而达到公共政策的有的放矢。

3. 外部环境的周期性波动

宏观经济条件的变化是影响公共政策系统的重要外部因素。经济的研究和实践都表明,经济发展会产生周期性波动,经济的繁荣和衰退常常交替性存在。其结果是导致公共政策,尤其是经济方面的公共政策发生相应的变化。经济与公共政策构成一个矛盾统一体,其中经济决定公共政策,公共政策引导经济。经济与公共政策之间的作用力与反作用力始终贯穿于整个国民经济的运行之中。公共政策的制定直接取决于经济发展的状况,而经济的发展只有经过不断的公共政策调控才能保证正确的方向。经济在发展中时快时慢,时冷时热,不断变化;公共政策在调控中时紧时松,时强时弱,不断变换。这在客观上就出现了经济周期性波动和公共政策周期性转变,而经济与公共政策之间的辩证关系决定了经济周期与公共政策周期之间的互动关系,即经济周期决定着公共政策周期,而公共政策周期反过来又引导着经济周期的运行。

4. 人们认识规律的影响

一方面,由于受到认识的主体和客体及其相互作用的限制,人们对客观世界的认识是一个曲折、复杂的过程。即使是对某一具体事物或过程的正确认识,往往也不是经过一次从实践到认识、从认识到实践的过程就能实现的,而是需要经过实践、认识、再实践、再认识多次反复才能完成。因此,一项政策从不完善到完善的螺旋式发展过程是必然的。另一方面,人类社会是多元的社会,人们的利益存在着差异,因此,受自身利益和意识形态的驱动,人们的公共政策偏好会左右摇摆,从而导致公共政策的周期性变更。

影响公共政策周期长短的因素很复杂,但主要和公共政策目标的大小和远近、环境变化以及实施的难易程度相关。通常公共政策目标越大、目标越长远、环境情况变化越复杂,公共政策的周期就越长;反之,公共政策周期则越短。公共政策周期的长短还与具体政策的情况有关,如果该项公共政策自身存在问题,则其周期就会短些,而一项完善的公共政策的生命周期则越长。另外,相邻的两个公共政策周期之间的时间间隔也是不一样的,它可以是连续的,也可以是断续的,连续的周期主要指的是公共政策的调整,它以原有公共政策的部分终结为起点,引起新一轮的递升,促进公共政策的发展;断续的周期则是原有公共政策的完全终结,需要经过一定的时间才会重新出现。因此,新旧公共政策二者之间的关系是公共政策周期理论中的一个关键点,我们应注意分析旧公共政策成功或失败的具体因素,研究新公共政策应如何吸取旧公共政策提供的经验教训,最终实现在扬弃的基础上发展公共政策,提高公共政策绩效。

9.2 公共政策终结

公共政策终结是公共政策的最后一个阶段,公共政策终结是在公共政策监控和评估过程中发现如下情况导致的:一是公共政策设计不合理,无法解决所面临的公共政策问题,需要以新的公共政策取而代之;二是外界环境不利于公共政策的进展;三是问题已解决,公共政策已经没有继续存在的必要。

9.2.1　公共政策终结的含义

所谓终结是指某一事物在时间或空间上的终止或结束。世间万物都要遵循从产生到发展再到衰落和死亡(终结)的自然规律。公共政策同其他事物一样,也有终结的时候。但正如人们讳言死亡一样,在政策科学发展的早期,学者们对公共政策的终结还极少涉及。在每一次重大的政治事件后,都会出现大量的公共政策终结,比如我国在打倒"四人帮"后,实行改革开放,十年"文化大革命"期间所制定和执行的大量公共政策终结了;每当美国两党更迭进行执政时,大量的公共政策都会出现终结。

公共政策的终结是政策决策者通过对政策进行慎重的评估后,采取必要措施,以终止那些过时的、多余的、不必要的或是无效的政策的一种行为活动。政策终结发生在政策评估之后,是人们主动进行的,是提高政策绩效的一种政策行为。西方政策学家布鲁尔(C. D. Brewer)将公共政策终结定义为:"政策和计划的调适,当政策和计划无法发挥功效或者已经成为多余、过时甚至不必要时,则将政策和计划予以终止或结束。"在他后来与德龙合写的著作中,则采用了后者的概念,即公共政策终结是"公共部门对某一特定的功能、计划、政策或组织加以审慎的结束或中止(中断或终止)"。在他们看来,公共政策终结不仅指一种期望、规则和惯例的终止,更重要的是它经常只是用一种新的规则来替换旧的规则,这就意味着:终结既是公共政策过程的结束,也是公共政策过程的开始。这种终结,用德龙的话来说,更多的是"部分终结"。本书认为,所谓公共政策终结就是公共政策的决策者通过对公共政策进行审慎的评估后,采取必要的措施,以终止那些错误的、过时的、多余的或无效的公共政策的一种行为。

9.2.2　公共政策终结的客体

由于公共政策意味着社会利益的重新分配,因此公共政策终结往往会导致现状的改变,使得某些与公共政策有关组织和个人的利益受到影响,特别是那些公共政策受益者、公共政策制定者和公共政策执行机构的负责人,更是与之有着切身的利害关系。如果处理不当就会阻碍公共政策的终结。因此,为了顺利实现公共政策的终结,就必须首先明确公共政策终结的客体。一般来说,公共政策终结的客体有四种类别。

1. 功能

功能是政府为了满足人民的需要而提供的服务,它代表着政府活动的基本方向,公共政策的效果就是通过具体的功能来体现的。所谓功能的终结,就是终止由公共政策执行而带来的某种或某些服务。在公共政策终结的所有客体中,以功能终结最难。一方面是因为功能的履行或承担是政府满足人民需要的结果,若予以取消势必引起抵制;另一方面,某项功能往往不是由某项公共政策单独承担的,而是由许多不同的公共政策和机构共同承担的,要予以终止往往需要做大量的组织准备工作和协调工作。

2. 组织

任何一项公共政策活动都是通过组织来推动的,因此,公共政策的终结通常也伴随着组织的缩减或撤销,这就是组织的终结。有些组织,是专为制定或执行某项公共政策而设立的,随着公共政策的终止,组织也随之撤销;有些组织,同时承担着多项公共政策功能,某项公共政策的终止不足以导致组织的撤销,往往采取缩小规模、减少经费等方式对组织进行缩减。组织的终结通常比较难,因为它影响到组织中人员的切身利益,在实施时有可能遭到他们的抵制。

3. 政策

政策的终结是指公共政策本身的终结,即承担公共政策活动的机构依然存在,而公共政策所担负的功能则由新的公共政策来担负。与前两种终结相比,公共政策本身的终结所遇到的阻力较小。这是因为:首先就某项具体公共政策而言,其目标一般比较单纯,容易进行评估并决定取舍;其次,公共政策更改的代价比功能转变、组织调整的代价要小得多,因而容易得到相关部门的认可;再次,公共政策的可选择性较大,公共政策本身的终结在操作上比较容易实现,不像组织终结那样受到多方面的牵制和约束,实行起来步履维艰。

4. 计划

计划的终结也称项目的终结,指的是执行公共政策的具体措施和手段的终结。在所有终结客体中,计划的终结是最常见也是最容易达成的。这是因为执行公共政策的措施和手段一方面与实际问题最为接近,成败与否大家有目共睹,容易达成共识;另一方面,这些措施和手段的影响面比较有限,它们的终结不会引起太大的震动。

9.2.3　公共政策终结的方式

公共政策的终结应该按照严格的法定程序进行,法律规定了公共政策的终结主体和终结程序,并规定了公共政策的终结主体应以文件或公告等形式向社会宣布终结的指令,明确宣告公共政策采用何种方式实现终结,一般来说,公共政策终结的方式主要有五种。

1. 公共政策废止

公共政策废止是公共政策终结最为直接、彻底的方式。公共政策废止就是宣告该项公共政策在规定的时间和空间内失去效应。公共政策废止一般是针对那些在公共政策监控或评估过程中认定已经完全过时或完全失效的公共政策,这样的公共政策的实施不但不能解决社会问题,而且还可能使问题严重化。这种公共政策终结方式效率极高,能立即形成统一的行动,能有效地阻止不良公共政策的破坏性。例如我国加入世界贸易组织后,为了实现与世界贸易组织规则接轨,已经废止了那些与世界贸易组织规则相冲突的公共政策。虽然这种方式效率高,但它废止的迅速性、突然性所带来的影响和冲击也是最大的。

2. 公共政策替代

公共政策替代是指用新的公共政策取代旧的公共政策,这种推陈出新的方式可以减少政策废止所带来的冲击。新公共政策出台之后,被替换的公共政策部分就自然终止了,但与公共政策废止不同,新旧公共政策所要解决的公共政策问题基本相同,只是新公共政策一般在方法上和操作程序上变化较大,其目的是为了更好地解决旧公共政策所无法解决的问题,实现原有的公共政策目标。因此,一般要求新旧公共政策之间要有一定的连续性,以利于公共政策执行者能更好地适应新公共政策。例如:我国的费改税制度,即在对现有的政府收费进行清理整顿的基础上,用税收取代一些具有税收特征的收费,通过进一步深化财税体制改革,初步建立起以税收为主,少量的、必要的政府收费为辅的政府收入体系,这就是一种典型的用新公共政策替代旧公共政策的过程。

3. 公共政策分解

公共政策分解是指将旧公共政策的内容按照一定的规则分解出几个部分,每个部分各自形成一项新公共政策。当原有公共政策由于内容繁杂、目标众多而影响到公共政策绩效时,运用分解的方法往往能收到良好的效果。例如:我国传统的社会保障是一种"就业保障"和"单位保障"的模式,通过单位来实现干部职工社会保险和福利。这种计划经济下的产物无法适应改革后的新情况。为此,国家按照保障内容的不同,将原有的公共政策按类分解,形成了养老保险、医疗保险、工伤保险、生育保险以及城市居民最低生活保障等公共政策,从而能够较好地实现保障人民生活的公共政策目标。

4. 公共政策合并

公共政策合并是指有些政策虽然被终止了,但它们所担负的功能并没有被取消,因而通过一定的程序,将仍然可行的部分重新组合后以一项新公共政策的面貌出现。这样的合并通常有两种形式:一种是将被终止的公共政策的内容合并到一项已有的公共政策当中;另一种是把两项或两项以上被终止的公共政策合并为一项新的公共政策。例如:当前我国进行的社会主义新农村建设提出新农村建设的五大目标,社会主义新农村建设就是对多种公共政策的合并创新而成的。

5. 公共政策缩减

公共政策缩减指的是采用渐进的方式对公共政策进行终结,以缓冲终结所带来的巨大冲击,逐步协调好各方面的关系,减少损失。一般来说,公共政策缩减是通过逐步减少对公共政策的投入、缩小公共政策实施范围、放松对公共政策执行的控制等措施,来达到最终完全终止公共政策的目的。比如我国的物价改革政策,就是通过渐进的方式,逐步缩小国家定价的范围,来实现大多数商品由市场的供求关系决定价格的目的。

当前,在我国推进过时的、失效的公共政策终结工作的意义重大。我国正处于转轨时期,许多不适宜新公共体制的旧公共政策应该予以终结。在机构改革和政企分开的过程中,一些不适应改革需要的机构需要终结;在政治体制进一步深化改革的过程中,在致力于塑造一个服务型政府的过程中,政府的一些机构、功能、政策需要裁撤或者更新。例如,行政审批的改革和政府一站式办公的推行都需要在政府部门内部对一些机构以及规章等进行必要的终结。如果不能及时地终结,将有碍于我国的改革开放和社会经济发展进程。终结过时的、失效的公共政策可以节省国家有限的资源,促进公共政策的更新。

改革开放以来,党和国家十分重视公共政策终结工作。改革开放之初,各地不同程度地遇到一些公共政策和法规上的障碍,原有的许多具体公共政策已不适应变化了的新情况,不适应新时期社会经济发展的需要,但又没有宣布作废和及时终止,而新的公共政策措施也没有及时制定出台,许多应该办、能够办且应抓紧办的事情却办不成,贻误了时机,制约了我国改革开放和经济建设的发展。有鉴于此,国务院和地方各级政府及时进行公共政策清理,废止了大量的"红头文件",为改革"开绿灯"。我国加入 WTO 之后,为了与 WTO 的法律框架相适应,国务院和地方各级政府又进行了一次大规模的清理"红头文件"的工作,废止了一大批过时的或与 WTO 规定相抵触的公共政策。这种公共政策终结工作优化了相关政策,并提高了公共政策绩效。

因此,推进过时的、失效的公共政策终结的工作不仅意义重大,而且十分迫切,它是加快我国公共政策决策科学化民主化进程的重要环节。

9.2.4 公共政策终结的作用

公共政策的本质是实施国家职能和进行社会管理的基本手段,公共政策的制定和实施关系到国家和社会的稳定和发展,只有符合社会需求的公共政策才是有效的公共政策,但系统论和环境论告诉我们世界是不断变化发展的,每一个子系统的变化都可能影响整体的发展,因此不可能存在永远不变的公共政策,任何公共政策都将走向其生命终点,在必要的环境下必须对公共政策进行终结,公共政策的终结在现实社会中起到相当关键的作用,主要表现在以下几个方面。

1. 有利于节约自然资源和社会资源

自然资源和社会资源是公共政策过程实现的物质基础,公共政策的实现也要追求效率、效益和效能并举,以最少的资源得到最大的、有效的产出是公共政策实现的目标之一,由于资源的有限性甚至有些资源的一次性使用特性,要求公共政策必须节约资源。当一项公共政策目标已经实现,公共政策问题已经解决,或公共政策目标虽然还未实现,但实践已证明该公共政策是无效的,在这些情况下,如果不能及时地予以终止,就会浪费有限的资源。公共政策终结意味着公共政策活动的结束,意味着减少人力、物力和财力的无效消耗,从而节省有限的资源,同时还可以把有限的资源配置到必要的领域。比如,我国的国有企业改革要"抓大放小",就是通过公共政策的手段,使国有资本退出那些不必要涉足和运营不好的中小型企业,然后以资本重组的方式注入那些关系到国计民生或效益较好的大型国有企业中去,实现资源的优化配置。

2. 有利于提高政策绩效

由于人的有限理性和环境的不断变化,人们制定出来的公共政策可能不具有可行性,在实践过程中也许会出现公共政策无法贯彻落实的情况。公共政策的终结就是要终结那些不适合实践需要的公共政策,终结那些无效的公共政策,这既标志着旧的公共政策过程结束,同时也意味着新的公共政策过程开始,决策过程中根据新的环境变化制定出符合实际要求的公共政策,这意味把有限的资源应用到问题的解决过程中,发挥新公共政策的效能,促进公共政策的新陈代谢,从而大大提高公共政策的绩效。

3. 有利于促进政策优化

从某种意义上说,一个社会或国家的命运在很大程度上取决于其公共政策的水平。这就需要不断提高公共政策水平,力求公共政策的优化。公共政策终结有助于促进公共政策优化,表现在两个方面:一是公共政策人员的优化。人是最主要的因素,没有公共政策人员的优化,也就没有公共政策的优化。公共政策人员不仅包括公共政策制定者,还包括公共政策执行者以及参与者,由于公共政策终结意味着人员的裁减与更新,因此,终结旧公共政策有利于优化公共政策人员,促进公共政策向更高层次发展。二是公共政策组织的优化。公共政策组织的优化是公共政策优化的核心内容。优化的公共政策人员只有在优化的组织机构中才能制定和执行优化的公共政策。既然公共政策终结伴随着组织机构的裁撤、更新和发展,那么公共政策终结必然有助于公共政策组织的优化,人们不仅可以利用公共政策终结实现组织内部人员的优化组合,使不同素质特长的公共政策人员有机结合,形成最佳的整体效应;而且还可以借此促进公共政策组织体系的优化,从而进一步针对公共政策所涉及的不同层次和领域,建立更为合理的公共政策机构。

9.2.5 公共政策终结的障碍及应对策略

公共政策只有表现出重大失误或完全没必要存在时,终结公共政策才不会有太大的阻力,否则公共政策的终结总会因为心理上、利益上、习惯上、程序上、经济上的各种原因而遇到很大的阻力。即使旧公共政策已经终结,新公共政策开始实施,但由于旧公共政策在推行过程中产生了强大的惯性而在很长时间内影响人们的思想和行为。因此有必要清楚地认识公共政策终结的障碍和阻力,并把握消除这些障碍和阻力的策略。

1.公共政策终结的障碍

公共政策终结的障碍主要表现在以下几个方面。

(1)心理抗拒力

每一项公共政策的制定和推行,都是社会各方面共同努力的结果。由于公共政策缺陷而将其终结,则标志着前功尽弃,这无疑总会形成一定的心理负担和心理抗拒力。公共政策的提出者、制定者和执行者,面对自己付出的努力,总是在心理上不愿承认公共政策造成的失误,不愿承担公共政策终结所造成的风险,同时,他们也对新公共政策是否有效产生很大的怀疑。研究表明,很多在公共政策过程中付出努力的人员一般不愿承认公共政策的失败,公共政策失败的责任也许会追究到自己,所以他们常常会极力反对旧公共政策的终结。

(2)执行机构的保守性

公共政策执行的组织机构与其他组织一样,一经建立,总要进一步寻求发展、扩大和长久地存在下去。而公共政策的终结则意味着组织功能减少或组织撤销,这也使执行机构和人员从心理上、态度上对公共政策终结持一种保守态度,抵制公共政策终结。

(3)社会阻力

每一项公共政策的推行都会符合一定的社会价值并给一定的人员、阶层或团体带来一定的利益。而公共政策的终结则意味着利益的丧失和价值认识的冲突。因此,既得利益者和保守组织总会联合起来,向政府施加压力,抵制终结,从而形成公共政策终结的社会阻力。

(4)程序上的复杂性

公共政策的终结和法律的废止如同它们最初发布一样,也要经过一定的行政或法律程序。而终结议程的建立又往往是一个长时间的复杂的过程。这也使公共政策终结往往不能很快落实。

(5)终结的经济代价

一项公共政策从制定到推行,一方面投入了巨大的经济成本,另一方面也引发了社会资源的流动。这些成本和资源一经投入和使用,便会加入在公共政策过程之中,产生特定的作用。公共政策一旦终结,已经使用的资本则是一种浪费。再者,公共政策的终结往往需要替代公共政策的接续,而新公共政策的成本费用又将是一项巨大的投入。因此,从经济角度考虑问题,决策者往往也不能很快做出终结的决策。

2.解决公共政策终结障碍的策略

终结不合理的公共政策是必要的,但公共政策终结是一项非常复杂的事情,涉及面也很广,一旦没处理好相关的利益关系和公共政策终结中出现的多种阻力,极有可能会适得其反。因此,公共政策的终结并不是一般的行政命令,它需要一定的策略,需要理顺相关的问题,只有这样才能使旧公共政策顺利终结,并为新公共政策的出台打好基础。

公共性缺失是公共政策终结的根本逻辑起因。公共性缺失于公共政策制定、公共政策执行和后公共政策执行三个阶段。在公共政策制定阶段如果缺乏正确的价值引导,可能致使公共政策的利益代表具有狭隘性,即使是正确的公共政策如果在执行阶段偏离了原有公共政策的价值向度,也会使公共政策脱离原定公共政策的初衷,而在后公共政策执行阶段,由于公共政策完成了其预定使命,就会逐渐失去其应有的功能。所以需要通过进一步的更新或者直接实现公共政策终结。但公共政策的终结会触及多方利益,要顺利实现公共政策终结,需要采取如下措施。

(1)有效利用公共政策终结的触发机制

美国政治学家拉雷·N.格斯顿(Larry N. Geston)认为,触发机制是指一个重要的事件(或整个事件),该事件把例行的日常问题转化为一种普遍共有的、消极的公众反应,公众反应反过来成为公共政策问题的基础,而公共政策问题随之引起触发事件。格斯顿在此所阐述的触发机制发生在公共政策的制定阶段。其实,在公共政策的终结阶段同样存在着这样的触发机制。过时的、无效的公共政策长期充斥于社会,必然引发大量的社会问题、社会矛盾和社会冲突,这些问题、矛盾和冲突又会以一个个事件的形式表现出来。而当其中的某个事件引起了公众的广泛关注和强烈的变革要求时,这个事件就促成了公共政策的终结。公共政策终结的触发机制是公共政策终结的导火索和助推器。当一个触发事件影响的人数足够多、范围足够广、造成的社会负面作用足够大时,往往会引起公众的普遍关注,并提出对公共政策去向的处理要求。因此,当出现了如上所说的触发事件时,决策者或公共政策的制定者就要敏锐地抓住这一契机,及时终结过时、无效的公共政策,否则,政府的合法性将会受到削弱。

(2)实现合理的利益结构重置

利益结构是各种利益要素的有机排列。在社会常态运行的情况下,既定的公共政策对社会各个阶层的利益结构做了安排,并维护着这种既定的利益结构。但在社会转型时期,往往会出现新的利益关系和利益结构,随着主张利益重构力量的增大,会促进更多的利益群体参与其中,这就要求打破维护原有利益结构的制度架构和政策集合,实现公共政策的终结。如改革开放打破了原有的利益格局,在倡导适度利益差别的情况下,积极鼓励人们的利益追求,这样就打破了原有利益单一化的坚冰,实现了利益的分化多元和重新聚合。但随着改革的深入,利益的分化及其聚合也不断改变着社会的既定秩序,冲击着人们的价值观念。许多社会问题,如企业破产、职工下岗等,都与这种利益分化有着一定的关系。当社会的利益差别和利益分化出现时,必定会影响正常的秩序和社会稳定,影响社会的可持续发展,这就要求实现政策的终结,并尽量避免因为某一个政策的出台而给一定数量的社会成员造成利益上的损失。

(3)增强政治领导力

政治领导力是领导者知识、智能、意志和决断力等内在聚合素质的外在综合表现。政治领导者是社会的稀缺资源,他们往往对社会产生重大影响。在公共政策领域,他们有时甚至决定公共政策制定、执行、评估和终结的全过程。政治领导者的领导力越强,意味着其对形势的判断能力、对新事物新情况的探悉能力以及创新能力就越强,因而也就越有可能促成过时的、无效的公共政策的终结。英明的政治领导者善于倾听来自专家学者、普通民众等各阶层、各方面的要求和呼声,能敏锐地觉察到过时的、无效的公共政策所带来的积弊和贻害,并促使公共政策主体重新去评估或撤销那些有问题的政策。遍览世界各国政治和社会的改革运动,无一不是由政治领导者发起和促成的。因而,这就对领导者的领导能力和领导素质提出更高的要求。

(4)充分发挥公共舆论的推动力

公共舆论因素与公共政策过程紧密相连,它既是影响公共政策形成的要素,也是阻碍或促使公共政策得以终结的要素。公共舆论的作用方向和作用结果,要看舆论工具掌握在何人手中。无论在资本主义社会还是在社会主义社会,公共舆论在政治生活中都有着极其重要的影响作用,因此,将公共舆论的推动力因素归为促使政策终结的有力因素之一。国内外的许多公共政策实践也都表明,当公共舆论对公共政策终结持积极的支持态度时,公共政策终结就显得比较容易;反之,就会阻碍公共政策终结的顺利进行。公共舆论主要是由媒体制造出来的,它一方面直接影响着公共政策过程的权威主体,另一方面又影响着作为公共政策对象的民众的观念。通过呼唤民众关注各种各样的社会"问题"和"危机",媒体就在间接地影响着公共政策制定者。政府通过媒体的作用可以扩散对于公共政策问题的看法,从而影响社会公众的观点和立场,增强社会公众对于公共政策终结的支持力度,营造公共政策终结的良好社会氛围。

因此,对于媒体舆论工具的合理使用,充分发挥舆论的推动力,将为公共政策的顺利终结提供有利的条件。

9.3　我国公共政策周期与终结

公共政策在解决社会问题、降低社会成本、调节社会运行等方面都显示出了巨大的优势。但是,如果一项政策已经失去了存在的价值而又继续被保留下来了,就可能会具有极其消极的作用。因此,及时、有效地终结一项或一系列错误的或没有价值的公共政策,有利于促进公共政策的更新与发展、推进公共政策的周期性递升、缓解和解决公共政策的矛盾和冲突,从而实现优化和调整公共政策系统的目标。

9.3.1　我国公共政策周期的特点

从新中国成立以来的经济发展历程来看,我国确实存在公共政策周期现象,且表现出自身的特点。从一项具体公共政策来看,一方面由于我国目前尚处于社会主义初级阶段,各方面体制、制度不完善;另一方面我国地域辽阔,各地区差异大,发展不平衡。因此,在我国,一项公共政策并非完全按照制定—执行—评估—监控—终结的程序进行,而是表现为传达期、贯彻期和变通期。这是我国公共政策周期表现出来的一个显著特点。

所谓传达期,即"传达动员"阶段。传达动员形式有两种:一种是自上而下的有组织的内部传达,这包括传达中央文件、中央领导人讲话、中央领导人指示、中央全会精神;另一种是在全国范围内公开动员,这包括公开发表中央全会公报、中央领导人正式报告、两报一刊社论。[①] 前者借助中国共产党的组织系统,后者借助现代通信工具。在很多场合下,先是内部传达,然后公开动员。通过广泛使用新闻媒介,大张旗鼓地制造声势,做到"家喻户晓,人人皆知",这种政治动员作用十分有效,能够广泛动员全社会各种力量,形成全民族的凝聚力,在极短的时间内集中各种资源。

所谓贯彻期,即"贯彻实施"阶段。由于中央精神和国家法律法规都带有宏观性,而公共政策的执行经常要求公共政策具体化,在传达中央精神、国家法律之后,各地方开始制定具体公共政策和措施。比如,2008 年我国开始实施的《中华人民共和国政府信息公开条例》是国家层面的政策法规,但各省市都有相应的实施《中华人民共和国政府信息公开条例》办法,如 2008 年 6 月 2 日,河北省发布了《河北省实施〈中华人民共和国政府信息公开条例〉办法》,对如何实施政府信息公开做了详细的说明。

所谓变通期,即各地方具体公共政策的决策者常常会碰到这样的问题:公共政策实施效果与决策者的预期目标不是相互矛盾,就是差距甚远,出现"政策走样""南辕北辙"。这是因为从根本上说,公共政策是对利益的分配和调整,地方政府从本地区利益出发,以地方利益为标准,想出各种变通方法,阻碍了公共政策的顺利推行。在这种情况下,决策者被迫实施调整,采取新的公共政策,又重新进入下一轮的公共政策传达期、贯彻期和变通期。

从旧公共政策与新公共政策之间的更替来说,我国的公共政策周期一般较短,公共政策目标不断调整,缺乏连续性和稳定性。公共政策周期的长短可以说明公共政策本身设计的好坏,也可说明外界环境变化的快慢,但公共政策的制定应着眼于使公共政策具有良好的可升级性、可完善性,更应注意公共政策的长远性,而应少让公共政策太过于刚性而导致公共政策经常性地重新制定。

9.3.2　我国公共政策终结的现状

改革开放初期,由于种种原因,我国各地在执行公共政策过程中不同程度地存在一些

---

①两报一刊是指《人民日报》、《解放军报》和《红旗》杂志。

问题。在计划经济体制向市场经济体制转型时期,许多不适应新体制建立的旧公共政策没有及时终结,严重影响了社会主义市场经济体制的建立,制约了我国的经济发展。这种情况促使政府部门重新认识公共政策终结的重要性,并清理了大量旧公共政策。尽管如此,我国在公共政策终结上仍然存在较大的问题。

1. 对公共政策终结的认识不够

公共政策终结是公共政策过程中的一个环节。公共政策是有生命周期的。有产生自然就有终结,但终结往往被忽视。忽视的原因主要是由于对公共政策终结作用认识上的模糊。公共政策终结的作用可以归纳为两条:一是能节省公共政策资源。公共政策的运行是必须付出成本的,即要耗费公共政策资源。任何一个国家的财政负担和资源配置都是有限的。只有终结过时或失效的政策,才能减少人力、物力、财力的无效消耗,从而节省有限的公共政策资源。二是可以提高公共政策绩效。由于公共政策运行的周期性特点,只有不断地终结过时、失效而导致绩效低下的旧公共政策,出台适应新形势的新公共政策,从而保持公共政策的周期性递升,公共政策绩效才能大大提高。

2. 公共政策终结的力度不够

在我国,虽然政府部门采取了有力措施,终结了很多失效或与法律相违背的政策。但由于种种障碍因素的影响,公共政策终结的力度仍然不够,在一些计划经济体制下制定的并与之相适应的过时公共政策仍没有终结。

3. 公共政策终结的程序不合法现象时有发生

公共政策出台是要符合法定程序的,其终结也是如此。程序之所以重要,是因为程序是规范政府行为的经常性的、经过实践验证的现实有效的主要途径。然而在公共政策实践中,不按照法定程序进行终结的现象时有发生,特别是在地方,如一份"红头文件"就可以终结一项公共政策,违背了公共政策终结的程序,即除国家机密外,公共政策最后要以公报、决定、决议等形式向全社会公布。

9.3.3 我国公共政策终结的对策选择

1. 利益补偿

公共政策终结的抑制力过于强大的一个原因可能是缺乏利益补偿机制。公共政策终结会打破原有的利益分配格局,然而新的利益分配格局尚未建立。因公共政策终结而利益可能受损的个人或团体会意识到威胁而空前团结起来阻止公共政策终结,而公共政策终结的受益者可能由于认识上的原因还未清楚地看到这一点或利益还未得到手而往往采取观望的态度。因此政策终结的受损者成了政策终结的阻力,而政策终结的受益者还远未形成强大推动力。如果能够对政策终结的受损者进行适度的利益补偿就可以减少政策终结的阻力。利益补偿的范围较广,有直接的经济补偿,如一次性经济了断性补偿;还有间接的经济补偿,如组织撤销后安排人员的去向。

2. 评估结果公开

公共政策评估和公共政策终结都是公共政策过程的一个环节,通常在公共政策评估之后就可以确定公共政策是否需要终结。公开公共政策评估结果,可以争取到潜在的支持者,甚至还可以争取到由于公共政策终结利益可能受损失不大的个人或团体。因为通过公开公共政策评估结果,揭露某项公共政策无效,可以让人们明白为什么公共政策必须终结。如果不终结,让其继续执行,将对社会造成怎样的危害和损失,并让他们认识到如及时终结那些无效或有害的公共政策,虽然短期内自己的利益可能受到某种损失,但从长期来看,不仅会有利于社会,有利于人民,而且自己也将从中受益。这样就可能转变人们对公共政策终结的态度,由公共政策终结的反对者转而成为理解者甚至支持者。

3.新旧政策并行

"公共政策终结这个概念不仅隐含了一套期望、规则和惯例的终止,公共政策活动的停止,机关组织的撤销而且包含了新期望的提出,新规则、新惯例的建立,崭新活动的开始,机关组织的更新与发展。"公共政策终结意味着打破原有的利益分配格局,这样总有一些人或团体的利益受损,他们成了公共政策终结的反对者。但如果我们能同时构建新的利益分配格局,出台一个新公共政策,就能够大大减少公共政策终结的阻力。因为新公共政策的出台不仅可以使人们在丧失对旧公共政策的期望的同时得到一个新希望,还可以使更多的人或团体受益。这些受益者能成为公共政策终结的推动力量。如1994年开始的我国税收改革政策就是利税分流包干政策的终结与分税制政策同时出台,收到了良好的效果。但这种办法要求较高,操作难度大,因为它不仅需要处理好旧公共政策终结,而且还需要落实好新公共政策的推行。这需要操作者拥有完整的计划,良好的协调能力,缜密的宏观思维。如果安排不当,就会严重影响旧公共政策的终结与新公共政策出台的进程。

4.政府妥协

这种方法运用的前提是可能由于条件不够成熟,公共政策终结的阻力过于强大,而政府又必须进行公共政策终结。在这种情形下,政府不得不接受现实,做出必要的让步,放弃较高的目标期望值,以降低目标的方式来换取较低目标的实现。当然这在一定程度上降低了公共政策终结的目标,但毕竟比完全不能实现公共政策终结的目标还是前进了一步。在公共政策实践中,适当的妥协是必要的。因为公共政策终结也是一种公共政策博弈的过程。在力量对比面前,做出适度的让步在某种程度上可以看作"正和博弈"。

5.有限强制力实施

任何一项公共政策,都会有人受益,有人受损。由于行为主体之间存在的差异,公共政策终结中能造成有的个人或团体受益多一些,有的少一些,有的受损多一些,有的受损少一些。在一些细节问题上难以取得完全一致,而公共政策终结又是唯一的出路选择,观望等待可能错过公共政策终结的良机,这时需要公共政策终结的操作者运用强制力,采取闪电般行动终结这项过时和无效的公共政策。如下达行政命令,发布行政决定,甚至撤换有关单位领导人的职务等。这也是改革者在策略的选择上运用的一个有效办法。当然这需要公共政策终结的操作者具有公共政策魄力,能审时度势,当机立断。不过这种方法不能滥用,否则容易引起严重后果。

总之,公共政策的终结是尊重公共政策生命周期、加快公共政策的新陈代谢、促进公共政策更新与发展的基本环节。在今天社会发展速度加快的条件下,公共政策的终结能够发挥缓解和解决公共政策冲突和矛盾、协调公共政策关系和推进公共政策有序运行的作用。而且,公共政策终结也是优化公共政策系统、补救公共政策错误和提高公共政策绩效的重要途径。

思考题

1.简述公共政策周期的类型。

2.简述公共政策周期的重要性。

3.简述公共政策周期的影响因素。

4.简述公共政策终结的含义、方式和作用。

5.论述我国公共政策终结的现状,并提出对策建议。

案例分析

启动实施单独二胎,各地纷纷表态

《中共中央关于全面深化改革若干重大问题的决定》确定中国启动实施单独二胎政策。公布显示,中国启动实施"单独二胎"生育政策。该决定指出:"启动实施一方是独生子女的夫妇可生育两个孩子的政策,逐步调整完善生育政策,促进人口长期均衡发展。"北京、四川、河南等各省市纷纷表态,表示将积极落实相关政策措施。

有专家预测表示,政策调整后,到2020年总人口将明显低于14.3亿,峰值总人口也将大大低于15亿。北京大学社会学系教授陆杰华表示,各地"单独二胎"政策启动的时间过程不会太久。他表示,最快有望在2014年年底和2015年年初,各地召开两会的时候,《条例》调整就有望提上日程。预计2014年大约会有三分之一的省份启动"单独二胎"政策。

据了解,北京落实"单独二胎"新政的准备工作已就绪,只待《北京人口与计划生育条例》纳入明年的市人大修法框架。昨日,北京市人口和计划生育委员会相关负责人表示,《中共中央关于全面深化改革若干重大问题的决定》发布之后,北京市将积极落实相关政策措施。但真正实施"单独二胎"政策不能一蹴而就,还有待现行《北京市人口与计划生育条例》修订。

作为人口大省的四川、河南也积极回应。四川省人口计生委相关负责人表示,四川省"单独二胎"政策要由省人大审议通过修改后的《四川省人口与计划生育条例》,具体还需要一段时间,但省人口计生委会尽快着手启动相关事项。

河南省计生委也表示,河南近期将组织有关部门和单位的专家、学者和实际工作人员,进行广泛深入的调查研究和科学测算论证,为河南省调整完善生育政策提供科学依据。河南省计生委专家在有关会议上表示,"单独两孩"的政策在河南是可行的,对出生规模影响处于可控范围内。

值得注意的是,国家卫计委副主任王培安在介绍"单独二胎"政策细则时强调,启动实施单独二胎政策,全国不设统一的时间表,将由各省(区、市)根据实际情况,确定具体时间。

(资料来源:新浪辽宁法律频道)

案例讨论题

结合本章所学知识,浅谈单独二胎政策的实施是否意味着计划生育政策的终结。

第 10 章 公共政策分析方法

◉本章摘要

公共政策研究,无论在任何领域、层次、阶段,都需要用到一些共有的研究方法。本章将从定量分析和定性分析两个方面对公共政策的分析方法进行介绍。

定量研究方法其实就是通过调查或者实验,获得大量的数据,再建立研究假设,对数据进行分析、研究、检验等步骤。实际上,定量分析方法就是把很多标准进行量化,将很多事物定义在尽可能能理解的范围内,是对社会现象的数量特征、数量关系、数量变化的分析;定性研究方法被归为现代公共政策分析的"软"技术。它是指人们依据自己的经验和知识,综合运用逻辑思维,通过对研究对象的性质的分析、判断,进行政策分析和决策的一种技术方法。

10.1 介绍了公共政策的主要理论模型。

10.2 介绍了公共政策定量分析方法。

10.3 介绍了公共政策定性分析方法。

◉关键术语

理论模型 定量分析方法 定性分析方法

10.1 公共政策的理论模型

10.1.1 模型及其认识论意义

1. 模型的含义

简单地讲,模型就是对原型的抽象与模拟(仿真)。它是认识主体以一定的认识目的依据相似性原则而构造出来的一种理念系统,以代表作为研究对象的真实系统即实际存在的事物。模型有实物模型和理论模型之分,公共政策分析中运用的模型一般是理论模型。理论模型或者概念模型,指的是一组概念或命题按照其相互间的本质联系被组织在一起,从而形成的一个逻辑结构严整的网络或框架。

2. 模型的认识论意义

由于模型与原型具有相似性,因此可以通过解释模型而认识原型的某种本质规定性。

模型是进行科学抽象的重要工具,它能够使人们从某一特定的视角窥视到万象纷繁的现实事物的奥秘并发现其运动规律,从而使研究对象的本质特征得以凸显。同时,模型是研究过程中资料搜集和经验观察的指南,向研究者指出了研究工作的重点和优先顺序。因此,模型在公共政策分析的过程中有着极其重要的作用。

3.公共政策模型必备的条件

公共政策模型在政策分析过程中的应用需要满足一定的条件。第一,必须明确把握社会发展方向,只有明确把握了社会发展方向,才能切实了解事情的发展过程,才能在宏观上把握政策的方向;第二,必须与宏观政策密切相关,具备包容各项微观、具体政策的宏观特性;第三,必须建立在注重人文特点的行为科学与注重科学程序和方法的管理科学二者相互交融的基础上;第四,必须对宗教、意识形态等大量非理性因素持客观态度,在公共政策分析的过程中一定要以科学的立场、正确的观点、理性的分析,保证政策的科学性和合理性;第五,必须对时间非常敏感,并且具有历史色彩,即具有历史观察的功能。

4.运用政策分析模型的原因

运用政策分析模型有着深层次的原因。首先,公共政策学研究的对象是具体的,具有客观存在性,因此这门学科具有突出的实证性,同时整个研究过程又十分强调从中发现有关因素之间的因果关系或一定的相关性;其次,决策程序是根据模型的特征,人为地编制出的政策制定与执行的步骤顺序,通过它就可以把决策理论、方法与实践结合起来,形成一个可实施的决策流程图,即格式化、标准化、工程化的决策程序,减少决策失误,保证决策的科学性。

10.1.2　公共政策的主要理论模型

1.理性主义模型

理性模型(Rational Model)起源于传统经济学的理论,传统经济学理论是以"经济人"的假设为前提的,舍弃了一些次要变量,使问题的分析得以简化,形成有效的分析框架,能用来解释经济中的诸多现象。决策者依据完整而综合的信息做出理性的决策,即遵循以最小的投入获得最大的产出的原则,选择最优方案,使用最佳、最适当的手段,达到最大值的政策结果。由这样一组假设构成的一个分析途径,就被叫作理性决策模型或者决策的理性主义模型。

理性主义模型假定决策者是"理性人",而理性人被赋予以下特征:当面对多种选择时,他会做出一个决定。他会依据其价值偏好,在各种可能的选择中排列出优先次序。他的价值偏好会随着时空变化而转移。他通常从所有的方案中,择定偏好等级最高者。面对同样的选择他会做出同样的决定。

理性化是近代资产阶级革命以来对人的观念现代化提出的一种基本要求。所谓理性化,从方法论上看,是指为达到一定的目的、解决一定的问题或应对一定的事物,人们使用冷静的、头脑清醒的、客观的和准确的计算,利用可能收集到的信息和统计数字,对目的与手段加以分析,以求得到最佳、最适当的手段或解决办法,有效率地或者有效地达成设定的目标。

理性主义分析方法在公共政策学领域中的应用，就形成了理性决策模型或者决策的理性主义模型。决策者面临的是一个既定的问题，决策者选择决定的各种目的、价值或目标是明确的，而且可以依据不同目标的重要性进行排序。决策者有可供选择的两个以上的方案，面对这些方案，决策者通常在逐一选择的基础上，选取其中一个。决策者对同一个问题会面临着一种或多种自然状态，它们是不以人的意志为转移的不可控因素。或者可以说决策者的偏好会随着时空的变化而变化。决策者会将每一个方案在不同的自然状态下的收益值（程度）或损失值（程度）计（估）算出来，经过比较后，按照决策者的价值偏好，选出其中最佳者。

理性主义模型受到了激烈的批评。批评者认为，从理论角度看，最优决策并不是不可行的，然而社会现实不等于理论假设，理性主义模型的假设条件遇到诸多障碍，人们逐渐发现政策实践中的许多现象都难以解释，其原因不在于它的逻辑体系，而在于其前提解释有问题，因此它遭到了许多学者的强烈批评。其中最突出的是查尔斯·林德布洛姆与赫伯特·西蒙。

林德布洛姆指出：决策者并不是面对一个既定问题，而只是首先必须找出和说明问题。不同的人会对问题是什么有不同的认识与看法。比如物价迅速上涨，需要对通货膨胀问题做出反应。

首先，要明确这一问题的症结所在，往往十分困难。因为不同的利益代表者会从各自的利益看待这些问题，围绕着通货膨胀存在不存在、若存在时其程度和影响怎样、产生通货膨胀的原因是什么等问题，人们会有不同的回答。其次，决策者受到价值观的影响，选择方案往往会发生价值冲突。比较、衡量、判断价值冲突中的是非是极其困难的。靠分析是无法解决价值观矛盾的，因为分析不能证明人的价值观，也不可能用行政命令统一人们的价值观。再次，有人认为"公共利益"可以作为决策标准，林德布洛姆批评了这种认识，认为在构成公共利益要素这个问题上，人们并没有普遍一致的意见，公共利益不表示一致同意的利益。最后，决策中的相关分析不是万能的。决策受时间与资源的限制，对复杂决策，不会无穷尽地长时间地分析，不应花费太昂贵的代价用于分析，也不应等待一切分析妥当再做决定，否则会贻误时机。

西蒙做了进一步的补充，他认为在决策过程中要收集到与决策状况有关的全部信息是不可能的。决策者处理信息的能力十分有限，不可能对信息做出最优化的处理与分析，因而不能获得百分之百的最佳决策。

尽管理性主义在一定程度上带有"乌托邦"色彩，我们也欢迎对它的批判，但是过于简单和绝对的否定态度也是不可取的。不能实现不代表没有意义，人们总是在追求"尽善尽美"中得到"较善较美"的。正因为如此，传统理性决策模型的思想价值一直受到理论界的肯定。

2.渐进主义模型

渐进主义模型是由美国著名的政治学家和政策科学家林德布洛姆建构的。林德布洛姆是公共政策制定过程中渐进主义的主要代表人物。1958年他在批评理性主义模型的过程中建构了渐进主义模式，在美国的政治学和行政学界很有影响。林德布洛姆关于渐进决策的思想,在他的早期著作《政治、经济、福利》一书中已具雏形。渐进主义模型的要旨在于,广泛地参与主体,了解彼此的价值偏好,透过妥协调适、良性互动进而实现政策的动态均衡。

渐进主义模型批评了传统的政策分析途径,并提出了渐进分析途径。首先,林德布洛姆把渐进分为三个层次,即简单的渐进分析、断续的渐进分析和战略分析,为深入研究和分析政策问题提供了有别于传统政策分析的研究途径;其次,林德布洛姆认为,公共政策不过是过去政府活动的延伸,即政府在旧有的基础上把政策稍微修改,决策者通常是以现有的合法政策为主。林德布洛姆指出,一种和以往政策越不同的方案,就越难预测其后果,也就越难获得一般人对这项政策的支持,其政策可行性就越低。因此,重大创新的政策后果特别难以预料。因此,在林德布洛姆看来,政策制定基本上应该是保守的,而且应该把政策创新限定在"边际性的改革"范围之内。

渐进主义模型具有以下特征:首先,因为现实政治推行的渐进政治,对政策问题,各政治领导与政党的看法大致上达成一致,所以只是在小的枝节问题上调节或者改变,因而是渐进的,在现实的政治中,不一定需要许多理论,尽管政策分析或者制定也会经常出现许多变量,但是渐进分析只注重几个重要的变量,方案的考虑也只限于少数几个。其次,价值与事实在渐进分析中交互使用,互为一体。实现政治中的基本价值达成共识,无须再寻求各种不同的价值标准作为决定的标准;最后,渐进分析着重以已有的政策为前提,这样的政策更可能被接受,并且与现实的差距不大,不至于冒险。

公共政策实际上只是过去政府活动的持续,只是根据过去的经验而对现行政策做出的局部的、边际性的调适。决策者把决策看作一个典型的一步接着一步、永远没有完结的过程。对渐进主义模型的批评归结为一点,就是认为它具有显而易见的保守性。批评者认为该理论重视短期目标和现实行为,因此偏于保守,而且不适用于战争等基本的、重大的公共政策问题;同时,其党派调适的主张易变为党派利益之争,从而失去公共政策的社会目标。

渐进主义模型具有一定的合理性。从理论认识上看,它在于以历史和现实的态度将决定命运看作一个前后衔接的不间断的过程;从方法论上看,它注重事物变化的量的积累,以量变导致质变,主张通过不间断的修正达到最终改变政策的目的。

林德布洛姆的渐进主义模型因其所具有的固有缺陷,遭到了不少学者的批评,人们认为这种模式在社会稳定、变迁速率缓慢的环境中还比较适宜。但是在社会条件与环境发生巨大变化的时候,需要彻底变革现有的政策,这种模式非但起不到应有的作用,还很可能阻碍社会的变革,理性主义模型所要求的过于理想化,在现实世界中无法达到,而渐进主义模型虽与实际决策模型相似,但是只适用于稳定的社会。

3. 规范最佳模型与混合扫描模型

在克服理性主义模型和渐进主义模型的局限性的过程中,以色列学者德洛尔和美国学者埃齐奥尼分别提出了综合这两种模型的新的决策模型。

(1)德洛尔提出的规范最佳模型

规范最佳模型以四项假设为基础,即:①最佳决策是一个认同理性、增加理性的过程;

②这种过程,对于在复杂的问题上形成最佳决策所起的作用是至关重要的;③可通过多种途径和方法,在增加理性的过程中得以实现;④现代政府同时面对要求稳定的政策诉求与要求变革的政策诉求,而在一定时期内则以其中的一种诉求为主。

规范最佳模型把政策过程划分为三大阶段和17个小阶段:

第一阶段:决策前。内含:①处理价值问题;②认识现实环境;③认识问题;④调查、处理与开发资源;⑤设计、评估与重新设计决策系统;⑥分配问题、价值与资源;⑦确定决策战略。

第二阶段:决策中。内含:①细分资源;②建立配合优先顺序的动作目标;③建立一套配合优先顺序的其他重大价值;④准备一套主要的政策方案;⑤对于各种不同方案利益与成本进行可靠的预测;⑥在比较预测的成果后,建立各种不同方案所可能得到的利益需要的成本,并择定最佳方案;⑦估定最佳方案的成本与收益。

第三阶段:决策后。内含:①激励政策的执行;②执行政策;③政策执行后的评估。

规范最佳模型具有很强烈的开放性和包容性,它指出判定政策是否最佳的有效方法,在于不同的分析者在整个分析过程中经由坦诚、自由的讨论而取得协商一致的意见。

(2)埃齐奥尼提出的混合扫描模型

混合扫描模型充分考虑政策选择,激发政策创意并深入政策核心问题;同时,截取渐进主义模型的政策落点,把政策关注力集中在经过选择的政策方案及其评估上,形成政策焦点,以有效地解决政策问题。

混合扫描模型运用两种"摄像机":第一种是多角度"摄像机",它能观察全部空间,只是观察不了细节;第二种"摄像机"对空间进行深入、细微的观察,但不观察已为多角度"摄像机"所观察的地区。混合扫描模型要求决策者将这两种"摄像机"结合起来使用。

4. 政治系统模型

政治系统理论(Political System Theory)是美国政治学家戴维·伊斯顿(David Easton)在政治学研究中运用系统分析方法提出的一种理论。这一理论认为,公共政策是政治系统的产出,是对周围环境所提出的要求的反应。政治系统按照动力学的术语进行分析,把政治过程阐释为持续不断且相互关联的一连串行为,形成系统的流,并建构了动力反应模式。

政治系统是一个开放的系统,它容易受到环境的影响。环境是由社会大系统中除政治系统之外的各种状况和条件所构成的其他子系统组成的,包括社会内部环境(生态系统、生物系统、个人系统、社会系统)和社会外部环境(国际政治系统、国际生态系统、国际社会系统)。环境对政治系统的影响叫输入,主要指环境的干扰或压力、要求或支持。干扰用来特指一个系统总体环境作用于该系统,在做出刺激之后,改变该系统本身,有些干扰是有益的,另一些干扰可能造成压力;要求是指个人或团体为了满足自己的需要和利益向政治系统提出的采取行动的主张;支持是指个人或团体接受选举结果、遵守法则、纳税并赞同政府采取的干预行动。要求过多或支持过少会给政治系统造成压力。政治系统为了维持自己的生存和发展,必须对压力做出反应。要求和支持输入政治系统后,经过转换过程成为政治系统的输出,从而对社会做出权威性的价值分配,即公共政策。随着政治系统的输出和政策的实施,政治系统又反馈于环境。反馈这一个概念则意味着公共政策(输出)可能改变环境,改变环境提出的要求,以及改变政治系统的自身特点。政策输出可能会产生新的要求,而这种新的要求将进一步导致政治系统的政策输出。在政治系统循环往复、不断变化的运动过程中,公共政策源源不断地产生。

政治系统理论对政策科学的影响很大。这不仅仅因为伊斯顿本人对公共政策科学进行了大力倡导,也由于系统分析方法本身就是一种科学的决策分析方法,是现代管理和政策研究中的一种比较通行的方法。政治系统理论告诉我们,公共政策过程就是一种输入—转换—输出的系统过程,这有助于人们探求公共政策的形成,提醒人们注意公共政策与环境的相互作用、政治系统如何影响公共政策的内容等方面的问题。但这一理论忽视了政治系统本身所有的价值观念和系统理念的重要性,难以说明公共政策是如何在政治系统这一"暗箱"中操作并做具体权威性分配的。

政治系统是社会中那些相互关联的机构及其活动组成的体系。它强调政治系统的环境作用,将公共政策制定放在环境中进行考察和解释,认为公共政策就是政治系统与环境相互作用的一种反应。环境对政治系统输入需求和支持,政治系统对需求进行转换,输出相应的政策。贝塔朗菲的一般系统论认为公共政策的主体是政治系统,政治系统具有一般系统的全部特征,同时又有其特殊性;伊斯顿提出、阐释和完善了政治系统分析框架。当政治系统被应用于公共政策学时就被称作决策的政治系统模型。政治系统模型是公共政策分析中最具有解释力且最具有普适性的一个模型,这个模型的缺陷是与它的优长之处同时产生的,即它是一个适于宏观分析的模型,优长之处是视野开阔而宏大;不足之处是只能给人们提供一个轮廓,不能够指明所分析的政策的具体特性。

政策系统模型具有如下特点:首先,强调政策过程中各个环节的相互作用。传统的政策制定研究只重视政策制定主体的作用,而忽视其他相关环节的影响。在政治系统框架内,相互关联的机构在政策制定中都会起作用,只有对政治系统内的各个环节都加以认真考虑,才能很好地制定政策。其次,强调环境对于政策制定的重要影响。政治系统的环境不仅向系统提出政策服务的要求,而且还提供政策内容结构和政策价值的选择趋向。要制定出好的政策,就必须对环境做出全面的分析。再次,强调政策制定是一个完整的动态过程。从政治系统的角度审视政策制定,就必须把政策的形成看作由政策输入、政策制定、政策输出、政策反馈等阶段构成的连续的、反复循环的过程。

5. 机构-制度模型

机构-制度模型是在公共政策分析中应用最广泛而又最缺乏理论色彩的一个决策模型。人们常常将一项政策的有无、好坏与一定的政府机构、制度联系起来,自觉或不自觉地在二者之间建立某种因果联系或相关性。机构-制度模型就是建立在这种习惯性的思维模式之上的一种分析模型。

这种模型设定无论何种政策体系,政府权力机构都是公共政策的制定者和执行者。而那些规范着公共权力机构组织与个人的行为的各种制度,都必然影响着公共政策的制定方式和执行方式,影响着政策选择、政策内容和政策结果。

6. 集团模型

政治学研究中的集团理论,是美国政治学家戴维·杜鲁门系统化的,后来莱瑟姆从集团理论这一视角去分析政府在政策形成中的作用，形成了政策分析的集团模型。集团模型假定：现代政治实际上是各个利益集团为影响公共政策而展开的一系列活动。政府的作用只在于制定各利益集团竞争的规则，平衡各种利益集团之间相互冲突的利益。这里的"集团"指的是：个人基于共同的态度或利益而形成某种集合，集合在一起的人们向其他群体或组织提出要求，并为这种要求得以实现而采取一致性行动，这就形成了利益集团。

集团模型将公共政策看作集团斗争的产物，正如厄尔·莱瑟姆指出的："所谓公共政策，是指某一特定时间里，团体间的争斗所达到的平衡，它体现了那些一直试图获取优势的并相互竞争着的党派或集团之间出现的均势。"这个模型的基本假设是：集团之间的相互作用和斗争是政治生活中的根本事实。在美国那样的多元化社会中，存在着大量的政治利益集团。尽管这些利益集团，在利益、规模、结构和活动方式上是多样化的，但一般地说，某一利益集团对同一个政策，常存在着相互矛盾的理解与追求，因此政府就有必要从相互冲突中进行选择。

按照集团模型的理解，政府在制定政策过程中，完全处于被动地位。因为立法机关只能为集团的斗争担任仲裁，认可获得成功的联合体的胜利，并且以法令的形式记录投降、妥协和征服的条件。每一个法令都代表着妥协结果，因为调节集团间利益冲突的过程是审议和取得妥协的过程。任何一个立法机关的决议事项，往往代表了投票时相互竞争着的团体之间力量的构成。受某种规章限制的行政机关之所以要建立，是为了用来执行经立法部门谈妥和批准的协定。而司法机关，则像处理民事的官僚机构一样，是维护那些已确定了的制度的工具。由此可见，集团模型过分夸大了集团的重要性，既低估了决策者在政治过程中所起到的独立而又富有创造性的作用，又没有充分认识到政治生活中其他因素的重要影响。但这种模型把注意力集中到决策过程中集团的作用上，并以此去认识、分析和处理具有利益冲突的各种政治经济和社会行为，从这点上讲是富有启发性的。

集团模型假定：现代政治实际上是各个利益集团为影响公共政策而展开的一系列活动。这个假定可以分解成如下一组命题：

①制定政策是政治过程的决定性阶段，而政治过程则是各集团争取影响公共政策的行为过程；②公共政策的制定过程是相互竞争着的集团之间达成力量平衡的过程，每一政策都是集团间妥协的产物；③在现代政治生活中，要由公共权力机构制定合理的、法制化的竞争规则；④在任何时候，公共政策都反映占支配地位的集团的利益，随着各集团的力量和影响的消长，公共政策将变得有利于其影响增加的那些团体的利益，而不利于其影响下降的那些团体的利益。

综上所述，集团模型具有以下启示：集团模型提供了一个特殊的视角，使人们能够窥视在多元政治体制里，如何在集团竞争中使相互对立的利益得以聚合、整合和综合为统一的公共利益，并据以制定公共政策。但是集团模型存在以下问题受到争议。首先，把注意力集中于政策形成过程中那些重要的能动因素的同时，过分夸大了集团的重要性而低估了公共权力机构自身的作用；其次，集团模型无法解释人类在政府与政治过程上的许多问题；第三，集团模型对于多元主义政治体制以外的那些政治体制内的决策过程缺乏解释力。

7. 精英模型

精英模型是将公共政策看作反映占统治地位的精英们的价值和偏好的一种决策理论，又称为杰出人物模型，它由意大利学者莫斯卡和帕累托以及德国学者米歇尔斯建构，经由美籍奥地利人、著名经济学家熊彼特和美国政治学家拉斯韦尔进行民主改造，逐步成为西方国家特别是美国政治学研究中的一个重要的分析途径。这些命题由戴伊和齐格勒于1975年在《民主政治的讽刺》一书中梳理出来，其基本的观点是：不是人民大众通过他们的需求与行动决定公共政策，而是占统治地位的精英们决定了公共政策，然后由政府的官员和机构加以实施。社会分为有权的少数和无权的多数，统治人的少数不代表被统治的多数，为了保持社会稳定、避免发生革命，非精英上升到精英地位的过程必须缓慢而又不间断。精英们在社会制度的基本准则和保持现代社会制度不变等方面的意见一致，只是在很少的问题上有分歧。国家政策并不反映民众的要求，而只反映盛行于精英中的价值观。国家政策的改变是缓慢的，而不是革命性的。相对说来，行动积极的精英受态度冷漠的民众的直接影响很少，精英对民众的影响多于民众对精英的影响。

精英的基本内容包括，社会分化成掌权的少数人和无权的多数人，只有少部分人才有权为社会分配价值，而群众则不能决定公共政策；少数统治者与杰出人物不是被统治的群众代表，他们主要来自社会中的社会经济地位较高的那个阶层；非杰出人物向杰出人物转化必然是一个缓慢而又持续的过程，从而才能保持社会的稳定并避免发生革命，在非杰出人物中，只有那些接受了杰出人物的一致意见者才能被允许进入统治集团。

精英模型的作用和评价：①认为它揭示了现代民主国家的根本理念"主权属于人民"（人民当家做主），以及实际的政治过程和政策过程中总是由直接掌管政权的少数人来主导这一难以克服的悖论。②将精英模型受到的批评归结为一点，即认为它忽视了现代民主国家里公民参与政治的要求和能力，以及这种参与对政策形成的影响。

8. 公共选择理论模型

公共选择理论（Public Choice Theory）的出现源于经济学家对政治现象的思考。从个体行为层面上看，人们每天都要面临许多理性决策问题，需要在众多的行动方案中选择出一种最优的方案，以确保自身效用的最大化。对于群体行为也是如此，只是群体决策需要成员之间的沟通交流后才能达成一致的意见，因而其过程和方式都要复杂得多。公共选择理论把经济学的分析方法和工具用于研究集体的或非市场的政治决策过程，即以现代经济学的基本假设为前提，分析公众的公共选择行为和政府的决策行为以及二者的关系，认为公共政策是集体选择的结果。

政府每天都要做出大量的决策，这些决策影响到大多数公民的生活和权利。经济决策是在考虑了各种经济变量之后才做出的社会政策的决策，要考虑各种利益主体会从某些计划中得到什么利益或者失去什么利益。而在国际关系领域中的决策则成为各国之间在经济领域和非经济领域进行交换的依据，所有上述判断都基于对规范的信赖，而政府绝不是抽象的、只会产生公正与规范的人格化机构；恰恰相反，政府是由众多具体的人组成的，这些政治参与者在做出关系到社会利益的决策时是否秉持公正的原则，的确是值得注意的问题。

不同社会成员有不同的偏好,会有不同的选择和决策。对于只涉及个人利益的选择行为,完全依靠其自身的偏好,而对于涉及集体利益或公共利益的选择行为,则必须要将个人选择转化为集体选择,以保证公共利益不被少数成员侵犯。如何确立一种机制,使个人选择和集体选择之间的分歧尽可能降低,或者说,在自由民主的社会中,如何采取一些方式,使享有同等权利的公民在各种公共问题上能最大限度地、最高效地以最低成本达成一致是一个重要问题。

对于这些问题的思考,为公共选择理论的产生做了必要的铺垫。经济学家运用经济学工具对政治选择和政治决策过程进行解释,他们重新定义了在政治舞台上的活动的人们的形象,由此开拓了诸如选举、投票、利益团体、中位选民、官僚行为等一系列政策现象的新的观察视野。

公共选择理论可以被理解为对政府决策过程的经济分析,公共选择理论的核心是对投票及相关决策程序的研究。公共选择理论的重心不在于价值判断,即它并不纠缠于国家或者政府这样做是否会比那样做更好,它关注的是为什么民众作为一个集体选择这个而不选择那个。公共选择理论是用经济学的工具揭示公共产品和分配的政府决策理论。

公共选择理论的代表人物詹姆斯·布坎南说:"公共选择是政治上的观点,它以经济学家的工具和方法大量应用于集体或非市场决策而产生。"丹尼斯·缪勒的定义常被西方学者引用,公共选择理论可以被定义为非市场决策的经济研究,或者被简单地定义为把经济学应用于政治科学。公共选择的主题与政治科学的主题是一样的,如国家理论、投票规则、投票者行为、政党政治学、官员政治等。

9. 博弈理论模型

博弈理论认为公共政策是在多次博弈之后逐步形成的、使人们在相互交往时可以较为确定地知道别人行为方式的社会契约,它必须是符合纳什均衡理论,反之就不可能自动实施。公共政策是政策主体与政策客体在竞争下所做的抉择,特点是具有依存性、反复性。博弈理论把社会活动过程看作理性参与人的博弈过程,通过对参与人效用函数的分析,可以合乎逻辑地得到关于社会状态的均衡解。这一方法和思路对于公共政策结果的预测和其他许多社会过程的预测也都是有应用价值的。

博弈理论的贡献在于它提供了更加真实和实用的结论和方法,这主要表现为:第一,瓦尔拉斯均衡理论假定人们可以无偿地充分获得经济系统的有关信息,这显然不是经济发展的真实情况;博弈理论则研究了在信息不充分时,参与者对自然状态和其他参与者的特征形成预期的过程,以及根据预期通过行动的选择所形成的均衡解。可以认为,博弈理论更真实地反映了社会的实际状态;第二,因为博弈理论所承认的偏好可以用经济利益以外的参量加以刻画,甚至可以使用非货币化的指标,所以博弈理论的均衡概念具有更普遍的适用性;第三,由于以上两个原因,博弈理论为均衡状态的求解提供了许多实用的方法和模型,可以求解过去一般均衡理论所不能解决的许多问题。

当政策主体向社会提供公共政策时,这一行为的博弈理论含义是,它通过改变参与人的效用函数或参与人的行动空间来调整社会活动的均衡点,使社会的运行向着有利于实现某个政策目标的方向发展。

基于博弈理论的政策分析步骤可以概括如下：①根据发现的政策问题，明确政策目标和政策变量；②分析政策实施对象作为博弈参与者的特点，给出不同政策对象在特定政策环境（政策环境应当能够用政策变量来刻画）条件下的行动空间、策略空间和效用函数；根据政策对象的效用函数求解博弈的均衡状态，这一均衡解可以作为对政策后果的一种预测；③通过均衡解与政策目标的比较，优化政策变量，直到达到一个满意的结果，或者因找不到满意的结果而否定一项政策措施。

10."上下来去"——基于中国经验的政策过程模型

公共政策的概念体系、理论框架基本上是从西方引进的，它们不能有效地说明中国最近二十年，在实际过程中政策主体依据什么决策理论、遵循什么决策路线、参照什么决策模型去制定和执行政策。宏观公共政策分析应根据当地的实际情况和现实要求选用恰当的政策模型，因此，有必要在建构有中国特色的公共政策过程的理论模型中，实现公共政策学中国化、民族化的特色，促进公共政策当代中国化、民族化必须与国际化、科学化相统一。

(1)"上下来去"政策过程模型的构建

构建公共政策过程模型必须借助于两种资源：第一是理论，特别是认识论和历史理论；第二是公共政策的经验认识。

通过整理毛泽东思想关于认识论、思想方法论、工作方法论的思想资料，可以建构一个新的政策过程模型。鉴于政策过程在政策主体与政策客体的关系上是"从群众中来，到群众中去"的过程，因此称之为"上来下去"政策过程模型。

"上来下去"政策过程模型：政策过程是主体认识世界认为改造世界的过程，公共政策的主体是执政党和公共权力机关。

(2)"上来下去"政策过程模型的应用和局限性

科学决策是"上来下去"政策过程模型的根本追求，因此其乐于容纳从国外引进的以科学决策为根本诉求的任何决策理论、决策模型和决策手段。

"上来下去"政策过程模型是由若干个亚模型组成的，这些亚模型在现阶段只是一个轮廓，比较粗放，有待于进一步开发和充实。

西方学者在另外的理论背景和经验事实的基础上建构的决策模型，经过改造是可以被整合到某一个亚模型中去的。

10.2 公共政策定量分析方法

政策分析中的定量方法及技术是建立在理性或合理性概念的基础上的。这个概念是德国著名学者马克斯·韦伯(Max Weber)最先提出的，是他将哲学的理性概念运用于社会学领域而使之得到新的界定，后来被广泛运用于社会科学的各个领域，包括政策分析领域。

以理性分析为基础和根据的定量分析是当代公共政策分析的主流。政策分析的定量技术方法，即政策分析的"硬"技术。所谓"硬"技术就是根据调查研究、资料收集以及预测所获得的信息情报,运用运筹学、统计学、数学、计量经济学、系统工程理论等学科的理论和方法,建立政策分析的数学模型。然后借助电子计算机等进行大量的计算来求得解决方案及各种预期目标的方法、技术总称。

定量分析方法在现代政策研究中占有举足轻重的地位,具有十分重要的作用:第一,它能使有关的知识条理化、专门化,能对一些变量进行历史的比较,并将这些变量与其他一些特殊的变量进行比较。第二,它是现代科学技术发展的产物,可以为政策分析和决策问题提供比较全面的方案。它对管理中经常出现的常规问题尤其有效,将常规问题改编成处理的程序,供下次处理类似问题时使用,使决策者从日常常规事务中解脱出来,将主要精力集中在非常规性的战略问题上。第三,它为规定系统的输出提供了判断标准,从而使政策分析人员更容易把握公共政策所面临的复杂而又不确定的问题。第四,它比其他的政策分析方法更加严密、客观,从而有助于政策分析人员更好地界定问题、明确目标、设计方案,也有助于对政策的执行和评估。

定量分析方法也有一定的局限性和运用范围的限制,它不能取代政策分析的定性分析方法,更无法处理所有的政策问题和政策问题的所有方面。其局限性体现在以下几个方面。

①定量分析方法的工具基础是数学,即运用数学方法获得最优解。但要取得最优结果就需要同时满足许多条件,如决策目标可以量化、所有变量可以量化、能够获得所有可能方案、能预知每个方案的执行结果等。然而,政策分析和决策涉及的是公众与社会的复杂活动,要同时达到上述条件是不可能的,对伦理道德、价值观念和人际关系等因素进行量化和择优也是很难做到的。

②定量分析方法借助的数学模型在建立时,往往也是依据一定的靠主观判断的假定和研究框架而完成的。如果时间、空间或其他方面的条件发生了变化,那么原先形成的方案的最优性就会改变。因此,数学模型的可靠性就成了一个大问题。

③数学方法运用于常规问题解决十分有效,但对于大量的非常规问题,定量分析方法的应用至今尚不尽如人意。

④定量分析方法本身的特点决定了它不易被大多数人接受或掌握,因为对于大多数人来说,定量分析方法过于依赖特定的符号和话语。另外,定量分析方法一般来说成本都很高,需要大量的人力、物力、财力的投入。

⑤定量分析分析方法处理不好过去的政策和价值标准对公共政策制度化的影响问题,因此可能妨碍政策分析人员做出合理的分析结论。

因此,我们对定量分析方法的局限性和应用范围要有充分的认识,不要片面夸大其作用,更不能将其当作公共政策分析的唯一可行的方法,而必须根据不同的场合辅以其他的方法,在政治问题、社会问题、文化问题、军事战略问题等领域,定量分析方法的局限性更加明显。

10.3　公共政策定性分析方法

定性分析方法是指人们依据自己的经验和知识,综合运用逻辑思维,通过对研究对象的性质的分析、判断,进行政策分析和决策的一种技术方法。优点包括:①定性分析方法弥补了定量分析方法存在的不足;②定性分析方法通用性大;③定性分析方法有利于调动专家、智囊团的积极性,促进决策的民主化和科学化。定性分析方法的局限性是决策方案可能不够准确和具体,往往制约人们做出政策选择的理性程度。

定性分析方法被归为现代公共政策分析的"软"技术。它是指人们依据自己的经验和知识,综合运用逻辑思维,通过对研究对象的性质的分析、判断,进行政策分析和决策的一种技术方法。

目前,公共政策分析的"软"技术主要是通过组建专家咨询、论证组织,充分发挥专家的集体智慧,使专家在比较独立、不受干扰的情况下,自由地发表意见、论证决策。然后将各种意见归纳集中,形成一种倾向性意见,供决策者参考。现代公共政策分析中定性分析方法的核心是专家技术或称智囊技术,它主要依靠政策分析和决策的参与者的知识、经验和判断。下文将先对现代定性方法做出基本评价,然后再逐一介绍一些典型的、常见的定性方法。

10.3.1　个人判断法

个人判断法(Individual Judgement)又称作专家个人判断法,是指依靠专家的微观智能结构对政策问题及其所处环境的现状和发展趋势、政策方案及其可能结果等做出自己判断的一种创造性政策研究方法。这种方法一般先征求专家个人的意见、看法和建议,然后对这些意见、看法和建议加以归纳、整理而得出一般结论。

这种方法的最大优点是能够最大限度地发挥出专家的微观智能结构效应,充分利用个人的创造力;同时,这种方法能够保证专家在不受外界影响、没有心理压力的条件下,充分发挥个人的判断和创造力。但是,个人判断法受专家个人的智能结构、专家的知识面和知识深度、占有资料的多少、信息来源及其可靠性、对预测对象兴趣的大小乃至偏见等因素所囿,缺乏相互启发的氛围,因此,专家得出的个人判断容易带有片面性。个人判断法可以运用于政策研究过程的各个环节。

10.3.2　头脑风暴法

1. 概述

在群体决策中,由于群体成员心理相互作用影响,易屈于权威或大多数人的意见,形成所谓的"群体思维"。群体思维削弱了群体的批判精神和创造力,损害了决策的质量。为了保证群体决策的创造性,提高决策质量,管理上发展了一系列改善群体决策的方法,头脑风暴法是较为典型的一个。

头脑风暴法出自"头脑风暴"一词。头脑风暴最早是精神病理学上的用语,是对精神病患者的精神错乱状态而言的,现在引申为无限制的自由联想和讨论,其目的在于产生新观念或激发创新设想。

头脑风暴法又称智力激励法、BS法、自由思考法,是由美国创造学家A.F.奥斯本于

1939年首次提出、1953年正式发表的一种激发性思维的方法。此法经各国创造学研究者的实践和发展，已经形成了一个发明技法群，如奥斯本智力激励法、默写式智力激励法、卡片式智力激励法等。

头脑风暴法又可分为直接头脑风暴法（通常简称为头脑风暴法）和质疑头脑风暴法（也称反头脑风暴法）。前者是在专家群体决策时尽可能激发创造性，产生尽可能多的设想的方法；后者则是对前者提出的设想、方案逐一质疑，分析其现实可行性的方法。

实践经验表明，头脑风暴法可以排除折中方案，对所讨论问题通过客观、连续的分析，找到一组切实可行的方案，因而头脑风暴法在军事决策和民用决策中得到了较广泛的应用。例如在美国国防部制订长远科技规划中，曾邀请50名专家采取头脑风暴法开了两周会议。参加者的任务是对事先提出的长远规划提出异议，通过讨论得到一个使原规划文件变为协调一致的报告，在原规划文件中，只有25％～30％的意见得到保留。由此可以看到头脑风暴法的价值。

当然，头脑风暴法实施的成本及时间、费用等是很高的，而且头脑风暴法要求参与者有较好的素质。这些因素是否满足会影响头脑风暴法实施的效果。

2. 头脑风暴法的激发机理

头脑风暴何以能激发创新思维？根据奥斯本本人及其他研究者的看法，主要有以下几点：

第一，联想反应。联想是产生新观念的基本过程。在集体讨论问题的过程中，每提出一个新的观念，都能引发他人的联想。相继产生一连串的新观念，产生连锁反应，形成新观念堆，为创造性地解决问题提供了更多的可能性。

第二，热情感染。在不受任何限制的情况下，集体讨论问题能激发人的热情。人人自由发言、相互影响、相互感染，能形成热潮，突破固有观念的束缚，最大限度地发挥创造性思维能力。

第三，竞争意识。在有竞争意识的情况下，人人争先恐后，竞相发言，不断地开动思维机器，力求有独到见解、创新观念。心理学的原理告诉我们，人类有争强好胜的心理，在有竞争意识的情况下，人的心理活动效率可增加50％或更多。

第四，个人欲望。在集体讨论解决问题的过程中，个人的欲望自由不受任何干扰和控制是非常重要的。头脑风暴法有一条原则，不得批评仓促的发言，甚至不许有任何怀疑的表情、动作、神色。这就能使每个人畅所欲言，提出大量的新观念。

3. 头脑风暴法的阶段

头脑风暴法的阶段如图10-1所示。

4. 质疑头脑风暴法阶段

在决策过程中，对上述直接头脑风暴法提出的系统化的方案和设想，还经常采用质疑头脑风暴法进行质疑和完善。这是头脑风暴法中对设想或方案的现实可行性进行估价的一个专门程序。

第一阶段就是要求参加者对每一个提出的设想都要提出质疑，并进行全面评论，评论的重点是研究有碍设想实现的所有限制性因素。在质疑过程中，可能产生一些可行的新

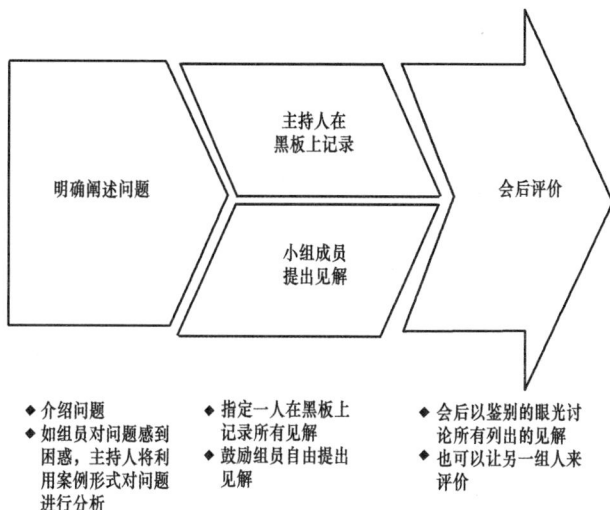

图 10-1　头脑风暴法的阶段

设想。这些新设想包括对已提出的设想无法实现的原因的论证、存在的限制因素以及排除限制因素的建议,其结构通常是"XX 设想是不可行的,因为……,如要使其可行,必须……"。

第二阶段是对每一组或每一个设想编制评论意见一览表和可行设想一览表。质疑头脑风暴法应遵守的原则与直接头脑风暴法一样,只是禁止对已有的设想提出肯定意见,而鼓励提出批评和新的可行设想。在使用质疑头脑风暴法时,主持者应首先简明介绍所讨论问题的内容,扼要介绍各种系统化的设想和方案,以便把参加者的注意力集中于对所讨论问题进行全面评价上。质疑过程应一直进行到没有问题可以质疑为止,质疑中抽出的所有评价意见和可行设想应专门记录或录制在多媒体介质上。

第三阶段是对质疑过程中提出的评价意见进行评估,以便形成一个对解决所讨论问题实际可行的最终设想一览表。对于评价意见的评估,与对所讨论设想质疑一样重要。因为在质疑阶段,重点是研究有碍设想实施的所有限制因素,而这些限制因素即使在设想产生阶段也是被放在重要地位予以考虑的。

由分析组负责处理和分析质疑结果。分析组要吸收一些有能力对设想实施做出较准确判断的专家参加。如果必须在很短时间就重大问题做出决策,吸收这些专家参加则尤为重要。

5. 头脑风暴法的原则

(1)庭外判决原则

对各种意见、方案的评判必须放到最后阶段,此前不能对别人的意见提出批评和评价。要认真对待任何一种设想,而不管其是否适当和可行。

(2)各抒己见,自由鸣放

创造一种自由的气氛,激发参加者提出各种"荒诞"的想法。

(3)追求数量

意见越多,产生好意见的可能性就越大。

（4）探索取长补短和改进的办法

除提出自己的意见外，鼓励参加者对他人已经提出的设想进行补充、改进和综合。

6. 头脑风暴法的要求

（1）头脑风暴法中的专家小组

为提供一个良好的创造性思维环境，应该确定专家会议的最佳人数和会议进行的时间。经验证明，专家小组规模以 10～15 人为宜，会议时间一般以 20～60 分钟效果最佳。专家的人选应严格限制，便于参加者把注意力集中于所涉及的问题。

具体应按照下述三个原则选取：

①如果参加者相互认识，要从同一职位（职称或级别）的人员中选取。领导人员不应参加，否则可能对参加者造成某种压力。

②如果参加者互不认识，可从不同职位（职称或级别）的人员中选取。这时不应宣布参加人员职称，不论成员的职称或级别的高低，都应同等对待。

③参加者的专业应力求与所论及的决策问题相一致。这并不是专家组成员的必要条件，但是最好包括一些学识渊博、对所论及问题有较深理解的其他领域的专家。

头脑风暴法专家小组应由下列人员组成：①方法论学者——专家会议的主持者；②设想产生者——专业领域的专家；③分析者——专业领域的高级专家；④演绎者——具有较高逻辑思维能力的专家。

头脑风暴法的所有参加者都应具备较高的联想思维能力，在进行"头脑风暴"（即思维共振）时，应尽可能提供一个有助于把注意力高度集中于所讨论问题的环境。有时某个人提出的设想，可能正是其他准备发言的人已经考虑过的设想。其中一些最有价值的设想，往往是在已提出的设想的基础之上，经过"思维共振"的"头脑风暴"迅速发展起来，对两个或多个设想的综合设想。因此，头脑风暴法产生的结果，应当是专家成员集体创造的成果，是专家组这个宏观智能结构体互相感染的总体效应。

（2）头脑风暴法中的主持人

头脑风暴法的主持工作，最好由对决策问题的背景比较了解并熟悉头脑风暴法的处理程序和处理方法的人担任。头脑风暴主持者的发言应能激起参加者的思维"灵感"，促使参加者回答问题。通常在"头脑风暴"开始时，主持者需要采取询问的方法，因为主持者很少有可能在会议开始 5～10 分钟内创造一个自由交换意见的气氛，并激起参加者踊跃发言。主持者的主动活动也只局限于会议开始之时，一旦参加者被鼓励起来以后，新的设想就会源源不断地涌现出来。这时，主持者只需根据"头脑风暴"的原则进行适当引导即可。应当指出，发言量越大，意见越多种多样，所讨论的问题越广越深，出现有价值设想的概率就越大。

（3）头脑风暴法中的记录工作

会议提出的设想应由专人简要记载下来或录制在多媒体介质上，以便由分析组对会议产生的设想进行系统化处理，供下一（质疑）阶段使用。

7. 头脑风暴法应用案例

有一年，美国北方格外严寒，大雪纷飞，电线上积满冰雪，大跨度的电线常被积雪压断,严重影响通信。过去,许多人试图解决这一问题,但都未能如愿以偿。后来,电信公司经理应用奥斯本发明的头脑风暴法,尝试解决这一难题。他召开了头脑风暴座谈会,参加会议的是不同专业的技术人员,要求他们必须遵守以下原则:

第一,自由思考。要求与会者尽可能解放思想,无拘无束地思考问题并畅所欲言。

第二,延迟评判。要求与会者在会上不要对他人的设想评头论足,不要发表"这主意好极了!""这种想法太离谱了!"之类的"捧杀句"或"扼杀句"。至于对设想的评判,留在会后组织专人考虑。

第三,以量求质。鼓励与会者尽可能多而广地提出设想,以大量的设想来保证质量较高的设想的存在。

第四,结合改善。鼓励与会者积极进行智力互补,在增加自己提出设想的同时,注意思考如何把两个或更多的设想结合成另一个更完善的设想。

会后,公司组织专家对设想进行分类论证。专家们认为设计专用清雪机,采用电热或电磁振荡等方法清除电线上的积雪,在技术上虽然可行,但研制费用大、周期长,一时难以见效。那种因"坐飞机扫雪"激发出来的几种设想,倒是一种大胆的新方案,如果可行,将是一种既简单又高效的好办法。经过现场试验,发现用直升机扇雪真能奏效,一个久悬未决的难题,终于在头脑风暴会中得到了巧妙的解决。

10.3.3　德尔菲法

德尔菲是古希腊的一座城市,因阿波罗神殿而驰名,由于阿波罗有着高超的预测未来的能力,故德尔菲成了预测、策划的代名词。

德尔菲法是在20世纪60年代由美国兰德公司首创和使用的一种特殊的策划方法,现已成为全球120多种预测法中使用比例最高的一种。德尔菲法,又称专家小组法或专家意见征询法,是指采用函询的方式或电话、网络的方式,反复咨询专家们的建议,然后由策划人加以统计。如果结果不趋向一致,就再征询专家,直至得出比较统一的方案。这种策划方法的优点是:专家们互不见面,不能产生权威压力,因此,可以自由地、充分地发表自己的意见,从而得出比较客观的策划案。主要用于长期预测、新产品销售预测、毛利预测等。20世纪60年代之后,一些政策分析者在传统的德尔菲技术基础上加入价值分析等因素,发展出政策德尔菲法,突破传统德尔菲法的局限,以便分析更复杂的政策问题。政策德尔菲法除了保持传统德尔菲法的循环反复和控制反馈两个原则外,修改或改进了其他几项原则,如有选择的匿名、信息灵通的多方面的倡导,回答统计的两极化、冲突的建构和电子计算机的辅助等。

1. 德尔菲法运用的注意事项

要成功运用德尔菲法相当不容易,有若干易犯的错误应予以避免。德尔菲法运用的注意事项如下:

①要考虑专家的广泛性,并根据预测结果的保密性考虑是否需要聘请外界专家。

②德尔菲法能否成功,要看这些专家是否全心全意且不断地参与。因此,必须先获得对方的承诺,并解说其研究目的、程序、安排、要求和激励方法。

③问题必须提得非常清楚明确,其含义只能有一种解释,要消除任何不明确或容易产生多义的情况,因而问题不能讲得太简单或太烦冗。

④问题要构成一个整体,不要分散,数量不能太多,最好不超过 2 小时就能答完一轮。问卷式必须易于填答,也就是说,问卷必须容易阅读,答案应该为选择式或填空式,希望有评论时应留出足够的空白,回件的信封及邮票必须一并备妥等。

⑤在任何情况下,主持人都必须避免将自己的看法暴露给成员。任何成员均不应知道其他成员的名字,这种不具名方式才能确保对概念及意见的判断公正。

⑥要有足够的人员处理回卷。如果只有一个讨论会,则一位职员加上一名秘书就已足够。但若不止一个讨论会,则要相应增加人手。

2. 德尔菲法的具体实施步骤

①组成专家小组。按照课题所需要的知识范围确定专家。专家人数的多少,可根据预测课题的大小和涉及面的宽窄而定,一般不超过 20 人。

②向所有专家提出所要预测的问题及有关要求,并附上有关这个问题的所有背景材料,同时请专家提出还需要什么材料。然后由专家给出书面答复。

③各个专家根据他们所收到的材料提出自己的预测意见,并说明自己是怎样利用这些材料并提出预测值的。

④将各位专家第一次判断意见汇总,列成图表,进行对比,再分发给各位专家,让专家比较自己同他人的不同意见,修改自己的意见和判断。也可以把各位专家的意见加以整理,或请更权威的其他专家加以评论,然后把这些意见再分送给各位专家,以便他们参考后修改自己的意见。

⑤将所有专家的修改意见收集起来,汇总,再次分发给各位专家,以便第二次修改。逐轮收集意见并为专家反馈信息是德尔菲法的主要环节。收集意见和信息反馈一般要经过三四轮。在向专家进行反馈的时候,只给出各种意见,但并不说明发表各种意见的专家的具体姓名。这一过程反复进行,直到每一个专家不再改变自己的意见为止。

⑥对专家的意见进行综合处理。如某书刊经销商采用德尔菲法对某一专著销售量进行预测。该经销商首先选择若干书店经理、书评家、读者、编审、销售代表和海外公司经理组成专家小组。将该专著和一些相应的背景材料发给各位专家,要求大家给出该专著最低销售量、最可能销售量和最高销售量三个数字,同时说明自己做出判断的主要理由。将专家们的意见收集起来,归纳整理后返回给各位专家,要求专家们对自己的预测重新考虑。专家们完成第一次预测并得到第一次预测的汇总结果以后,除书店经理 B 外,其他专家在第二次预测中都进行了不同程度的修正。重复进行,在第三次预测中,大多数专家又一次修改了自己的看法。第四次预测时,所有专家都不再修改自己的意见。因此,专家意见收集过程在第四次以后停止。最终预测结果为最低销售量 26 万册、最高销售量 60 万册、最可能销售量 46 万册。

德尔菲法作为一种主观、定性的方法,不仅可以用于预测领域,而且可以广泛应用于各种评价指标体系的建立和具体指标的确定过程。

例如,在考虑一项投资项目时,需要对该项目的市场吸引力做出评价。可以列出同市场吸引力有关的若干因素,包括整体市场规模、年市场增长率、历史毛利率、竞争强度、对技术的要求、对能源的要求、对环境的影响等。市场吸引力的这一综合指标就等于上述因素加权求和。每一个因素在构成市场吸引力时的重要性即权重和该因素的得分,需要由管理人员的主观判断来确定。这时同样可以采用德尔菲法。

10.3.4　辨证分析法

现代社会要求公共政策分析组织、人员及其活动能够适应社会变化,在政策分析过程中及时做出正确的反应。这必然要求政策分析人员掌握和运用辩证分析方法,辩证分析法主要包含两面思维法、模糊分析法、灵活变通的分析法(蜕变型政策分析法、流变型政策分析法、出奇制胜型政策分析法)。

1. 两面思维法

两面思维法是指用一分为二的观点观察和处理政策问题的方法。这种方法向人们展示的是每一个具体的政策都具有肯定和否定的方面。两面思维法要求公共政策分析组织人员全面正确地观察和处理政策问题,采取分析的态度,努力按照辩证法办事,既要看到事物的正面,又要看到事物的反面;既要看到事物的个性,又要看到事物的共性。

2. 模糊分析法

模糊分析法在公共政策分析领域的提出是为研究某种类型的政策问题的不清晰性而建立一套概念和方法的尝试。"模糊"是较为广泛的社会现象,它反映了客观世界某些种类事物特征之间没有明确的界限。就公共政策分析而言,模糊分析法提供了这样一种思想:首先,政策目标的模糊性源自现实客观世界的随机性和边界的不确定性,因而是难以避免的。其次,政策目标的模糊性在宏观公共政策分析中是经常存在的。例如,"全面小康"等政策目标在方向上是很明确的,但在具体规定和政策措施上都是模糊的。第三,对于政策目标的模糊性既可以采取忽略的方法,也可以采取简化的方法,即通过对模糊目标进行"主观界定"的办法简化成"确定""明晰"的目标。需要强调的是,模糊分析法在公共政策分析过程中,主要用于战略目标的确定。

3. 灵活变通的分析法

灵活变通的分析法指的是从各种角度,通过多种途径从一个极端到另一个极端、从一个方向到另一个方向的起伏跳跃,不拘一格,以考察政策问题变化的长期趋势、波动特点、随机干扰因素的思维方法。灵活变通的分析法被广泛地运用于各种类型的公共政策分析与决策活动中,并常常能够顺应社会政治、经济的变化,产生出一些有效的政策分析方法类型。具体如下:

①蜕变型政策分析法,就是要求政策分析与决策人员认真地审查目前执行的各项政策及政策环境,发现其中的问题和弊病,并考虑如何克服既存弊端,减负祛病,从旧的状态跃升为一种全新的状态,蜕变型政策分析法不仅在公共部门和政策组织陷于困境时需要,在其状态良好时也同样需要。只有如此,才能取得更大的成功和发展。

②流变型政策分析法。一个部门、一个组织或者一项政策要获得持续的生命力,必须能够适应目前和未来的环境变化,而不是在变化面前呆板、僵硬、无所适从。这就要求政

策分析人员的思维依据环境的变动而变换,做出流变型政策分析。

③出奇制胜型政策分析法。灵活变通的政策分析方法,往往鼓励政策分析人员大胆思考、勇于探索,善于做出鲜有的、不符合一般常理和程序的政策分析。这种政策分析就是出奇制胜型政策分析。进行他人还根本未想到、未料及或未敢认真思考的政策分析往往是一种高明的政策分析,而恰恰是这种政策分析容易获得巨大成功。

10.3.5 公共政策定性分析中相关基本概念

公共政策定性分析中相关基本概念包括事实分析、价值分析、规范分析、可行性分析、利益分析,它们组成了公共政策定性分析中不可或缺的重要内容。

1. 事实分析

事实,简单地说就是客观存在的现实。事实分析,要对社会的事物、事件、关系及其相互作用进行描述、观察、计数、度量与推理。在公共政策分析中,无论是定性还是定量的,人们往往按照经验的方法,对客观现实进行一定因果关系的描述性研究,比如人们可能真实地描述公共费用的多少以及使用情况等,由此提供给政策分析的信息,往往是描述性信息。因此事实分析中最重要的是尊重客观实际,排除一切主观干扰。

在政策分析中,人们常讲的事实,多是指对客观存在的事物、事件与过程的描述与判断。实现描述与判断的基本方法之一是进行观察。为保证收集事实材料是真实可靠的,必须坚持观察的客观性。在多数情况下,人们的观察是有目的的,总是有意识地去搜寻自己认为有价值的具体事物,但由于人的感官以及感官的生理变化,观察结果带有一定的缺陷。从这个意义上讲,单凭观察所得到的经验,是绝不能充分证明必然性的。然而更重要的是,人们对社会的观察与对自然界的观察有着相当大的差别。对社会的观察,最本质的是对人的观察,是对有利益追求的人的观察。

从政策分析的研究角度看,事实与价值的关系必须搞清楚。西蒙说:"每一项决策都包含两类要素,分别称为事实要素与价值要素。对管理来说,这些要素的区分具有根本意义。"客观存在的事实,是客观独立存在于人的意识之外的。但在描述事实时,不论是判断、推理还是分析、综合,都离不开价值趋向的引导。如怎样看待北京市部分居民的养狗活动,支持者认为养狗不会对他人或社会造成麻烦;反对者认为养狗已造成了社会上的极大混乱。同样一个客观事实,人们在观察上明显地表现出不同的主体价值观。呈现在人们面前的事实,是具有价值的事实。对政府政策而言,问题不仅在于事实的价值性,更在于事实的选择性。现代社会的复杂性与政府职能的多样性,总是同政府能力的有限性发生着尖锐矛盾。作为政府管理社会的基本内容,公共政策是政府有选择的管理行为的产物。

从政策分析的目的看,政府行为的选择,既依赖于政府目标,又会考虑到政府资源。更确切地讲,政府要从自身利益去调整社会的利益矛盾,而这一切是与政府的价值取向相联系的。有价值的事实并不都具有同等地位。政策分析的一个基本点,是选择特定价值的事实。用专业术语讲,需要确定分析的边界条件。从这点上讲,政策的功能范围,无论在空间还是时间上都是有限的。人们只能按照决策者或政策分析者的价值偏好等,选取特定的有价值的事实研究。公共政策是针对全社会的,它绝不会不考虑社会上的人及人的需要这样一个基本事实。不同的人在不同时期,会有不同的价值需要。政策研究有目的地选择事实时,便会诱发出事实的潜在价值。

公共政策分析可分为定性与定量两种描述性分析。西方部分学者认为,描述性研究不仅表现在过程上,也表现在政策内容上,并非规范研究才集中在政策内容上。事实分析既要与价值分析相区别,也要与规范分析相区别。但这种区别是建立在相互联系的基础上的,需要在统一的目标下全面回答"是什么""期望什么""应该什么"。

2. 价值分析

马克思主义认为,价值是人在改造客观世界的实践中创造出来的。相对于主体来说,它是客体的一种属性,而不是纯主观的产物。正如马克思所指出的那样:"珍珠或金刚石之所以有价值,是因为少数学者认为它们是珍珠或金刚石,也就是由于它们的属性。"之所以将政策的倡导看成是非理性化的过程,从本质上分析是因为其否定了价值的客观性。公共政策是政府对社会客观规律、对不同主体的需求,在一定程度上的认识结果,反映了政府的偏爱,或者说集中体现了政府的价值取向。

公共政策中的价值分析,主要是决定某项政策的价值,提供的信息是评价性的。政府所从事的事业是社会的公共事业,基本目标是最大限度地满足社会广大人民群众的物质与文化需要。公共政策的倡导与评价功能,决定了价值研究在公共政策分析中的突出地位。马克思主义理论指出,人的全部活动都是在追求着某种价值目标,价值目标越大,越是同活动主体的需要相一致,人们所激发的潜能越大。政府所制定的政策价值取向,为社会的不同群体的实践活动提供行动导向。离开了导向,就失去了政策存在的意义。

公共政策所提供的价值标准,不可能对全社会每一个成员都具有同等意义。从政府的管理角度看,政策不仅要把每个成员的积极性、创造性、主动性发挥出来,而且要把他们集中到实现政府所追求的目标上。因此,公共政策的价值标准,会不断帮助人们进行价值选择。

例如,政府的环境保护政策,是引导甚至约束人们必须选择保护环境与生态平衡方面的行为,而不能采取与之相反的行为。社会中存在着大量问题,它们不可能都成为公共政策问题。一旦针对某一公共问题的政策合法地产生,就意味着政府帮助社会成员去认识什么、改造什么、先认识什么、先改造什么以及如何改造等。这些不仅取决于客观事物本身,也取决于政府在综合考虑各类资源及其他条件后,所选择的具有一定价值的目标。因此,目标明确的行为正是在价值取向的基础上产生的。社会成员服从政策、执行政策,就是服从于特定的价值意识与价值取向。公共政策对社会利益的分配极大地激励了社会成员的需求,激励的力量紧紧与政策的价值取向相联系。公共政策尤其要考虑社会上绝大多数人及他们的需求这样一个基本事实,但是不同的人在不同时期会有不同的价值需求。在政策研究中有目的地选择事实时,便会诱发出事实的潜在性价值。

价值的作用具体表现于政策制定中的预先调节上。一个完整的政策制定过程,从政策问题的构建,到政策规划,直至评价,自始至终都贯穿了价值的调节作用。难以想象,构建政策问题能离开价值判断,提出与论证方案可以不受一定文化背景的价值观念的制约和影响。阿尔蒙德认为,作为一种文化现象的政治,包括"认识的、感情的和评价的"三部分。政策是政治的产物,理当有它的评价功能。从对政策的评价角度看,无论是政治上的评价、经济上的评价还是技术上的评价,都离不开价值。价值决定了评价,客观价值先于评价而存在,评价随着客观价值的变化而变化。一般地说,政策活动的评价大致有两方面:一是评价政策自身的价值;二是评价为实现政策目标而采取手段的价值。有什么样的价值现象,就会有什么样的评价方式。

不同的价值可能坚持不同的原则,但主要原则如下:

①合目的性与合规律性的统一。通常人们都会按照自身需求去进行价值选择,千方百计地实现其目的,但困难在于如何使主体需求的尺度与客观世界的尺度相结合,即合目的性与合规律性相统一。

②社会选择与个人选择的统一。作为统治阶级的利益工具,公共政策要具有保障社会稳定、发展的功能。协调不同人的需要与利益,就要协调社会需要与个人需要的关系。因为社会需要或价值与个体需要或价值会处于矛盾状态,只讲个人选择、不讲社会选择,或者只谈社会选择、不谈个人选择,都有其片面性。

③兼顾与急需的统一。任何选择都不是无重点的。对于那些多数人温饱尚未解决的贫困地区,当地政府的政策价值取向首先是脱贫;而对于那些温饱早已解决的地区,其政策价值取向却是大步奔小康。急需解决什么、兼顾解决什么是不同的,但突出重点、兼顾一般是必须坚持的。

④择优与代价的统一。价值的选择总是要付出代价的,只要选择,就要择优。政府在政策制定中,把握代价与择优的度是困难的。三峡工程上马,有反对者,也有拥护者,各自都根据不同的价值标准进行选择分析。国家之所以对三峡工程一再论证,就是因为要分析择优与代价结合的度,看付出的代价值得不值得,在付出代价的条件下如何少付代价多获益。需要指出,同类价值往往容易权衡,但在不同类的价值中权衡择优与代价的统一是不容易的。

总之,在政策分析中开展价值分析,对于发挥政策的导向、选择功能,正确评价政策效果,都是绝对不可少的。价值分析不仅能帮助人们树立正确的价值观、端正制定政策的思想、有效地解决政策中的价值冲突,而且还有助于政策制定全过程的调节,使政策能被其对象所认同。

3. 规范分析

规范,一般是指规则、标准或尺度。社会规范或行为规范,是指人们为实现其理想,根据特定的观念制定的,供一个社会群体诸成员共同遵守的行为规则和标准,它限定人们在一定环境中应该如何行动。人们的行为是多种多样的,规范研究的形式也是多种多样的,如科学规范、道德规范、审美规范、宗教规范、法律规范等。很显然,这些规范形式及内容,均在政策的制定与政策内容中,从不同方面表现出来。比如,法律是一个用来实现某些价值的规范体系。它用一种强制性命令对逆向行为进行制裁,从而达到有效地限定人们行为的目的。政策虽不是法律,但与法律一样,具有很强的规范性。与一般的道德规范不同,政策更多的是通过国家的强制力量来监督执行的。

政策规范作为一种社会力量,除了推动人们去做那些一致愿意做的事情外,还诱导人们去做他们不一定都乐意去做的事,或阻止人们做正在乐意做的某些事情。人们创造规范,是为了借助规范的力量,确定与调整人们的共同活动及其相互关系的原则。因此,规范是维护社会基本秩序的重要机制。在社会共同生活中,绝不可以缺少规范的力量。因为社会是由无数人群组成的,每个人都有自己的目标和利益,人们之间会经常表现出需求与利益上的冲突。公共政策不仅要规范个体与群体的行为,而且要不断地解决人们行为中所产生的矛盾与冲突,达到对社会公共事务实行有效控制的目的。政策行为是政府最重要的一种政治活动,因此在社会活动中,政策的规范性有着更为特殊的意义。政策规范所具有的社会教化作用,从政治角度看,是极其强大的。正因为这样,公共政策分析中离不开规范分析。

规范分析,同样离不开价值。不少学者认为,在价值概念中,占主导地位的是主体的需要、动机、意图和愿望;在规范概念中,突出的因素是主体的义务、责任和强制性的认同。规范要有效,必须以相关的价值为基础。价值观念的变化必然带来社会规范的变化。在社会生活中,人们对事物的判断存在着彼此联系的四种形式,即事实判断、价值判断、规范判断和命令判断,这种关系在政策分析中处处表现出来。比如,我们在讨论环境政策时,会有如下逻辑次序的判断:①自然环境是人类赖以生存的物质基础;②牺牲环境发展经济是十分有害的;③我们应当保护生态环境;④必须严禁对生态环境的污染与破坏。

很明显,这四句中,前三句分别是事实判断、价值判断与规范判断,最后得出的第四句是命令判断。由此可以看到,事实、价值、规范这三种分析是相互联系、相互制约的,每种分析在政策分析过程中都不会各自孤立。当提供了大量的与政策问题相关的"事实"的信息后,往往需要通过特定的假设来过滤这些信息。这些特定的假设或理论、思想等,实际上包含了某些价值与伦理前提,并且具有排他性。人们发现,同一信息常与相互冲突的政策主张相融合,但各自所依据的假设却不相同。在一定的价值判断确定后,随之自然会引申出规范判断。在上例中,正是由于人们普遍认为"牺牲环境发展经济是十分有害的",才必然得出"我们应当保护生态环境"的结论。如果在政策分析中,只有事实分析而没有价值分析与规范分析,或者只有事实分析与价值分析而没有规范分析等,分析的结果是绝不会成功的。特别需要指出,某些为了说明政策分析的无偏见特征,试图将按一定价值取向的政策评价排除在外的看法,显然是不对的。恰恰相反,面对着各种不同的评价,人们需要有针对性地、明确具体地引入相关的价值前提。美国学者认为,在政策分析中,清楚地表现价值的最好方法是将它们作为推理过程中的伦理论证的一部分。

在实际政策研究中,如果能够注意进行正确的规范分析,得出的结论往往就比较正确,设计出来的政策方向就比较正确,政策效果也比较明显。可是,也有一些政策研究,由于缺乏有效的规范分析,减少了政策应该达到的效果。规范分析中容易出现的毛病主要表现在以下三个方面。

第一,简单代表。所谓"简单代表"就是政策研究人员用研究者自身的价值观或用决策者所持的价值观,简单地代替社会公众的价值观,并且在此基础上提出解决政策问题的规范性目标和意见。针对前一种情况,可以首先将研究人员自身的价值判断列出来,摆在一边,在分析时可将其作为平等的不附加任何超额权重的观点。针对后一种情况,可尽早与决策者沟通,以减少决策者意见对规范分析可能产生的外在影响。此外,也可以给决策者的意见以相对较高的权重,因为他们必定是政策决策的关键人物。这样做也要比完全的"简单代表"客观一些,因为"简单代表"给政策研究人员自身和决策者的价值观以百分之百的权重,而将其他利益群体的意见的权重降低为零。

第二,盲目攀比和照搬。在规范分析中设计政策问题解决的程度和目标时,往往出现盲目攀比现象。由于攀比而提出的政策目标往往是不可行的。如果后续政策研究环节没有把握好,制定出来的政策往往是可望而不可即的。实践证明,经济建设中的盲目引进、高指标和"大跃进"往往造成经济结构失调,使经济无法实现持续、协调和快速增长。为克服盲目攀比现象,在政策的规范分析中首先要对目标本身加以论证,要搞清楚目标制定的根据是什么。如果是借鉴了别处的指标,那么就必须搞清楚别处的政策环境和条件,以及与自身环境和条件是否有较高的可比性和可参照度。在确定该如何达到政策目标的途径上,政策研究人员往往犯不切实际照搬或挪用的错误。同样的政策措施由于政策环境的不同,实施条件有很大的差异,得出的政策效果也会明显不同。借鉴其他方面的经验,必须结合本身的条件,进行合理的"移植"或"嫁接",决不能简单照搬。

第三,用语含混。在公共政策研究的规范分析中常常存在这样的问题,即提出的方向和目标都正确,但就是无法掌握尺度。比如从前,我们常常说"要严格控制物价",但是却没有更为规范地明确规定要把物价指数控制在什么范围之内。这样的政策不便于落实和检查。又如,提出"要把教育作为立国之本,进一步增加教育经费",但是,并没有更准确地提出教育经费的增长幅度应高于财政经常性收入的增长幅度等。因此,只要教育经费绝对数有所增加,各地官员也就有了交代,至于教育经费增长的幅度可能低于物价上涨幅度,造成虚增实减的问题则是无人负责的。政策语言规范性不够,也是造成有人"钻政策空子"的一个重要原因。因此,现代政策研究一定要用准确的语言来表述公共政策所要达到的具体目标和具体的指标水平。

4. 可行性分析

可行性分析,是对规范研究中所提出的方案进行考证,论述在客观现实的基础上是否具备了条件与能力。因为规范分析中提出的"应该是什么",仍是理性上的东西。在政策分析中,可行性分析的重要的方面,表现在政治、技术及经济的可行性上。

政府的政策,不是社会一切阶级共同意志的表现,也不是统治阶级中某个人或少数人的意志的表现,而是整个统治阶级的意志,反映整个统治阶级的根本利益。与此同时,作为指导社会成员行为准则的政策,必须反映和代表那些具有共同经济地位的人们的共同要求和愿望。离开了这些,公共政策就失去了它应有的政治意义。当然,对人民政府来说,有了维护广大人民利益的根本目标,并不等于实际中政府的政策就能顺利地被人们所接受,政治上的可行性还表现在政治支持度上。常有这种情况,一项好的政策,多数人对它还不理解,尚没有认识到它的重要性时,这项政策在实践中并不一定可行。在我国经济转轨时期,我国的不少政策出台时机,是充分考虑到人民群众对它们的认同程度的。如物价政策,实际上是采取逐步放开的政策,而没有一步到位,否则就会引起社会的极大混乱。

在我国,强调政策的实施结果,首先要有利于政治稳定,这是政治可行性考虑的出发点。

我国是发展中国家,我们不仅要在20世纪末实现自己的宏伟目标,而且要赶上或接近世界的现代化水平。这一重任要由政府领导广大人民群众去努力完成。因此,政策的威力以及政策在政治上的可行性是事关重大的。改革开放,我们坚持两条基本原则,一是以社会主义公有制经济为主体;二是共同富裕。有计划地发展部分个体经济政策,利用外资的政策等,都是为建立社会主义市场经济的总体要求而制定的。这既是社会主义政治上的需要,也是政策的政治可行性的基本条件。

经济上的可行性,基本目的是全面研究政策实施的经济效益。在制定政策与实施政策中,都需要消耗资源,即消耗人力、物力与财力等各种资源。不少较为理想化的政策,正是由于资源的限制,才无法实施。考虑经济效益,既要重视投入项,更要重视产出项。公共政策本身不会直接表现出一定的经济利益,而是通过实施后间接地反映出来的。

技术上的可行性,主要表现在实现目标的科技手段上。一般地说,经济上的可行性取决于科学技术水平。反过来,经济上的投入越大,越有利于科学技术水平的提高。经济、技术上的可行性越大,越会影响由决策者主张或坚持的政治上的可行性。应该讲,这些可行性研究是相互联系、相互影响的。成功的政策,往往要全面地考虑到各方面的可行性,并选出一个最佳结合点。

在可行性分析中主要存在以下两个方面的问题,必须对其重视,妥善予以解决。

首先表现在为了"可行"而分析。这种情况又表现在两个方面。一是政策分析者出于自身利益考虑而采取唯领导意志为是的态度,把可行性分析变成了为领导的意见找根据、找理由的"可行性"研究。为避免这种现象,需要建立领导决策失误的追究制度和政策研究人员研究失误的责任制度,形成政策研究人员和政策决策者的自我约束机制,对提出正确政策带来显著经济与社会效益的政策研究人员和优秀的领导给予激励。二是某些政策研究人员为了使自己所设计的政策方案"可行",将条件进行变动,通过"削足适履",使这些条件适应方案。这种状况在单方案设计中更易出现。为克服这类问题,首先要对政策研究人员的工作给予正确对待。政策研究人员虽然应该设计出可行的政策方案,但对政策方案的论证,应允许出现不可行情况通过修改、补充和完善而使之达到最终可行。另外,可以要求政策设计人员进行多方案设计,提供多种解决问题的思路,以便从中选择更为可行的方案。

政策可行性分析的另一个重要问题是在公共政策分析中不计代价的倾向。在不具备现实的政策实施条件但可以创造条件的情况下,一些政策分析者并没有认真权衡创造这些条件的难易和所需付出的代价,结果造成政策虽然可行但代价过于高昂的情况。因此,可行性分析既要分析条件是否具备,又要分析目前不具备的条件是否能够创造,以及创造这些条件需要花费的代价。

5. 利益分析

马克思主义认为:"利益不仅仅作为一种个人的东西或众人的普遍的东西存在于观念之中,而且首先是作为彼此分工的个人之间的相互依存关系存在于现实之中。""人们奋斗所争取的一切,都同他们的利益有关。"人们为了创造历史,必须能够生活。但要生活,首先就需要衣、食、住以及其他东西。这些人们所需要的一切"好处",或称为"社会资源",构成了人们的利益。利益的这种客观性,虽与人的主观需求有关,但必须看到有利益的客观存在,然后才有利益的主观反映。因此有人定义:"所谓利益,就是指在一定的社会形式中由人的活动实现的满足主体需要的一定数量的客体对象。"这些客体(即利益)可以分为物质需求与精神需求客体(即物质利益与精神利益)。作为客观存在的利益,与其他客观事物最大的区别就在于它紧紧地与人类的需求联系在一起。人类之所以进行各种社会活动,归根到底都是为了自身(包括个人、阶级及其他社会集团等)利益,而最终是为了满足需求。从社会的发展目标看,就是要最大限度地生产出那些物质产品和精神产品,满足人们不断增长的需求。这种目标自然也是政府的政策目标。作为夺得政权并建立起社会主义制度的无产阶级,"最清楚地意识到自己的利益",是"意识到自己的利益和全人类利益一致的人。"人民群众的利益高于一切,是我们一切政策的出发点。满足人民群众的利益,保护人民群众的利益,发展人民群众的利益,是公共政策的最基本原则,否则会失去政策存在的必要性。作为组成社会整体的各类成员,有着不同的需求,而这种需求还随着社会进步、科学技术的发展不断改变着。或许在 30 年前,普及家用电脑的需求,对多数人来说,不是不敢想,而是根本想不到的。然而不管社会发展多快,满足人类需求的这些资源总是有限的,不可能满足多数人的实际期望,由此利益上的矛盾与冲突必然会产生。因此政府不仅要制定科技政策大力发展科技,推动第一生产力的进步,而且要合理地把全社会的资源尽可能公平的分配给社会成员。在前文对公共政策的界定中,特别指出它是政府选择、综合、分配、落实利益中所制定的行为规范,其理由正是出于以上看法。

利益的客体特征是与主体需求联系在一起的,因此从这个意义上讲,利益又具有主体性,即人们一谈利益,总是隶属于一定主体的利益。依据利益主体的集合特征,产生了个人利益、集体利益和社会利益。社会利益的集中体现是国家利益。社会利益是全体社会成员具有的共同利益,"每一种共同利益,都立即脱离社会而作为一个最高的普遍的利益与社会相对立,都从社会成员自己行动的范围中划分出来而成为政府活动的对象——从某一村镇的桥梁、校舍和公共财产起,直到法国的铁路、国有财产和'国立'大学止。"显然,体现国家意志的公共政策,理当是社会利益发展的推动器。在少数剥削阶级占统治地位的国家中,统治者为了达到自己的目的,不得不把自己的利益说成是全体成员的共同利益。在社会主义制度下,社会利益才真正成为绝大多数社会成员的共同利益。共同利益的存在,并不一定会减少或者取消不同个人或群体间的利益矛盾与冲突,以及它们与社会利益之间的矛盾与冲突。在特殊时期,比如我国正实现"两个转变"的时期,社会利益的超常涨落,以及社会利益关系变化的幅度加大,甚至会相对地增大利益矛盾。政府是社会公共利益的代表者,当认识到不同利益群体之间产生利益冲突时,政府必然会出面干预,协调利益矛盾。政府决策过程的社会化,导致了社会各种力量之间交互地向政府施加影响。从某种意义上讲,一项政策的产生,是包括政府利益在内的各种利益通过竞争而达到均衡的结果。作为社会主义国家,以及集中体现全体劳动人民意志与利益的各级人民政府,其利益从原则上讲应该与社会利益是基本一致的。但由于政策上的失误,部分社会"公仆"转变为社会"主人",以及其他主客观条件限制等,"国家"利益有可能同社会利益相违背。

仅从政策分析的要求看,随时调整、修改甚至终止那些有损于人民利益的政策,是对人民利益负责的具体表现,也是对政策制定者最起码的要求。

前文已经提到,从不同的主体需求出发,可分为物质利益、精神利益。除此之外,还可以分为个人利益、集体利益、社会利益与国家利益以及其他形式的利益。它们之间相互作用,既发生着横向联系,也发生着纵向联系,纵横交错形成了复杂的利益关系。尽管人们的需求是人的本性,但个人条件的限制使得每一个主体不得不与一定社会发生联系,只有在这个范围内才谈得上对自然的关系与生产活动。这种基于需求而与生产活动方式的联系,其焦点是人们在社会生活中的利益。因此利益关系是生产活动与社会关系中的基本内容。在利益关系中,起到最基本作用的是利益的利他性与利己性的矛盾。其中最突出的矛盾有三类:①利益的利他性与利己性的矛盾;②整体利益与局部利益的矛盾;③眼前利益与长远利益的矛盾。处理好这些矛盾,使得这些利益之间实现有机结合,不仅是公共政策的原则,而且也是政策作用所希望获得的结果。公共政策是政府调整利益格局、解决利益矛盾的强有力工具。比如目前在物质利益分配上,在人们之间的绝对利益差距变大的同时,相对利益差距也变大,产生了严重的社会分配不公问题。这些问题已引起了政府的高度关注,并将利用各种政策,如税收政策、社会保障政策等来解决个人、集体和国家之间的利益矛盾。

公共政策分析最本质的方面是利益分析,这是由公共政策的基本性质所决定的。利益分析与事实、价值、规范和可行性分析的关系,既有联系又有区别。

尽管利益分析中也要研究利益是如何分配的、分配给谁、谁获利益多、谁获利益少等,从形式上看似乎是"事实分析"的一部分,但事实分析的内容往往主要包括现象分析,仅有这种分析经常不能准确地把握本质,而造成政策研究中的失误。比如我国改革中所暴露出的各种矛盾与问题,从本质上看是物质利益分配问题。如果从所见到的浅层次事实出发,不深入研究,往往制定的政策是"治标而不治本"的政策。特别在一些假象掩盖事实真相时,就事论事地出台各种政策,必然造成政策严重失效。近几年不少地方政府出台的政策,所造成的不良后果已引起全社会的高度警惕。

"'价值'这个普遍概念是从人们对待满足他们需求的外界物质的关系中产生的。"价值产生在实践基础之上,反映了主客体关系之中的人及其需求,表现为人从满足需求的角度对客体进行的评价。满足人的需求越大,其价值也越大。价值的大小来自于满足人的需求的客体,即前文所说的利益。要评价,首先要决定接受评价的对象。正是不同利益的存在,才产生不同的评判价值。因为价值不能是超现实的、离开一定的客体形式而独立存在的东西。作为联系主客体关系的价值,尽管反映了人们需求效用的大小,但毕竟不是满足人们需求的具体资源。有利益存在,才有价值存在。价值之所以有个人、集体与社会价值,是因为有个人、集体与社会利益。尽管我们评价某种活动时,可以用个人、集体与社会多重价值去衡量,进行合理的评价,但不要忘记产生这些价值的是与之相关的利益。如果政策研究中只有价值分析,而没有利益分析,至少是很不完整的。

正由于规范是一种规定又是一种引导,无疑它需要特定的价值导向。对于理性化程度极高的公共政策,它是以某种价值为导向的系统化规范,具有强制性,否则某些群体或个体就会产生倒退性的失范行为。这种失范的表现集中于两个方面:只讲物质利益的追求,拜金主义严重,不讲高尚的精神利益;只讲个人利益,不顾集体与国家利益。政策的规范分析,按其本质要求,是要在不同的利益关系与利益矛盾中,寻找出平衡利益关系,解决利益矛盾的量与质的规定,以约束和引导多元利益主体的行为。

社会中每一个成员都有自己的需求,但社会能否满足这些需求,这一直是社会发展中的矛盾。与之相关就产生了人们期望获得的理想利益和实际利益的差距。经常出现这样的情况,政府在规划某项政策时,很想给某一社会群体带来实际利益,但由于社会的总资源有限,政府无力做这件事;或者给这一群体增加了实际利益,会连锁影响到其他群体,产生负面效应,因而政策迟迟不能出台,或者根本就不能出台。可见可行性分析的基本前提也需要利益分析。

思考题

1. 什么是模型?
2. 简述公共政策分析基本模型的内涵。
3. 如何认识定量分析方法在公共政策分析中的作用?
4. 公共政策分析中常用的定性分析方法有哪些?简述相关基本概念。

参考文献

[1] 伍启元.公共政策[M].北京:商务印书馆,1989.

[2] Easton D. The political system[M]. New York:Kropf,1953.

[3] Lasswell H,Kaplan A. Power and society[M]. New Haven:Yale University Press,1970.

[4] 詹姆斯·E.安德森.公共决策[M].唐亮,译.北京:华夏出版社,1990.

[5] 毛泽东.毛泽东选集:第四卷[M].2版.北京:人民出版社,1991.

[6] 约翰·罗尔斯.正义论[M].上海:上海译文出版社,1991.

[7] 马克思,恩格斯.马克思恩格斯选集:第1卷[M].北京:人民出版社,1995.

[8] 斯图亚特·S.那格尔.政策研究百科全书[M].林明,龚裕,等,译.北京:科学技术文献出版社,1990.

[9] 威廉·N.邓恩.公共政策分析导论[M].2版.谢明,等,译.北京:中国人民大学出版社,2002.

[10] 陈潭.公共政策学[M].长沙:湖南师范大学出版社,2003.

[11] Lasswell H D. A preview of policy sciences[M]. New York:Elsevier Inc.,1971.

[12] Lerner D,Lasswell D. The policy sciences:Recent development in scope and method[M]. Stanford:Stanford University Press,1951.

[13] Meltsner A J. Policy analysis in the bureaucracy[M]. Berkeley:University of California,1976.

[14] 希尔斯曼.美国是如何治理的[M].黄大鹏,译.北京:商务印书馆,1988.

[15] Dror Y. Public policymaking reexamined[M]. Pennsylvania:Chandler,1968.

[16] 阿尔蒙德 G A,小鲍威尔 G B.比较政治学:体系、过程和政策[M].曹沛霖,等,译.上海:上海译文出版社,1987.

[17] 威尔伯·施拉姆,威廉·波特.传播学概论[M].陈亮,等,译.北京:新华出版社,1984.

[18] 伦纳德·西尔克,马克·西尔克.美国的权势集团[M].金君晖,等,译.北京:

商务印书馆,1994.

[19]　戴维·伊斯顿.政治生活的系统分析[M].王浦劬,译.北京:华夏出版社,
　　　　1999.

[20]　道格拉斯·诺思.经济史中的结构与变迁[M].陈郁,罗华平,译.上海:上海人
　　　　民出版社,1994.

[21]　科斯(Ronald Coase).财产权利和制度变迁[M].刘守英,等,译.上海:上海三
　　　　联书店,1994.

[22]　谭崇台.发展经济学的新发展[M].武汉:武汉大学出版社,1999.

[23]　李慎之.开展全球化研究[J].世界知识,1994(2):2-3.

[24]　彼得·德鲁克.新现实——走向21世纪[M].刘靖华,等,译.北京:中国经济
　　　　出版社,1993.

[25]　罗伯特·A.达尔.现代政治分析[M].王沪宁,陈峰,译.上海:上海译文出版
　　　　社,

[26]　休·史卓顿,莱昂内尔·奥查德.公共物品、公共企业和公共选择[M].费朝
　　　　晖,译.北京:经济科学出版社,2000.

[27]　鲁品越.社会组织学[M].北京:中国人民大学出版社,1989.

[28]　查尔斯·林德布洛姆.政策制定过程[M].朱国斌,译.上海:上海译文出版社,
　　　　1988.

[29]　大岳秀夫.政策过程[M].傅禄永,译.北京:经济日报出版社,1992.

[30]　丹尼斯·缪勒.公共选择[M].王诚,译.北京:商务印书馆,1992.

[31]　布坎南·塔洛克.同意的计算——立宪民主的逻辑基础[M].陈光金,译.北
　　　　京:中国社会科学出版社,2000.

[32]　密尔 J S.代议制政府[M].汪瑄,译.北京:商务印书馆,1982.

[33]　布坎南.自由、市场和国家[M].吕良健,等,译.北京:北京经济学院出版社,
　　　　1988.

[34]　卡尔·帕顿,大卫·沙维奇.公共政策分析和规划的初步方法[M].2版.孙兰
　　　　芝,胡启生,等,译.北京:华夏出版社,2000.

[35]　Gregory N. Mankiw N G. Principles of economics[M].北京:生活·读书·新
　　　　知三联书店,2001.

[36]　高培勇.公共部门经济学[M].北京:中国人民大学出版社,2001.

[37]　大卫·N.海曼.公共财政——现代理论在政策中的应用[M].6版.章彤,译.
　　　　北京:中国财政经济出版社,2001.

[38]　植草益.微观规制经济学[M].朱绍文,译.北京:中国发展出版社,1992.

[39]　Lasswell H D. The policy orientation[M]//Lerner D, Lasswell H D. The
　　　　policy sciences: Recent developments in scope and methods. Stanford:Stan-
　　　　ford Universsty Press,1951.

［40］　张康之. 寻找公共行政的伦理视角［M］. 北京：中国人民大学出版社，2002.

［41］　弗兰克·梯利. 伦理学导论［M］. 何意，译. 南宁：广西师范大学出版社，2002.

［42］　特里·L. 库珀. 行政伦理学——实现行政责任的途径［M］. 4 版. 张秀琴，译. 北京：中国人民大学出版社，2001.

［43］　马斯洛 A H. 人类价值新论［M］. 胡万福，等，译. 石家庄：河北人民出版社，1988.

［44］　Garofalo C，Geuras D. Ethics in the public service［M］. Washington：Georgetown University Press，1999.

［45］　樊纲. 渐进改革的政治经济学分析［M］. 上海：远东出版社，1996.

［46］　吴灿新. 当代中国伦理精神——市场经济与伦理精神［M］. 广州：广东人民出版社，2002.

［47］　周奋进. 转型期的行政伦理学［M］. 北京：中国审计出版社，2000.

［48］　李允杰，邱昌泰. 政策执行与评估［M］. 台北：空中大学，1999.

［49］　Dryzek J S，Ripley B. The ambitions of policy design［J］. Policy Studies Journal，1998，7：705-719.

［50］　Hogwood B W，Peters C. The pathology of public policy［M］. Oxford：Clarendon Press House，1985.

［51］　林永波，张世贤. 公共政策［M］. 台北：台湾五南图书出版公司，1982.

［52］　克鲁斯克 E R，杰克逊 R M. 公共政策词典［M］. 唐理斌，等，译. 上海：上海远东出版社，1992.

［53］　Dunn W N. Public policy analysis：An introduction［M］. 2nd ed. New Jersey：Prentice-Hall International，Inc.，1994.

［54］　Dror Y. Design for policy sciences［M］. New York：Elsevier，1971.

［55］　丘昌泰. 公共政策：当代政策科学理论之研究［M］. 台北：台湾巨流图书公司，1995.

［56］　胡宁生. 现代公共政策研究［M］. 北京：中国社会科学出版社，2000.

［57］　Hogwood B W，Cunn L A. Policy analysis for the real world［M］. Oxford：Oxford University Press，1984.

［58］　张金马. 公共政策分析：概念过程方法［M］. 北京：人民出版社，2004.

［59］　Cobb R W，Ross J K，Ross M. Agenda-building as a comparative plitical prrocess［J］. The American Political Science Review，1976，70（3）：126-138.

［60］　保罗·萨巴蒂尔. 政策过程理论［M］. 彭宗超，译. 北京：生活·读书·新知三联书店，2004.

［61］　吴锡泓，金荣枰. 政策学的主要理论［M］. 金东日，译. 上海：复旦大学出版社，2005.

［62］　约翰·W. 金登. 议程、备选方案与公共政策［M］. 2 版. 丁煌，方兴，译. 北京：

中国人民大学出版社,2004.

[63] 周树志.公共政策学——一种政策系统分析新范式[M].西安:西北大学出版社,2000.

[64] 朱志宏.公共政策概论[M].台北:三民书局,1983.

[65] Barrett S,Fudge C. Policy and action[M]. London:Methuen,1981.

[66] 陈振明.公共政策分析[M].北京:中国人民大学出版社,2002.

[67] 张国庆.现代公共政策导论[M].北京:北京大学出版社,1997.

[68] Rawls J. A theory of justice[M]. Cambridge:Havard University,1971.

[69] 维克斯.判断的艺术:政策制定研究[M].徐家良,译.北京:中国青年出版社,2004.

[70] 托马斯·戴伊.理解公共政策[M].彭勃,译.北京:华夏出版社,2004.

[71] 郑保章,王楠.我国民间公共政策分析机构发展的必然性分析[J].河北师范大学学报(哲学社会科学版),2005(2):157-158.

[72] 约翰·克莱顿·托马斯.公共决策中的公民参与:公共管理者的新技能和新策略[M].孙柏瑛,等,译.北京:中国人民大学出版社,2005.

[73] 托马斯·戴伊.自上而下的政策制定[M].鞠方安,译.北京:中国人民大学出版社,2001.

[74] Rutman I. Planning useful evaluation:Evaluability assessment[M]. London:Sage Publication,1980.

[75] 郑传坤.公共政策学[M].北京:法律出版社,2001.

[76] 陈振明.政策科学公共政策分析导论[M].北京:中国人民大学出版社,2003.

[77] 王骚.政策原理与政策分析[M].天津:天津大学出版社,2003.

[78] 贠杰.公共政策评估的理论与方法体系研究[M].北京:中国社会科学出版社,2006.

[79] 弗兰克·费希尔.公共政策评估[M].吴爱明,等,译,北京:中国人民大学出版社,2003.

[80] 查尔斯·J.福克斯,休·T.米勒.后现代公共行政:话语指向[M].楚艳红,等,译.北京:中国人民大学出版社,2002.

[81] 拉雷·N.格斯顿.公共政策的制定:程序和原理[M].朱子文,译.重庆:重庆出版社,2001.

[82] 盖伊·彼得斯.政府未来的治理模式[M].张成福,译.北京:中国人民大学出版社,2001.

[83] 尤尔根·哈贝马斯.合法化危机[M].刘北成,曹卫东,译.上海:上海人民出版社,2000.

[84] 丹尼斯·C.缪勒.公共选择理论仁[M].北京:中国社会科学出版社,1999.

[85] 叶海卡·德洛尔.逆境中的公共政策制定[M].上海:上海远东出版社,1996.

[86] 吴锡乱,金荣秤.公共政策学的主要理论[M].金东日,译.上海:复旦大学出版社,2005.

[87] 俞可平.中国地方政府创新案例研究报告(2003—2004)[M].北京:北京大学出版社,2006.

[88] 陈振明.公共政策学-公共政策分析的理论、方法和技术[M].北京:中国人民大学出版社,2004.

[89] 陈家刚.协商民主[M].上海:上海三联书店,2004.

[90] 顾建光.公共政策分析引论[M].武汉:武汉出版社,2002.

[91] 谢明.公共政策导论[M].北京:中国人民大学出版社,2001.

[92] 刘伯龙,竺乾威.当代中国公共政策[M].上海:复旦大学出版社,2000.

[93] 樊纲.市场机制与经济效率[M].上海:上海人民出版社,1997.

[94] 陈庆云.公共政策分析[M].北京:北京大学出版社,2011.

[95] 张金马.公共政策科学导论[M].北京:中国人民大学出版社,1992.

[96] 曹伟.政府全面质量管理问题研究述评[J].上海行政学院学报,2006(3):100-107.

[97] 王文礼.政策网络理论应用于我国公共治理的适用性分析[J].行政与法,2010(1):48-50.

[98] 林震.政策网络分析[J].中国行政管理,2005(9):36-39.

[99] 李长文.我国公共政策评估:现状、障碍与对策[J].兰州大学学报(社会科学版),2009(4):48-52.

[100] 高富锋.公共政策评估主体的缺陷及对策分析[J].求实,2004(11):27-28.

[101] 詹国彬.利益群体在公共政策中的作用及其发展导向[J].社会,2003(12):44-47.

[102] 魏淑艳,刘振军.我国公共政策评估方式分析[J].东北大学学报(社科版),2003(11):426-428.

[103] 贺东航,孔繁斌.公共政策执行的中国经验[J].中国社会科学,2011(5):61-81.

[104] 张成福.公共行政的管理主义:反思与批判[J].中国人民大学学报,2001(1):15-21.

[105] 王永生.试析公共政策评估及其规范[J].理论探讨,2000(3):78-79.

[106] 周志忍.公共部门质量管理:新世纪的新趋势[J].国家行政学院学报,2000(2):40-44.

[107] 陈庆云.公共政策十大理论问题再思考[J].中国行政管理,1999(12):34-36.

[108] 朱仁显.发展我国公共政策评估的若干构想[J].理论探讨,1999(4):84-86.

[109] 李永刚.公共政策评价的困境——价值理性与工具理性的两难[J].江西行政学院学报,1999(4):41-43.

[110] 周志忍.公共悖论及其理论阐释[J].政治学研究,1999(2):9-15.

[111] 樊钉.公共政策[M].北京:国家行政学院出版社,2005.

[112] 任晓.美国公共政策研究专家彼得·梅谈美国公共政策研究的现状[J].中国行政管理,1998(2):41-42.

[113] 张国庆.论理性主义公共政策分析的局限性[J].北京大学学报(哲社版),1997(4):65-75.